# 单音形容词原型特征模式研究

# A Prototype Theoretic Approach to Monosyllabic Adjectives

李 泉 著

商务印书馆
创于1897 The Commercial Press
2014年 · 北京

**图书在版编目（CIP）数据**

单音形容词原型特征模式研究 / 李泉著. — 北京：商务印书馆，2014

ISBN 978 - 7 - 100 - 09682 - 9

I. ①单… II. ①李… III. ①汉语—单音词—形容词—研究 IV. ①H146.2

中国版本图书馆 CIP 数据核字（2014）第 134962 号



**单音形容词原型特征模式研究**

李 泉 著

商 务 印 书 馆 出 版

（北京王府井大街 36 号 邮政编码 100710）

商 务 印 书 馆 发 行

北京市艺辉印刷有限公司印刷

ISBN 978 - 7 - 100 - 09682 - 9

2014年7月第1版　　开本 880×1230 1/32

2014年7月北京第1次印刷　　印张 $11\frac{1}{2}$

定价：29.00元

# 序

李泉教授将他的大著《单音形容词原型特征模式研究》送到我的面前，我甫一翻开，如识旧雨，又似新知，感慨系之，不能自已。

回想2005年5月某日凌晨，当李泉的博士论文《单音形容词原型性研究》杀青时，他曾打电话激动地告诉我，终于写完了最后一个字。我也感到无限欢欣。想当初，我们一起讨论选题时，一致认为，汉语形容词一定有一些是最基本的形式，如“大、小、长、短、高、低、轻、重”等描写性状的单音形容词，并且这些词应该是任何语言里的基本成分。但在汉语中，不仅对单音形容词的原型性问题缺乏探讨，就是对整个汉语形容词的句法功能、词类地位也都还存有争议。于是李泉对单音形容词进行了充分的调查和分析。历经数年，终于完成博士论文，获得答辩委员的一致好评。论文现保存在我手里，如旧雨弥足珍贵。

论文虽完成，还有不少问题有待于进一步深化，李泉并未将论文束之高阁，于2006年申请并获得国家社科基金项目资助。对单音形容词及整个汉语形容词的许多重要问题，进一步思之念之，萦绕于心。近年来有关形容词的研究成果斐然，但也见仁见智，多有可商榷之处，李泉尽量将之纳入课题之中进行讨论。几年的沉浸，日夕不辍，增删之际，研讨之中，学问日进。其结项成果入选全国哲学社会科学规划办编《国家社科基金项目成果选介汇编[第九辑]》(社会科学出版社，2013)。定稿后的这本书稿，比博士论文不仅内容更新、论述完备，篇幅也大为增加，面貌一新。我拿在手中如遇新知。

本书对388个现代汉语单音形容词，按义项分得的700个词项，在组合能力（受程度副词修饰、受否定副词修饰、重叠、带动态助词、带宾语、带补语）、构成特定语用句（进入祈使句、评价句、疑问句、比较句）和句子成分功能（做主语、宾语、定语、谓语、状语、补语）等三个层面16个参项进行了穷尽考察，并依据原型范畴理论和语言标记理论及具体考察结果，创造性地构建了一个由上述三个层面的原型特征序列构成的单音形容词原型特征模式框架。三个层面涉及一个词类的组合功能、构成语用功能句和充当句子成分的功能，而每个层面上的特征项目又都按原型程度的高低排定，从而既保证了词类特征的全面体现，又使不同地位的特征得到应有的体现，充分展现了原型范畴理论的精髓。因此，这一“原型特征模式框架”不仅为单音形容词范畴及个体成员原型的程度提供了鉴别模式，也为包括双音形容词在内的其他词类的原型性研究提供了参考和借鉴。

本书选取单音形容词作为研究对象，目的在于观察单音形容词的内部是否均质及其程度。为此，书中利用单音形容词原型特征模式框架，将汉语单音节形容词分为三类：典型成员、次典型成员、非典型成员，形成一个连续统，它们以“家族特征相似性”方式构成一个原型范畴。研究表明，现代汉语单音形容词内部成员并不具有完全的均质性，而是兼具一致性和差异性。如典型和次典型成员，所拥有的范畴特征数量和典型特征数量具有一致性；非典型成员在范畴特征数量和非典型特征数量上具有一致性；典型、次典型和非典型成员，在成员的数量、拥有范畴特征和典型特征的数量上存在差异性，典型与非典型成员所拥有的范畴特征数量和典型特征数量存在差异性。总体上看，单音形容词内部成员的一致性和差异性大体相当。这些结论推求本原，是正缺失，发前人之所未发，令人耳目一新。

书中在深入挖掘语言事实的前提下，做到有一分材料说一分话，毫无凿空之迹，其中不乏富有创见的观点。如首次指出单音形容词重叠的连续统现象，揭示出单音形容词做主宾语虽词性不变，但并非其原型功能等。语言现象描写充分，语言事理解释得当，时时处处做到用语言材料与其所支撑的理论有机结合，严丝合缝，令人信服。更难能可贵的是，对一些重要的语法现象和学界有争议的问题，特别是对以往已形成的一些共识，大胆质疑，明确表明个人观点。如对单音形容词重叠既可"指大量"也可"指小量"的质疑，对单音形容词构成的祈使句存在着"标记颠倒"现象的揭示和解释，对形容词动态性问题的讨论，等等，均从语言事实出发，以理服人，十分精辟。可以认为，该书是国内有关单音形容词研究的最先进的成果，独具特色，达到了很高的学术水平。

本书选择单音形容词作为研究对象，极有见地。汉语词类划分研究中多有纠缠，究其原因，自然是多方面的，但没有区分单双音节是一个重要因素。前辈语法学家朱德熙就说过"单音形容词和双音形容词有极其显著的区别"。本书将单音形容词的句法特征和句法功能大致摸透，形成一个完整的学术体系。不仅对单音形容词的研究起到相当的推动作用，也为汉语词类研究展示了新的学理空间，特别是词类原型特征模式的探索。阅读书稿，我感到，区分音节和义项以及对单双音节词汇进行对比研究，当是深化汉语词类及其他语法问题研究的重要路径。

本书尚有美中不足之处，例如，何谓单音形容词，其划界与定性问题书中虽有交代，但还应有更严格的界定为好。书中对单音形容词词项的语义问题虽有涉及，但还不够全面和系统，对单音形容词句法特征与语义特征的互动和沟通还显得不够。

李泉与我相识二十多年，我相信人生有缘分。话说 1995 年，我与李泉一起在深圳大学参加学术会议，偶尔谈起对外汉语教学设博士点的话题，我觉得渺茫，李泉却颇有信心。1999 年，李泉考取了我的首届博士生，从此由同行、挚友，一变而为师生，于兹十有八年。在人生长河中，十八年的亲密接触，亦师亦友，无话不谈，互相了解日深。我属龙，李泉属虎，我痴长廿有二岁，堪称忘年，世间难得。多年相交，我深感李泉是一耿介之士，为人爽快，做学问坦诚。书成，嘱我写序，义不容辞。于是叙说原委，概述要点，以供读者参考。

是为序。

赵金铭

2014 年 1 月 10 日

# 目　　录

# 第一章　绪论

## 1.0　引言

形容词是当今语言类型学研究的一个重要方面。William Croft (2003,中译本 2009:218)认为形容词具有普遍性的类型学分析价值。指出在跨语言范围中,用"形容词"做标签的范畴比那些用"名词"和"动词"做标签的范畴更多样。在有些语言中,像英语,有一大类形容词,并且这一类词能很容易增加,形容词成为开放类(open class)。在大量的其他一些语言中,像豪萨语(Hausa),有一小类封闭类词(closed class),这些词以内部语法标准定义,一般和形容词范畴一致。而在另一些语言中,据说不存在形容词。

形容词的有无、多少,以及句法功能和词类地位是更接近于名词,还是更接近于动词,等等,具有语言类型学意义。刘丹青(2008:84—85)指出在名、动、形三大类实词中,形容词本身的词类地位最不确定。虽然形容词所表示的原型范畴意义——所指对象的属性,在任何语言中都有词项来表示,应属普遍性语义范畴,但这并不意味着它是普遍的词类范畴。形容词是否是一个普遍性的词类,至今仍是语法理论界包括类型学界颇有争议的论题。因此,是否存在独立的形容词、形容词的功能更接近哪类词、形容词是开放性的还是封闭性的,这些问题已被类型学家列入调查一种语言时首先要关心的基本问题。

汉语形容词一般被看作是一个独立的词类,然而,在词类划分这一汉语语法研究的核心问题上，名、动、形三大类实词的划分仍然是整个汉语词类划分最需要解决的关键问题，原因之一就在于形容词跟名词，特别是跟动词的关系问题和区分问题不容易处理。因此，尽管多数人都将汉语形容词视为独立的词类，但由于形容词跟动词在一些重要的语法功能、语法特征上“剪不断、理还乱”，使得有些对汉语语法研究有着重要影响的学者都认为不必单独为形容词立类，而主张把形容词归入动词或另外一个更大的范畴（如谓词）中去。例如，龙果夫（1958：146）认为，汉语“形容词和动词具有许多共同的语法特点”，二者“合成一个更大的谓词范畴”。又如，赵元任（1968/1996：91、566，1979：300）就明确表示形容词“算是动词的一类”，即不及物的性质动词，并解释说把形容词当作动词的一种，是强调中国话里的形容词能做谓语，而不需要加上“是”一类的字眼。再如，吕叔湘（1979：32）指出：“汉语动词和形容词有很多共同点，并且是重要的特点：都可以直接做谓语，都可以用不否定，都可以用‘X不X’的格式提问，等等。”当然，“在有些特点上，二者有区别”，但这些区别“只是多和少的分别，不是有和无的分别”。因此，“如果形容词合并于动词，把它作为一种半独立的小类，也不失为一种办法”。朱德熙（1982：40、55）也认为形容词跟动词接近，“主要功能是做谓语，同时也能做主宾语”，因而一并视为谓词。近年来，沈家煊（2009a）更有新的主张，认为汉语名、动、形是一种包含关系：形容词是动词的一个次类，而动词又是名词的一个次类。并认为“作为动词的一个次类，形容词的特殊性在于它的典型功能是充当定语（修饰语）；作为名词的一个次类，动词的特殊性在于它的典型功能是充当谓语（陈述语）”。最为极端的观点是汉语根本没有形容词，例如：James D. McCawley（1992）给出了一系列形容词和动词的普遍特征：动词可以直接跟宾语组合，但形容词通常不能；动词可以接受三个论元成分，形容词最多只能有两个论元成分；形容词可以直接修饰名词，而动词要靠某种形式变化才行；无论在形态和语序上，程度成分和比较成分跟形容词结合比跟动词结合更直接；形容词做谓语通常要靠一个系词连接，而动词不必。McCawley 据此认为"汉语里根本没有形容词这样的范畴"，那些"公认为形容词的东西并没有什么特殊的类身份，全都是动词而已"。（张伯江译，1994）

可见，形容词的研究具有重要的语言类型学价值。就汉语来说，尽管几乎所有学者（包括主张将形容词合并到动词中去的赵元任、吕叔湘、朱德熙等）在具体的汉语研究中都为形容词立类，都区分形容词这一类别。但是，无论理论上还是实践上，形容词能否与名词、动词"三分天下"，是否具有独立的词类地位，形容词的典型句法功能为何，形容词与动词究竟是一种什么关系，等等，至今都还有不同看法。可以说，近百年的现代汉语词类研究、语法研究，都无法回避形容词的词类特征、词类功能、词类地位等问题。

近年来，王洪君等(2009)学者指出，20 世纪 50 年代关于汉语词类问题的大讨论，确立了以分布为原则的词类划分办法，随着对汉语语法系统研究的深入，一些尚未彻底解决的理论问题重新浮现。于是，组织发起了"新视野下的汉语词类问题"系列研讨，提出了许多值得进一步思考的重要问题，如词类是先验存在的初始概念，还是一个演化结果？词类是否是世界语言中普遍存在的语法范畴？分布原则在汉语词类划分实践中遇到哪些难题？这些难题仍然需要在分布理论的框架下解决还是需要另起炉灶？分词类是为了讲语法的方便，但是，就汉语而言，词类带给我们更多的是方便还是困扰？并认为，21 世纪"语言学的眼光得到了极大的拓展，神经语言学、儿童习得、语言类型学、认知语言学、计算语言学等学科的发展让我们得以重新审视汉语研究当中的许多基本问题"。（有关文章参见《语言学论丛》第四十、四十一辑，商务印书馆，2009、2010）

本章试图在上述背景下，回顾和梳理形容词的研究成果、研究涉及的领域、存在的问题及分歧所在；同时明确本书的目标、价值，以及理论基础和语料来源等，以期为本书对单音形容词的考察、分析和讨论搭建一个较为宽阔的平台，奠定一个比较坚实的基础。

## 1.1 现代汉语形容词研究概述

### 1.1.1 20世纪20—60年代的形容词研究

现代汉语形容词研究，可以从黎锦熙《新著国语文法》(1924)算起，书中参照英文文法不但正式确立了形容词的词类地位，还分出性状、数量、指示、疑问四个小类，[①]并且讨论了形容词句。其中的性状类形容词("好、新、高、糊涂、美丽")成为后来公认的典型形容词。书中指出汉语形容词可直接用作述语，这是"国语句法上"的一个特点，形容词带上"了"后具有了"动性"，等等，(1992：123)都是正确的、有启发意义的。因此，尽管书中对形容词的定义过于宽泛，如把数量词、代词归入形容词，(1992：123)但在此后近百年的汉语语法研究中，"形容词"在现代汉语中的词类地位却得到了普遍认可。

20世纪30年代"中国文法革新讨论"不仅涉及形容词的属性、句法功能和词类地位等问题，而且这场讨论就发端于陈望道的《谈动词和形容词的区别》(1938)。40年代及至今天仍有着重要影响的语法著作——吕叔湘《中国文法要略》(1942)、王力《中国现代语法》(1943)都在词类体系中把形容词与名词、动词并列为独立的实词，并且根据构成

① 王力(1943)把黎锦熙的数量形容词归为数词，指示形容词和疑问形容词归为代词，形容词专指黎氏的性状形容词。这一处理意见为后来的语法研究所接受。

谓语的词类的不同划分出名句（判断句）、动句（叙述句）、形容句（描写句），[1]由此确立了现代汉语的三种基本句类。50年代的重要文献中，丁声树等《语法讲话》（1952—1953），[2]“暂拟汉语教学语法系统”（1956）[3]等，不仅为形容词立类，前者还专门考察了“形容词谓语句”，后者还提出了影响至今的“动词、形容词名物化”的说法。

20世纪50、60年代，朱德熙和吕叔湘把形容词的研究推向了一个前所未有的高度。朱德熙《现代汉语形容词研究》（1956）借鉴结构主义描写语法的理论和方法，把形容词分为简单形式和复杂形式。简单形式是形容词的基本形式，包括单音节形容词（大、红）和一般的双音节形容词（干净、大方）；复杂形式包括：1.重叠式：小小儿、老老实实、糊里糊涂；2.带后加成分的形容词：黑乎乎、黑咕隆咚；3.“雪白、冰凉”一类形容词；4.以形容词为中心的词组：很大、多么新鲜、又高又大。文章指出：形容词的简单形式（红）和跟它相对应的复杂形式（红红的、红通通的、很红）的区别，不在基本的词汇意义上，而在抽象的、概括的意义上，即前者表示性质，后者表示这种性质的状况或情态。这种意念上的区别完整地反映在这两类成分的语法功能上，并具体描写了形容词的简单形式和复杂形式在定语、状语、谓语、补语四种位置上的对立与区别，清楚地论证了不论在什么样的语法环境里，这两类成分始终表现着相互对立的倾向。从而确立了现代汉语形容词的一个语法范畴，即由表示性质和表示状态两种相区别的概念构成的性状范畴。该文“以它崭新的研究角度、独特有效的研究方法和出色的结论引起国内外同行的

---

① 吕著称作“名句、动句、形容句”，王著分别称作判断句、叙述句、描写句。术语不同，实质上没什么区别。

② 《语法讲话》原文在《中国语文》1952—1953年连载，单行本《现代汉语语法讲话》，商务印书馆，1961。

③ 参见吕冀平《现代汉语基础》，黑龙江人民出版社，1983；商务印书馆，2000。

注目”。(邵敬敏,1990a:239)在《语法讲义》(1982)中,朱先生进一步明确了现代汉语形容词的这两大类别,并分别称作性质形容词和状态形容词。60年代,吕叔湘《形容词使用情况的一个考察》(1965)和《单音形容词用法研究》(1966)也是全面研究现代汉语形容词的重要文献。这两篇文章与朱德熙《现代汉语形容词研究》(1956)侧重理论追求不同,主要侧重对形容词实际用法的描写和分析。他们的研究,无论是理论与方法,还是具体描写、分析以及所得出的结论,都具有广泛而深远的影响,成为现代汉语形容词研究的经典文献。此外,龙果夫《现代汉语语法研究》(1958)第三章“形容词(性状范畴)”,赵元任《中国话的文法》(1968)第八章“动词跟别的词类”(动词包括形容词),对形容词的细致观察及独到的见解,都具有重要的学术价值,同样是20世纪50、60年代形容词研究的标志性成果。

### 1.1.2 20世纪80年代以来的形容词研究

20世纪80年代以来,随着语法研究的深入,形容词的研究也获得了不断发展。根据我们的检索和推测,迄今为止,有关现代汉语形容词研究的论文不下500篇,其中20世纪80、90年代发表的论文占据了相当的数量,进入21世纪以来形容词研究的成果增长迅速,形容词研究的专著和词典也已有十几部。有关成果大致可以分为十三个方面:

1.形容词划界问题。如杨敦贵《名词、动词、形容词的特征与区别》(1984),姚汉铭《形容词、动词转类兼立现代汉语形动词》(1991),胡明扬《现代汉语词类问题考察》(1995),张先亮《谈谈形容词与动词的划界标准》(1996),贺阳《形容词与不及物动词的区分》(1996),卢英顺《汉语中的动词和形容词宜合为一类》(1999),郭锐《汉语形容词的划界》(2001),罗自群《现代汉语双音节名词、动词、形容词的跨类表现》(2011),等等。

2.性质形容词和状态形容词研究。如史有为《性质形容词和状态形容词琐议》(1984),邵敬敏《ABB式形容词动态研究》(1990),张伯江《性质形容词的范围和层次》(1997),蔺璜《状态形容词及其主要特征》(2002),李劲荣《现代汉语状态形容词的认知研究》(2004),张国宪《性质形容词重论》(2006)、《状态形容词的界定和语法特征的描述》(2007),姚占龙《现代汉语状态形容词量级差别考察》(2010),等等。

3.形容词再分类研究。如胡明扬《北京话形容词的再分类》(1987)、《形容词的再分类》(2001),筱义《从非谓形容词说到形容词的再分类》(1988),崔永华《汉语形容词分类的现状和问题》(1990),陈一《形动组合的选择性与形容词的下位类》(1993),叶长荫《形容词的再分类》(1993),韩玉国《现代汉语形容词的句法功能及再分类》(2001),小野秀树《汉语形容词的分类与描写功能》(2007),等等。

4.对非谓形容词、唯谓形容词、非定形容词、量度形容词等的专项研究。如吕叔湘等《试论非谓形容词》(1981),叶长荫《试论能谓形容词》(1984),杨宽仁《论非定形容词》(1985),徐建华《汉语非谓语形容词的几个特点》(1987),陆俭明《说量度形容词》(1989),曹德和《量度形容词与数量状语》(1992),张宝林《唯谓形容词的鉴定标准与语法功能》(1996),李宇明《非谓语形容词的词类地位》(1996),齐沪扬《论区别词》(1998),吴颖《时间形容词的逻辑语义分析》(2008),等等。

5.形容词重叠问题研究。如龚继华《谈谈动词和形容词的重叠》(1981),汤廷池《国语形容词的重叠规律》(1982),崔建新《可重叠为AABB式的形容词的范围》(1995),李宇明《双音节性质形容词ABAB式重叠》(1996),石定栩《形容词重叠式的句法地位》(2000),陆镜光《重叠·指大·指小——汉语重叠式既能指大又能指小现象试析》(2000),朱景松《形容词重叠式的语法意义》(2003),王国栓《汉语形容词AA式重叠与量范畴》(2004),李劲荣《形容词重叠式的量性特征》(2006),陈光《对现代汉语形容词重叠表示轻微程度的重新审视》(2008)，石锓《汉语形容词重叠形式的历史发展》(2010)，等等。

6.形容词带宾语和带动态助词研究。如范晓《关于形容词带宾语问题》(1983)，唐厚广等《形容词接动态助词动词化初探》(1985)，叶长荫《"形(兼动)＋宾"结构》(1990)，邢福义《形容词动态化的趋向态模式》(1994)，李泉《现代汉语"形＋宾"现象考察》(1994)、《现代汉语"形＋动态助词"考察》(1997)，刘楚群《形容词的动态性及其语法形式》(2002)，邵敬敏《论"太"修饰形容词的动态变化现象》(2007)，等等。

7.形容词"名物化"问题研究。如邢福义《略说"名物化"》(1980)，李宇明《所谓"名物化"现象新解》(1986)，杨成凯《词类的划分原则和谓词"名物化"》(1991)，胡明扬《关于"名物化"问题》(2000)，胡裕树等《动词形容词的"名物化"和"名词化"》(1994)，姚振武《汉语谓词性成分名词化的原因及规律》(1996)，范晓《关于汉语宾语问题的思考》(2006)，等等。

8.形容词组合规律研究。如陆俭明《数量词中间插入形容词情况考察》(1987)，孙德金《非名词性形名结构》(1996)，齐沪扬《偏正短语中形容词的连用》(1997)，《张旺熹"动＋形"结构的原型范畴》(2001)，张国宪《形名组合的韵律组配图式及其韵律的语言地位》(2005)，赵春利《情感形容词与名词同现的原则》(2007)，黄昌宁等《形容词直接修饰动词的"A＋V"结构歧义》(2009)，陈青松《现代汉语形容词与形名粘合结构》(2012)，等等。

9.形容词充当句法成分研究。如田光炜等《动词、形容词做主语、宾语的问题》(1980)，莫彭龄等《三大类实词句法功能的统计分析》(1985)，陈一《形容词做状语问题再探讨》(1987)，刘松汉《形容词做状语、补语情况再考察》(1990)，贺阳《性质形容词句法成分功能统计分析》(1996)，马真等《形容词作结果补语情况考察》(1997)，张伯江《现代汉语形容词做谓语问题》(2011),等等。

10.形容词配价研究。如刘丹青《形名同现及形容词的向》(1987),谭景春《双向和多指向形容词及相关的句法关系》(1992),张国宪《论双价形容词》(1995)、《论单价形容词》(1995)、《三价形容词的配价分析与方法思考》(2002),袁毓林《形容词的配价层级和配位方式》(1998),刘顺《双价形容词及相关问题》(1999),等等。

11.形容词语义特征、语义指向、语序研究。如袁毓林《祈使句和形容词的类》(1993),马庆株《多重定名结构中形容词的类别和次序》(1995),王珏《有生形容词初论》(2006),原由起子《描写性形容词与数量词的句法位置》(2007),蒋静忠《形容词定语的语义指向与判定方法》(2008)、《形容词定语的逆向指向》(2009),等等。

12.基于认知语法、标记理论、原型理论、类型学等语言理论对形容词的研究。如石毓智《现代汉语的肯定性形容词》(1991),黄国营等《汉语形容词的有标记和无标记现象》(1993),袁毓林《词类范畴的家族相似性》(1995)、《基于原型的汉语词类分析》(1998)、《基于隶属度的汉语词类的模糊划分》(2005),沈家煊《形容词句法功能的标记模式》(1997)、《从韵律结构看形容词》(2011),李宇明《论形容词的级次》(1997),程工《从跨语言的角度看汉语中的形容词》(1998),刘丹青《语法调查研究手册》(2008),等等。

13.新视野下对包括形容词在内的词类问题的新思考。如刘丹青《形容词和形容词短语的研究框架》(2005),袁毓林《词类性质的证伪性测试和本体论检讨》(2006)、《汉语不能承受的翻译之轻——从去范畴化角度看汉语动词和名词的关系》(2010),沈家煊《我看汉语的词类》(2009),石定栩《汉语词类划分的若干问题》(2009),宋柔《从语言工程看汉语词类》(2009),詹卫东《"词类"三问:一个汉语词类知识学习者和使用者的反思》(2009),张韧《关于词类本质的一个动态认知视角》

(2009),汪锋《与汉语词类相关的几个基本概念》(2010),张伯江《现代汉语形容词做谓语问题》(2011),郭锐《朱德熙先生的汉语词类研究》(2011),等等。

不难看出,20世纪80年代以来的形容词研究,既有老题目的继续和深化,比如形容词划界及其范围的讨论、重叠形式及其语法意义的讨论、形容词句法功能的考察、对"名物化"问题的再讨论,等等;也有80、90年代以来提出的新课题、开掘的新角度、引入的新观念,比如非谓形容词、唯谓形容词、非定形容词、量度形容词等的提出和研究,形容词标记现象的揭示,以及肯定性形容词、动态形容词等观念的提出和探讨,等等。21世纪以来,特别是近年来,不仅以往所有研究的领域得到了进一步的深化,而且又基于认知语言学、类型学等新的理论和角度,对形容词进行了新的研究和探讨,如形容词是否具有与名词、动词并驾齐驱的词类地位,形容词的韵律组配问题,形名组合问题,等等,丰富和深化了对形容词的认识。其中,不少成果展示了当今形容词研究的高度。如刘丹青(2005),袁毓林(2006,2010),沈家煊(2009,2011a,2011b),张伯江(2011),郭锐(2011)等。其中,张国宪《现代汉语形容词功能与认知研究》(2006)一书,研究了性质形容词、状态形容词、变化形容词以及形容词的配价、语义指向、韵律组配、典型特征及其词类地位等。被认为"是一部比较全面、细致、深入研究现代汉语形容词的分量厚重的优秀学术专著",(马庆株,2006)"在研究的广度和深度方面,都有所拓展和贡献",(施关淦,2006)[①]"是迄今为止对形容词研究得最为深入的,并且进行了认知上的解释"。(邵敬敏,2011:381)

---

① 马庆株、施关淦的评语见张国宪《现代汉语形容词功能与认知研究》(2006)后附"专家评审意见"。

### 1.1.3 20 世纪 50 年代以来的单音形容词研究

50 年代，朱德熙《现代汉语形容词研究》(1956)中多处论及单音节形容词，比如：1. 单音形容词是典型的甲类成分，双音形容词一般都带有乙类成分的某些性质(甲、乙类分别相当于性质形容词和状态形容词)，并明确表示"单音形容词和双音形容词有极其显著的区别"；2. 单音形容词做定语(白纸)是限制性的，并且具有"单词化"的倾向，是一种具有强烈的凝固趋势的结构，它的结构原则不是自由的造句原则，"白的纸"是一种临时的组合，定语的限制作用更加明显，往往有强调的意味；3. 能出现在 A 类格式(高喊、慢走、远看)的形容词比较多，但不容易判断是造句格式还是凝固格式，B 类格式(多想想、少出去几次、快起来)是造句格式，但能够造成 B 类格式的形容词比较少，因此"绝大部分的单音形容词都不能做状语"；[①] 4. 文中把"真、假、横、竖、错、温、紫"等称作绝对的性质形容词，它们单纯表示性质，没有量或程度的区别，不受程度副词的修饰；5. 文中还讨论了单音形容词重叠的意义和用法，等等。

60 年代，吕叔湘《形容词使用情况的一个考察》(1965)一文，对《海市》一书(约七万字)出现的大约一千四百多个形容词进行了全面的考察，其中广泛涉及单音形容词的出现形式和句法功能：单音形容词修饰单音名词为多，二者的组合多数像一个单词，双音形容词修饰双音名词为多；单音形容词修饰名词不带 de 为多，带 de 是例外，双音形容词带 de 为多，但是不带 de 的也常见；单音形容词修饰单音动

---

① 该文在 2.3 节中还进一步指出，单音形容词做状语的格式里头有许多是凝固格式，有些虽然是自由格式，但其中的形容词已丧失了形容词的身份，变成副词了。在全部单音形容词里，只有"多、少、早、晚、迟、难、真、假、全"等不多的几个词是真正能够做状语的。

词的较多，双音形容词修饰双音动词的较多；《海市》里形容词做谓语的例子比做定语的例子略微多点；单音节形容词倾向于采用“形+名”“动+形”“动+得+形”“名+形”“名+是+形”几种格式，其中，单音形容词做状语几乎是强迫性地采用“形+动”的形式；“动+形”（即形容词做补语）以单音节为主，双音节不多。吕叔湘《单音形容词用法研究》(1966)是专门研究单音节形容词的重要文献。文章对《普通话三千常用词表》里的 140 个单音形容词进行了全面的考察和分析，目的是要了解：形容词作为一类词，它的各种用法的实际情况如何，这种用法或那种用法有没有什么条件、有没有什么联系，形容词的用法一致到什么程度，有哪些分歧，是否引起归类的问题。考察发现了一些重要的语法现象：1. 程度修饰：意义上属于同类的形容词，受程度修饰的情况可以不一样，例如“对”和“错”不同，“真”和“假”不同；又如，可以说“这箱子有点儿重”，不说“这箱子有点儿轻”，可以说“这香蕉有点儿生”，不说“这香蕉有点儿熟”。2. 修饰名词：大致可分为三种情形：比较自由（只有少数几个：大，小，新，旧，好，坏，真，假），不太自由（大多数属于这一类：重担子：*重箱子|脏衣服：*脏鞋|难题：*难问题|错字：*错数目），局限性很大，甚至完全不修饰名词（只有少数：贵，贱，紧，松，迟，美，稳，对，行，差，够，完）。3. 修饰动词：即单音形容词做状语，也有三种情况：比较自由（只有少数：多，少，真，假，大，新，早，晚），大多数是熟语性的或是单词（小坐|高呼|低飞|长出一口气|细想|近看|重用|慢走|静养|平放），不能修饰动词（饿，困，黑，黄，甜，方，圆，对，差，旧，温，胖，瘦）。4. 直接补充动词：即单音形容词做补语，有两种情形：结合较松（能插入“得、不”，动形组合之后往往需要有“点、些”或“了”：写大|压低|砌矮了|长丑了|来巧了|题目出难了），结合较紧（扩大|缩小|降低|延长|提早|刷白|涂黑|返青）。5. 做谓语：单音形容词单独做谓语，一般只出现在问答

和对比的场合（会场大不大？——大/不大|一头重，一头轻）。6.后面带名词性成分：带宾语包括“形”为使动意义（宽心|硬着头皮），“形”为意动意义（重政治|轻敌），以“施事”为宾语（瞎了一只眼|瘸了一条腿），以用来比较的人或事物为宾语（大你一岁|低人一等），单音形容词带数量补语是很普通的（长三尺|短二寸|轻半两），等等。

此外，吕叔湘《多、少、以及许多、不少等等》（1965）、《很不……》（1965），陆志韦《北京话单音词词汇》（1956）、《汉语的构词法》（1964），都不同程度地涉及单音形容词的句法、构词法以及语义和语用问题。

80年代以来，随着对整个形容词研究的深入，单音形容词的研究也取得了不少成果，进入21世纪以来，单音节形容词的研究似愈发受到重视。有关单音形容词的研究成果除散见于形容词研究之中以外（见1.1.2），还相对集中在以下若干方面：

1.单音形容词句法语义研究。如崔永华《与褒贬义形容词相关的句法和语义问题》（1982），陆俭明《“多”和“少”做定语》（1985）、《数量词中间插入形容词情况考察》（1987），詹人凤《有关“多”和“少”的对立和不均衡性的若干考察》（1987），史有为《“把墙刷得白”为什么不能说？》（1994），马清华《汉语单音形容词二叠式程度意义的制约分析》（1997），李向农等《单双音节意欲形容词句法语义特征考察》（2005），刘振平《单音形容词做状语和补语教学新议》（2009），等等。

2.单音反义形容词研究。如耿非《反义形容词》（1981），邵乃强《有“大”无“小”》（1981），杨晓安《单音节反义形容词语义转换的条件》（1987），段益民《略论单音反义形容词 $A_1A_2$ 组结的语法性质和语义特征》（1996）、《从单音反义形容词看汉语语法的层级证明系统》（2003），高艾军《单音节反义形容词的语用选择性》（2000），胡苏《单音节形容词反义结构的考察》（2006），翟颖华《论“不”和反义形容词构成的否定式》（2009），等等。

3. 单音形容词小类研究。如卢甲文《单音节反义词的分类及运用》(1981)，叶长荫《试论能谓形容词》(1984)，杨宽仁《论非定形容词》(1985)，陆俭明《说量度形容词》(1989)，曹德和《量度形容词与数量状语》(1992)，张伯江《性质形容词的范围和层次》(1997)，王金鑫等《可比较性与单音节性质形容词的类别》(2002)，等等。

4. 单音形容词连用及语义指向研究。如马庆株《多重定名结构中形容词的类别和次序》(1995)，徐建华《单音形容词定语连用的语序规则》(1998)，齐沪扬《偏正短语中形容词的连用》(1997)，徐建华等《单音形容词定语的合指析指与语序问题》(1999)，邹艳霞《论形容词状语的多向语义指向》(2000)，等等。

5. 单音形容词与名词等组合研究。如李东锑《单音节形容词在形名组合中的作用——和朱德熙先生商榷》(1985)，陈川《单音节形容词修饰名词的结构方式及其原则》(2007)，步延新《单音节形容词与名词搭配研究》(2008)，祁峰《单音节形容词和名词组合的选择性机制》(2009)、《单音节形容词与名词组合的语义选择关系分析》(2011)，等等。

6. 单双音节形容词对比研究。如张国宪《单双音节形容词的选择性差异》(1996)，李泉《同义单双音节形容词对比研究》(2001)，王灿龙《句法组合中单双音节选择的认知解释》(2002)，张慧芳《同素同义单双音节比较研究》(2007)，吴颖《同素近义形容词的差异及认知模式》(2009)，等等。

7. 以单音形容词为研究对象的博士论文。如段益民《现代汉语单音反义形容词语法问题之研究》(1997)，对 57 对单音反义形容词(如“长—短”)的语法分布、组合形式、程度与否定修饰等进行了考察，并在事实描写的基础上进行了理论探讨。吴颖《现代汉语单音形容词语义结构研究》(2002)，面向中文信息处理，重点考察了单音形容词的句法分布和语义特征，包括单音形容词的模糊性特征和数量特征;单音形容词的语义结构,包括对度量性形容词、时间性形容词、颜色形容词的语义结构研究。刘振平《单音形容词做状语和补语的对比研究》(2007),讨论了状语和补语位置上的句法语义限制,提出了相关位置的语义要求,进而对单音形容词做状语和补语情况进行了分析和预测,并重点考察了单音形容词做状语和补语的情况,同时对“不符合状语或补语位置上语义要求的单音形容词词项却进入了相关位置”等现象进行了解释。

综上可以看到,50、60年代,朱德熙(1956)和吕叔湘(1965,1966)的研究奠定了单音形容词研究的坚实基础。朱先生(1956)的研究不仅多角度涉及了单音形容词的句法功能问题,还解释了跟不同小类单音形容词有关的一些语法语义现象,具有重要的理论价值。吕先生(1965,1966)的两篇文章不仅把单音形容词的描写研究推向了一个崭新的高度,其具体分析及其结论颇有价值,而且具有方法论上的示范意义,是对单音形容词在具体语料中的实际用法和单个形容词的各种可能的用法进行充分描写的成功范例,其选例之精当、分析之细密、解释之恰当,至今仍保持着相关角度的研究所达到的高度。80年代以来,单音形容词研究主要涉及单音形容词的句法组合功能、句子成分功能、单音反义形容词对比、单音形容词小类、单音形容词连用、单双音节形容词对比、个体单音形容词的用法,以及单音形容词配价、语义特征、标记现象等,这些研究无疑大大拓宽了单音形容词研究的领域,拓展了人们对单音形容词认识的视野。近年来,单音形容词的研究逐渐受到重视,特别是单音形容词与名词的组合、反义单音形容词组构以及单音形容词的句法功能等问题。然而,我们也看到,迄今有关单音形容词句法语义的研究,多数是理论上的探讨和利用有限例证进行的定性分析。只有少数对固定语料进行了穷尽性考察,如吕叔湘(1965,1966)。近年来,个别较大规模的词类研究和形容词研究,虽然涉及单音形容词,但未能单独呈现单音形容词的情况。少数对单音形容词句法语义的研究，往往只是对单音形容词的一两项句法功能或一两个方面进行单独或对比研究，还无法借此来了解整个单音形容词的各种用法的实际状况。总的来看，单音形容词研究虽取得了很好的成绩，但成果还不够丰厚，一些基于新理论、新视角的研究尚属探索阶段，还缺乏广泛而深入的研究。这不仅是单音形容词的问题，动词和名词也缺乏基于单音节词的研究成果。

## 1.2 形容词研究存在的问题及现实着眼点

### 1.2.1 形容词研究存在的问题示例

现代汉语形容词多角度、多层面的研究已然取得了丰硕的成果，但在诸多方面还存在分歧：大的问题包括形容词在整个汉语词类格局中的地位，形容词的典型句法功能、形容词的再分类，小的问题包括单双音节形容词的小类及句法语义特征，等等。以下两个方面的问题足以说明形容词的研究仍任重而道远。

1. 某些已经取得共识的观点又有人提出了不同的看法，而且这种不同看法有很强的理据性和可接受性。比如：自从朱德熙（1956）区分出形容词的简单形式和复杂形式，确立形容词由表示性质和状态两大类别构成的性状范畴，并在《语法讲义》（1982）中进一步确立性质形容词和状态形容词两大类别以后，一直为学术界所普遍接受，至今仍有许多学者认为状态形容词可以包括在形容词之内，如沈家煊（1997b）、张国宪（2000，2006c）、胡明扬（2001），等等。但是，也有学者认为所谓的状态形容词“跟形容词很不相同”，明显的不同有两点：形容词都能受“不、很”的修饰，状态形容词不能；形容词都能带补语，状态形容词不能。此外，就意义上说，形容词表示事物的属性，状态形容词表示事物的状况或情态。因此，主张把状态形容词从形容词中分离出来，“单独归为一类，称为状态词”。（北京大学中文系，1993：283）俞士汶等（1998）、郭锐（2002）、陆俭明（2003）都采取这种做法。而张伯江（2011）则进一步指出：现在人们通常还把“状态形容词”当作形容词中的一类，无非是因为，几乎所有的状态形容词，都可以看作是从相应的性质形容词变化来的。性质形容词经过某种方式的形态变化，即变化为“状态形容词”，就可以自由地做谓语。有了这个推论，状态形容词作为一个“词类”的身份就大可怀疑了，或许它们只是性质形容词在句子层面的形态变化形式。并认为AA、ABB、ABC、AXYZ……等形式，是汉语用于形容词的独特的谓语形式。

可见，形容词研究的现状表明，不仅以往公认的形容词的两大基本类别受到了强有力的质疑，“性质”和“状态”两大范畴面临着挑战，而且连其中一大类别（状态形容词）的词类地位也受到了怀疑。与此相关，形容词的范围和内部分类问题也由50年代以来以性质形容词和状态形容词两分法占绝对主导地位的局面，到了80年代以后由于非谓形容词等的提出而出现众说纷纭的局面。例如：叶长荫（1984，1993）将形容词分为唯谓形容词（妥、完、行、上心），条件能谓形容词（红、白、矮、无常）和非条件能谓形容词（粗、细、大、小、聪明、畅快）三类；施关淦（1990）分为性质形容词、状态形容词和非谓形容词（区别词）三类；邢福义（1996：177）分为性状形容词（包括性质形容词和状态形容词）和定质形容词（即非谓形容词）两大类；胡明扬（2001）分为性质形容词、非谓形容词、唯谓形容词、情状形容词和状态形容词五个小类；而俞士汶等（1998）、郭锐（2002）、陆俭明（2003）则主张形容词只保留性质形容词，把状态形容词、非谓形容词从形容词中独立出去，成为与动词、形容词并列的独立的类别，分别称作状态词和区别词。[①] 可见，形容词的分类问题并不那么简单，现在就做出“目前的情况是，形容词分为性质形容词、状态形容词、非谓形容词这三大块已得到了大家的公认”[②]的结论还显得仓促。出现多种分类并存的原因是多方面的，有汉语词类缺乏形态标记和形态变化而难以划分的原因，也有观察的角度和分类的标准、分类的目的不同等原因。归结起来，说明还需要对形容词本身以及包括再分类在内的相关问题进一步加以研究。

2. 形容词的句法功能到底为何，是主要做谓语，还是主要做定语，抑或是主要做谓语和定语（或定语和谓语），对这样一个关系形容词典型句法功能的根本问题，至今仍没有取得共识。例如，黎锦熙（1924/1992：114）认为形容词的主要功能是做定语，而把做谓语的形容词看作转成了动词。吕叔湘（1942/1982：24）指出“动词是用作词结里的谓语的时候多，形容词是用作词组里的加语或词结里的谓语的时候多”；在《单音形容词用法研究》（1966）中，吕先生更明确表示“修饰名词和做谓语是形容词的两项主要功能”。赵元任（1968/1996：566）指出“把形容词当作动词的一种，是强调中国话里的形容词能做谓语，而不需要加上‘是’一类的字眼”，“但是中国话里的形容词，能做谓语也能做属性式的修饰语，而做修饰语用时所受的限制跟动作动词一样”。可见，在赵先

① 此种意见在由陆俭明、马真执笔的北京大学中文系编《现代汉语》（1993）“语法”部分中就已提出。陆俭明《现代汉语语法研究教程》更明确指出，把性质形容词、状态形容词和非谓形容词归为一个类，都看作形容词的意见“是最不可取的”，因为由此定出的所谓形容词就不具有“对外有排他性”的自身语法特点，虽然“做定语”这一点对其内部有一致性，但是这并非它所特有的。因此，从严格遵守词类分类依据角度看，把形容词分为并列的三类——形容词、状态词、区别词“是最为可取的，因为这三组词的语法功能确实有重要区别”。但同时又表示：分类，有一定的相对性。考虑到不同方面的用途，特别是从教学语法（对外汉语教学用的参考语法）角度说，采取把 a 组（大、甜、绿、勤快）和 b 组（通红、煞白、红通通）合为一类，称作形容词，将 c 组（荤、温、野生）称作区别词，也是可以的。（2003：43—45）

② 参见韩玉国，2001：47。

生看来，形容词的主要功能是做谓语，形容词也能做定语，但做定语要受限制。朱德熙(1982:40、55)指出“谓词包括动词和形容词两类”，“谓词的主要功能是做谓语，同时也能做主语和宾语”。朱德熙跟赵元任的观点相近，都认为形容词的主要功能是做谓语，而不是做定语。邢福义(1996:176)认为，形容词在句法功能上“以能够充当定语或谓语(或谓语中心)作为必要条件”。邢先生的观点可以看作是形容词做定语和做谓语并重。张伯江(1997:50、57)指出“跨语言的研究表明，形容词经常充当的句子成分主要是定语和谓语，最重要的功能是做定语”。就汉语形容词的范围来说，“本质属性词，以单音节的为主，能自由地做定语，也能做谓语；附加属性词，以多音节的为主，只能做定语，不能做谓语”。综上来看：有的认为形容词的主要功能是做定语，有的认为是做谓语，有的认为是做定语和谓语或谓语和定语，等等。他们都“持之有理，言之有故”，这反而让人更加无所适从。如果说上述各家大都是依据有限的材料和例证而做出的定性分析，因而让人难以取舍的话，那么一些在计量考察基础上得出的结论同样也很不一致。例如：

莫彭龄、单青(1985)对包括小说、剧本、政论文、散文在内的 17 篇作品中的名、动、形三大类实词充当句法功能的频率进行了考察和统计。结果显示：形容词做定语的频率最高，为 42%，其次是做谓语，频率是 26.60%，据此得出的结论是“形容词的主要功能是做定语和谓语”。但在下文又强调“形容词的主要功能首先是定语而非谓语”。①

贺阳(1996b:128)对口语和书面语各 4 万余字现代汉语材料中，性质形容词充当各种句法成分的频率进行了统计。结果显示：口语中，形

① 原话是这样说的：本文的统计清楚地显示了动形两类词在主要功能上的对立。因此，把“非谓形容词”归入形容词是完全合理的，因为形容词的主要功能首先是定语而非谓语；把“唯谓形容词”归入形容词就值得推敲，因为它不具备形容词最主要的功能，而恰恰具备了动词的主要功能。

容词做谓语占 59.10%，做定语占 21.40%；书面语中，形容词做谓语占 17.50%，做定语占 63%；“口语＋书面语”中，形容词做谓语占 36.30%，做定语占 44.20%。据此得出的结论是，“在形容词的主要功能上，现代汉语的口语和书面语之间存在着巨大的差异”。“口语中形容词的主要功能是做谓语”，“书面语中形容词的主要功能是做定语”，如果根据口语和书面语材料合在一起统计的结果来看，“就不能不承认做定语和做谓语都是形容词的主要功能”。

沈家煊(1997b)对口语和书面语各 3 万字左右的语料中，形容词做定语和做谓语的情况进行了考察分析。全部语料中，性质形容词和状态形容词合在一起来看，做定语占 54%，做谓语占 46%。把口语和书面语分开，“这个比例并没有多大变化”，口语中做定语占 56%，做谓语占 44%；书面语中做定语占 53%，做谓语占 47%。单就性质形容词看，口语中做定语占 74%，做谓语占 26%；书面语中做定语占 55%，做谓语占 45%；“口语＋书面语”中，做定语占 62%，做谓语占 38%。结论是“性质形容词更倾向于做定语而不是做谓语，状态形容词比性质形容词更倾向于做谓语”。形容词做定语和做谓语的标记模式显示：性质形容词做定语加标记占 39.50%，不加标记占 60.50%，状态形容词做定语加标记占 78%，不加标记占 22%；性质形容词做谓语加标记占 71%，不加标记占 29%，状态形容词做谓语加标记占 22.50%，不加标记占 77.50%。结论是：性质形容词做定语和状态形容词做谓语都是无标记的，而性质形容词做谓语和状态形容词做定语都是有标记的。也即性质形容词的主要句法功能是做定语。

郭锐(2001)抽样统计了口语和书面语各 1 万字的语料，其中形容词做定语和做谓语的数频统计：口语中，做定语占 36%，做谓语占 64%；书面语中，做定语占 72%，做谓语占 28%；“口语＋书面语”中，做定语占 58%，做谓语占 42%。结论是：“形容词做定语和做谓语的频率基本持平，做定语的次数略多于做谓语；若区分不同语体，那么，书面语中做定语次数大大高于做谓语的次数，口语中做谓语次数大大高于做定语次数。”郭文还采用不同于沈家煊(1997)的“标记”确认办法，对性质形容词做定语、谓语是否带标记进行了新的统计，得到如下数据：口语中，做定语加标记 33%，不加标记 67%，做谓语加标记 0%，不加标记 100%；书面语中，做定语加标记 30%，不加标记 70%，做谓语加标记 0%，不加标记 100%。结论是“性质形容词做谓语都是无标记关联，而做定语既有无标记关联，也有有标记关联”。换言之，认为形容词的主要功能是做谓语。

不难看出，以上几家的统计数据和结论仍有很大的差异，甚至截然相反。莫、单和贺的统计数据中，做定语的频率相近(分别是 42%，44%)，做谓语的频率相差十个百分点(分别是 26.60%，36.30%)，得出的基本结论相同——形容词的主要功能是做定语和谓语；沈和郭依据的理论和方法基本相同，结论却完全不同：沈认为性质形容词的主要句法功能是做定语，郭认为性质形容词的主要句法功能是做谓语。就性质形容词来看，形容词做定语和做谓语，贺和沈的统计结果相差相当大：口语(贺：做谓语占 59.10%，做定语占 21.40%；沈：做谓语占 26%，做定语占 74%)，书面语(贺：做谓语占 17.50%，做定语占 63%；沈：做谓语占 45%，做定语占 55%)，“口语＋书面语”中(贺：做谓语占 36.30%，做定语占 44.20%；沈：做谓语占 38%，做定语占 62%)，结论自然也就差别很大。贺认为在形容词的主要功能上口语和书面语差别巨大，“书面语中形容词的主要功能是做定语”，而郭认为“书面语中性质形容词主要做定语实际上是假象”。

显然，上述四篇文章的统计数据和得出的具体结论，其差别之大远超过相同相近之处，这足以说明在形容词的主要句法功能问题上还远没有达成共识。而这不仅关系到如何看待形容词的性质和功能，也影响到形容词的词类地位、范围乃至涉及整个汉语词类体系构成的格局。比如，如果认为形容词的主要功能是做谓语，那么，在他们的词类体系中往往首先采取体词和谓词二分法，把形容词和动词看作谓词，或直接把形容词归入动词之内，而且一般都把非谓形容词排除在形容词之外，如赵元任（1968）、朱德熙（1982）；如果认为形容词的主要功能是做定语（或做定语和做谓语），那么在他们的词类体系中往往采取名、动、形三分的格局，并且一般都把非谓形容词归入形容词，把唯谓形容词排除在形容词之外，如莫、单（1985），施关淦（1990）等。

不难看到，形容词研究的现状表明，某些共识性的成果由于新的研究和发现而受到质疑和挑战，而有关形容词的主要句法功能究竟为何这样一个核心性的问题还远未达成共识。不仅如此，形容词研究的其他方面也还存在许多分歧，如形容词范围的划定和内部再分类问题，如何看待形容词带动态助词和带宾语的问题，形容词与动词、区别词的兼类问题，单、双音节形容词组合能力和句法功能的异同，形容词重叠的语法意义，如何看待形容词的名物化和名词化问题，性质形容词内部有无层次性、如果有如何确定，形容词有无语义特征范畴、如果有是怎样一个系统，形容词的句法特征和语义特征的关系如何，形容词是否是原型范畴、如果是如何确定，结合跨语言的研究如何看待汉语形容词的地位和性质，等等。事实上，至今还有人认为汉语并没有一个独立的形容词类，所谓的形容词都不过是动词而已，（James D. McCawley 1992）还有学者认为“汉语中的动词和形容词宜合为一类”，（崔永华，1990；卢英顺，1999）近年来更有学者主张从大的格局上看，形容词包含在动词中，动词包含在“大名词”中。（沈家煊，2007、2009a、2009b）可见，形容词的研究还有很多工作要做。但也应看到，形容词研究已积累了一大批很有学术价值的研究成果，为进一步研究开拓了局面、奠定了基础。实际上，分歧的存在既是研究还不够广泛和深入的表现，也是研究比较广泛和深入的表现。正是研究的角度丰富了、视野开阔了、内容广泛了、观点多样化了，才形成了分歧，而分歧为进一步更加广泛而深入地研究奠定了基础、提供了线索。

### 1.2.2 形容词研究的现实着眼点

如何进一步推进形容词的研究呢？途径应该是多种多样的，比如，可以继续引进新的理论和方法，可以继续拓展新的研究视角和领域，可以大破特破既有的观念和学说；另一方面，更可以进一步做扎实细致的描写工作，从语言事实、语言现象的原点做起；也可以通过对以往研究成果进行全面或专项梳理和评估来总结利弊得失，推进研究的深入，等等。毫无疑问，这些方面的研究都是必要的，可以齐头并进，也可以相互结合与照应。

我们认为，就形容词研究的现状来看，当前主要的工作还是应立足于对语言事实的深入挖掘和细致描写。理论研究固然重要，但语言事实的描写和挖掘同样甚至更为重要，否则就可能成为空谈；理论应服从事实，而不是相反。吕叔湘(1981)在谈到语言研究中理论和事例的关系(“事例”用科学家的术语就是“数据”——吕注)时就说道：“理论从哪里来？从事例中来。事例从哪里来？从观察中来，从实验中来。不管做哪种学问，总不外乎‘摆事实、讲道理’六个字。”在谈到理论和事实哪一个更重要时，吕先生用散钱和钱串子哪个重要来做比喻，指出：“当然成串的钱最有用，可是如果二者不可得而兼，那末，散钱虽然不便携带，捡起一个钱来还有一个钱的用处，光有绳子没有钱可是毫无用处。”①邢福义(2000)指出：“就汉语本体研究而言，事实的深入挖掘，规律的有

① 吕叔湘《把我国语言科学推向前进》，载《中国语文》1981年第1期。

效揭示，至今还存在大片大片的薄弱点和空白点。”[①]陆俭明（2003：336）强调：“说话要有事实、材料为依据，不能随心所欲地发空论。”沈家煊（2008）指出：“大家已经认识到，没有一定的理论框架是观察不到语言事实的。但是对语言的描写仍然是提出理论假设的基础，这一点必须永远牢记。”[②]因此，在提倡加强理论研究和理论提炼的同时，不应忽视对语言事实的描写。没有对语言事实的描写是无法进行理论概括和理论提炼的，同时也难以进行跨语言的共性研究，尽管语言的共性研究不必甚至不可能等待对各种语言做出充分描写以后才能进行，但无论如何描写得越细致、越充分，理论形成的基础和语言共性研究的基础就越坚实。实际上，不仅对汉语来说语言事实的描写是一项长期的工作，对于事实描写比较充分且比较注重理论研究的西方语言学来说，同样也还需要加强对语言事实的描写。美国《语言》(*Language*) 1996 年第 3 期，就专门刊登一篇征求“语言描写报告”的短文，指出对语言与语言用法进行描写，是描写语言学的一项中心任务。关于人类语言能力、交流信息的能力、语言历史的更高层次的概括，无不依赖于语言描写。并举例说明语言描写对于理论研究所起过的重要作用，强调语言描写报告可对现行理论研究有所贡献。因此，特别欢迎对新现象、新语言或语系的描写文章。[③]

那么，再进一步来说，如何进一步开展对现代汉语形容词的描写性研究呢？途径同样是多种多样的，比如，可以利用现有的语料库进行单项或综合性描写，可以对形容词句法功能进行分语体的考察，可以就形容词的兼类问题进行专项研究，可以结合方言和历史来研究现代汉语

---

① 邢福义《关于对外汉语教学》，《对外汉语教学：回眸与思考》，外语教学与研究出版社，2000。

② 见刘丹青编著《语法调查研究手册》序，上海教育出版社，2008。

③ 见《国外语言学》(今《当代语言学》)1997 年第 3 期。

形容词，也可以进行跨语言的形容词对比研究，还可以分别对单音节形容词、双音节形容词以及所谓状态形容词进行单独或对比考察研究，或是就特定语料中的形容词进行全面性的用法描写，或是从某一更为具体的现象或问题出发进行考察和描写，等等。这些方面或角度的研究，有的已经开展了，并取得了不少成果；有的还没有或还很少开展相关的研究，总的来说，都值得去尝试或进一步加强相关方面的研究。语言事实描写得更加全面和充分了，解释得更加充分和清楚了，分歧就会减少，共识就会增多，也就更有可能从全局的高度来认识和把握汉语词类问题，包括形容词的词类地位和主要功能等问题。

## 1.3 汉语单音节形容词研究的价值

### 1.3.1 单音节词的类型学意义①

跨语言研究表明，所有的语言都能区分出名词和动词两个开放的词类，但并不是所有的语言都能进一步从中分出形容词来。（张伯江译文，1994；张国宪，2000）刘丹青（2005）指出：在许多类型学家看来，“不少语言没有独立的形容词”，这些语言表示其他语言中形容词类语义（某种属性）的词项，“在形态—句法上难以成为一个独立的词类”。就汉语来说，形容词和动词的关系问题始终没有得到很好的解决，形容词的词类地位一直存在争议。而汉语词类划分遇到的问题绝不仅限于形、动的关系及分合的问题。因此，虽历时半个多世纪的研究，汉语词类问题仍然未能得到根本解决，以至于有学者提出词类是否是“普遍存在的语法范畴”、汉语词类划分“带给我们更多的是方便还是困扰”的深

① 另请参看本章1.0节。

层思考。(王洪君等,2009)这可以看作是汉语词类研究螺旋式上升中的忧患和困惑。但实际上,词类问题的研究,过去几乎占据整个汉语语法研究的半壁江山,[①]今后仍然是现代汉语语法研究的重要内容。文炼(1998)就曾指出,展望21世纪,"词类问题仍旧是个热点。现代汉语词类的次范畴须进一步研究。一方面要发现新的次范畴,一方面对已有的次范畴要重新认识"。[②] 沈家煊(2009a)指出:讲语法,先要讲词类,因为词类是讲语句结构必不可少的"道具"(或叫"理论构建"),有了这个道具才方便我们讲语法。袁毓林等(2009:前言)指出:汉语词类是学习汉语和研究汉语都绕不开的话题。词类的概念很重要。甚至可以毫不夸张地说,没有名词、动词之类的词类概念,人们简直就没有办法谈论语法,也无法有效地学习和教授语言。

从跨语言的角度看,海内外不少学者都把单音节看成是汉语的一个特点,也看成是汉藏语系其他语言的一个特点。例如:1.高本汉(1946)列举了一段现代北京人所说的"官话":"赵县城外有一家两口人,一个七十多岁的老婆跟她儿,她家很穷,常没有饭吃;天天打柴卖钱,得一点米肉度命。"他指出:"这段话里我们展现了汉语最重要的特性:它是单音节语,即一个词(非复合词)由一个单音节构成;它又是孤立语,即每个词都有一个始终不变的形式,而没有那些以句中词与词之间关系为基础的屈折手段和词形变化。"(中译本,2010:16)2.马提索夫(1984)认为,单音节语是汉语以及东南亚的其他语言跟英语

---

① 因此,在看到词类问题至今仍未彻底解决的同时,也要看到百年来词类研究取得的成绩。一些知名语法学家都为词类研究做出过贡献,如黎锦熙、赵元任、陈望道、方光焘、吕叔湘、朱德熙、胡裕树、张斌、胡明扬、陆俭明、邢福义等,(见邵敬敏,1990/2006,2011)正是在不断的肯定和否定中,汉语词类研究也在不断进步。事实亦如此,如近十年来不断有词类研究的重要成果问世,如郭锐(2002),沈家煊(2007,2009a,2009b),刘丹青(2008),袁毓林等(2009),袁毓林(2010b),等等。

② 见《语言文字应用》1998年第1期。

的一个不同。(见徐通锵,1984)3. 朱德熙《语法答问》(1985:2)指出:跟印欧语比,经常提到的(汉语特点)有两点:一是说汉语是单音节语,二是说汉语没有形态。如果单音节语的意思是说汉语的语素绝大部分是单音节的,那是符合事实的。说汉语里缺乏印欧语里名词、形容词、动词那些性、数、格、时、人称的变化,那自然也是符合事实。可见,朱先生也认为单音节语是汉语的一个特点。4. 罗杰瑞(1995:8)指出:东南亚的很多语言,包括汉语,都是单音节语。这些语言中能表示意义的单位多数是单音节形式。实际上,没有哪个语言,所有的词都是单音节的,只是从类型上看,多数表义单位是单音节的。现代汉语中,有很多多音节词,但这些词是由一串单音节的表义单位组成,如"电话"的"电""话"都分别表示一定的意义。真正的多音节词如"蜘蛛""耷拉(掉下)""疙瘩",毕竟只是少数。5. 瞿霭堂、劲松(2000:58—61)指出:汉藏语言音节与语素具有对等性,一个音节即一个语素,也即语素具有单音节性。在谈到汉藏语言的类型和共性时指出,汉藏语言具有单音节性,即汉藏语言的形态以附加法为主,而且这些形态成分都是单音节的。当然,也有学者似乎不认为单音节是汉藏语言的一个特点,如张琨(1984)指出,"用单音节、声调来描写藏汉语,恐怕不大合适"。(徐通锵,1984)

说汉语是单音节性很强的语言,其基本理据是:语素是语言中最小的意义单位,无论是古代汉语还是现代汉语,绝大多数语素也是一个音节,一个音节基本上都是一个语素;而一个汉字即是一个音节,所以绝大多数汉字都代表一个语素,也即一个单音词。单音词是汉语词汇的原始形态,是汉语词汇范畴中基本的"成词元素",在汉语中有着无可替代的作用。可以说,从语系和跨语言的角度看,汉语单音节词具有语言类型学的研究价值。

### 1.3.2 单音节词的认知语言学价值

从认知语言学的角度来看，单音节词有以下几个特点：其一，大多表示人类概念的基本层次范畴。人类概念层级中，最重要的不是较高层的范畴如“动物、家具”，也不是较低层的如“波斯猫、扶手椅”，而是位置居中的“猫、椅子”，由于这个层次的范畴在人类认知中的基本地位，它们被称作基本层次范畴（basic-level categories）。（张敏，1998：59）基本层次范畴对上可以与高一级层次的范畴相联系，对下可以与低一级层次的范畴相联系。当代认知科学研究已经证明，人类的大多数思维活动是在基本层次进行的，或是从基本层次出发的。其二，单音节词具有原型性。跟双音节词相比，汉语中绝大多数单音节词的词类归属都没有争议，说明汉语单音节词大都是相关词类范畴的典型成员，具有原型性。其三，单音节词大都具有较强的口语色彩。心理语言学和认知科学的研究表明，人类对世界的认识和反映总是从基本层次出发的，由具体到抽象，由简单到复杂。因此，表具体、简单的概念，最初用的都是单音节词，汉语尤其如此。尽管由于语言的发展，有些单音节词已经双音节化，但仍有相当一部分表示具体、简单概念的单音节词保持不变。这部分词由于使用频率非常高，因而也就具有相对较强的口语色彩。（王灿龙，2002）

单音节词所具有的这几个特点，基本上是基于语言发展史及跨语言比较得出的总体上的结论。就汉语来说，现代汉语的单音节词大体上也具有上述这几个基本特点。但是，汉语单音词内部也存在差异性，比如，现代汉语中有少数单音词是古代汉语遗留至今的，并不具有口语性，而是书面色彩比较明显，如“甘”“孤”“佳”“良”“劣”“陋”“烈”“盛”“贤”“愚”“微”等就多见于书面语。单音形容词相对双音形容词来说，原型性程度较高，但其自身也有个原型性的问题，也即其内部成员的原型性用法如何，内部成员的原型性层次何如，这些也是我们选择单音形容词作为研究对象的缘由所在。

### 1.3.3 单音节词是汉语研究之本

单音节词在汉语中具有重要的地位，在汉语语法研究中具有重要的价值。[①] “古代汉语以单音词为主，现代汉语里双音词占优势”。“作为现代汉语里的语汇单位，双音节比单音节多得多”。“在现代汉语的语句里，双音节是占优势的基本语音段落”。“单音节的活动受到限制，结果是倾向于扩充为双音节”。（吕叔湘，1963）正是因为现代汉语中双音化是占主流发展趋势的节奏倾向，双音节是最基本的稳定的韵律结构，因此，单音节在现代汉语中是一种组合需求强烈的音节，具有较强的黏附性，以便扩充为双音节而成为稳定的韵律结构。相对而言，双音节由于本身是一种稳定的韵律结构，其组合需求就不如单音节那么强烈。单、双音节自身韵律结构稳定性的不同，势必造成它们在词法、句法、语用等层面上表现出差异性，而有关研究已显示了这种差异性。如张敏（1998:278）就指出，单双音节形容词做定语“单音节不带 de 为多，双音节带 de 为多”这一规律隐含着认知—语义方面的动因。跟单音形容词相比，不少双音形容词大都有一定的主观估价意味（“高—高大”“贵—贵重”“小—渺小”），其意义介乎属性和情态之间，而单音形容词多表示事物的属性，它跟所修饰事物的概念距离更近。显然，单双音节形容词在带 de 不带 de 方面差别之下潜藏着的正是距离象似动因。此外，张国宪（1996）、王灿龙（2001）、周韧（2011）、柯航（2013）等的研究也显示了单音节词和双音节词在句法语用上的差异。

---

① 另请参看苏新春《当代中国词汇学》第四章第二节“单音词的语言地位与文化基础”，广东教育出版社，1995。

现代汉语在词汇总量上双音节词占绝对优势，但在词频上单音节词占绝对优势。单音节词不仅在汉语中，在其他任何一种语言中都是最基本的核心词汇，其使用频率之高、构词能力之强是无可比拟的。据《现代汉语频率词典》(1986)统计，单音节词数只占总词数的12%，说明现代汉语不是“单音节语”。但是，单音节词次占总词次的64.30%，又说明现代汉语是“单音节性强”的语言。口语中单音词的出现频率高达74.90%。(周有光，1988)同样是在《现代汉语频率词典》中，按使用度高低排列的9000个词中，单音词2400个，双音词6285个，二者的数量之比为1∶2.5，从词量上看双音词占绝对优势，但从作用上看，却并不能表明双音词占优势。原因是：其一，单音词的平均使用频率为350次，双音词的平均使用频率为60次，前者是后者的近6倍。其二，愈是在基本词的范围内，单音词所占的份额愈多，比如在前2000个高频词中，单音词957个，双音词1020个，二者数量上基本持平，但使用频率却是2.5∶1；而在前1000个高频词中，单音词与双音词之比为565∶431；在前500个高频词中，二者之比是332∶166。其三，双音词主要是经由单音词或仍可做单音词用的词根词素所构成。据统计，既可用成词，又可处在词内各个不同位置上起构词作用的汉字占到二分之一强。(苏新春，1995:163)进一步来说，单音节词在现代汉语中是个相对固定的量，它既不会无限增加，更不会快速增加。它的增长量和增长速度都无法跟双音节词相比。正因此，对使用频率高、构词能力强而数量相对固定的单音节词的研究，对于没有形态变化的汉语来说，不仅是极为重要的，甚至也是更为根本的。

早在60多年前，陆志韦(1951序)就对汉语的单音词及其研究价值发表过重要意见：“我为什么要耗费成年成月的时间来采集北京话的单音词呢？这词汇有什么用处呢？……我们一分析汉语，当时就发现一种普遍现象，不管是在哪一种方言。汉语的基本资料是单音词。

将来的汉语会变成个什么样子，且不用提它。自从有文字以来，这三千多年的历史基本上是单音词的历史。我们要了解汉人的思想作用，说话的条理，或是从语言学的观点来了解现代汉语，就得把那些单音词彻头彻尾的、彻里彻外的、翻来覆去的、颠来倒去的搞他一次。所以我就开始收集单音词，并且想在单音词的用法上整理汉语的普通语法（不像从前人的尽模仿外国文法，或是从古书堆里捡些文句来凑合拉丁文、英文之类）。""汉语是基本建造在单音词上的。""那些单音词又不像在欧洲语似的，它们并没有词头，词尾，等等变化。"从这段话可以看出，陆先生把单音词看成是汉语之本、了解现代汉语必经之路、建立汉语普通语法的基础、与欧洲语言的差异之所在。这些意见是极有价值的，遗憾的是，多年来并没有受到应有的重视。

我们甚至认为，单音节词不仅是汉语词汇之本、词汇研究之本，很可能也是汉语语法之本、汉语语法研究之本，至少是一个重要的研究视角和研究领域。因为汉语的音节是最容易区分的"语言单位"，最容易把握的"汉语单位"。因此，音节不仅应是研究汉语特性的重要视角，也是研究汉语词法和句法的重要视角。可喜的是，近些年来已有学者基于汉语的音节，对汉语的词法和句法及相关的语义问题，乃至整个汉语研究的方向、基点、架构和体系等都进行了有益的探索。例如，徐通锵（1994，1997，2008 等）对汉语结构的基本原理、汉语字本位语法进行了开拓性的探索。又如，冯胜利（1997，2000，2005）在相关理论的支持下，以韵律为中心，探索了汉语的韵律、词法与句法问题，广泛研究了汉语韵律句法学、汉语韵律语法，展示了基于汉语音节（韵律）来研究汉语词法、句法及语义问题的新的视角。

### 1.3.4 单音节词研究有助于深化汉语研究

对单音形容词的研究，不仅对进一步认识单音形容词本身的句法功能和语义特征有意义，而且对推进整个形容词的研究无疑也是很有意义的，至少是一个很好的切入点。具体来说：汉语词类的研究缺乏区分音节的意识，词类划分中许多问题纠缠不清，难以达成共识和定论，原因是多方面的，而不区分音节可能是其中的一个重要因素。朱德熙(1956)指出："单音形容词和双音形容词有极其显著的区别。"显然，音节形式本身必然是造成"显著区别"的重要因素。吕叔湘(1963)也指出："单双音节的搭配问题应该没有什么限制，可是事实上仍然表现出来某些倾向，有某些适宜和禁忌。"而迄今为止，我们仍缺乏从单双音节词的语法功能是否都完全一致的角度，来考虑汉语的词类划分问题。汉语是非形态语言，不如有形态标记的语言区分词类那样容易。因此，区分词类最务实可行的途径是依赖句法功能，而单音节词和双音节词的句法功能和分布特征并不完全一致。

实际上，近年来已经有不少学者从音节的角度来探讨包括形容词在内的汉语语法现象。比如，张国宪《现代汉语形容词功能与认知研究》(2006)第九章"形容词的韵律组配"，集中讨论了单双音节形容词与名词、动词及其次范畴的选择限制，韵律与语义、句法的关系等问题，揭示了一些相关的组配规律。又如，周上之《汉语离合词研究》(2006)一书从单双音节对立互补的角度考察了现代汉语离合词，用大量语言事实论证了离合词的两个音节实际上聚焦了汉语语素、词和短语三者关系，从而影响和制约着相关语法现象的深层运作。而周上之《离合词与音节变动》(2007)一文，则从单双音节的角度来研究离合词问题，不仅视角新颖，而且也初步揭示出了离合词运用的一些内在关联规律，是基于音节来探讨和解决汉语老大难问题的一个例证。再如，沈家煊《从韵律结构看形容词》(2011)一文中，明确指出："讲汉语的语法结构，经常是单音节和双音节的区分比名词和动词的区别还重要。"并结合吕叔湘(1963)最早发现的三音节组合中，定中以[2+1]为常态，述宾以[1+2]

为常态(定中结构:出租房|* 租房屋;述宾结构:租房屋|? 出租房),而进一步强调"要确定一个组合是述宾结构还是定中结构,主要不是看这个组合的成分哪个是名词哪个是动词,而是看哪个是单音节哪个是双音节"。沈先生还主张应重新考虑现代汉语形容词内部的划分方式。认为过去我们习惯按朱德熙(1956)的做法主要拿能不能加"很"和重叠的方式,将"寒冷、苍白"跟"冷、白"合在一起算性质形容词(属性词),对立于状态形容词"冰冷、煞白"。现在看到"这两条标准并不十分可靠也不那么重要,可靠的标准是单音和双音的区分(非此即彼),重要的标准是单双音节在不同结构类型中的组配(讲语法一定要讲结构类型)"。并按照这两个新的标准将"寒冷、苍白"跟同是双音的"冰冷、煞白"归为一类叫状词,对立于单音的属性词"冷、白"。并强调"形容词内部首先按单双音节来区分小类,并不意味着双音形容词内部不必做区分,不过那是第二步才要做的事情"。

此外,李晋霞《现代汉语动词直接做定语》(2008),王洪君《基于单字的现代汉语词法研究》(2011),周韧《现代汉语韵律与语法的互动关系研究》(2011),陈青松《现代汉语形容词与形名粘合结构》(2012),柯航《现代汉语单双音节搭配研究》(2013)等,都展示了基于音节的汉语词法和句法研究的宽阔前景。

## 1.4 本书研究目标、理论基础和语料来源

### 1.4.1 本书的研究目标述要

1.本书最直接的目的,是想系统地考察相对比较单纯而又数量有限的现代汉语单音节形容词各种用法的实际情况如何,不同用法有无条件限制,什么样的条件。即看一看多数人公认的形容词典型成员单

音形容词，其内部是否是均质的，句法功能一致到什么程度。

2. 本书借助相关的语言理论，通过对单音形容词词项受程度副词和否定副词修饰、重叠、带动态助词、带宾语、带补语的情况，构成祈使句、评价句、疑问句、比较句的情况，做主语、宾语、定语、谓语、状语、补语情况等上述三个维度 16 个项目的考察，来确认单音形容词在不同维度上的原型特征序列，进而建构单音形容词原型特征模式。

3. 如果能够建立起不同维度的单音形容词原型特征序列，并据此建构一个单音形容词原型特征模式，则不仅可以证明单音形容词范畴属于原型范畴，其内部成员并不是均质的，而且可以利用这一原型特征模式来确认每一个单音形容词的原型程度和原型地位，进而为单音形容词内部成员进行再分类。

4. 形容词本身的研究，已经有了不少成果，但是，存在的问题仍然相当多。比如，单音形容词内部如何再分类，分成几类，标准为何？形容词的原型句法功能究竟为何，做定语和做谓语哪一个是更为原型的功能？在功能语言学的视野下，如何看待动词和形容词的“名物化”问题？本书的研究希望能为诸如此类问题的解决提供某些线索和参考。

5. 自 20 世纪 60 年代吕叔湘(1965,1966)发表两篇单音形容词的研究论文以后，在近半个世纪的时间里，很少见到对现代汉语单音节形容词进行系统研究的成果。本书试图在吕叔湘等先哲和今贤研究的基础上，借鉴现代语言学理论，在更大范围内对单音节形容词进行多角度、多层面的系统性考察，希望能在一定程度上推进汉语单音形容词的研究。

6. 如果本书的基本设想能够实现，即能够确定单音节形容词原型范畴的特征模式，并据此确定单音形容词的原型程度及层次类别，那么也希望所建立的“单音形容词原型特征模式框架”能为研究和解决双音节形容词乃至动词、名词等的原型性问题提供借鉴。

### 1.4.2 本书的理论基础述要

本书在利用句子成分理论、结构主义描写语法的分布理论，以及诸如语法分析中形式和意义相结合、定性分析与计量考察相结合等原则的同时，主要借鉴了功能语言学的原型理论（prototype theory）和语言标记理论。原型理论的哲学根源是哲学家维特根斯坦（Wittgenstein）的“家族成员相似性”（family resemblances）的理论。Wittgenstein（1958）依据家族成员相似性原理解释了这样一种现象：尽管下棋、打牌、赛球、奥林匹克比赛等活动都称为游戏（spiele，games），但是它们并没有一组共同的特征（比如比赛方式、记分方式、决定胜负的方式等），它们之间只是存在着部分地重叠、交叉的相似性。就像同一家族的成员在体形、相貌、眼睛颜色、步态、气质等方面部分地重叠、交叉相似一样，这就是所谓的家族成员相似性（family resemblances）。[①] Rorch 和 Mervis（1975）进一步将“家族相似性”定义为：一组形式为 AB、BC、CB、DE 的项，每一项都同一个或几个其他项拥有至少一个或者几个相同的要素，但是没有或几乎没有一个要素是所有项共有的。（李福印，2008：95—96）

原型范畴化的理论基础、基本内容及属性主要包括（廖秋忠，1991；张敏，1998：49—58；蓝纯，2005：30；李福印，2006：231）：

1. 实体（entity）是根据其属性（attributes）而非其基本特征（essential features）来加以范畴化的。属性是事物性质的心理体现，与人们的认知及与现实的互动模式密切相关（Lakoff 称之为 interactional properties，即互动属性），基本特征被理解为事物固有的本质特性，是

---

① 以上对“家族成员相似性”的概括性解释引自袁毓林 1995：注①，又见袁毓林著《语言的认知研究和计算分析》，北京大学出版社，1998：244。Wittgenstein 的原话及中文翻译，可参看李福印 2008：94—95；F. Ungerer & H-J，Schmid（2006）*An Introduction to Cognitive Linguistics—Second Edition*.《认知语言学导论》（第二版），彭利贞等译中文本，2009：30—31。

与主体无关的，客观而独立地存在的。

2. 实体的范畴化是建立在好的、清楚的样本(exemplar)之上，然后根据其他实体与这些好的、清楚的样本在某一组属性上的相似性而归入该范畴。这些好的、清楚的样本就是“原型”，是非典型事例范畴化的参照点。也即范畴内部的成员由“家族相似性”联系在一起，并非满足一组充分必要的条件。“家族相似性”意味着范畴中所有成员，由一个相互交叉的相似性网络联结在一起。如[鸟]中成员具有的特性包括：有羽、生蛋、有喙、会飞、短尾、体形小、重量轻，等等，知更鸟完全满足这些特性，鸵鸟不具备会飞、体形小的特征，但具备有羽、生蛋等特征，因此仍是[鸟]范畴的成员。

3. 范畴内的成员在说话人的心目中地位并不相等，有较好的与较差的样本之分。其较好的成员是最具原型性(prototypicality)的成员，与最差的成员之间可有等级差别。范畴中成员资格有等级之分。也就是说，范畴成员依据具有该范畴所有特性的多寡，而具有不同的典型性。其中，原型是范畴内最典型的成员，其他成员有的典型性显著，有的则处于范畴的边缘位置。如知更鸟具有[鸟]的所有特性，是最典型的成员。麻雀、鸽子等属于典型性较高的成员，它们与知更鸟的共同特性相对较多。而鸵鸟、企鹅则处于[鸟]的边缘位置，它们跟知更鸟共有的特性非常少。

4. 范畴中原型性更高的成员具有更多的与同类其他成员共有的属性，而与相邻类别的成员共有的属性最少，也即原型成员最大限度地区别于其他范畴的原型成员。相反，边缘成员与同类其他成员共有的属性较少，而与相邻范畴共有一些属性。也就是说，不同范畴中的原型成员之间特征差异最大。

5. 应该指出的是，范畴化的原型理论中，所谓原型也可称作“典型”，prototype 译作“原型”或“典型”无本质区别，都是指一个范畴里最有代表性的成员。但是 prototype 还有一种理解,指的是作为范畴核心的图式化的心理表征(mental representation),实际上是一种认知参照点,从这个意义上说,最佳实体也并不就是原型,只是例示(instantiate)了原型,这层意思更为确切,更符合"原型"的本义。

综上,概括起来说,原型理论的基本观点主要包括:范畴是依据原型特征,而不是什么必要和充分条件所建立起来的"完形"概念。范畴成员之间有原型和非原型之分,彼此之间有隶属程度差异。范畴成员之间存在相似性和共性特征,可以构成一个连续体。范畴的边界是模糊的(fuzzy)。实际上,按照认知语言学的基本观点来看,语言客体范畴中,从语音层面的音位、音素等,到形态学层面的词、词缀等,句法层面的词类、短语结构、句子,再到句法语义范畴如主语、施事、主题等,其中都不同程度地体现出原型效应,即这些范畴往往边界不清、有中心的原型成员和非中心的边缘成员之别。(张敏,1998:78)

词类范畴是一种原型范畴,早在认知语言学出现以前语法学家们就已经注意到这一点了,只是没有使用"原型范畴""原型效应"之类的概念而已。例如,传统语法学家 Crystal(1967)曾明确提出,词类存在边界模糊的现象,某个类别里典型的中心成员具有最多的划类特征,而非典型的边缘成员则具有较少的特征。Quirk 等人(1985)所著的英语描写语法也特别强调了类别隶属的程度之别。(张敏,1998:78)又如,我国语言学家陆志韦(1951/1956:29)就说过:"大凡一个词已经在某种特别重要的地位上证明是某类,以后在别的地位上也叫作某类,除非地位的改变叫词的意义上发生了很清楚的改变。"这句话就包含了不同的词类具有不同的原型分布及其原型功能的意思。吕叔湘(1979:10)指出:由于汉语缺少发达的形态,许多语法现象是渐变而不是顿变,语法分析时容易遇到各种"中间状态"。词和非词的界限,词类的界限,划分起来都难于处处"一刀切"。但这不等于说一切都是浑然一体,前后左右全然分不清，正如中高纬度地方不像赤道地方昼和夜的交替在顷刻之间，而是黎明和黄昏都比较长，但是不能就此说那里没有昼和夜的分别。显然，吕先生这里所说的语法观念，跟认知语言学的原型理论的基本精神是一致的，只是表述角度和方式不同而已。

语言中的标记现象(markedness)是指一个范畴内部存在的某种不对称现象，如在"数"的范畴中，英语的复数是有标记的(marked)，单数是无标记的(unmarked)。语言系统的不对称又可分为组配的不对称和功能的不对称。组配上不对称功能上也一定不对称，而功能上的不对称总是跟组配上的不对称联系在一起的。语法中的不对称大多跟形式和意义之间的不对称有联系。一个范畴内部成员的不对称实际就是有标记项和无标记项的对立。本书判别有标记项和无标记项的具体标准，主要依据沈家煊(1999:32)归纳的有关标准：

组合标准：组合成有标记项的语素数目比无标记项的多，至少也一样多。

聚合标准：聚合成一个无标记范畴的成员比聚合成一个有标记范畴的成员多，至少也一样多。

分布标准：在句法中无标记项可以出现的句法环境比有标记项的多，至少也一样多。

频率标准：无标记项的使用频率比有标记项的高，至少也一样高。

意义标准：语法中无标记项的意义一般比有标记项的意义宽泛，或者说有标记项的意义包含在无标记项之中等。

标记模式跟典型范畴的理论有着密切的关系。一个范畴的核心成员(典型成员)通常也就是这个范畴的无标记项。

### 1.4.3 研究范围和语料来源

以形容词为研究对象，需要首先明确什么是形容词？而要给形容词下一个定义也许并不难,如“形容词是表示事物属性的词”“形容词表示事物的性质或状态”,等等,但这样的定义也许只对认识和理解已经确定的形容词(如“新、旧、好、坏、灵活、死板”)有一定的帮助,要用这样的定义来划分和认定形容词,就有问题了。因为何为事物的“属性”“性质”或“状态”,实在说不清楚,落实到具体词汇的认定就会见仁见智,有人说“累、困、疲倦”是形容词,那么“高兴、舒服”算不算?从概念上是说不清楚的。所以,根据意义划分词类的做法已被学术界否定。[①] 那么,能否下一个具有可操作性的定义呢?能是能,但依这样的定义来划分词类往往也难以完全实现“对内有普遍性,对外有排他性”。比如,朱德熙(1982:55)指出:谓词包括动词和形容词两类。划分动词和形容词的标准为:1. 前边能不能加“很”;2. 后边能不能带宾语。所确定的形容词如“大、红、远、好、结实、干净、发达、漂亮”等。并据此把形容词和动词定义为:(1)凡受“很”修饰而不能带宾语的谓词是形容词。(2)凡不受“很”修饰或能带宾语的谓词是动词。同时强调“确定形容词的两项标准(受‘很’修饰和不能带宾语)必须兼备;确定动词的两项标准(不受‘很’修饰和能带宾语)只要符合其中一项就行”。

那么,按照这种操作性的划类标准能不能把动词和形容词区别开来呢?对此,袁毓林(1995)指出“事实证明是很困难的,因为存在着这样两个语言事实”:一、并不是所有的形容词都能受“很”修饰,比如:“煞白、冰凉、通红、喷香、粉碎、精光”等状态形容词本身已经表示了某种程度,所以不能受程度副词“很”修饰。但是根据上面的定义(2),这些形容词只能划到动词中去。二、形容词不是绝对地不能带宾语,例如:“红

① 如吕叔湘(1954)指出:单凭意义分类,第一,不同的人可以得出不同的结果,包括词类的数目不同,具体的词归类不同;第二,有些词难于决断,在同一个人手上也会有时候归在这一类,有时候归在那一类。可见,考虑整个词类体系的时候定出一些比意义更具体的标准来是应该的。朱德熙相关著作中(1982,1985,2010)也都否定了根据意义来划分词类的做法。

着脸、红了脸、空着手、空过手、斜着身子、聋了耳朵、高你一头、大他三岁、忙了你一天”等。而根据上面的定义(2),因为这些形容词能够带宾语,所以应该划到动词中去。可以看出:“关于形容词的定义(1)对形容词内部没有普遍性,它只能管住性质形容词,但管不住状态形容词;关于动词的定义(2)对形容词没有排他性,它把动词以外的一部分形容词也划了进来。”所以,袁毓林等(2009:前言)得出了如下的结论:想用一句话来给词类下定义,或者用一两种用法(语法功能)来作为划分词类的标准,都是不太容易办到的事情。

可以认为,汉语词类划分的理论和实践表明,“对内有普遍性,对外有排他性”的词类划分原则实际上过于理想化,在词类划分实践中难以落实。我们相信词类是原型范畴,其范畴的确立就是多标准、多特征的,并不是依据一两项充分必要条件而建立起来的。本书的目标不在于给形容词下定义或确定几项划类的标准来为形容词归类,而是试图考察单音形容词的原型性句法功能及单音形容词内部成员的均质程度,但在考察和分析之前,还不能确知单音形容词的典型句法功能为何。因此,我们以前人所确定或指认为形容词的单音形容词为研究对象,看一看这些所谓的单音形容词的各种用法的实际情况如何,进而确定单音形容词句法特征的原型序列,确认和区分单音形容词范畴的原型性层级类别,等等。

这样一种研究范围的确定,不仅是因为本书的目标不在于给形容词下个准确的定义,也不在于利用某些标准来为形容词分类或归类,而是打算系统性地观察一下单音形容词的内部状况究竟是个什么样子。因此,凡是有人指认为形容词的单音形容词都可以是我们的考察对象,看一看这些在人们心目中的“单音形容词”用法上的实际表现如何。实际上,这样一种研究意图,吕叔湘(1966)已经做了开拓性的工作,只是我们考察的单音形容词的数量更多,并且区分了义项,讨论的问题也更加广泛。

将前人指认为形容词的单音形容词作为研究对象，可以回避为形容词下定义的麻烦，但是，前人又是根据什么标准将某一单音节词确定为形容词的呢？显然，前人确定为单音形容词的成员中，肯定有公认的形容词，也有典型性差一些的形容词，还可能有少数尚存争议的成员。拿前两类成员作为研究对象应该不成问题，而把最后一类存在争议的成员也纳入考察的范围，其理据为何？比如，非谓形容词和唯补词是否应归入形容词，就值得进一步讨论。

尽管如此，我们认为诸如非谓形容词和唯补词这类跟形容词在用法上有一定“家族相似性”的成员，作为边缘成员特别是作为研究对象而归入“形容词”应该是可以的。实际上，将典型的、不太典型的和少数是否是形容词还有争议的“单音形容词”均纳入本书的考察范围，既符合本书应用的原型理论，也符合本书的研究目标所需要的语料。

本书考察的现代汉语单音形容词主要来源于下列文献：

《北京话单音词词汇》(修订本)，陆志韦，科学出版社，1956。

形容词使用情况的一个考察，吕叔湘，《中国语文》1965 年第 6 期。

单音形容词用法研究，吕叔湘，《中国语文》1966 年第 2 期。

试论非谓形容词，吕叔湘、饶长溶，《中国语文》1981 年第 2 期。

试论唯谓形容词，叶长荫，《北方论丛》1984 年第 3 期。

论非定形容词，杨宽仁，《语言研究》1985 年第 2 期。

《汉语词类研究和分类实验》，陈爱文，北京大学出版社，1986。

《普通话三千常用表》(增订本)，郑林曦，语文出版社，1987。

北京话形容词的再分类，胡明扬，《北京话初探》，商务印书馆，1987。

《形容词用法词典》，郑怀德、孟庆海，湖南出版社，1991；修订版《现代汉语形容词用法词典》，商务印书馆，2003。

论区别词，齐沪扬，《现代汉语空间问题研究》（附录），学林出版社，1998。

《现代汉语语法信息词典详解》，俞士汶等，清华大学出版社，1998。

《现代汉语规范字典》，李行健，语文出版社，1998。

《现代汉语八百词》（增订本），吕叔湘，商务印书馆，1999。

《汉语水平词汇与汉字等级大纲》（修订本），经济科学出版社，2001。

《现代汉语词典》（增补本），商务印书馆，2002；《现代汉语词典》第6版，商务印书馆，2012。

《现代汉语规范词典》，李行健，外语教学与研究出版社，2004。

本书对上述文献中的“单音形容词”并不是照单全收，而是采取了以下处理办法：

1. 方言或口语色彩过重（如“矬、侉、顸、苶”）、文言或书面色彩过浓并且在现代汉语中主要是用来构词的形容词性语素（如“吉、淳、粹、姣、隆”）或多数人不认为是形容词的（如“颤、慚、贬、变”），本书未予收入。

2. 为使考察全面反映单音形容词在语言中的实际状况，本书从不同义项入手来考察单音形容词的各种用法，并分别以$形_1$、$形_2$、$形_3$……来标识相关的单音形容词词项。[①]

3. 为减少不必要的烦琐，同时突出对常用单音形容词常用义项的考察，我们在确立考察词项时，对《现代汉语词典》（增补本，2002）中的某些义项进行了适当的“忽略”“合并”和“分化”，具体来说：

(1)“忽略”所指范围过窄、用法受限且使用频率较低的义项，如：“白”义项中，表示“象征反动”的“白区”的“白”。

(2)“合并”是指把个别意思上联系比较明显，用法比较一致的义项

---

① 本书把按义项分出来的“词”叫作词项。具体而言，一个形容词有几个义项就是几个词项，如$矮_1$、$矮_2$、$矮_3$就是“矮”的三个词项；只有一个义项的单音形容词（如“陡”）就是一个词项。

合并为一个义项，如把表示“花”的义项中，“用花或花纹装饰的（～篮、～环、～布）”和“好看好听但不实在的，用来迷惑人的（～架子、～招儿、～言巧语）”合并为一个义项。

（3）“分化”是指把意义和用法存在较大差别的“一个义项”分为不同的义项，如《现代汉语词典》（2002）对“空”的义项概括是“不包含什么；里面没有东西或没有内容；不切实际的”。我们认为，这种概括过于宽泛，因而在词项表中将这一义项一分为二：①空$_1$：（阴平）里面没有东西。②空$_2$：（阴平）内容浮泛，不切实际。前者倾向具体化、指实，后者倾向抽象化、指虚。用法上也有不同之处，如：空$_1$可以有：缸里是～的、～着手、～箱子、房间腾～了，空$_2$则不能说：* 文章是～的、* ～着想、* ～文章、* 把文章写～了。

4. 按上述收词标准，本书共收集单音节形容词 388 个，[①]按义项分得 700 个词项。义项的确认、整合以及取例，主要依据《现代汉语词典》《形容词用法词典》《现代汉语规范字典》《现代汉语规范词典》等辞书的描写、概括和举例。

为使考察建立在比较充分的语言事实描写的基础上，本书以“附录一 现代汉语单音节形容词（词项）表”的形式，尽可能详尽地列举每一个单音形容词词项的各种可能的用法，包括充当句子成分的功能，带动态助词（含趋向动词）、带宾语、重叠的情况，受程度副词和否定副词修饰的情况，以及进入疑问句、“比”字句、带“点儿”构成祈使句、进入“太＋A＋了”格式等情况。事实上，我们是把这个 5.6 万字的“现代汉语单音节形容词（词项）表”当作一个“微型语料库”来看待的。当然它还

---

① 涉及单音形容词数量的论著，如：陆志韦（1956）390 个，胡明扬（1987）218 个，郑林曦（1987）144 个，郑怀德等（1991）163 个，俞士汶等（1998）165 个，王启龙（2003）316 个。罗列这些数字，以便对本书的收词规模有个大致的把握。

算不上一个真正的语料库，因为受篇幅的限制，例子不但简洁，而且不都是来自有书为证的自然语料。[①] 然而，尽管利用大规模语料库的语法研究是极有魅力的研究范式，但实际上有些语料库的语料十分驳杂，有些用例相当个性化。沈家煊(2011b)指出："语料库虽然很重要，应该参考和依靠，但是不可依赖，更不可迷信语料库。"而利用词表进行内省式的语法研究，不但仍然是可行的，而且对于某些特定的研究对象和研究内容，甚至是不可替代的。正如吕叔湘(1966)所言："要研究一个词表里的几百个形容词的形式和功能，如果每句话都'有书为证'，那就不知道要检查多少万字的材料才能达到目的。某一形式的某一用法，尽管我们能肯定它是有的，也可能在上百万字的材料里一次也不出现。"

① "词表"中所有词项的各种可能的用法，除取自权威的语言工具书外，绝大部分是我们自拟的。为此，我们请中国人民大学冀小军(男，三代北京人，副教授)、幺书君(女，北京人，副教授)、傅由(女，北京人，讲师)审阅了词项表中的用例，在此特向三位同事致以诚挚的谢意。因篇幅所限及考虑到书稿结构的合理性，本书在"附录一　现代汉语单音节形容词(词项)表"中仅存留各词项的释义，所有词项各种用法的例句、短例均已删去。不过，书中正文已尽可能多地列举了有关例证。

# 第二章　单音形容词组合能力考察与分析

## 2.0　引言

朱德熙在《语法分析讲稿》(2010:81—82)中指出:任何语言中不同的词类都是词的不同功能的反映。从这个意义上说,划分词类只能根据词的功能。在印欧语里,事实上可以根据形态给词分类,因为形态正是功能的标记(不同形态的词有不同的功能)。表面上看是根据形态分类,事实上仍旧是根据功能。那么,什么是词的语法功能呢?一个词的功能,实际上就是这个词的分布(distribution),即它在不同句子里可能占据的语法位置的总和。所谓"语法位置的总和",袁毓林在该书(2010:82)的脚注中进一步解释:就是描写语法学常说的全部分布(total distribution)。

我们赞同朱先生这些具有广泛影响的观点:划分词类只能根据词的功能,词类是反映词的语法功能的类,语法功能就是一个词在句子里可能占据的语法位置的总和,即全部分布。但是,在划分词类——寻找不同词类的认定标准,和给词归类——按照相关的标准确定词的类别时,我们不可能穷尽每一个/类词的全部分布之后再划类或归类,因为每个/类词都可能有一些分布是它跟另一些/类词相同的,但每个/类词也都会有属于自己的特定的分布范围。因此,即使能够对一个/类词的全部分布进行穷尽描写,那么对于分类和归类来说,这样的描写也是意义不大的。不仅意义不大,甚至反而无法分类和归类,因为按一个词穷尽式的分布特征来归类的话,很可能找不到同类的成员,或找到少数的相关成员,其结果很可能是一个词一类,或几个词一类。显然,这样的分类是没有实际价值的。因为分类的目的恰恰是想通过尽可能少的词类,来概括和包容成千上万的具体的个体词。所以,在划分词类的时候,只能选择少数有鉴定作用的标准,即根据词的少数语法功能(分布),来界定某一词类并据以给词归类。这当然不是最好的选择,因为少数的语法功能很可能也是另一类或几类词所共有的,其纠结现象就会相对增多,对汉语这样不属于形态变化型的语言来说尤其会如此。比如,汉语的名、动、形都能出现在主语的位置上,而没有什么明显的形态变化。但是,选择一部分有鉴定作用的分布特征来划分词类和给词归类,却是一种务实的选择,当然也可以说是无奈之举。其中,关键在于要尽可能选择那些仅为本类词所有或是本类词的主要语法功能,而为他类词所无或是他类词的次要语法功能,这当然并不容易,但必须努力去这样做。

事实上,原型范畴理论正可以为我们这种务实的做法提供理论支持。词类是原型范畴,这是近些年来,词类研究中许多学者信奉的一个理念,如袁毓林(1995,1998a)、张敏(1998)、沈家煊(1999)、张国宪(2006c)、张韧(2009),等等。原型范畴这种"柔性的理念",恰好可以对我们秉持的"对内有普遍性,对外有排他性"的词类划分的"刚性理念"所遇到的困境找到突破口。因为原型范畴理论主张:范畴内部的成员由"家族相似性"联系在一起,并非满足一组充分必要的条件。"家族相似性"意味着范畴中所有成员,都由一个相互交叉的相似性网络联结在一起,也即范畴是由一组原型特征建立起来的。因此,我们需要寻找的是某一类词的原型性特征,并据此来确定某一个或一些词的原型性程度:典型的,非典型的,或是边缘成员。本书正是基于这样的观念和目标,试图通过对单音形容词用法(语法功能)的考察,来寻求其原型性特征,进而来观察单音形容词内部成员的典型性程度及其序列。当然,我们在认定原型范畴可以给汉语词类划分以新的理论支撑,可以引领我们走向词类划分的"柔性境界"的同时,也必须接受这样的一些现实,袁毓林等(2009:前言)称作"令人不愉快的特点":

1. 难以清晰地界定,即无法对这种类别或范畴做出严格的定义;

2. 范畴的边界不明确,即无法明确地划定这种类别或范畴的界限;

3. 同一范畴中的成员地位不平等,有典型与非典型之别。

不过,这些特点虽然不够理想,却也可能更接近汉语词类的实际,从而有可能通过原型理论这一新的视角,把汉语的词类划分的研究引向一个新的境界。事实上,袁毓林(1995,1998a,2006a,2010b)以及袁毓林等(2009)等一系列研究成果,以及其他学者的相关研究,已经从理论到实践两个方面充分展示了这样一种研究的广阔前景。

## 2.1 受程度副词修饰

### 2.1.1 数据统计与基本分析

受程度副词修饰是形容词的主要句法特征,也是检验一个词是否是形容词最常用、最简便的办法。那么,这一条标准对单音形容词的适用面究竟多大,具体情况又是如何?对此,我们根据《现代汉语单音节形容词(词项)表》和《单音节形容词句法功能考察简表》(见附录一、二)进行了统计,结果是:

1. 在700个单音形容词词项中,有437个词项能受"很"等程度副词修饰,占总数的62.42%;有263个词项不能受"很"等修饰,占37.57%。

2. 在 388 个单音节形容词中，有 195 个能受程度副词修饰，占 50.25％；有 115 个不能受程度副词修饰，①占 29.63％。

3. 不能受“很”等程度副词修饰的 263 个词项如下(加横线的“凹、半”等 115 个单音形容词的全部义项都不受程度副词的修饰)：

矮$_3$，凹，白$_2$，半，薄$_3$，饱$_2$，宝，暴$_1$，便，遍，别，冰，残，草$_2$，差$_1$，常$_1$，常$_2$，超，陈，成$_1$，初，刍，雌，次$_3$，错$_1$，错$_2$，大$_2$，大$_3$，大$_4$，大$_5$，单$_1$，单$_2$，单$_3$，淡$_1$，倒，定$_2$，毒$_1$，对$_2$，多$_2$，多$_3$，繁$_1$，反，方，废，粉，疯$_1$，疯$_3$，浮$_2$，副$_1$，副$_2$，负，干$_2$，干$_3$，干$_4$，甘，高$_4$，个，光$_2$，公$_1$，公$_2$，公$_3$，公$_4$，公$_5$，够，孤，故，惯，鬼$_1$，鬼$_2$，贵$_2$，海$_1$，海$_2$，害，寒，旱$_1$，旱$_2$，好$_4$，好$_5$，黑$_4$，横$_{2}$(阳平)，横$_{3}$(阳平)，横$_{4}$(阳平)，后，花$_2$，坏$_2$，坏$_3$，欢$_1$，缓，慌$_2$，灰$_1$，昏，活$_1$，奸$_1$，简，健，酱，焦，旧$_3$，金$_1$，金$_2$，净$_2$，净$_3$，静$_2$，绝$_2$，均，枯，烂$_2$，滥，老$_4$，老$_5$，老$_8$，老$_9$，涝，冷$_3$，良，凉$_2$，凉$_3$，劣，零，令，陋，满$_2$，慢$_2$，毛$_1$，毛$_2$，美$_3$，名，明$_1$，明$_2$，明$_3$，明$_4$，母，木，男，难$_2$，能，逆$_1$，逆$_2$，蔫$_1$，女，怒，旁，贫$_1$，平$_2$，平$_3$，前，亲$_2$，青$_1$，青$_2$，轻$_5$，清$_3$，清$_4$，糗，曲，全$_2$，瘸，乳，散$_2$，烧，少$_2$，少$_3$，深$_6$，生$_3$，生$_5$，盛$_1$，熟$_1$，熟$_2$，熟$_3$，竖，双$_1$，双$_2$，双$_3$，顺$_1$，顺$_3$，死$_1$，死$_6$，死$_7$，俗$_2$，速，碎$_2$，踏，太，特，铁$_1$，铁$_3$，通$_1$，通$_2$，同，头，凸，妥，歪$_2$，外，完，晚$_2$，危，微，误，伪$_1$，伪$_2$，温，污，稀$_4$，喜，闲$_2$，闲$_3$，贤，响$_2$，小$_3$，小$_4$，小$_5$，邪$_1$，

① 这里说的“在 388 个单音节形容词中，有 195 个能受程度副词修饰”是说这 195 个单音形容词的所有义项都能受“很”等程度副词的修饰；“有 115 个不能受程度副词修饰”是说这 115 个单音形容词的所有义项都不能受“很”等的修饰。也就是说，本书对单音形容词的统计：说某一单音形容词“有某种功能”，是说这个形容词所有义项都有这一功能；说某一单音形容词“不具有某种功能”，是说这个形容词所有义项都不具有这一功能。这种“有”或“无”的统计方法都有点走极端，但是，以往不区分义项的统计也不够准确，很可能一个词只有一个义项具有某种句法功能，而另外的义项都不具有这一功能，但统计时则片面地说成这个词具有某种功能。为此，本书的考察和分析全部以义项的功能为准，即是否具有某种用法有一个义项就算一个。这样能够全面准确地反映出单音形容词在使用中的真实情况。

新$_3$，行$_1$，雄，哑$_1$，哑$_2$，亚，厌，洋，养，遥，要，野$_3$，疑，义$_1$，义$_2$，异，易，益，银，硬$_5$，优，愚，元，原$_1$，原$_2$，远$_2$，远$_3$，晕$_2$，杂$_2$，赃，早$_2$，早$_3$，贼$_1$，长$_{2(上声)}$，真$_1$，整，终，正$_2$，正$_3$，正$_5$，正$_6$，正$_7$，众，周，专$_1$，壮$_2$，准$_2$，总$_1$，总$_2$，尊，左$_1$

以上考察表明，能受程度副词修饰的单音形容词词项数（62.42%）比能受程度副词修饰的单音节形容词（50.25%）高出约12个百分点。这说明是否按义项统计所得出的结果是不一致的。但总的来说，这两项统计结果都大大低于现有的统计结果。例如，俞士汶等（1998：440）的统计：164个单音形容词中只有“整”一个词不能受“很”修饰，可受程度副词修饰的单音节形容词高达99.39%。郭锐（2002：196）的统计结果是“98%的形容词可以受‘很’为代表的绝对程度副词的修饰”。不难看出，本书的两项统计结果低于俞、郭的统计结果约30—40%，差别相当大。这其中的原因可能是：

其一，考察范围不同，统计结果自然会有差别。本书的统计，包括了前人认定为形容词的某些单音节非谓形容词和数量不多的唯补词，它们都不能受“很”修饰，而俞著和郭著的统计不包括非谓形容词（俞、郭称作区别词）。然而，即使把不能受“很”修饰的非谓形容词、唯补词、唯状词等共158个词项去掉，[①]那么能受“很”修饰的单音形容词词项约占[437：（700－158）]80.62%，也仍低于俞著（1998）、郭著（2002）统计结果的18—19%。

---

① 其中，只做定语的非谓形容词和既能做定语又能做补语的词项共140个：白$_2$，半，宝，便，别，草$_2$，超，陈，成$_1$，初，雌，次$_3$，大$_2$，单，方，粉，副，负，公$_5$，故，鬼$_2$，害，后，花$_2$，灰$_1$，酱，金，绝$_2$，劣，令，陋，名，母，能，女，前，亲$_2$，乳，熟$_3$，散$_2$，生$_3$，双，太，特，头，外，伪$_2$，污，喜，贤，小$_5$，新$_3$，雄，哑$_2$，洋，养，要，野$_3$，异，银，优，愚，元，原$_2$，远$_2$，赃，早$_2$，整，正$_5$，正$_6$，正$_7$，终，众，专$_1$，准$_2$，尊；唯状词和唯补词18项，如：常$_2$，倒，干$_3$，好$_5$，横$_2$，坏$_3$，焦，净$_3$，难$_2$，逆$_2$，清$_4$，深$_6$，死$_7$，速，稀$_4$，小$_4$，真$_2$，左$_1$。（参见附录一、二）

其二,区分音节跟不区分音节的统计结果是不一样的。单音节形容词能够受"很"等修饰的比例跟整个单双音节形容词能够受"很"修饰的比例并不一致,郭著的统计包括双音节形容词,因而跟本书的统计结果有较大的差别。

其三,按义项的统计跟不按义项的统计结果是不一样的。郭著对单双音节形容词的统计和俞著对单音节形容词的统计都不区分义项。但是,如按义项统计的话,诸如"矮$_3$,白$_2$,薄$_3$,饱$_2$,暴$_1$,草$_2$,大$_2$,大$_3$,大$_4$,大$_5$",等等,都不能受"很"修饰,[①]而不按义项统计的话,这些"词"都能受"很"修饰,这就可能掩盖了某些事实,如"大"的5个义项,只有"大$_1$"能受"很"修饰,其余的4个义项都不能受"很"修饰。

其四,跟本书的统计方法不同于以往有关,本书对单音形容词的统计:"说有"则是全部义项都有某一句法功能,"说无"则是全部义项都不具有某一句法功能。这主要是基于音节来说的,而我们认为,这样统计才可能反映出单音形容词的真实用法,就单音形容词来说,其统计数据才能反映出某种用法的真实比例。

其五,造成按义项统计跟不按义项统计,形容词能受"很"修饰的比例差别较大的原因,除了以上提到的相关因素外,还可能因为单音形容词的基本义项或主要义项是可以受"很"修饰的,但是引申义项、次要义项由于意义和用法的不同,就可能不再能受"很"修饰,如"大$_2$,大$_3$,大$_4$,大$_5$"即属此种情况。如果以上所述基本符合实际,那么就单音形容词来看,能受"很"修饰的比例远低于人们的想象和既有的不分音节和不分义项的统计结果。

如果依据本书的"分音节、按义项"的考察和统计来看,单音形容词内部受"很"修饰的情况并不是均质的,换言之,从是否能受"很"等程度

① 参见上文及本书附录一和附录二,下同。

副词的修饰看，单音形容词是有原型性程度差别的。

### 2.1.2 不受程度副词修饰的词项例析

那么，上文这263个单音形容词词项（含115个单音形容词）为什么不能受“很”等程度副词的修饰？它们究竟是不是形容词词项？又是根据什么被认为或归入形容词的？上面我们提到了一种可能，即义项的分化导致有些义项意义和用法的变化，并造成一部分义项不能受“很”修饰。这里不妨对不能受“很”修饰的263个词项中“矮$_3$，凹”等在本书的“词表”中排序在前的10个词项，从语义和句法上进行观察和分析，借以了解其不受程度副词修饰的具体原因：

1. 矮$_3$：表示级别、地位低；（级别、地位）比……矮。不难看出“矮$_3$”在语义上具有某种层级性，是可分离的，其语义特征为[＋离散性]，所以“他矮我一头”以及类似用法“他大我三岁”“我低他两级工资”中的数量成分都是客观量，而不能是“一点、一些”之类的模糊量。由于它们只能用于比较句，而汉语比较句中形容词前不能加程度副词，如：* 他汉语比我很好、* 他很高我一头，故“矮$_3$”类形容词不受“很”修饰。

2. 凹：表示低于周边（与之相对的“凸”表示高于周边）。在人们的认知中它们都是有空间性、有边界性的，因此其语义特征可概括为[＋空间性]。[＋空间性]是名词的原型性语义特征，所以不能受“很”等程度副词的修饰。

3. 白$_2$：读字或写字错误。语义上单纯表示属性，没有量或程度的区别，应属于绝对性质形容词。（朱德熙，1956）其语义特征可概括为[＋绝对属性，－量性]，而汉语中没有量性特征的绝对性质形容词都不能受程度副词修饰。

4. 半：在……中间。表示的是固定的量，具有[＋定量]的语义特征。语义上具有固定量义素的词项，便不能再受程度副词的修饰。

5. 薄$_3$：表示冷淡，感情不深；对……薄。这一义项用于指人，要求有两个名词性成分与之发生强制性的句法联系，并且当两个名词性成分与之同现时，必有一个名词用具有“对待”意义的“对”或“待”来介引（如：他对我不～、他待你不～）；或是其前面的主语是由两个（或两个以上）名词性成分构成的联合词组（如：老李和老张交情不～），或主语是表示复数的词或词组（如：他们之间情分不～）。从“薄$_3$”的语义本身，特别是句法表现来看，这一义项可以概括为具有[＋对动义]的语义特征。因为上述用法中“他对我不～”的“对”跟“待”一样是动词，不是介词；而“老李和老张交情不～”的意思是：老李对老张的交情不～，老张对老李的交情不～；“他们之间情分不～”的意思是：A对B的情分不～，B对A的情分不～。更能说明“薄$_3$”具有“对动意义”的是，它可以带对动宾语：[①]～了张三厚了李四（意思是：对（待）张三薄，对（待）李四厚）。具有[＋对动义]特征，也即具有动词性，故不能受“很”修饰。

6. 饱$_2$：充足，充分；使……充足。语义上具有使动意义，因而可以带“了”，可以带使动宾语（～了私囊|瘪了矿工的肚子，～了矿主的腰包）。其语义特征可概括为具有[＋使动义]。具有[＋使动义]特征，也即具有动词性，故不能受“很”修饰。

7. 宝：珍贵而稀有的（事物）。语义上具有[＋离散性]的特征；句法上只能做定语（～马、～物）。而具有[＋离散性]，也就是具有名词性，故不能受“很”修饰。只能做定语，当属于非谓形容词。但不能加“的”，也不能出现在“是……的”格式中，这又跟典型的非谓形容词有别。应是典型的形容词、典型的名词和典型的非谓形容词之间的边缘词项。

8. 暴$_1$：急骤，突然而且猛烈。只能做定语（～雨、～风雨）和状语

---

① 关于“对动宾语”和下文的“使动宾语、意动宾语、自动宾语”等，参见李泉（1994）。

(～食、～打),并以此跟形容词相关联。语义上虽然具有量性特征,但“暴$_1$”的量性是一种强量、极限量。极限量实际上也是一种固定量,这样“暴$_1$”跟“半”一样,也具有[+定量]的特征,而具有固定量义素的词项不能受“很”修饰。

9.便:简单的,非正式的。语义上具有[+区别性,-程度性[①]]特征,故不能受“很”修饰,当属非谓形容词范畴的词项。但句法上不能加“的”,也不能进入“是……的”格式,又跟典型的非谓形容词有别。该义项只能做定语(～饭、～衣),并以此跟形容词相关相近。

10.遍:普遍,到处。具有[+空间性]的语义特征,这是名词的原型性语义特征,故不能受“很”修饰。但能做定语(～地、满山～野)和补语(找～、传～),并以此跟形容词相关相近。

从以上分析看,具有[+离散性][+空间性][+绝对属性,-量性][+定量][+对动义][+使动义][+区别性,-程度性]等语义特征的词项,都不能受“很”等程度副词的修饰。它们或者是典型名词的语义特征,如[+离散性][+空间性],或者是动词性词项的语义特征,如[+对动义][+使动义],或者是非谓形容词的语义特征,如[+区别性,-程度性]。此外,具有[+定量][+绝对属性,-量性]语义特征的词项,因不具有程度性,也不能受“很”修饰。但是,它们有的能(或只能)做定语、有的能做谓语、有的能做定语和状语、有的能做定语和补语,这些句法功能跟形容词的句法功能有着家族相似性,因而有可能被归入形容词之列。

---

① 程度性是形容词的基本语义特征之一,指的是一个词项不但要表示某种性质,而且这种性质在程度上具有高低、深浅的内在不均质的特点,在语言表达上表现为可以通过程度副词的修饰或重叠手段来标识这种程度差别。

# 2.2 受否定副词修饰

## 2.2.1 数据统计与语义分析

### 2.2.1.1 数据统计

受否定副词“不”的修饰，同样被认为是形容词基本的语法性质。根据本书考察：

1. 在 700 个单音形容词词项中，有 404 个能受“不”修饰，占 57.71%；有 296 个不能受“不”修饰，占总数的 42.28%。

2. 在 388 个单音节形容词中，有 177 个能受“不”修饰，占45.62%；有 132 个不能受“不”修饰，占 34.02%。

3. 不能受“不”修饰的 296 个词项如下(加横线的“凹、半”等为不能受“不”修饰的 132 个单音形容词)：

矮$_3$，凹，白$_2$，半，棒，饱$_2$，宝，暴$_1$，背$_1$，便，遍，别，冰，残，草$_2$，常$_1$，常$_2$，超，潮$_2$，陈，成$_1$，成$_2$，痴，丑$_2$，初，刍，雌，次$_2$，次$_3$，错$_1$，大$_2$，大$_3$，大$_4$，大$_5$，单$_1$，单$_2$，单$_3$，淡$_1$，淡$_4$，倒，定$_2$，抖，毒$_1$，对$_2$，钝，多$_3$，恶，乏，繁$_1$，方，肥$_4$，废，粉，疯$_3$，浮$_2$，副$_1$，副$_2$，负，干$_2$，干$_3$，干$_4$，甘，高$_4$，个，各，公$_1$，公$_3$，公$_4$，公$_5$，孤，古，故，光$_2$，广$_2$，鬼$_1$，鬼$_2$，鬼$_3$，贵$_2$，海$_1$，海$_2$，害，寒，旱$_2$，好$_4$，好$_5$，黑$_4$，横$_{2(阳平)}$，横$_{3(阳平)}$，横$_{4(阳平)}$，后，花$_2$，坏$_3$，欢$_1$，欢$_2$，缓，慌$_2$，灰$_1$，昏，奸$_1$，奸$_2$，简，健，僵，酱，焦，金$_1$，金$_2$，近$_2$，净$_2$，净$_3$，久，旧$_1$，旧$_3$，绝$_1$，绝$_2$，倔，空$_2$，枯，宽$_2$，烂$_2$，滥，老$_2$，老$_3$，老$_4$，老$_5$，老$_8$，老$_9$，冷$_3$，愣，凉$_2$，凉$_3$，靓，劣，烈，零，令，陋，满$_2$，慢$_2$，毛$_1$，毛$_2$，美$_3$，名，明$_1$，明$_3$，明$_4$，末，母，木，男，难$_2$，能，逆$_1$，逆$_2$，蔫$_2$，女，怒，暖，旁，贫$_1$，平$_2$，平$_3$，破$_1$，破$_2$，前，巧$_1$，俏，亲$_2$，勤$_2$，青$_1$，青$_2$，轻$_4$，轻$_5$，清$_3$，清$_4$，曲，全$_2$，乳，软$_3$，散$_1$，散$_2$，沙，烧，

少$_{3}$，深$_{5}$，深$_{6}$，生$_{3}$，生$_{4}$，生$_{5}$，盛$_{1}$，盛$_{2}$，熟$_{3}$，熟$_{5}$，竖，双$_{1}$，双$_{2}$，双$_{3}$，顺$_{1}$，死$_{6}$，死$_{7}$，馊$_{2}$，俗$_{2}$，速，碎$_{2}$，踏，太，特，铁$_{1}$，铁$_{3}$，通$_{2}$，头，凸，秃$_{2}$，秃$_{3}$，秃$_{4}$，歪$_{2}$，外，晚$_{2}$，完，危，微，伪$_{1}$，伪$_{2}$，污，误，稀$_{2}$，稀$_{4}$，喜，闲$_{2}$，闲$_{3}$，贤，险，响$_{2}$，小$_{2}$，小$_{3}$，小$_{4}$，小$_{5}$，邪$_{1}$，邪$_{2}$，新$_{3}$，雄，虚$_{1}$，虚$_{3}$，玄，悬，哑$_{1}$，哑$_{2}$，哑$_{3}$，亚，洋，养，遥，要，野$_{1}$，野$_{3}$，疑，义$_{1}$，义$_{2}$，异，益，阴$_{2}$，银，荫，硬$_{5}$，优，愚，元，原$_{1}$，原$_{2}$，远$_{2}$，远$_{3}$，杂$_{2}$，赃，糟$_{2}$，早$_{2}$，早$_{3}$，燥，贼$_{1}$，贼$_{2}$，长$_{2\text{(上声)}}$，真$_{1}$，整，正$_{2}$，正$_{5}$，正$_{6}$，正$_{7}$，终，众，专$_{1}$，壮$_{2}$，准$_{2}$，总$_{1}$，总$_{2}$，紫，尊，左$_{1}$

据统计，能受“不”修饰的单音形容词词项，占总词项数的57.71%；能受“不”修饰的单音节形容词，占总数的42.28%。这两项统计结果，大大低于现有的一些统计结果。例如，俞士汶等(1998:440)在164个单音形容词中只有“欢、僵、滥”3个词标注不能受“不”修饰，可受否定副词修饰的单音形容词高达98.17%。郭锐(2002:196)的统计是“94%的形容词可以受‘不’的否定”。即使把不能受“不”修饰的158个非谓形容词、唯补词、唯状词词项去掉，那么能受“不”修饰的单音形容词词项约占[404:(700－158)]70.53%，也仍然低于俞著(1998)、郭著(2002)统计结果的23—28%，差别仍相当明显。本书统计的能受“不”修饰的词项数远低于现有的统计结果，其主要原因跟上文统计的能受“很”修饰的单音形容词词项数量少的原因大体相同。(见2.1.1)

**2.2.1.2 语义分析**

根据本书对单音形容词的考察来看，能受“不”修饰的词项分为周遍性否定和非周遍性否定两种语义类型。具体如下：

1.“不”用于周遍性否定

即“不”直接用在形容词前，否定事物具有该形容词(如“矮”“冷”“好”“薄”等)所表示的属性，而且是对这种属性的全面否定、彻底否定。此时“不＋形”的语义值大约等于“完全/真的/一点儿/丝毫＋不＋形”，例如：

“（个子）不矮”等于说“完全不矮”“一点儿（都）不矮”

“（天气）不冷”等于说“完全不冷”“一点儿（都）不冷”

“（这车）不好”等于说“完全不好”“一点儿（都）不好”

“（衣服）不薄”等于说“真的不薄”“一点儿（都）不薄”

“（价钱）不贵”等于说“真的不贵”“一点儿（也）不贵”

“（这瓜）不甜”等于说“完全不甜”“一点儿/丝毫不甜”

“（辣椒）不辣”等于说“完全不辣”“一点儿/丝毫不辣”

“（灯泡）不亮”等于说“完全不亮（了）”“一次也不/没亮”

周遍性否定是对形容词所表属性及其属性值的根本性、全量幅的否定。也即“不”否定的是形容词所表属性的任何一个程度连续点、任何一个量幅节点、任何一个属性值。受“不”修饰且用于周遍性否定时，“形”本身的属性值等于零，也即某种属性完全不存在。

值得注意的是，此时整个“不形”结构的属性值并不等于零，它指的是“形”所表属性以外但语义性质相关的某种属性。这是形容词受否定修饰后，所产生的一种语义增值作用。其形成机制是：对一种属性全量幅的否定，意味着对相关范畴的另一种属性的肯定，所肯定的某种属性的属性值，由具体的语境及说话人的主观标准来决定。这是“不”用于周遍性否定所产生的语义增值作用，也即“不”用于周遍性否定所产生的言外之意。例如：

“不矮”可能是“（个子）还可以”“适中”“一般”“挺高的”“很高”

“不冷”可能是“（温度）还可以”“有点儿凉”“挺热的”“很热”

“不好”可能是“（这车）质量差”“费油”“提速慢”“外观难看”

“不薄”可能是“（厚度）还可以”“有点儿厚”“挺厚的”“很厚”

“不贵”可能是“（价钱）还可以”“便宜”“很便宜”“挺便宜”

“不甜”可能是“没甜味儿”“没任何味儿”“酸味儿”“涩味儿”

“不辣”可能是“没辣味儿”“没任何味儿”“(只有)清爽味儿”

其增值语义或言外之意具体为何，可以通过上下文语境、前后语句对比、说话的语气、重音等来体现，比如：

不矮：这孩子9岁不矮，够高的了，我孩子10岁还没他高呢。

不冷：今儿(可/一点儿)不冷，我还觉得挺热的呢。

不好：这种车不好，费油不说，底盘也低，提速还慢。

不薄：这衣服可不薄，我还觉得厚呢，穿着可热了。

不贵：5块钱一斤不贵，一点儿都不贵，超市里卖10块钱一斤。

不甜：这瓜不甜，啥味儿没有，你尝尝！

不辣：这青辣椒不辣，真的一点儿不辣，小孩子都敢吃。

需要说明的是，上述例子中，“不”用于周遍否定时，只有“(灯泡)不亮”没有增值的语义。此时的“不亮”，只能是“灯泡完全不亮(了)”“一次也不/没亮”。因为对“亮”这种属性的周遍性、全量幅否定，就是对“有光线”或“发光”的彻底否定，即一丝光线都没有。因此“不亮”只能是灯泡没有光线这唯一可能，因而也就无法有言外之意产生，无法有增值语义出现。有意思的是，“屋子不亮”与“灯泡不亮”又有差别。前者不是说屋子一点儿光线都没有(若如此则不用这种方式表达)，而是说屋子里光线不足、不强，也即屋子亮的程度不够，故“屋子不亮”只能是非周遍性否定，不能用于周遍性否定。而“灯泡不亮”既可用于周遍性否定，即完全没有光线、不发光，也可用于非周遍性否定，即不太亮、不够亮。

2.“不”用于非周遍性否定

即是对形容词所表某种属性程度的否定或高属性值的否定，而不是对该属性的全部否定。受“不”修饰后，“形”的属性值不等于零，也即形容词所表示的某种属性仍然存在。此时“不＋形”的语义值大约等于“不算/够＋形”，“不太/很＋形”，例如：

“(个子)不矮”等于说“不算(太)矮”“不太(很)矮”

“(天气)不冷”等于说“不算(太)冷”“不太(很)冷”

“(这车)不好”等于说“不算(够)好”“不太(很)好”

“(衣服)不薄”等于说“不算(太)薄”“不太(很)薄”

“(价钱)不贵”等于说“不算(太)贵”“不太(很)贵”

“(这瓜)不甜”等于说“不算(够)甜”“不太(很)甜”

“(辣椒)不辣”等于说“不算(够)辣”“不太(很)辣”

“(灯泡)不亮”等于说“不算(够)亮”“不太(很)亮”

这说明“不”否定的不是形容词所表示的某种属性的存在,更不是对某种属性的彻底否定,而是对属性的程度进行否定,确切地说,是对属性值的极点的否定,也即否定事物的属性达到了极点值。用下面的简图来说明的话,即假定:0 表示不具有该形容词的属性,1 是该形容词属性的最低值,7 是该形容词属性的最高值,则“不形”只能在 1 至 7 之间取值:

0　　1　　2　　3　　4　　5　　6　　7

比如,“辣椒不辣”的语义取值是“(辣)1,2,3,4,5,6,7”,可以是“辣椒不算辣、辣椒不太辣、辣椒不很辣、辣椒不够辣”,但不能是“辣椒一点儿也不辣、辣椒完全没辣味儿,辣椒很辣、辣椒辣极了”,因为如此取值则超出了 1—7 的范围,没有了“辣”的属性。

需要说明的是,当“不”修饰某些颜色词时,不能用于周遍否定,也即不是彻底否定颜色形容词所具有的属性,而是否定该属性不具有那么高的程度。如“这馒头不白”,不是说这馒头完全不具有“白”的性质(“非白色”),而是说“这馒头不够白”,“白”的属性值不够高,而不是毫无“白”的属性。又如:

“这水不黑”等于说这水“不算黑”“不太黑”,而不是完全不具有“黑”的性质;

“指甲染得不红”等于说指甲“不算红”“不太红”,而不是一点儿红色也没有；

“小米不黄”等于说小米“不够黄”“不很黄”，而不是说小米丝毫没有黄的颜色；

“叶子不绿”等于说叶子“不够绿”“不太绿”“不很绿”，而不是说叶子完全不绿。

#### 2.2.1.3 相关问题讨论

上文将“不”修饰单音形容词区分为周遍性否定和非周遍性否定，是基于对汉语“不形”结构本身的考察分析，也是受到了前人相关论述的启发。下面试做进一步讨论和分析。

Otto Jespersen(1924/1988:469;1939/1989:376)指出：所有(或大多数)语言的一般规则是，“不”(not)同表量词(quantitative terms)连用，表示“少于、低于”(less than)或者说“介于修饰词和零之间”。如“不好”表示的是“差的、次的”，而不包括“好极了”的意义；“不温”低于“温”的程度，①介于“温”和“冰冷”之间，而不表“滚烫”。石毓智(2001:27)认为，“语言的否定不是完全否定，而是差等否定”。汉语否定词“不”和“没”用于否定结构之后，“否定的含义也是少于、不及原来的意义程度，也是一种差等否定”。

我们认为，Jespersen指出“不”否定量(包括形容词的量)时，可以表示“少于、低于、不到”某种程度，揭示了“不”用于否定的一种重要功能，而且否定副词的这样一种使用规律也许对许多语言都适用，至少英语和汉语有这样的否定现象。但是，这只是副词否定功能的一个方面，或者说是“语言的一般规则”之一，而不是全部，更不能得出“语言的否定不是完全否定，而是差等否定”的结论。就“不”否定形容词来看，这

① 这个例子对汉语不太适用，汉语似乎不说“不温”。但这并不重要，所揭示的现象更为重要。

种表示“少于、低于”或“不及原来的意义程度”的所谓差等否定，只是对形容词所表“属性程度”的否定。这种情况属于上文所说的“非周遍性否定”，但这不是“不”否定功能的全部。“不”直接否定形容词还可以用于周遍性否定，即从根本上否定形容词“属性本身”的存在（例见上文）。可见，“不”否定单音形容词时，在否定对象（否定域）和否定功能（语义类型）上构成周遍性否定和非周遍性否定的对立和互补，形成一个［±周遍性］的语义范畴：

表 2－1　“不”的否定对象及否定功能

| 否定对象<br>否定功能 | 属性本身（全部属性值） | 属性程度（非全部属性值） |
|---|---|---|
| 周遍否定 | ＋ | — |
| 非周遍否定 | — | ＋ |

需要进一步说明的是：

其一，Jespersen（1924/1988：469，470）在指出“不”（not）同表量词连用，往往表示“少于、低于”的意思后，随即指出：“但是这一说法有时也可以例外地表示‘多于’的意思，只是跟在 not 后面的词必须重读（用表示否定的特殊语调），通常在整个词组后面还跟有一个更精确的说法：not lukewarm，but really hot（不是温，而是很热）。”这种看法同样可以得到汉语事实的有力支持。但是，我们想强调的是，表示“多于”的意义并不是“例外”现象，至少汉语“不”直接修饰单音形容词来说不是例外现象，是“不”用于周遍性否定的连带效应。而无论从理论上说还是从语言运用的实际来看，“不”用于周遍否定都是“不形”结构的常规现象。所谓“多于”的意义，我们称之为周遍否定的“语义增值”现象。其产生的机制是，对一种属性全量幅的否定，意味着对另一种属性的肯定。

其二，石毓智（2001：27）认为，“不”直接否定形容词“也只是对其程度上的否定，并非完全否定该形容词的本义”。如“这瓶碳素墨水不黑”

是说“黑”的程度不高，但墨水仍然是黑的，本义“黑”仍然保留着。“这碗汤不咸”是指咸度不高，或者咸淡适中，而不是指汤完全没有咸味或者甚至指汤是甜的。我们认为，石先生上述论断可能有些过于武断和绝对，值得再商量。

如上文所述，“不”直接否定形容词既有对属性程度的否定，也有完全否定该属性的存在的用法。换言之，既可以用于非周遍否定，也可以用于周遍否定，两种用法都很普遍。具体的“不形”现象是属于哪种否定用法，要根据具体的语言环境和说话人的主观表达意图而定。至于石先生所举的“这瓶碳素墨水不黑”的例子及其分析均十分精到，但以此来证明“‘不’直接否定形容词也只是对其程度上的否定，并非完全否定该形容词的本义”则不够恰当。因为“不”修饰某些颜色词时，不能用于周遍性否定，只能用于非周遍性否定，这是汉语颜色词否定用法的一个特性。所以用“墨水不黑”来证明“不形”只是一种程度否定还缺乏说服力。大量的语言事实表明“不形”也可以是一种属性否定，即周遍性否定（例见上文）。实际上，“这碗汤不咸”的分析，可以是石文说的“指咸度不高，或者咸淡适中”，但也可以是“指汤完全没有咸味”（当然一般不会“指汤是甜的”），因为“这碗汤不咸”同样可以表达周遍性否定：这碗汤一点儿都不咸，完全没有咸味。例如：

甲：这碗汤不咸，一点儿咸味儿都没有，你尝尝！

乙：喔，这碗汤是不咸，你盛汤时我还没往锅里放盐呢。

其三，可以看到，自 Jespersen（1924，1939）以来，人们注意到了“不”的非周遍性否定用法，但却忽视了“不”同样可以用于周遍性否定的用法。当然，这也不宜说得太绝对，吕叔湘（1966）在谈到单音形容词的程度修饰时就曾指出：“‘不’也可以看做一种程度修饰，表示程度等于零。”如果把吕先生说的“表示程度等于零”，理解为“不”修饰单音形容词是对其性质的程度的彻底否定，以至于程度的属性值为零，则跟周遍性否定的意思大体相当。

总之，根据本书的考察，多数可受“不”直接否定的形容词都具有周遍性否定和非周遍性否定两种类型。但是，一如上文所谈，也有例外情况：

1.“黑”“红”“白”“黄”等少数颜色词只有非周遍性否定一种用法，如“这面不白”“这小米不黄”等，否定的是形容词属性的程度高，而不是否定属性本身的存在。

2.“亮”“响”等少数词项用法比较特殊。当它们指非此即彼，即不存在中间状态时，只能用于周遍性否定用法，不能用于非周遍性否定。如“灯不亮”即灯完全不亮（而不指灯不太亮、亮度不够高），“鞭炮不响”即鞭炮没有任何响声（而不指鞭炮不太响），此时的“亮”“响”是一个二元对立的离散的两极：亮[＋有光线]，不亮[－有光线]；响[＋有声音]，不响[－有声音]。这是一种有绝对客观标准的否定，所以“灯不亮”可以说成“灯没亮”，“鞭炮不响”可以说成“鞭炮没响”。由于是一种客观的、具体的否定，所以虽然是用于周遍否定，但没有语义增值现象的产生。然而，当“亮”“响”指的是一个有程度差别的连续统时，它们只能用于非周遍性否定，“灯不亮”指的是灯不太亮、亮度不够，“鞭炮不响”是鞭炮不太响、响度不够。由于此时“亮”“响”的属性还在，所以不能用于周遍否定。因为只要灯在发光，无论光线多么不足，都不能说“灯完全不亮、丝毫不亮”；只要鞭炮响了，无论响声多么微弱，也不能说“鞭炮完全不响、一点儿不响”。可见，这是一种有相对客观标准的否定，所以此时“灯不亮”不能说成“灯没亮”，“鞭炮不响”不能说成“鞭炮没响”。

### 2.2.2 受“很”和“不”修饰对比

为便于观览和对比，先把上文的考察结果列表如下：

表 2—2 单音形容词词项受“很”“不”修饰

| 语法功能 | 700 个单音形容词词项 | 388 个单音形容词 |
| --- | --- | --- |
| 能受“很”修饰的比例(%) | 62.42 | 50.25 |
| 能受“不”修饰的比例(%) | 57.71 | 45.62 |

可以看出，能受“很”修饰的单音形容词不管是否区分义项，都比相应的能受“不”修饰的单音形容词范围要广一些；但就本书的考察范围及其得出的数据来看，这两项句法功能对单音形容词来说普遍性都很差。当然，这可能主要跟本书的考察只限于单音形容词，以及区分义项和包括部分非谓形容词等因素有关。不过，以往按整个单音形容词来考察它的语法功能，所得出的统计结果也并不能准确地反映出形容词的实际用法，因为同一个词的不同义项，其语法功能并不完全相同。而只有按义项来考察才能准确反映出单音形容词的实际语法功能。虽然本书目前得出的结论，能受“很”和“不”修饰的单音形容词词项分别只占 62.42%和 57.71%，都无法单独作为鉴定形容词的典型的语法标准；也无法合起来(合取)作为鉴定形容词的语法标准，因为它们对单音形容词或形容词词项来说虽然是等价功能，[①]但它们的普遍性都不高。尽管如此，按义项考察的路子不仅是可行的，也应该是更加可靠的。

结合上文的考察，还可以进一步得到如下几项统计结果：

1. 在 700 个形容词词项中，有 373 个词项既能受“很”的修饰，也能受“不”的修饰，它们占总数的 53.28%。这一结果表明：只有半数略强的形容词能同时受“很”和“不”的修饰，这个比例对于形容词来说不算高。具有[＋很，＋不]语法特征的词项，例如：

矮$_1$，矮$_2$，安，暗，傲，白$_1$，板，薄$_1$，薄$_2$，饱$_1$，暴$_2$，背$_2$，背$_3$，笨$_1$，

① 等价功能和异价功能的理论是郭锐提出的，参见郭锐(2002:137)的有关论述。

笨$_2$，笨$_3$，扁，瘪，惨，糙$_1$，糙$_2$，草$_1$，差$_2$，馋，长$_1$，潮$_1$，吵，沉$_1$，沉$_2$，诚，迟，冲$_1$，冲$_2$，冲$_3$，稠，丑$_1$，臭$_1$，臭$_2$，臭$_3$……

2. 在 700 个形容词词项中，有 229 个既不能受“很”修饰，也不能受“不”修饰，即具有[－很，－不]语法特征，这些词项占总数的 32.71%。例如：

矮$_3$，凹，白$_2$，半，饱$_2$，宝，暴$_1$，便，遍，别，冰，残，草$_2$，常$_1$，常$_2$，超，成$_1$，初，刍，雌，次$_3$，错$_1$，大$_2$，大$_3$，大$_4$，大$_5$，单$_1$，单$_2$，单$_3$，淡$_1$，倒，定$_2$，毒$_1$，对$_2$，多$_3$，繁$_1$，方，废，粉，疯$_3$，浮$_2$，副$_1$，副$_2$，负，干$_2$，干$_3$，干$_4$，甘，高$_4$，个，公$_1$，公$_3$，公$_4$，公$_5$，孤，故，光$_2$，鬼$_1$，鬼$_2$，贵$_2$，海$_1$，海$_2$，害，寒，旱$_2$，好$_4$，好$_5$，黑$_4$，花$_2$，坏$_3$，欢$_1$，缓，慌$_2$，灰$_1$，昏，奸$_1$，简，健，酱，焦，金$_1$，金$_2$，净$_2$，净$_3$，旧$_3$，绝$_2$，枯，烂$_2$，滥，老$_4$，老$_5$，冷$_3$，凉$_2$，劣，凉$_3$，零，令，陋，满$_2$，慢$_2$，毛$_1$，毛$_2$，美$_3$，名，明$_1$，明$_3$，明$_4$，母，木，男，难$_2$，能，逆$_1$，逆$_2$，女，怒，旁，贫$_1$，平$_2$，平$_3$，前，亲$_2$，青$_1$，青$_2$，轻$_5$，清$_3$，清$_4$，曲，全$_2$，乳，散$_2$，烧，少$_3$，深$_6$，生$_3$，生$_5$，盛$_1$，熟$_3$，竖，双$_1$，双$_2$，双$_3$，顺$_1$，死$_6$，速，死$_7$，俗$_2$，碎$_2$，踏，太，特，铁$_1$，铁$_3$，通$_2$，头，凸，歪$_2$，外，完，晚$_2$，危，微，伪$_1$，温，污，误，稀$_4$，喜，闲$_2$，闲$_3$，贤，响$_2$，小$_3$，小$_4$，邪$_1$，新$_3$，雄，哑$_1$，亚，洋，养，遥，要，野$_3$，益，银，硬$_5$，优，愚，元，原$_1$，远$_2$，杂$_2$，赃，早$_2$，贼$_1$，真$_1$，整，正$_2$，终，众，专$_1$，壮$_2$，准$_2$，尊，左$_2$

其中，1 类形容词既能受“很”修饰，也能受“不”修饰，说明它们既有程度性，又有谓词性。① 而 2 类形容词既不能受“很”修饰，也不能受“不”修饰，说明它们既不具有程度性，也不具有谓词性，或者说它们的谓词性减弱而体词性增强。也就是说，具有[－很，－不]语法特征的词

① 郭锐(2002:109):汉语实词与虚词的组合位置上，对词性要求较严，如“不～”“很～”只允许谓词性成分进入。

项，它们的形容词性受到挑战。实际上，这部分词项的内部情况十分复杂：有的只能做定语：半（～当腰、～瓶），成$_1$（～捆、～对儿）；有的只能做状语：干$_3$（～洗、～馏），好$_5$（～看、～解决）；有的只能做补语：左$_1$（说～了、缝～了），净$_3$（把酒喝～、钱花～了）；有的能做定语和状语：常$_2$（四季～青、～住人口）；有的能做谓语也能带补语：烧（有钱～得他不知姓什么了、有俩钱把你～坏了）；有的只能带特定的补语：美$_3$（看把你～得）；有的能做谓语还能充当别的成分或带别的成分：矮$_3$，凹，遍，冰，残。其中多数都能做定语或只能做定语，其次是做定语和状语，或是做谓语和其他成分。从语义上看，有的词项表示"比较"，如"矮$_3$：表示级别、地位低，比……矮"（～人一等、他的工资比我～两级），而汉语表示比较的句式中，用作表示比较结果的形容词是不能受"很"修饰的，因而不受"很"修饰并不能完全表明一个词不是形容词。公认典型的形容词用于表示比较的结果都不能直接受"很"修饰，比如不能说"我比他很小""他比我很漂亮"。

总起来看，2 类这 229 个词项，虽不能受"很、不"修饰——这在很大程度上说明它们不具有或丧失了形容词性，但它们又都以能做定语或谓语，能做状语或补语等，而与形容词的句法功能有各种各样的瓜葛，说明这些词跟形容词仍有某种家族相似性。至少可以说它们是形容词、动词、非谓形容词、名词等之间的交界成员，也可看成是形容词的非原型成员。

3. 在 700 个形容词词项中，有 33 个词项同时具有[－很，＋不]语法特征，即不能受"很"修饰，但能受"不（没）"修饰，它们占总数的 4.71%。例如：

薄$_3$（他待你不～），差$_1$（一字不～），错$_2$（味道不～），多$_2$（我这儿不～），反（～没～），疯$_1$（她～了好多年，现在不～了；她没～，是装的），公$_2$（分配不～），够（喝起来没个～），惯（吃不～），旱$_1$（我们这儿没～过)，坏$_2$(这车没～、月饼没～)，静$_2$(我总是心不～、心没～下来)，均(分得不～、没～摊)，涝(我们这儿不～不旱、这儿以前没～过)，良(消化不～、不～少年)，明$_2$(身份不～、情况不～)，蔫$_1$(浇点儿水就不～了)，糗(粥～没～、没～)，瘸(腿不～)，少$_2$(不～你一块钱、～不～)，熟$_1$(饭不～、没～)，熟$_2$(这瓜不～)，顺$_3$(她老是心不～、没～过心)，死$_1$(这鱼没～、冻不～)，通$_1$(这句话不～)，同(形状不～)，妥(这样做我觉得不～)，行$_1$(你看～不～、不～)，厌(百看不～)，易(得来不～)，晕$_2$(我不～车)，正$_3$(心术不～)，周(照顾不～)

不能受"很"修饰，说明它们不具有程度性，不属于典型的形容词，甚至是不是形容词都成问题。但是，它们中有的虽然不能直接受"很"修饰，但只要有"不"同现就可以间接性地受"很"修饰。也就是说，它们的否定形式可以受"很"修饰。例如：分得很不均、这对他很不公、中午的米饭不太熟、这瓜不很熟、这句话不太通、这样做很不妥、心术很不正，说明这些词项仍然表示某种性质并具有相应的程度性。只是它们只具有反向程度性，也即受否定副词修饰后才能受程度副词修饰，或者说必须有否定副词同现才能受程度副词修饰。因此它们受"很"修饰是有标记的。有标记说明它们受程度副词修饰是不自由的、有条件的，但不能说明它们完全不具有或完全丧失了程度性。

而从表义功能上看，这些词项大都具有[＋属性]的语义特征，这跟非谓形容词的语义功能相近。但是，它们有的不能做定语而能做谓语：薄$_3$，差$_1$，错$_2$；有的能做定语也能做补语或谓语等：反(～话、～作用、穿～了、～戴帽子、～着穿)，疯(～老头、～人院、～了三年、她～了)，公$_2$(～断、分配不～)；并且都不能用"非"来否定，这跟典型的非谓形容词又有区别，而跟典型的形容词又有相同相近之处。所以它们也可能是形容词、非谓形容词、动词和名词之间的交界成员，而不是形容词的原型成员。

4.在700个形容词词项中，有64个词项能受“很”修饰，但不能受“不”修饰，即同时具有[＋很，－不]的语法特征，这些词项占总数的9.14％。例如：

棒，潮$_2$，成$_2$，钝，恶，各，广$_2$，鬼$_3$，欢$_2$，奸$_2$，古，痴，丑$_2$，次$_2$，淡$_4$，抖，乏，肥$_4$，僵，近$_2$，久，旧$_1$，绝$_1$，倔，空$_2$，宽$_2$，老$_2$，老$_3$，愣，靓，烈，末，蔫$_2$，暖，破$_2$，巧$_1$，俏，轻$_4$，散$_1$，软$_3$，沙，深$_5$，生$_4$，熟$_5$，盛$_2$，馊$_2$，秃$_2$，秃$_3$，秃$_4$，稀$_2$，险，小$_2$，邪$_2$，虚$_1$，虚$_3$，玄，悬，哑$_3$，野$_1$，阴$_2$，荫，糟$_2$，燥，贼$_2$

能受“很”修饰，说明这些单音形容词词项具有程度性，不能受“不”修饰，说明它们不具有谓词性或谓词性弱，而名词性强。这表明单音节形容词，受“很”修饰和受“不”修饰的不对称性。结合上文3的统计，可以认为：单音形容词词项中，4.71％具有[－很，＋不]特征的词项和9.14％具有[＋很，－不]特征的词项，也即合计13.85％的单音形容词词项受“很”和“不”修饰时不对称，说明这两项语法功能对单音形容词并非完全等价。

此外，3中词项受“很”修饰是不自由的，受“不”修饰是很自由的，4中的词项受“很”修饰比较自由，但不能或不能自由地受“不”修饰。这样看来，石毓智(2004:345)所说的“凡是不能自由用程度词修饰的形容词都不能被‘不’否定”，“凡是能自由用程度词修饰的形容词都能被‘不’否定”是一条“严格的规律”的说法就显得过于绝对，有13.85％的单音形容词词项不符合这条“可逆的”规律。这一方面说明形容词各语法特征之间并非完全对称和等价，也进一步说明语言作为一种社会现象其规律非严格化、非绝对化的属性。

5.在700个单音形容词词项中，受“很”和“不”修饰的情况是：

表 2-3 单音形容词词项同时受“很”“不”修饰的情况

| 语法特征 | 词项数(个) | 所占比例(%) |
|---|---|---|
| [+很,+不] | 373 | 53.28 |
| [-很,-不] | 229 | 32.71 |
| [-很,+不] | 33 | 4.71 |
| [+很,-不] | 64 | 9.14 |

一般来说,能否受“很”修饰是划分形容词和动词的区别性特征,能否受“很”修饰是鉴定一个词是否是形容词的首要性功能;而能否受“不”修饰则不能区分一个词是否是形容词,但可鉴别是否具有谓词性。据此,单就受“很”和“不”修饰来看,可以为上述考察结果排出一个形容词原型性连续统:[+很,+不]>[+很,-不]>[-很,+不]>[-很,-不](“>”,表示原型性强于),具体词项分别为:

{矮$_1$,矮$_2$,安,暗,傲,白$_1$,板,薄$_1$,薄$_2$,饱$_1$,暴$_2$,背$_2$,笨$_1$,扁,瘪,惨,糙$_1$,草$_1$,差$_2$……}

>{棒,潮$_2$,成$_2$,痴,丑$_2$,次$_2$,淡$_4$,抖,钝,广$_2$,鬼$_3$,欢$_2$,奸$_2$,僵,近$_2$,久,旧$_1$,绝$_1$,倔……}

>{薄$_3$,差$_1$,错$_2$,反,疯$_1$,公$_2$,惯,旱$_1$,坏$_2$,静$_2$,明$_2$,蔫$_1$,糗,瘸,少$_2$,熟$_1$,熟$_2$……}

>{矮$_3$,饱$_2$,宝,暴$_1$,便,遍,别,冰,残,草$_2$,常$_1$,超,成$_1$,次$_3$,错$_1$,大$_2$,单$_1$,淡$_1$,倒,定$_2$,毒$_1$,对$_2$,多$_3$,繁$_1$,方,废,疯$_3$,浮$_2$,副$_1$……}

此外,同是表颜色的词:“黑、白、红”可以受“很”修饰,“青、蓝、紫”不能受“很”修饰;“黑、白、红”可以受“不”修饰,“青、蓝、紫”不能受“不”修饰;但“青、蓝、紫”跟“黑、白、红”一样,可以受“没”修饰;“青、蓝、紫”不能受“很”修饰,但可受“有点儿”修饰(吕叔湘,1966),有一定的量性和程度性,这跟朱德熙(1956)所说的单纯表示性质,没有量或程度的区别的绝对性质形容词又不完全一样，不过也可以算作非典型的绝对性质形容词。而“黄、绿”介乎“黑、白、红”和“青、蓝、紫”二者之间。（吕叔湘，1966）综上，从受“很”等程度副词修饰、受“不”等否定副词修饰来看，这几个颜色词的原型序列应是：{黑、白、红}＞{黄、绿}＞{青、蓝、紫}

## 2.3 单音形容词的重叠

### 2.3.1 数据统计与基本分析

一部分单音形容词可以重叠，这是公认的。但是，这“一部分”究竟是哪一部分？范围有多大？目前还没有定论。据考察：在 700 个单音形容词词项中，有 155 个能够重叠，占 22.14％；在 388 个单音形容词中，有 50 个能够重叠（加下划线者），占总数的 12.88％。

矮$_1$，矮$_2$，暗，白$_1$，薄$_1$，饱$_1$，扁，瘪，草$_1$，长$_1$，迟，稠，臭$_2$，粗$_1$，粗$_2$，粗$_3$，粗$_5$，脆$_1$，大$_1$，呆，淡$_1$，淡$_3$，淡$_4$，低$_1$，低$_2$，定$_1$，毒$_2$，短，多$_1$，饿，肥$_1$，肥$_3$，干$_1$，高$_1$，高$_2$，够，鼓，乖，光$_1$，好$_1$，好$_2$，好$_3$，好$_4$，黑$_1$，黑$_2$，狠$_1$，狠$_2$，红$_1$，厚$_1$，花$_1$，缓，活$_1$，挤，尖$_1$，尖$_2$，紧$_1$，紧$_2$，紧$_3$，净$_1$，静$_1$，静$_2$，久，开，空$_1$(阴平)，空$_3$(去声)，苦$_2$，快$_1$，快$_2$，宽$_1$，辣，蓝，烂$_1$，牢，冷$_2$，凉$_1$，亮，绿，满$_1$，慢$_1$，慢$_2$，忙，美$_2$，闷$_2$，密，嫩$_1$，嫩$_2$，浓$_1$，浓$_2$，浓$_3$，暖，胖，平$_1$，齐$_1$，浅$_1$，浅$_4$，轻$_1$，轻$_2$，轻$_3$，清$_1$，清$_2$，热，软$_1$，晒，深$_1$，湿，瘦$_1$，瘦$_3$，熟$_4$，双$_1$，死$_2$，死$_4$，死$_5$，松，酥，碎$_1$，烫，甜$_1$，甜$_2$，透$_2$，秃$_1$，弯，旺，稳$_1$，稳$_2$，稀$_1$，稀$_3$，细$_1$，细$_2$，细$_3$，细$_5$，斜，咸，小$_1$，严$_2$，酽，痒$_1$，痒$_2$，遥，硬$_1$，圆$_1$，圆$_2$，远$_1$，远$_3$，匀，早$_1$，窄$_1$，真$_2$，整，正$_1$，直$_1$，重$_1$，重$_3$，壮$_1$，壮$_2$，足

有关形容词重叠情况的统计，由于语料范围、认定标准以及个人语感等的不同，统计的结果总体上看仍有较大的差别。例如：

1.俞士汶等(1998:440):164个单音形容词里,有84个能重叠,占总数的51.22%。

2.李泉(2001):156对儿同义的单双音节形容词中,有58个单音形容词能重叠,占单音形容词总数的37%。有44个双音节形容词能重叠,占双音节形容词总数的28%。

3.郭锐(2002:198):2355个形容词中有15%的形容词有相应的重叠形式。

4.王启龙(2003:137):316个单音形容词中,有157个可重叠,约占总数的50%。

5.朱景松(2003):227个单音节形容词中,可重叠的114个,约占50%;985个双音节形容词中,可重叠的309个,约占31%。

其中,俞、王和朱对单音节形容词重叠能力的统计结果基本一致,其统计都未区分义项。郭的统计不区分单、双音节形容词。本书区分义项但包括部分单音非谓形容词词项,除去这部分词项的话,能够重叠的形容词和形容词词项的比例会相应有所提高。

本书统计的能重叠的单音形容词词项,大都是现代汉语中使用频率较高的常用词汇及其常用义项,因此,从语用上看,常用是它们能够重叠的原始动因。正是因为使用频繁,所以发生变化的机会就越多、产生重叠用法的可能性就越大。但是,由于重叠要受到意义和韵律等方面的限制,所以多数单音节形容词并不能自由的重叠。事实上,就是能够重叠的单音节形容词,其中某些不太常用的义项也不能重叠,例如:矮$_1$(高度小:三间～～的草房)和矮$_2$(身材短:个子～～的)是“矮”的两个常用义项,能够重叠;而矮$_3$(级别、地位低)就不能重叠使用。不仅如此,同一义项的不同用法也有能重叠和不能重叠的区别,比如,表示身材短的“矮$_2$”的另一个用法“比……矮”(他～我一头)就不能重叠。

### 2.3.2 可重叠词项的语义和句法特征分析

那么，能重叠的单音形容词词项都具有哪些语义特征和句法特征呢？我们对可重叠词项的语义特征进行了逐一分析，并概括为17类：

1.[＋高度]：矮$_1$，矮$_2$，低$_1$，高$_1$，深$_1$

2.[＋厚度]：薄$_1$，扁，瘪，粗$_1$，厚$_1$

3.[＋浓度]：淡$_1$，淡$_2$，干$_1$，浓$_1$，稀$_3$，酽

4.[＋力度]：毒$_2$，狠$_1$，狠$_2$，紧$_1$，牢，轻$_3$

5.[＋速度]：迟，呆，缓，快$_1$，慢$_1$，慢$_2$

6.[＋温度]：凉$_1$，冷$_1$，暖，热，晒，烫

7.[＋湿度]：干$_1$，湿，潮$_1$，燥

8.[＋数量]：多$_1$，少$_1$，大$_1$，小$_1$，足，久，单$_1$，双$_1$

9.[＋颜色]：白$_1$，黑$_1$，黑$_2$，暗，红$_1$，花$_1$，蓝，绿，浅$_4$

10.[＋距离]：远$_1$，近$_1$，窄$_1$，宽$_1$，浅$_1$，遥，空$_1$

11.[＋时间]：早$_1$，早$_2$，晚$_1$，晚$_2$

12.[＋感觉]：饱$_1$，草$_1$，臭$_2$，粗$_5$，淡$_4$，定$_1$，饿，够，尖$_2$，静$_1$，静$_2$，空$_3$，闷$_2$，忙，浓$_3$，清$_1$，瘦$_3$，熟$_4$，活$_1$，透$_2$，旺，痒$_1$，痒$_2$，真$_2$，壮$_1$，壮$_2$

13.[＋味觉]：辣，甜$_1$，咸，苦$_1$，酸$_1$

14.[＋态度]：冷$_2$，死$_5$，傲，狂，稳$_2$，凶$_2$

15.[＋评价]：乖，好$_1$，好$_2$，好$_3$，好$_4$，美$_2$，清$_2$，甜$_2$，细$_5$，远$_3$

16.[＋性状]：稠，肥$_1$，肥$_3$，鼓，紧$_2$，挤，开，快$_2$，烂$_1$，亮，满$_1$，胖，平$_1$，齐$_1$，瘦$_1$，松，死$_2$，死$_4$，碎$_1$，秃$_1$，弯，稳$_1$，严$_2$，圆$_1$，圆$_2$，匀，整，正$_1$，直$_1$

17.[＋质地]：脆$_1$，光$_1$，尖$_1$，净$_1$，嫩$_1$，嫩$_2$，软$_1$，酥，硬$_1$，轻$_1$，轻$_2$，重$_1$

上述17类语义特征是从可重叠的单音形容词的表义范畴上概括

出来的，其中，1—11 类词项可以进一步概括为具有［＋物理属性］语义特征，主要用于表示事物所具有的高度、厚度等物理的、自然的属性。12—15 类词项可以进一步概括为具有［＋社会属性］语义特征，主要用于表达有生命者（特别是人）的生理和心理感受及其主观评价。16、17 两类词项兼具［＋物理属性，＋社会属性］语义特征，它们所表达的某种性质都有客观基础，但都有明显的人的主观认定和评价在内，例如“稠”是“液体中含某种固体成分很多”，但究竟含多少固体成分算“稠”则往往凭个人主观来认定。实际上，所谓物理属性也离不开人的主观因素的参与，所谓社会属性也离不开物理属性为依据。因为语言本身就是人类对自然和社会现象认识和分类的产物。可见，具有［＋物理属性］或［＋社会属性］特征只是一种概括性的分类。值得关注的是，上述 17 类语义特征都是人类最基本的认知域，跟人的社会生活息息相关，表达这些语义范畴的单音节形容词被语言社会广泛而频繁地使用，期间当语义表达及和谐韵律等需要时，“重叠”便因需而生。

从可重叠的单音形容词词汇意义上来看，它们所表示的某种性质具有程度上高低、强弱、深浅等变化性，或量范畴上的多少、大小、浓淡等比较性，总起来说都具有“量性”特征，并且这种量性是一种非固定量，或者说是一种模糊量。这就为主观上表达量的变化提供了可能。可以说，具有量性特征是单音节性质形容词重叠的客观基础，表达模糊量是其重叠的语义条件。相反，不具有量性特征，也就不具备重叠的客观基础，重叠便不可能实现。如“对、错、真$_{1(不假)}$、假、横、竖、温、紫”等绝对性质形容词，“金、银、正、副、公、母、男、女、雄、雌”等非谓形容词。而不具有模糊量语义特征的性质形容词，如“贵、贱、妙、强、弱、次、帅”等，虽然可以受“很”等程度副词的修饰，但由于其量性是一个极致量，极致量就是固定量，而具有这种语义特征的形容词不可能重叠。

从句法特征上来看，这 155 个可重叠的单音形容词词项中，有 146

个都能同时受“很”和“不”的修饰。换言之，有 94.19%能够重叠的单音形容词词项既能受“很”的修饰，也能受“不”的修饰。其中可重叠的词项中只有 9 个（占 5.80%）不能受“很”或“不”的修饰，它们是：表示极致量因而不能受“很”修饰的“够”（厌烦、腻：我已经跟她过～～的了、这东西我已经吃得～～的了），“静$_2$”（安详、安定：～～地躺在病房里）；只能用在动词后做结果补语的“好$_4$”（表示动作完成或达到完善的地步、妥当：玩得～～的）不能受“不”修饰；主要用于书面语的“淡$_1$（浓度低、稀薄），遥，壮$_2$（雄壮、气势盛），缓，暖，双”等表示极致量或固定量的形容词词项，不受“很”和“不”修饰。其中，“壮$_2$，缓，暖”重叠的条件是必须带使动宾语。

据考察，不能重叠的 545（700－155）个词项中，有 208 个不能受“很”和“不”的修饰，占 38.17%；有 61.83%的词项不能重叠但可以受“很”或“不”修饰。至此，可以得出这样的结论，能重叠的形容词跟能否受“很”和“不”的修饰有很大的相关性，凡是能重叠的形容词词项，绝大多数都能受“很”和“不”修饰，而不能受“很”和“不”修饰的词项，绝大多数也不能重叠，如“凹、残、草$_2$、多$_3$、方、孤、寒、枯、劣”，等等。

## 2.3.3 单音形容词重叠式的性质和动因

### 2.3.3.1 单音形容词重叠式的性质

单音形容词重叠式的性质为何？是词法重叠还是句法重叠？颇有争议。实际上，不仅对形容词重叠式的性质看法不一，对整个现代汉语重叠现象的看法都很不一致。例如：

1. 朱德熙（1982：25）：重叠是现代汉语合成词的构词方式之一。“重叠指的是象‘妈妈、看看、个个、清清楚楚’一类词的构造方式”。单音形容词的重叠式是“AA 儿的”，如“小小儿的、好好儿的”，其中“儿”和“的”都是后缀。

2. 刘丹青(1988):重叠是一种抽象的语言手段,其作用是使某个语言形式重复出现。重叠可以分为语音重叠(饽饽),语素重叠(天天、个个)和语段重叠(照看照看、一个一个地走出来)。重叠式的两个部分不能有任何句法结构关系,包括并列关系。如“心心相印、官官相护”中的“心心、官官”是“心和心、官和官”的意思,有并列关系,因而不是重叠式。但文章同时指出,“并列和重叠也并不是处处泾渭分明”,普通话的词汇形式“‘A头A脑’(呆头呆脑),句法组合‘你一句我一句’,都兼有重叠和并列两方面的特点”。

3. 石毓智(1996):“妈妈、看看、个个、清清楚楚”等,是完全不同的两类重叠式。意义上,一类是叠前和叠后没什么两样,如“妈”和“妈妈”;另一类则基式和重叠式有着明显的不同,如“看”和“个”分别只是一个单纯的行为和一个单纯的量词,而“看看”除代表一个行为以外,还表示一个短时量的意义,“个个”则是对特定范围成员的遍指。语法功能上,“妈—妈妈”完全一样,“看—看看”则很不一样,“看”可加“的”而名物化,“看看”则不行。因此,有充分的理由确定汉语中有两类性质完全不同的重叠:一是构词重叠,叠前和叠后意义和功能都一样;二是句法重叠,基式和叠式的意义和功能都有明确差异。

4. 俞士汶等(1998:47):单音节形容词重叠后,有的成了副词(紧紧、高高);有的不成词(尖尖、甜甜)。无论AA成词还是不成词,加上“的”则成了状态词。

5. 吕叔湘(1999:716):单音节形容词的重叠是形容词的生动形式。其重叠形式是AA的,但在北京口语里第二个A一般读阴平调,儿化。如“红红儿的、慢慢儿的”。

6. 李宇明(2000:301,298):重叠属于句法层面的复叠(复叠是使某语言形式重复出现的语言手段),重叠可以分为名词性重叠、形容词性重叠,等等。有些重叠具有某种构形作用,把重叠视为句法现象,并不排除其构形作用。

7. 郭锐(2002:198):无论单音节重叠形式还是双音节重叠形式,都应看作一种构词形式,因此跟原式不具有同一性。形容词的重叠形式与形容词的语法功能不同。单音节形容词重叠式有两种:一种是副词,如"慢慢、好好、大大",另一种不是词,如"胖胖、瘦瘦、绿绿"。单音形容词重叠式加"的"是状态词。

8. 石锓(2010:7):不能说"彤彤"是构词重叠,"红红的"是构形重叠,"彤红彤红"是重复,这种看法太看重现代汉语平面而忘记了历史发展的因素。"形容词的重叠都是构词重叠"。"彤彤""红红的""彤红彤红"都是状态形容词,它们之间的区别不是构词重叠、构形重叠与重复的区别,而是形成时间早晚与词汇化程度不同的区别。

从以上列举的各家观点来看,有人认为重叠式是一种构词形式,或者说是构词重叠,重叠式内部不构成任何句法关系。有人认为重叠主要是句法现象,叠前和叠后在意义和功能上都有差别。有人认为存在构词重叠和句法重叠两类性质不同的重叠。

#### 2.3.3.2 单音形容词重叠的动因

下面,从重叠的现实动因这一视角,也即重叠是为了构词还是为了表达某种语法意义,抑或是语用上的需要,来进一步探讨包括单音形容词在内的重叠现象。为了确定所考察的单音形容词重叠形式的性质,并且能够使这种定性在整个重叠系统中有一个比较准确的定位,下文讨论的范围不限于单音形容词重叠形式:

1. 由无意义的语音单位重叠后构成的语素和词,自然应该属于词法重叠,即构词重叠。例如,"饽饽"是由一个无意义的音节"饽"重叠后构成的语素(也是一个词)的重叠形式。基式"饽"没有意义,不能单独成词,也不能单用。因此,这类基式是一个无意义的音节的重叠形式,可看作音节重叠式单纯词。重叠的现实动因是成词的需要。

2. 与此相关，现代汉语中“大大咧咧、密密麻麻、轰轰烈烈”一类重叠形式也应该属于构词重叠。这类重叠形式是由语言形式 A 和 B 按 AABB 的方式重叠后构成的。其中的 A 和 B，有的是一个无意义的音节，如“咧”；有的抛开 AABB 式来看，是一个语素或词，可以单说单用，如“大”“密”，但是结合整个 AABB 式来看，就很难说是一个语素或词。实际上，AABB 重叠式并没有一个与之相对应的 AB 式存在（* 大咧、* 密麻、* 轰烈），AB 是一个虚拟的基式。因此，AABB 式可以看成是由虚拟基式 AB 重叠后形成的语言形式，其中的 AB 是两个无意义的语音单位，其重叠是构词重叠，整个 AABB 式是一个语素和词。这种由两个无意义的语音单位重叠后构成的重叠形式（单纯词）无疑属于词法重叠。①

3. 由语素重叠构成的重叠式，如果重叠前后除了音节上的变化以外，意义上没有变化，则属于词法重叠。例如，“爸爸”是由语素和词“爸”重叠后构成的形式，基式“爸”有意义，可单独成词，也可单用；并且叠前“爸”和叠后“爸爸”意义和功能上没有什么差别。我们把这类重叠式看作语素重叠式合成词。重叠的现实动因是为了构词，重叠的后果是增加了语言中单一双音节聚合而成的同义词。“哥哥、姐姐、爷爷”等均属于此种情况。

4. 由语素或词重叠构成的重叠式，如果重叠前后除了语音形式上的变化以外，意义和语法功能也有明显的不同，那么这类重叠是词法重叠还是句法重叠，目前存在不同的看法。一种认为是词法重叠，如郭锐（2002：198）；一种认为是句法重叠，如石毓智（1996）。不过，这两种看法都认为叠式和基式的语法功能不同。事实上，无论是看成词法重叠还是看成句法重叠，都有一定的道理，但也都有一些不好解释的现象。具体来说：

---

① “金灿灿、乱哄哄”等 ABB 式的情况与这里讨论的现象相类似，也属于词法重叠。

其一，认为是构词重叠，对一部分重叠现象可能是合适的，比如少数单音形容词，如“早”重叠后形成的“早早”只能做状语，可以认定为一个副词；但对另一部分重叠现象来说就有些困难，如量词“个”和动词“商量”重叠后分别是“个个”和“商量商量”，而“个个”说是一个体词性成分是可以接受的，说成是一个由量词重叠构成的名词就难以让人接受；“商量商量”虽然是一个动词性语言成分，但很难说就是一个动词，因为连“了、着、过”都不能带。因此，把这类语素和词的重叠形式都看成是构词重叠，恐怕是有困难的。更为重要的是，跟基式相比，叠式“个个”增加了“周遍”意义，“商量商量”被认为增加了“尝试”意义，这种增加的意义是由重叠造成的语法意义。就形容词来说，虽然叠后的形式在句法功能上跟状态形容词相同相近，如“大”和“大方”重叠后构成的“大大”和“大大方方”，也有学者的确把这类重叠式归入状态形容词。但是，叠式增加了“程度加深”的意义，这种意义跟量词和动词叠后增加的意义一样，都属于语法意义。事实上，除少部分用于称谓的名词外，量词、动词、形容词等多数情况下叠后与叠前的语法功能都大不一样，所以把由语素或词重叠构成的重叠式都看成是构词重叠是有困难的。

其二，说成是句法重叠也有勉强的一面，因为有时候很难说出重叠的两个部分之间的句法关系，比如把“商量商量”看成是并列关系似乎还通得过，但是把“大大方方”看成是“大大”和“方方”并列而成就难以通得过。石锓(2010:4)就指出“重叠是一种构词构形现象，不形成任何的句法关系，因此‘句法重叠’的提法值得商榷”。

这样看来，把单双音节的名词、动词和形容词的重叠式，以及单音节量词的重叠式，看成是词法重叠和句法重叠都有一些不好解释的现象。但是，比较起来看，我们还是倾向于把这类叠前和叠后语法功能明显不同，特别是叠后附加了语法意义的重叠形式看作是句法重叠现象。因为这种重叠根本上说正是为了表达某种语法意义，而不是为了构词的需要，基式和叠式的词汇意义没有本质的差别，至于叠前和叠后用法上（包括音节和谐和成句作用）的差异，相对来说都不是主要的。

5. 比词大的语段的重叠以及重叠性惯用组合，应该属于句法重叠。具体来说，其一，“比词大的语段也可以成为重叠的基础形式。如北京话‘一个一个地走出来，一个字一个字地写下去’，带点的重叠式分别以短语‘一个’和‘一个字’为基础形式”。（刘丹青，1988）其中，“一个一个地（走出来）”“一个字一个字地（写下去）”中的“数量（名）”重叠式比基式增加了“顺序义”，表达顺序义是重叠的主要动因，而这种顺序义的产生是短语“数量（名）”的重叠带来的，因而基式为短语的重叠应该是句法重叠。其二，这里所说的重叠性惯用组合，指的是“A 来 A 去”（想来想去）、“你一句我一句”、“我看看你你看看我”、“东摸摸西碰碰”一类的语言形式。这类句法组合，其构成手段跟重叠性质相近，其组合形式跟重叠式相类似，但总的说还不同于 AA、AABB、ABAB 这种规则性的变形重叠，所以我们称之为重叠性惯用组合。重要的是，这种惯用组合“重叠”后都附加了某种语法意义。例如，“A 来 A 去”“你一句我一句”“我看看你你看看我”等，都附加了“数量多”或“频次高”之类的语法意义。因此，表达一个或多个主体从事某种动作行为的数量多、频次高，是其重叠的直接动因，并通过某种非规则性变形重叠来得以实现。

据以上分析看，语段重叠无疑应该属于典型的句法重叠；而重叠性惯用组合的两个部分之间则明显可以看出存在并列关系，如“A 来 A 去”“你一句我一句”等，这种并列的句法关系正是通过句法重叠（组合）实现的，尽管这种组合还不是规则性的变形重叠，其语法意义也还附有不同的语用色彩，[①]但总体上仍可把这种重叠（组合）看成是句法重叠。

6. 重复出现某一词或比词大的语言片段，被重复的成分之间可以

① 例如“你一句我一句”，多用于口语，表示人多气氛热烈或嘈杂等语义色彩。

有停顿,可以复现两次、三次或更多次。例如:“你你你,你这个没良心的家伙!”“吵吵吵,一天到晚就知道吵。”“高! 高! 高! 实在是高!”“你拿出来,你拿出来,你现在就拿出来啊!”这类语言现象跟上面说的重叠在形式和意义上都有差别。“重叠一般都会增加新的语法意义,重复只增加‘多’的意义和一些语用色彩”。重叠内部有较大的一致性,重叠成分或在读音上有变化或在韵律上形成一个整体;重叠式意义上形成一个相对完整的意义体,可表示量多,还可以表示量少等其他意义。重复不具备这些特征。(李宇明 2000:302)但是,通过复现某一语言成分这样一种语言手段,来使某个语言形式重复出现(或多次出现),这在本质上跟重叠并没有太大的差别。所谓的语用重叠和句法重叠在形式和意义上既有明显的差别,也有许多相同形近之处。例如,在概括意义上来说,重复也是表示“量多”,只是通过重复的“增量”来加强表达愤怒、不满、赞叹、质疑等语用意义。因此把例 6 这种语言现象看成是兼有句法和语用重叠的双重性质也不是完全不可以的。李宇明(2000:302)就把这种现象看成是“句法和超句法层面的复叠”。不过,总体上说,把这种现象看成是语用重叠也许更为合适,因为这种重复的根本动因是为了表达某种语用色彩,而不是为了表达某种语法意义。有时这种“重叠”甚至是不由自主的,是某种不可控制的情绪冲动所致,如,“你你你,你这个没良心的家伙!”“吵吵吵,一天到晚就知道吵。”

#### 2.3.3.3 汉语重叠的连续统现象

以上虽然花了不少篇幅介绍有关重叠研究的代表性观点,并在此基础上从重叠的动因这一视角进一步讨论了相关的重叠现象,但也还是举例性的,挂漏现象在所难免。不过,现代汉语主要的重叠类型应该包括在内。可以看到,重叠现象十分复杂:重叠的形式多样,表达的意义多样;不仅语音、词汇、语法、语用不同层面之间的重叠现象难以“一刀切”,就是同一层面内部情况也不完全一致。比如,说“饽饽”“蛐蛐儿”是音节重叠应该没有问题，说“爸爸”“妈妈”是语素和词重叠也没有问题，但是说“弟弟”“妹妹”也是语素和词的重叠就不那么“硬气”，因为“弟”“妹”可以单用，但一般不单说，这一点跟“爸”“妈”的情形不同，而跟“饽”“蛐”相近；又如，“爸爸”跟“看看”的重叠形式相同，但前者叠前叠后意义上没有什么变化，而后者叠前和叠后意义就不大一样，叠后被认为增加了“尝试”意义。实际上，音节重叠和词法重叠，词法重叠和句法重叠，句法重叠和语用重叠之间都存在着这种过渡现象。

就重叠的动因来看，相关相近的现象之间既存在差异性，也存在关联性：上文第1—3三类重叠的直接动因主要不是为了满足某种语法意义上的需要，而是构词的需求，但也兼有满足韵律需求的作用。其中1、2两类通过重叠音节的方式来形成概念意义（词义），3类重叠并不用来构成新的概念，也没有带来语义和语法功能上的明显变化。第4类的重叠动因虽然也有满足韵律需求的因素，但更主要的是满足语法意义上要求“增量”或“加深程度”的需求，而这一要求的实现需要通过句法重叠来完成，这跟第5类现象的重叠性质相同。第5类重叠的直接动因以表达语法意义为主，但也有表达语用意义的需要。第6类则相反，以表达语用意义为主，但也有表达语法意义上“增量”的作用。

综上，我们可以，也应该把汉语的重叠现象看成是一个连续统。这个连续统可以分为语音重叠、词法重叠、句法重叠和语用重叠四个层面。在重叠范畴中，各种重叠现象是非离散的，边界是模糊的，不同的重叠现象在属于语音重叠——词法重叠——句法重叠——语用重叠四个次范畴的典型性程度上形成一个连续统，在属于增加概念意义——增加语法意义——增加语用意义三种重叠动因的典型性程度上形成连续统。

相邻层面的重叠现象通过重叠形式、叠前有无意义、叠前叠后意义有无变化、叠后带来的意义、是语法意义还是语用意义等形式和意义方面的要素勾连在一起。例如：语音重叠（饽饽；大大咧咧）——词法重叠（爸爸）——句法重叠（早早，个个，商量商量，大大方方；一个一个地走出来，你一句我一句）——语用重叠（你你你，你这个没良心的家伙！）。其中，除了典型的成员相对容易认定以外，边界成员往往可左可右，很难说一不二。也许正是由于汉语里的重叠是一个连续统现象，所以造成人们认识上的分歧，才使得我们在认定某类重叠现象的属性上左右为难，如 2.3.3.2 小节的相关讨论。然而，确立汉语重叠的连续统现象的观念，并不是为了说明汉语重叠现象不可分析，无法范畴化。相反，而是希望在这样一种观念的关照下，不时时处处搞一刀切，不走绝对化的路子。但是，重叠范畴中必然存在典型性的成员，必然存在某种倾向性的规律，这也是我们需要确立的观念。

#### 2.3.3.4 单音形容词重叠式的定位与功能

根据以上讨论，可以认为，语音重叠的现实动因主要是为了构词的需要，即通过满足韵律上的需要来完成概念意义的实现；词法重叠的现实动因主要是为了构词的需要（而非概念意义上的需要）；句法重叠的现实动因主要是为了表达语法意义的需要（而非构词的需要）；语用重叠的现实动因主要是为了表达某种特定语义的需要（而非语法意义上的需要）。后两种重叠虽然也有满足韵律上和谐和句法上成句的作用，但是，满足表达句法意义或语用意义的需求是其重叠的第一动力。

据此，我们把单音形容词重叠定位在句法重叠的层面上。[①] 也就是说，单音形容词的重叠不是为了构词而构形，而是为了表达语法意义

---

① 按照本书的观点，双音节形容词重叠，也应属于句法重叠，"漂漂亮亮、干干净净"等虽然在句法功能上跟状态形容词"乱哄哄、金灿灿"等相同、相近，但是也不能因此就说双音节形容词的重叠式就是状态词。双音节形容词重叠后增加的是语法意义，不是词汇意义。实际上，我们并不说动词性或形容词性短语就是动词或形容词，这是因为功能相同相近的语言单位，并不能表明它们的语言单位属性是完全一样的。

而构形。下面,对可重叠词项的句法功能进行考察,看看单音形容词重叠式都能够充当哪些句法成分,充当不同句法成分时有哪些条件和要求,并进一步分析单音形容词重叠式的性质。考察结果:在155个能重叠的单音形容词词项中(见2.3.1),重叠后的句法功能是:

1. 只能做状语的单音形容词词项有24个,占15.48%,它们是:迟,粗$_5$,呆,毒$_2$,多$_1$,乖,狠$_1$,活$_1$,久,苦$_2$,快$_1$,慢$_1$,慢$_2$,闷$_2$,密,浓$_2$,轻$_3$,深$_1$,死$_5$,细$_5$,酽,远$_3$,早$_1$,重$_3$。

2. 能做状语也能做其他成分的词项有19个,占12.25%,它们是:暗,大$_1$,好$_3$,狠$_2$,缓,挤,冷$_2$,辣,遥,薄$_1$,短,好$_1$,好$_2$,弯,稀$_3$,静$_1$,高$_1$,满$_1$,甜$_2$。

3. 只能做谓语的单音形容词词项有26个,占16.77%,它们是:定$_1$,饿,尖$_2$,紧$_2$,净$_1$,静$_2$,空$_{3(去声)}$,凉$_1$,忙,暖,轻$_1$,轻$_2$,清$_2$,晒,湿,瘦$_1$,松,烫,稳$_2$,痒$_1$,痒$_2$,圆$_2$,匀,正$_1$,壮$_1$,壮$_2$。

4. 能做谓语同时也能做其他句法成分的词项有45个,占29.03%。例如:饱$_1$,大$_1$,好$_3$,狠$_2$,缓,挤,空$_{1(阴平)}$,冷$_2$,遥,矮$_1$,矮$_2$,白$_1$,高$_1$,薄$_1$,短,好$_1$,好$_2$。

5. 只能做定语的单音形容词词项有11个,占7.09%,它们是:淡$_1$,花$_1$,宽$_1$,蓝,嫩$_2$,浓$_1$,浓$_3$,浅$_1$,小$_1$,整,重$_1$。

6. 能做定语也能做其他句法成分的有44个,占28.38%。例如:暗,矮$_1$,矮$_2$,薄$_1$,短,大$_1$,白$_1$,长$_1$,肥$_3$,黑$_1$,黑$_2$,红$_1$,厚$_1$,好$_1$,好$_3$,高$_2$,扁,斜,稀$_1$,稠。

7. 只能做补语的单音形容词词项有25个,占16%,它们是:饱$_1$,臭$_2$,脆$_1$,大$_1$,肥$_1$,旺,干$_1$,够,光$_1$,好$_4$,尖$_1$,开,快$_2$,烂$_1$,亮,软$_1$,熟$_4$,死$_2$,碎$_1$,透$_2$,咸,严$_2$,硬$_1$,窄$_1$,真$_2$。

8. 能够做补语也能做其他句法成分的有49个,占31.61%。例如:暗,矮$_1$,白$_1$,长$_1$,黑$_1$,黑$_2$,红$_1$,厚$_1$,草$_1$,大$_1$,低$_1$,紧$_1$,紧$_3$,瘪,淡$_3$,鼓。

9. 只能做主语的有 1 个：双$_1$。

10. 把只能做某一成分和既能做这一成分也能做其他成分的词项合起来统计，那么，在 155 个能够重叠的单音形容词词项中：

共有 43 个词项的重叠式能做状语，占总数的 27.74%；

共有 71 个词项的重叠式能做谓语，占总数的 45.80%；

共有 55 个词项的重叠式能做定语，占总数的 35.48%；

共有 74 个词项的重叠式能做补语，占总数的 47.74%；

有 1 个词项的重叠式（“双双”）只能做主语，可以忽略不计。

可以看到，单音形容词重叠式的句法功能跟单音形容词一样，主要是充当谓语、定语、补语和状语。但是，单音形容词的重叠式充当句法成分的能力不同，就本书的考察来看，充当补语和谓语的能力最强（二者基本相当），充当状语的能力最差，具体来说，重叠式充当句法成分的能力由强到弱依次是：做补语＞做谓语＞做定语＞做状语。

**2.3.3.5 单音形容词重叠式的句子成分功能**

下面，结合具体的考察，进一步分析单音形容词重叠式充当状语、谓语、定语和补语等主要句法成分时的相关问题。

其一，有学者把能做状语的单音形容词重叠式看作副词，①例如：好好儿学、慢慢骑、迟迟不肯交出来、粗粗算了一下、呆呆地坐在那里、大大地提高了效率、早早起来排队，等等。如果就事论事，这样处理当然是可以的，但是如果从单音形容词重叠式充当句法成分的整体上来看，这样处理就未必是很合理的。事实上，把这些做状语的重叠式看作副词仅仅是因为它们只能做状语（符合副词唯一的句法功能），而这种只能做状语的重叠式只占能够重叠的单音形容词总数的 16%。而那些充当别的成分的重叠式，以及既能做状语也能做谓语等其他成分的

---

① 如朱德熙（1982：28），俞士汶等（1998：47），郭锐（2002：198），等等。

重叠式的性质该如何确定，就有些不好办。例如：屋里光线暗暗的、暗暗的一间小屋，好好活着、我身体好好的吃什么药啊，狠狠地打击犯罪分子、我狠狠心把孩子送到了寄宿学校，缓缓气儿，等等，这些重叠式显然不能说都是副词。同时，我们也缺乏足够的证据说它们就是形容词（所有单音节形容词重叠式都不能受"很"修饰）或是别的词类。如果多数重叠式还不能确定其词类属性，那么说这种重叠是构词重叠就有困难；同时仅仅是把做状语的重叠式看作是副词，而不管充当其他成分的重叠式的属性，恐怕也不是很合适。

从整个重叠系统上来看，形容词重叠式做状语仍然是"增量"的需要，即重叠的动因并不是为了构词的需要，而是表达基式所具有的某种性质在程度上的加深。例如，"粗算了一下"跟"粗粗算了一下"相比，在人们的语感中后者算得"更粗"；"呆坐在那里"跟"呆呆地坐在那里"相比，人们会觉得后者显得"更呆"，也就是说，重叠式 AA 比基式 A 程度深。可见，这种重叠不是为了构成一个新词，而是通过重叠这种语言手段来表达"程度加深"这一语法意义，因此属于句法重叠。当然，不排除有些重叠是为了句法形式上和谐的需要，也即重叠有成句的作用，否则句子就不通顺或根本就不成立，例如：* 迟不肯交出来、* 乖跟我走、* 屋里光线暗的、* 汽车缓行驶在乡间小路上。这在相当程度上恰好说明，重叠是句法上完句的需求，是状语这一句法位置上要求某些单音形容词必须重叠后才能进入。

另外，跟单音形容词做状语不能加"地"相比，单音形容词的重叠式做状语一般可以加"地"，但基本上都不是必需的。比较起来，书面语中加"地"较多，如"酽酽地沏壶茶喝""市长这副担子就重重地落在了刘宝的肩上""我深深地爱上了这片土地"；而口语中以不加为常，如"多多指教""好好干""慢慢说"。

其二，能够做谓语的单音形容词重叠式主要有三种情况。

（一）做谓语不带宾语。其中，有的要在重叠式后面（实际上也是句末）加“的”构成“AA 的”形式才能做谓语，例如：个子矮矮的、脸盘儿圆圆的、辫子粗粗的、嗓子尖尖的、年纪轻轻的；有的重叠式做谓语不需要加“的”，例如：身上痒痒、看人家打球手直痒痒、路途遥遥、月儿弯弯、河水清清。

（二）重叠式 AA 做谓语需要或可以变成“A 一 A”的形式。例如：大家静（一）静、把杯中酒匀（一）匀、往里挤（一）挤。此时的“A 一 A”具有使动意义，即通过某种动作行为的重复使事物具有 A 的性质。

（三）做谓语需要带宾语。例如：定定神儿、紧紧鞋带儿、清清账目、忙忙自己的事儿、壮壮胆儿、正正帽子、暖暖身子、烫烫脚、空空肚子、狠狠心，此时的重叠式具有动词性，并且绝大多数表示使动意义，极少数表示为动意义（如“忙私事儿”）。

在前两种情况下，做谓语不能带宾语，否则就不能重叠使用；第三种正好相反，重叠的条件是必须带宾语（特定语境中宾语是说听双方共知的，可以省略），否则就不能重叠。

考察发现，绝大多数只能做谓语和能够做谓语的单音形容词重叠式，其重叠条件是必须带宾语或具有使动意义（极少数表示为动意义），否则就不能重叠使用。这表明，多数单音形容词重叠式具有动词性质。值得注意的是，这种动词性是由于单音形容词入句、重叠并且带上宾语后获得的，而“入句”“带宾语”都是典型的句法表现。可见，此时的重叠是句法重叠。单音形容词重叠式做谓语的三种情况中，前两种谓语形式具有“程度加深”的语义特征，第三种谓语形式具有动作或事件“次数增多”的语义特征，简言之，都是表示“量多”。

其三，能够做定语的单音形容词重叠式，大多数做定语要求带“的”。例如：长长的袖子、黑黑的大眼睛、宽宽的马路、蓝蓝的天空、浅浅的一小碟儿；少数做定语不带或可以不带“的”，特别是在书面语中。

例如：花花世界、整整三年、短短一年时间、薄薄一层冰、浓浓（的）乡情感染着我、淡淡（的）晨雾笼罩了整个村庄、厚厚（的）一层积雪压在上面。其中，加“的”是入句的条件，“的”就是通常所说的定语的标志。重叠是表达程度加深的需要，不是为了构成所谓的状态词（“AA 的”）的需要。做定语的“AA 的”，实际上是“AA＋的”，“的”是重叠式 AA 充当句法成分的辅助成分。

其四，能够做补语的单音形容词重叠式，做补语的完整形式是“……得 AA（儿）的”。即与助词“得”同现，构成组合式补语，同时叠式后面要有“……（儿）的”。例如：猪养得肥肥的、吃得饱饱（儿）的、炸得脆脆（儿）的、火烧得旺旺儿的、晒得干干儿的、脸涂得白白的、我听得真真儿的。有时重叠式做补语有无“得”均可，特别是口语中。例如：说（得）好好儿的、水烧（得）开开儿的、把刀磨（得）快快儿的、把蒜捣（得）碎碎儿的。显然，“……得 AA（儿）的”是单音形容词重叠式做补语的基本模式，“……得”“……（儿）的”是叠式 AA 入句时与之同现的完句成分。重叠的动因仍是为了表达比基式 A 程度深的语法意义的需要，“吃得饱饱儿的”显然比“吃饱”要“更饱”。

以上，分别从汉语重叠系统本身和重叠式的句法功能上，说明单音形容词的重叠属于句法重叠。属于句法重叠才会有重叠的句法形式和句法意义问题。如果把单音形容词的重叠看成是构词重叠，会遇到一些很不好解决的问题，比如找不出基式和重叠式在词汇意义上有多少差别（比较：早—早早、厚—厚厚、细—细细），说不出重叠式内部的构成关系，也难以对重叠式进行全面的词类定性。说叠式比基式程度深是事实，但这“程度加深”远不同于“名词表示事物的名称”“动词表示动作行为”等词汇类别意义，这样的意义类别是所有单音节名词和双音节名词，以及所有单音节动词和双音节动词“与生俱来”的，而“程度加深”是单音节形容词通过重叠带来的。重叠当然也是一种构词方式，但构词带来的是一个有词汇意义的新词的诞生，比如，“饽”“蛐”通过音节重叠能够构成“饽饽”“蛐蛐儿”这两个表示事物名称的名词。重叠也是一种句法手段，作为一种句法手段，它的实现所带来的是句法意义，单音节形容词重叠所具有的“程度加深”正是这样一种句法意义。

### 2.3.4 单音形容词重叠的形式

关于单音形容词重叠的形式，前人做了不少很好的研究。但是，仍然有进一步讨论的必要。有关单音形容词重叠的形式目前主要有以下代表性看法：

1. 朱德熙(1956)：单音节形容词 A 按照 AA 的格式重叠。第二个音节读高平调，同时儿化。重音也在这个音节上。例如：小小儿、远远儿。在《语法讲义》(1982：26)中朱先生更加明确地指出，基式是单音节形容词(A)的重叠式是“AA 儿的”。不管基式原来是什么字调，重叠以后第二个音节一律读阴平。例如：小小儿的、好好儿的。刘月华等(2001：201)赞同上述说法，但补充“在庄重正式的场合或朗诵非口语化的文学作品时，重叠的音节不儿化，也不变调”。

2. 吕叔湘(1965)：根据对《海市》的考察，指出单音形容词重叠式为 AA 式，如：小小的野餐、高高的屋顶。强调重叠式一般都带 de，不带是例外，至少修饰名词的时候是这样。郭锐(2002：198)：单音节形容词重叠形式是 AA，如：红红、胖胖。单音节形容词重叠形式通常要加“的”才能用。

上述关于单音形容词重叠式的看法，概括地说就是“AA 儿的”和“AA 的”两种形式，反映了单音形容词重叠式的主要用法。根据本书的调查，单音形容词重叠式的实际使用情况可以分为以下几种情况：

1. AA 儿 de：第二个音节阴平，如：满满儿的一杯白酒、热热儿的一锅姜汤(做定语)，快快儿地长、乖乖儿地跟我走(做状语)，长高高儿的、吃饱饱儿的、切得薄薄儿的、剪得短短儿的、听得真真儿的、擦得亮亮儿的(做补语),两头尖尖儿的、个儿高高儿的、身体好好儿的(做谓语)。

2. AAde:第二个音节读原调,不读阴平,如:小小的疑问、宽宽的马路、浓浓的乡情、细细的黄沙、厚厚的积雪(做定语),乖乖地跟我走、呆呆地站在那里、细细地研读、酽酽地沏一壶热茶(做状语),秧苗插得密密的、吃得饱饱的、切得粗粗的、涂得白白的、肚子饿得瘪瘪的、肚子胀得鼓鼓的、说好好的、听真真的(做补语),眉毛细细的、辫子粗粗的、个子高高的、眼睛大大的、头发黑黑的、盒子扁扁的(做谓语)。

3. AA:第二个音节读原调,不读阴平,如:迟迟不交、呆呆望着我、远远望去、多多关照、粗粗看了一遍、狠狠打击盗猎分子、活活气死、苦苦相劝、紧紧抓住、久久不能平静、重重打了一拳、高高举起、他早早来到了车站(做状语),厚厚一层积雪、薄薄一层冰、整整三年、短短一年时间、小小一个娃娃能知道什么(做定语),松松腰带、圆圆场、壮壮门面、暖暖身子、定定神儿、路途遥遥、月儿弯弯、身上痒痒(做谓语)。

4. AA 儿:第二个音节阴平,如:明儿我一定早早儿来、好好儿学、快快儿跑、狠狠儿打、慢慢儿吃、碎碎儿剁、细细儿切、乖乖儿投降、高高儿挂起来、短短儿剃(做状语),走得远远儿才好呢(做补语)。

其中,用法 1 和 2 可以充当定语、状语、补语和谓语四种句法成分,用法 3 可以充当状语、定语和谓语三种句法成分,用法 4 主要充当状语,个别可以充当补语。四种不同的用法充当句法成分的能力大体是:1. AA 儿 de>2. AAde>3. AA>4. AA 儿。

显然,把单音形容词重叠后的实际情况仅仅概括成"AA 儿的"或"AA 的"两种形式是不够全面的。认为"不管基式原来是什么字调,重叠以后第二个音节一律读阴平",以及"重叠式一般都带 de,不带是例外,至少修饰名词的时候是这样"等看法都过于绝对化。因为有的重叠式不一定非得儿化,有的不一定非得加"的"(包括修饰名词),有的第二个音节也不一定非得读阴平。但是，我们也看到，在能重叠的单音形容词中，重叠后不论充当哪种句法成分，对“de（的/地）”的需求都是积极的，有时是强制性的，如做定语；同时做补语时重叠式前要有“得（de）”也是一种强烈的需求。那些可以不带“de（的/地）”或做补语时前面不出现“得（de）”的重叠式，如果需要或说话人愿意，都可以带上“de（的/地）”或出现“得（de）”，这说明单音形容词重叠式入句时对后辅助成分“de（的/地）”或补语标志“得（de）”的需求是积极的，甚至是强制性的。相反，对第二个音节儿化的要求则不是那么强烈，多数时候可以儿化也可以不儿化。

造成重叠式入句形式多样化的原因主要有如下因素：

1.跟重叠式充当的句子成分有关，如做状语有时可以不带 de（高高举起、慢慢说），做定语有时可以甚至根本不能儿化（* 小小儿的疑问、* 辫子粗粗儿的）。

2.跟具体的重叠词语及其修饰成分有关（* 迟迟地不交、* 细细黄沙）。

3.跟具体的句法结构有关（松松腰带≠松松的腰带）。

4.跟语体语境有关，比如，儿化重叠式都用于口语，庄重正式场合都不儿化、不变调。

5.跟使用者个人的语感和使用习惯有关，比如，对于“剪得短短儿的、剪得短短的、剪短短儿的、剪短短的、短短地剪、短短儿地剪、短短儿剪”等，就不是所有的人都认为其中的每一种说法都是可以接受的。

从以上分析来看，单音形容词（A）的重叠式只有 AA 式一种。可以把它看成是单音形容词重叠式的基本形式，或称原型。它是从上述四种入句形式中概括出来的，[①]“AA 儿 de、AAde、AA、AA 儿”的四种入句形式可看作是 AA 的变体。带 de、儿化等都是重叠式入句的辅助成分，是入句时加上去的，是完句的需要而不是成词的需要，因为许多

---

① 如果把做补语多数需要用“得”来引领的情况也算上，那就至少有五种入句条件。

时候可以不带 de、不儿化、不用“得”来标志。如果把“de”“儿”等看成是附加在重叠式后边的后缀(朱德熙,1982:27),那么不加“de”“儿”的时候怎么处理?同时无论如何也不能把重叠式前面的“得”看成是前缀,而从性质和作用上看,“得”跟“de”“儿”是相同的。

我们把单音形容词的重叠看成是句法层面上的重叠;重叠的基本形式是 AA;“de”“儿”等是重叠式入句的辅助成分、完句成分;“AA 儿 de”“AAde”“AA”“AA 儿”是重叠式 AA 入句的四种变体,选择哪种形式是由语言结构本身、句法位置、语体语境和说话人的语言习惯等多种因素决定的。这就是说,句法重叠是语言单位在句子中发生的变化,不是入句前的构词变化,入句后发生变化可以看作是重叠式在不同句法位置上的条件变体。不能把入句时的需求和表现看成是入句前的构成形式。[①] 语言单位“在句法层面上可以产生词汇层面未规定的属性,这种性质就是语法的动态性”。(郭锐,2004)做这样的处理,不仅区分和确立了重叠式的原型形式和四种常用入句变体形式,也符合重叠的基本含义——重复某个语言形式。“de”“儿”等不是基式的原本成分,也没有参与重叠,所以把“AA 儿的”或“AA 的” 看成是单音形容词的重叠式本身是不符合重叠的本意的。而我们这样分析和处理,可以对单音形容词的重叠及其入句形式做出统一的、更加符合语言事实的解释。

### 2.3.5　单音形容词重叠式的语法意义

关于单音形容词重叠式的语法意义,前人做出了不少非常有价值的研究。例如:

---

① 举个简单的例子,单音形容词“迟”的重叠式“迟迟”,在实际运用中要求跟否定词同现,即以“～～不/没(有)”的形式出现,例如:～～不肯交出、～～不来、～～不动、～～没有音讯、～～没有答复。但是,显然我们不能说“迟”的重叠式是“迟迟不”。单音形容词重叠式与“de”“儿”的关系跟“迟迟”与“不”的关系,性质是一样的。

1.朱德熙(1956):重叠式"表示的属性都跟一种量的观念或是说话人对于这种属性的主观估价作用发生联系"。"形容词重叠式跟原式的词汇意义是一样的,区别在于原式单纯表示属性,重叠式同时还表示说话的人对于这种属性的主观估价"。单音形容词重叠式在状语和补语位置上"往往带着加重、强调的意味",在定语和谓语的位置上"不但没有加重、强调的意味,反而表示一种轻微的程度"。

2.邢福义(1996:176):单音形容词重叠式(红红、黑黑)"强调度量"。所谓强调度量,即强调出"很、相当"之类的意思,或强调出一种"特别"的语气。李宇明(2000:331,362):复叠是一种表达量变化的语法手段,"调量"是复叠最基本的语法意义。形容词复叠也是向加强和减弱度量两个维度上调整。

3.石毓智(1996):从所有可重叠的词类中归纳出重叠的共同语法意义是"使基式的意义定量化"。定量化是指"词语通过某种语法手段赋予其概念意义以数量特征"。形容词重叠式确立一个"程度",这个"程度"是一个具有伸缩性的模糊量,有时表示一个很高的量,如"写得大大的""挂得高高的",而有时似乎是一个比较弱的量,如"大大的眼睛""短短的头发"。张敏(1997):形容词重叠式表达的意义一般是"程度的加强,也有表减弱的"。陆镜光(2000):形容词的重叠式既能表示程度的加强,也能表示程度的减弱。

4.吕叔湘(1999:18,716):单音形容词的重叠是"形容词生动形式",即重叠的作用是使形容词生动化。

5.马庆株(2000):当重叠部分轻读时,语言片段的时长的缩短表示较小的客观量、程度轻或者表示随便的语气;后面重读时不表示程度轻,语言片段的时长的加大表示较大的客观量,表示重复。

6.朱景松(2003):形容词重叠式的语法意义有三点:第一,形成特定状态;第二,表示性质达到适度的、足够的量;第三,激发主体的能动作用。

7. 王国栓(2004):确定形容词AA重叠式所表示的量关键是看跟谁比,不存在一个稳定的比较对象和一致的标准,应根据具体情况确定比较对象,且参照量和变量都是模糊量。

以上对形容词重叠式语法意义的概括,角度不尽相同、说法不尽相同,但关于重叠式表达的意义跟量的观念有关的观点基本上成为共识。并且多数学者认为形容词重叠式表示的量可以是“大量”,也可以是“小量”,尽管表述的角度和方式不完全相同。但是,关于形容词重叠式在不同句法位置上表示程度加强和程度减弱两种不同的语法意义,则存在争议。例如,马清华(1997)指出,“红红 de”用在谓语和定语位置上一般表示程度的减弱,用在补语和状语位置上一般表示程度加深,并认为“这些观点大致正确”。朱景松(2003)则认为,“断言一个重叠形式会因为句法位置不同而表现出或重或轻两种方向相反的语法意义,这个意见尚可进一步推敲”。可见,形容词重叠式的语法意义还有进一步讨论的余地。

上述有关形容词重叠式语法意义的研究成果都值得重视。存在分歧既表明研究的深入,也为进一步研究提供了有价值的参考。我们认为,重叠式表达的意义跟量的观念有关的观点符合语言事实。但是,认为形容词重叠式表示的量既可以是“指大”,也可以是“指小”,甚至同一个重叠式在不同句法位置上可以表达“强量”和“弱量”两个方向相反的语法意义,这些观点的确是可以“进一步推敲”的。而把形容词重叠式的语法意义概括为“表状态”“表量”“能动作用”三种不同的语法意义,以及认为重叠式“不存在一个稳定的比较对象和一致的标准”的观点,也是值得“进一步推敲”的。显然,存在的分歧已经不仅限于对具体语言现象的认识不同,更有对研究重叠式意义的原则和策略上的分歧。

我们的基本看法如下:

1. 考察单音形容词重叠式(AA)的语法意义,要以重叠的基式(A)为参照项,这既是应该的,也是必须的。重叠式跟其他语言单位的不同之处正在于它有一个稳定的比较对象——基式。既然重叠式是相对于基式而言的,是基式按照一定的重叠方式构成的,因此它的意义顺理成章应通过跟基式的对比来加以概括。这样才能看出重叠后是否带来意义上的变化、带来什么样的意义变化。

2. 考察单音形容词重叠式的语法意义,应以重叠式的基本形式(即AA式)为统一的、唯一的基准。换言之,不能脱离与基式的对比,而根据具体句子来确定比较对象;不能根据句子中重叠式修饰或陈述的具体事物的特点来确定重叠式的意义;不能把没有参与重叠的"de""儿"等入句的辅助成分、完句成分或语用成分包括在内,也即不能把"AA儿de"等形式的意义说成是单音形容词重叠式的意义。否则就不可能准确地概括出单音形容词重叠式的语法意义。

3. 考察单音形容词重叠式的语法意义,需要系统性地对比重叠式(AA)跟基式(A)概括意义上的变化,进而概括出重叠式的基本语法意义。"系统性地对比"意味着不是一词一例的对比,也不是一个句法位置跟另一个句法位置意义上的对比;"概括意义上的变化"意味着不是一个一个单音形容词具体的词汇意义上的变化,更不是具体的单音形容词的褒贬等情感色彩意义上的变化。所谓重叠式的语法意义,是重叠式相对于基式的抽象的类义,相当于名词表示"事物的名称"或形容词表示"事物的性质"之类的概括义。

4. 基于以上认识,可以把单音形容词重叠式的语法意义概括为,表示某种性质在程度上的加深。从量范畴来看,"程度的加深"就是"量的增加"。这样,就可以把单音形容词重叠式共同的语法意义概括为表示"量的增加"。具体来说,单音形容词重叠式在它所出现的各主要句法位置上都表示这一语法意义。

表 2—4 单音形容词词项基式和重叠式句法功能

| | 做定语 | 做谓语 | 做状语 | 做补语 |
|---|---|---|---|---|
| 基式 | 高个子 | 嗓子尖 | 早出车 | 长得黑 |
| 重叠式 | 高高的个子 | 嗓子尖尖的 | 早早出车 | 长得黑黑的 |

不难看出，在各种句法位置上重叠式比基式所表示的某种性质的程度都要深。换句话说，重叠式表示的都是“量的增加”。例如，把“小王高高的个子”跟“小王高个子”比较来看，说前一句话时小王更高；“他天天早早出车，很晚才收车”比“他天天早出车，晚收车”出车的时间更早。比较单音形容词的基式(A)和重叠式(AA)，可以看到，所有重叠式都比基式“程度深”“量多”。这是从结构形式的对比得出的结论。从认知语言学的角度来看，还可以得到另外一种解释：重叠式的形式和意义之间存在相似性(iconicty)或称临摹性关系，即用词语的量来表达实体的量，用表达的量来临摹内容的量。(程琪龙，2001：99) Lakoff and Johnson 发现，语言里存在着这样一种现象：“形式越多，内容越多。”应用到重叠形式上，就可以得出重叠形式表示数量的增加(名词)、动作的重复或延续(动词)、程度的加强(形容词)等意义。(陆镜光，2000)单音形容词重叠就是通过形式的增量来实现意义的增量。因此，重叠形式和意义之间是一种典型的量的临摹关系，也即“形式越多，内容越多”。重叠的语义动因是单音形容词潜在的隐性量被激活，利用重叠这种语法化手段使单音形容词的隐含量得以扩张和凸显，通过形式的增加来实现表达“量”的增加的目的。

### 2.3.6 重叠式既指“大量”也指“小量”评析

然而，目前相当普遍的看法是，形容词重叠式表示的量既可以“指大”“表示程度的加强”，也可以“指小”“表示程度的减弱”。或者明确地表述为，重叠式在状语和补语位置上带有“加重、强调的意味”，例如：

“重重地给我一拳”“大大地夸奖过你”,“走得远远的”“抱得紧紧的”;而在定语和谓语位置上,重叠式不但没有加重、强调的意味,“反而表示一种轻微的程度”,例如:“短短的头发”“高高的个子”,“眼睛大大的”“个子高高的”。

上面这样一些看法是可以质疑的。说一种语法形式既可以指“大量”,也可以指“小量”这本身就值得怀疑。一般来说形式和意义总是相互对应的,一种形式本身可以同时表达两种完全相反的意义,这种现象也许不能说没有,但至少是不多见的。不仅如此,上面的一些具体说法也值得怀疑,至少不宜绝对化。因为根据其例证办法,我们同样也可以举出反例来证明:在状语和补语位置上的重叠式不带有“加重、强调的意味”。例如:“轻轻地推开门”“悄悄地离开了人群”“河水静静地流淌”,“走得慢慢的”“用麻绳捆得松松的”,这些例子中的重叠式很难说是表示“加重、强调的意味”。而在定语和谓语位置上,重叠式则有加重、强调的意味,而不表示一种轻微的程度,例如:“长长的海底隧道”“高高的大顶子山”“深深的一段情”,“房顶的积雪厚厚的”“成绩是大大的,困难是暂时的”,这些例子中的重叠式很难说是表示“轻微的程度”。可见,根据句法位置——实际上是根据单音形容词的词汇意义来分析和概括单音形容词重叠式的意义是很不可靠的,往往出现就事论事的情形,从而把单音形容词或其重叠式本身的词汇意义,乃至句子整体表达的语义加在重叠式上头。因此,要注意把重叠式所表示的语法意义跟重叠式修饰或陈述的内容区别开来。

然而,前人关于重叠可以“指大或指小”“加重或轻微”的看法,[①]是

---

① 国外也有类似看法,如 Abbi(1992)考察 33 种南亚语言,其形容词重叠式表强调,程度增加、程度减弱等意义。(张敏,1997)Kiyomi(1995)考察了 30 种马来—波利尼西亚语言,其重叠式形式也有表“强化”和“指小”的。(陆镜光,2000)

有一定客观依据和语感基础的。比如,“小小的愿望”“短短的头发”“矮矮的围墙”的确“不大”;“大大的眼睛”“高高的脚手架”应该说是“不小”;“圆圆的小脸儿”“弯弯的眉毛”“红红的嘴唇”确有“可爱”之意。那么如何来解释这些现象呢?下面试着从以下几个方面来说明:

1.就汉语单音形容词来说,其重叠式表示“量的增多”是跟重叠式的统一形式(AA)相对应的统一的意义。也就是说,凡是重叠式都表示程度的加深、量的增多。具有[+空间大][+距离远][+时间早][+长度长][+数量多][+速度快][+力度强][+品质好]等语义特征的单音形容词(本书称正向形容词)重叠式如此,如:大大、粗粗、厚厚、肥肥、胖胖、鼓鼓、宽宽、高高、远远、遥遥、早早、久久、长长、多多、快快、重重、满满;而具有[+空间小][+时间晚][+长度短][+数量少][+速度慢][+力度弱][+品质差]等语义特征的单音形容词(本书称反向形容词)重叠式也是如此,如:小小、细细、薄薄、瘦瘦、瘪瘪、扁扁、窄窄、迟迟、矮矮、低低、短短、稀稀。

从认知上看,正向形容词(如“大、粗、厚、肥、胖、鼓、宽、高”等)由于性状的凸显性强,具有认知上的显著性(salience),容易引起人的注意,其重叠式表示的量性特征“趋向更加显著”,程度的加深使得量的增多向着更加显性化方向发展,因此容易被理解为“指大”。而反向形容词(如“小、细、薄、瘦、瘪、扁、窄、矮”等)由于性状的凸显性弱,认知上的显著性低,不容易引起人的注意,其重叠式表示的量性特征“趋向更加不明显”,程度的加深使得量的增多向着更加隐性化方向发展,因此容易被理解为“指小”。这可能就是“指小”说的由来。然而,所谓的指小,实际上是重叠式向着“小”的方向程度加深,但这仍然是“量的增加”,只是增加的方向与正向形容词重叠式的增量方向相反而已。因此,严格地说,所谓“指小”是不存在的。

2.进一步,还可以从语言标记理论来解释单音形容词重叠式“指大”和“指小”的问题。对比正向和反向形容词，不难看出：正向形容词的使用频率比反向形容词高；可以出现的句法环境比反向形容词多；其重叠式表示的语法含义宽泛，既可以包括所谓“指大”，如“高高的大顶子山”“满满两车厢哈密瓜”，也可以包括所谓“指小”，如“高高的围墙”“满满的一大包书”。根据这些标准来看，单音形容词重叠式语法意义表示“增量”，即所谓的“指大”，应该是无标记的，所谓的“指小”应该是有标记的，因为“有标记项的意义包含在无标记项之中”，“从认知上讲，有标记项的理解比无标记项来得复杂”。（沈家煊，1999：33）总起来说，正向形容词的“增量”是无标记项，可以用来解释所有单音形容词重叠现象，反向形容词的“增量”是有标记项，只能解释反向增量，且理解起来比有标记项要复杂。

3. 不少学者认为，性质形容词的重叠表示“程度的减弱”“程度的轻微”或带有“加重、强调的意味”“含有爱抚、亲热的意味”等（如朱德熙，1956）。实际上这样一些含义并非重叠式本身的意义，所谓“加重、强调”或“减弱、淡化”的语气，乃至附加了说话人的“好感”或“恶感”，不仅不是普遍性的，而且是有条件的，跟形容词重叠式所修饰或陈述的具体事物本身是“好”是“坏”有关，也跟说话人的情感态度有关。“圆圆的小脸儿”（小脸儿圆圆的）、“弯弯的眉毛”（眉毛弯弯的）、“红红的嘴唇”（嘴唇红红的）确有“可爱”之意在里面，但这并非形容词重叠式本身带来的，而是“AA 的＋名”（或：名＋AA 的）结构体现出来的，是形容词重叠式及其所修饰或陈述的具体事物本身就“可爱”。同样的重叠式，同样的结构方式，换了一种修饰或陈述的对象，这种“可爱”之意就不复存在，如“圆圆的脑袋”（脑袋圆圆的）、“弯弯的扁担”（扁担弯弯的）、“红红的眼圈”（眼圈红红的）就没什么可爱的。而“厚厚的灰尘”“细细的皱纹”“密密的麻子”“尖尖的下巴”则无论如何也难以跟“可爱”联系起来。可见，“可爱”与否关键还是取决于事物本身，取决于“AA 的＋名”或

“名＋AA的”整个结构所表达的事物是否可爱，跟形容词重叠式没有直接关系。

4. 对重叠式实际意义的理解，要受到客观事理和人们的认知经验的制约。“大大的眼睛”，大不过牛的眼睛；“小小的眼睛”，不会小如老鼠的眼睛；“高高的个儿”，也不会有球星姚明那么高（在一般认知经验中，姚明的个儿是超常规的，不能描写为“高高的个儿”或“个头儿高高的”）。然而，“大大的眼睛”总归是眼睛不小，“小小的眼睛”终归眼睛不大，“高高的个儿”肯定是个子不矮。换言之，重叠总归是表“增量”，或正向增量（大、高），或反向增量（小、矮）。因此，不能因为重叠式表达的增量受到认知理解或逻辑事理的限制，就否认重叠式表示“量的增加”这一基本意义，或认为重叠既可表“量大”，也可表“量小”。

而“增量”是“好”还是“坏”，情感反应是“愉悦”还是“厌烦”，或是根本没有什么反应，主要还是由客观事物本身来决定。试体味以下带“浓浓”的各短语的情感色彩：

浓浓的乡情、浓浓的乡音、浓浓的亲情、浓浓的乡愁、浓浓的春意、浓浓的节日气氛、浓浓的年味、浓浓的中国情、浓浓的人情味、浓浓的咖啡、浓浓的酒香、浓浓的醇香、浓浓的烟味、浓浓的火药味、浓浓的黑烟、浓浓的怪味、浓浓的腥味、浓浓的寒意、浓浓的夜色、浓浓的文化氛围、浓浓的商业气息……

事实上，在同一种语言文化背景下，人的主观倾向有相同的一面，这种共同的主观性倾向在语义－语用的过程中，可以固定化乃至语法化。比如“大大的眼睛”“高高的鼻梁”“弯弯的柳叶眉”“红红的面颊”，对于以汉语为母语的人来说是美的，是令人愉悦的，但对于一个学汉语的西方人来说就未必会有这样的认知倾向。这说明这些重叠式与相关名词的组合在汉语里已趋于主观化、语法化。但是，人的主观倾向也有差异性的一面，往往因人因事而异。比如，“梅兰高高的个头儿，留着齐耳的金褐色秀发，举止端庄大方，待人热情和蔼。”“麦卡锡作为世乒赛组委会的负责人，高高的个子，身上揣着好几部大哥大，腰上的 BP 机不停地响着。”（这两例取自北京大学 CCL 语料库）前一句的“高高的个头儿”在汉族人的语感中可能被认为是“褒义的、可爱的”，后一句“高高的个子”就很难说是“褒”还是“贬”，也许“褒”“贬”皆无。又比如，“浓浓的眉毛”，用于描写男人则是英俊、帅气、硬朗乃至可爱的样子，用于描写女人则绝无漂亮、美丽和可爱的意味。

## 2.4 单音形容词带动态助词、带宾语、带补语

### 2.4.1 带动态助词的考察与分析

指的是单音形容词带典型动态助词“了、着、过”，以及带“起来、下来、下去”等非典型动态助词的情况。一般来说，“体”标记是对动词而言的，带动态助词是动词最基本的句法特征。但是，现代汉语中有些形容词也有这样的组合功能。形容词带动态助词表示性状的实现（带“了”）、持续（带“着”）、经历（带“过”），以及性状的始续（带“起来”）、延续（带“下去、下来”）等。

#### 2.4.1.1 单音形容词词项带实现体标记“了”

分为以下六种句法格式，其中，S1—S6 中的“了”为句中的“了”，可以确定为是典型的动态助词，其中 S6 中的“了”为假设某种性状的实现。

S1：形＋了＋名$_{宾}$

这才安～心|爷爷白$_1$～胡子|50 岁就秃$_1$～头|你可真黑$_3$～心|坏$_2$～名声|乱$_1$～阵脚|热～饭菜|哑$_1$～嗓子|红$_1$～脸|辣～眼睛|晒～被子|给自己壮$_2$～壮胆子|他赶紧正$_1$～正帽子|脏～我的衣襟|暗～半边天|饱$_2$～私囊|薄$_3$～张三，厚$_2$～李四|定$_1$～神儿|富

～干部，穷～百姓｜肥$_4$～个体户｜费～心｜好$_3$～疮疤忘了疼｜铁$_1$～心｜狠$_2$～心｜花$_3$～眼｜缓～口气儿｜慌$_1$～神儿｜昏～头｜紧$_1$～紧腰带｜苦$_2$～老百姓｜涝～两垧地｜冷$_2$～姑娘的心｜红$_1$了樱桃，绿～芭蕉｜他平$_2$～世界纪录｜傻$_1$～眼｜愣～神儿｜散$_1$～心｜松～劲儿｜圆$_2$～场儿｜稳$_2$～稳心神儿｜齐$_1$～齐辫梢｜清$_1$～清嗓子｜直$_1$～直腰

以上用例除少数为形容词重叠式中间加"了"再带宾语外，都是单音形容词带动态助词"了"再带宾语。其中，有的形容词不带"了"就不能带宾语，如：哑了嗓子≠哑嗓子，红了脸≠红脸，秃了头≠秃头，热了饭菜≠热饭菜，好了疮疤≠* 好疮疤，乱了阵脚≠* 乱阵脚，等等。而"辣了眼睛""晒了被子""松了劲儿"等，去掉"了"虽然仍是形宾结构，但"辣眼睛""晒被子""松劲儿"等并不能表明形容词表示的某种性状的实现，相反，整个形宾结构表示的是一种不自足的未然性事件。因此，用它们来组成更大的短语或小句时常常被说成"怕辣眼睛就别切(辣椒)""晒被子也得等天晴才行""可不能松劲儿"。这表明，"了"在"形＋了＋名"格式中具有标记和凸显宾语所表示事物实现了形容词所表示的某种性状的作用。简言之，"了"在这一格式中有成句的功用，因此是不可缺少的。

S2：(名词＋)形＋了＋数量

能进入这一格式的所有形容词都可以带不定量数量成分"点儿"，说明这些形容词都可以用来表达主观量。其次，带"点儿"以外的表示定量或不定量的数量、时量、动量词语时，"高、矮、大、小、厚、薄、宽、窄、长、短"等可以带定量成分，用来表示某种性状的客观量；"冲(去声)、惨、丑、暴、糙、潮、稠、苦、馋、咸、腻、软、蠢"等则只能带不定量成分，说明它们表示的性状是一种模糊量。换言之，它们只能用来表达主观量。该格式中表示实现的体标记"了"不能省略，否则不仅不能凸显形容词性状的实现，而且短语或小句自身也不能自足成句。例如：

凳子矮$_1$～点儿|白$_1$～点儿|笨$_3$～点儿|字草$_1$～点儿|薄$_1$～二寸|话说得冲(去声)～点儿|惨～点儿|迟～一步|长得丑$_1$～点儿|近$_1$～两公里|质量差$_1$～点儿|脾气暴～点儿|做工糙～点儿|长～半尺|比以前亮～点儿|沉～不少|屋子潮$_1$～点儿|粥稠～点儿|大$_1$～三岁/点儿|短～两厘米|好$_2$～许多|肥$_3$～一指|大$_1$～一圈|生活苦$_2$～点儿|说话快$_1$～点儿|天阴$_1$～一阵子|他跟我急$_2$～一回|好$_3$～几天又犯了|宽$_1$～三指|难$_1$～点儿|这房子空(去声)～一年|深/浅/黑/白/高/低/多/少/软/硬/急/慢/浓/胖/细/咸/淡/远/紧/旧/窄/蠢……～点儿

S3:形＋了＋名/代＋数量

S3—1:矮$_2$～我一头|低$_2$～人一等|低$_3$/高$_3$～我一个年级|高$_2$～我一厘米|大$_1$～他四五岁|小$_1$～他两岁|快$_1$～我三秒|早$_1$/晚$_1$～我一天(到校)|慢$_1$～他两秒

S3—2:忙～哥儿几个一周|吵～我一上午|费～我半天时间|急$_2$～他一身汗|渴～我一上午|饿～小柳两天|这孩子闹～我一下午

S3—1 用于比较,即比较两个事物在某一性状上的数量差。“形＋了＋名/代＋数量成分”的意思是“比＋代/名＋形＋了＋数量”,如“高了我一厘米”是“比我高了一厘米”。格式中的“了”虽然可以缺省,但缺省后形容词表示性状已然实现的功能和整个短语自主成句的功能都将弱化。格式中的数量成分表示比较后所得的量差。能进入 S3—1 的单音形容词仅限于“高、矮、低、大、小、快、慢、早、晚”等极少数的几对儿,它们分别具有[＋高度][＋等级][＋年龄][＋时间]等语义特征。其语义均指向前边的名词或代词主语(句中可不出现),如“弟弟矮了我一头”,“矮”的语义指向主语“弟弟”;“他快了我三秒”,“快”的语义指向“他”。

S3—2 不表比较,而是表示事物具有了某种性状后所持续的客观量。整个格式的意思是“使/对＋名/代＋形＋了＋数量”,如“忙了哥儿几个一周"是"使(让)哥儿几个忙了一周","吵了我一上午"是"对我吵了一上午"。也即加了动态助词"了"后,形容词具有了使动、对动的语法意义。S3—2 中形容词限于"忙、吵、费、急、渴、饿"等极少数单音形容词,它们具有[+使动][+对动][+感觉]等语义特征,在格式中的语义均指向后面的名词或代词,如"急了他一身汗"中"急"的语义指向"他",即"他急";"这孩子闹了我一下午"中"闹"的语义指向宾语"我",而不是指向主语"这孩子",也即是"使我感到闹",而不是"这孩子(感到)闹"。

综上可见,S3"形+了+名/代+数量"实际上是个歧义格式,包含了 S3—1 和 S3—2 两个不同的句式,它们在内部结构关系、形容词的范围和语义指向、数量成分在格式中的作用、形宾之间的语义关系等方面都完全不同。

S4:形+了+数量+名$_{宾}$

错$_1$～一个字|差$_1$～两道计算题|才对$_1$～三道题|多$_2$～三个人|废～两张门票|贵$_1$～两块钱|贱～三毛钱|门口横$_3$～两张桌子|红$_1$～几个柿子|瘸～一条腿|晴～一个上午|阴$_1$～一个下午|热～几个馒头|温～一壶酒|脏～一只鞋|湿～一只脚|坏$_2$～一台电视|黄～几片叶子|瞎～一只眼|苦$_2$～几个孩子|烂$_2$～一车香瓜|聋～一只耳朵|麻$_1$～一只脚|急$_2$～一身汗|熟$_2$～几个黄杏|瘪～一个气球|冰～两瓶汽水|邮票残～一个角儿|疯$_1$～一个姑娘|干$_1$～一件衬衫|红$_1$～几个草莓|坏$_2$～一台机器|紧$_2$～一下腰带|远$_1$～一里地|臭$_1$～一筐鱼|娄～一车西瓜|平$_1$～一天操场|破$_1$～点儿皮儿|散$_1$～两箱苹果|晒～一上午太阳|少$_2$～两本书|省～两天时间|松～口气儿|馊$_1$～一盒饭|碎$_1$～一个花瓶|手上烫～一个泡

格式中的"了"有时可以省略,而动宾结构关系并不因此改变,但省略后形容词的体表现则成了两可:可能是已然实现,如"就错一个字,不要紧”;也可能是将然实现,如“错一个字,我甘愿重写十遍”。带“了”标志着性状已然实现,并使短语的形式和意义都能自足自立,不带“了”则形容词性状的实现和短语本身的自主成句功能都大大弱化。格式中的数量成分表示具有某种性状的事物的数量,如“脏了一只鞋”中的“一只”;或该性状所持续的时量,如“晒了一个上午太阳”中的“一个上午”。数量成分在此具有成句的作用。

S5:(名+)形+了+起来/下来/下去

光线暗~下来|气球大$_1$~起来|这几年才富~起来|天已经黑$_2$~下来|屋子里静$_1$~下来|声音低$_2$~下去|口气软$_1$~下来|他态度反而硬$_2$~起来|天渐渐热/冷$_1$/凉$_1$~起来|街上的车多$_2$~起来|车速快$_1$~起来|速度慢$_1$~下来|他把杯中酒一口干$_2$~下去|他还狂~起来|农民们阔~起来|胖~起来|瘦$_1$~下去|劲儿松~下来

“在语法组合上,高度语法化的体标记是难以叠加的”。(张国宪,1999)那么如何看待实现体“了”和始续体“起来”、延续体“下来、下去”的同现呢?我们认为,一方面表明实现体与始续体、延续体之间有一定的相容性和互补性,具体可以解释为:形容词紧接着实现体“了”,表明性状已然实现,这种已然达成的状态作为一种新的状态的开始,自然可以后接始续体;而作为一种既成状态的继续,则可以后接延续体。另一方面则进一步说明“起来、下来、下去”的语法化程度还不够高,它们既有体标记的功能,也兼有做补语表趋向或结果意义的功能。正因为作为体标记的功能还在语法化过程中,因而与实现体能够兼容互补。实际上,形容词的某种性状一旦通过体标记“了”来标识其已然实现,那么从体系统的运用上来讲就只有两种可能,一种情况是体的表达到此结束,后面无须出现其他的体标记,如“我们这儿前几天冷了一阵子”;另一种情况是还要表达这种已然实现的状态的存在和继续,于是选择了语法化的“起来、下来、下去”，如“春节都过了，可这几天又冷了起来”。

S6：形＋了＋谓词性成分

矮$_1$～用不上｜薄$_1$～一碰就坏｜光线暗～累眼睛｜饱$_1$～就别吃了｜馋～就去饭馆吃一顿｜潮$_1$～没法睡｜稠～兑点儿水｜臭$_1$～就别吃了｜咸/淡$_2$/酸$_1$/辣/苦$_1$～没法吃｜陡～爬不上去｜干$_1$～再穿｜富～不忘国家｜穷～不能志短｜多$_2$～交回来｜少$_2$～给你补上｜大$_1$～给换一双｜惯～就好了｜贵$_1$～更卖不出去｜贱～反而卖不出去｜好$_3$～比什么都强｜水开～才能喝｜糠～不好吃｜娄～就别吃了

这是单音形容词带实现体标记“了”用于紧缩句的用法，其中，“形＋了”是其后面谓词性成分所表事件实现的条件，如“光线暗了”是“累眼睛”的条件。“了”表示假定形容词所表性状的实现。

**2.4.1.2 单音形容词词项带持续体标记“着”**

S1：（名＋）形＋着（＋动）

饭在锅里热～｜腿弯～｜手还湿～｜在家里闲$_1$～（没事干）｜嘴可不闲$_2$～｜急$_2$～找人｜竖～耳朵听｜横$_3$～放｜衣服反～穿｜这鱼还活$_1$～｜紧$_4$～问（/吃/说/催）｜水开～｜米缸里空$_1$～｜忙～办喜事｜饭在锅里糗～｜瘸～走｜被子还在外面晒～｜这种鱼可以生$_1$～吃｜头歪$_1$～｜直$_1$～走｜两只手空$_1$～｜顺$_1$～马路往前走

S2：形＋着＋名

红$_1$～脸｜低$_1$～头｜歪$_1$～脑袋｜渴～他（老刘）｜厚$_1$～脸皮｜尖$_2$～嗓子｜空$_3$～肚子｜竖～耳朵｜弯～腰｜斜～眼睛｜阴$_1$～脸｜板～脸｜硬$_2$～头皮｜壮$_2$～胆子｜哑$_3$～嗓子｜直$_1$～脖子｜斜～身子｜晒～被子｜横$_3$～板凳｜瘪～肚子｜粗$_6$～嗓子｜低$_2$～声音｜逗～孩子｜饿～肚子｜鼓～肚子｜黑$_3$～心肠｜狠$_2$～心把房子卖了｜空$_1$～手｜偏～身子｜曲～腿｜沙～嗓子｜父亲铁$_3$～脸｜细$_6$～嗓子｜壮$_2$～胆子

S3：形＋着＋数量＋名$_{宾}$

空$_1$～两只手|门口横$_3$～一条板凳|江北荒～大片土地|屋里亮～两盏灯|瘸～一条腿|炉子上热～一壶水|竖～两只耳朵|家里闲$_2$～一台计算机|脸上鼓～一个大包|空$_3$～一间房子

上述三种句法格式中,形容词通过黏附动态助词“着”使其所表性状的持续状态得以达成或凸显,“着”不仅具有使性状动态化、持续化的功能,而且有成句作用,如:脸阴着(*脸阴)、硬着头皮(*硬头皮)、空着两只手(*空两只手)。格式中形容词后的名词宾语均为同源宾语,因此,能进入这三种格式中的形容词所联系的主语和宾语多数可以角色互换,即在一种格式中做宾语,在另一种格式中可以做主语,或者相反。例如:腿弯着→弯着腿、红着脸→脸红着、头低着→低着头、两只手空着→空着两只手、一条腿瘸着→瘸着一条腿。这实际表明能够带动态助词“着”表示性状持续的形容词数量有限。

从言语表达上看,在叙述性语境中,这三种句式主要用作背景信息,即以“形+着”为核心构成的事物性状的动态化、持续化,用来造成下一个动作或事件得以进行和实现的方式、手段、情状,其中尤以S2为典型。因为S2这种短语或小句的自足是相对的,是作为一种背景信息而言的,它后面出现的动词或动词短语构成的小句才是语义中心和信息焦点。例如:红着脸(说出了实情)、低着头(从我身边走过)、硬着头皮(去找他)。这说明汉语表示形容词性状的持续是相当受限的,即使有体标记“着”的强制作用也仍然如此。

#### 2.4.1.3 单音形容词词项带经历体标记“过”

S1:形+过+名$_{宾}$

向困难低$_1$～头|我烦～他们|对他狠$_2$～心|他也坏$_2$～别人|慌$_1$～神儿|有时也空$_1$～手|松～劲儿|冤$_1$～好人|晕$_2$～船|冷$_2$～场|冷$_3$～人家姑娘|美$_1$～发、美$_1$～容|平$_2$～亚洲纪录|清$_2$～账目|姥姥疼$_2$～我|饿～肚子|我跟他犟～嘴|我在这儿晒～被子|弯～

腰|鼓～包

S2:(从＋)没＋形＋过

他从来没胖～|她从来没烦～|标准没低$_2$～|我从来没慌$_1$～|从来没急$_2$～|你从来没瘦$_2$～|手头没紧$_5$～|这刀就没快$_2$～|我们这儿没涝～,也没旱～|你一走,我的心就没静$_2$～|这盏灯就没亮～

S3:(从＋)没＋这么＋形＋过

他从来没这么胖～|他以前说话从没这么冲$_2$～|价钱从来没这么低$_2$～|生意从没这么火～|老师对我们从没这么严$_1$～|他的态度从来没这么好$_2$/硬$_2$/软$_2$～|回来得没这么晚$_1$/早$_1$～|以前跟他办事可没这么顺$_2$～|他的字没这么草$_1$～|没这么背$_1$～|没这么沉$_1$～|我可没这么蠢$_1$～|心没这么粗$_5$～|以前可没这么抠～|(从)没这么忙/累/快/苦/辣/老/热/冷/凉/齐/腻/拗/闹/淘/肥/瘦/淡/咸/挤/僵/急/渴/饿……～

S4:形＋过＋时量

富～几年|也穷～几年|冷$_1$/热$_2$～几天|阴$_1$/晴～一阵子|就对$_1$～一次|错$_1$～一回|他俩好$_2$～几天|他家以前阔～一阵子|年轻时候也狂～几年|他跟我急$_2$～一次|病好$_3$～一阵子|夜里疼$_1$～几回|牛～一阵子|小时候苦$_2$～几年|困～一会儿|这间屋子空$_3$～两个月

"过"在S1中除了凸显某种性状曾经实现过、经历过,还有使短语相对自足自立的作用。"过"在S2中除了标记曾经有过形容词所表某种性状以外,兼有成句作用。"过"在S3中可以缺省,因为该格式中的"(从＋)没＋这么＋形"已经蕴含着形容词所表性状曾经存在过("这么"重读尤其如此),带上"过"只是更加凸显了这种功能。能进入S2和S3的形容词并没有区别,区别在于程度副词"这么"的有无,也因此使两个句式表示的意义完全不同。S2表示形容词的性状完全没有实现过，是对性状存在的周遍性否定，强调没有例外，如“（我经常找他办事）他从来没烦过”，是说他没有一次对我表现出厌烦的情绪。S3 不是对性状存在的周遍性的全量否定，即不是对性状有无的否定，而是对性状程度的否定，强调事物以往所表现出的性状没有达到现在这样高的程度，亦即此次为最。比如，“他以前说话从没这么冲过”不是说他以前说话不冲，而是说他以前说话都没有这一次冲；“他情绪从来没这么低过”是说他现在的情绪最低。S2 表示形容词所表性状从来没有实现过，自然也就从来没有经历过，“他从来没胖过”是说他从出生或其后的某一阶段开始到现在没有过“胖的时候”。S3 表示形容词所表性状实现过，只是没有达到现在的程度，“他从来没这么胖过”是说他以往一直处于“胖的状态”或有过“胖的时候”，但都没有现在胖。S4 中“过”表示形容词的性状实现过、经历过，其中的“时量”表示性状经历的时间或数量，它在实际表达中可以不出现，但或者句中有相关的标记词语，如“小时候淘过”的“小时候”，或在意念上可以不出来，如“冰箱里的东西也坏过（一些）”。

比较起来，S4 是最典型的形容词经历体句式，因为有经历的“时量”做标记，形容词本身具有[＋自变]的语义特征。S1 的典型性次之，因为形容词带了宾语，形容词的动态性增强。S3 的典型性又次之，因为“没……过”这种否定句从根本上取消了事件的“现实性”，不过由于“这么”的作用，使得“（从＋）没＋这么＋形＋过”这个句式否定蕴含着事件在一定程度上的现实性。相比之下，S2 则彻底取消了句子所表事件的现实性，进一步说，句中形容词所表性状根本就没实现过，因而也就根本没持续过。这样，单音形容词带持续体“过”的典型性依次是：S4＞S1＞S3＞S2。（“＞”，表示典型于）

**2.4.1.4** 单音形容词词项带始续体标记“起来”、带延续体标记“下去、下来”，基本的句法格式如下：

S:形＋起来/下来/下去(＋了)

傲起来了|脸儿板起来了|光线暗下来了|这几年才富起来|天已经黑$_2$下来了|教室里静$_1$下来了|说着说着声音低$_2$下去了|听了这话,他立刻软$_2$了下来|他态度反而硬$_2$起来了|天渐渐热/冷$_1$/凉$_1$起来了|说话冲$_2$起来了|声音粗$_6$起来了|气球大$_1$起来了|车开得快$_1$起来了|速度慢$_1$下来了|头上磕的包鼓起来了|一定要活$_1$下去|不能这么僵下去|田野绿起来了|小日子火起来了|胖起来了|瘦$_1$下来了|天晴起来了|劲儿松下来了|疼$_1$起来真要命|表扬你几句,你就美$_3$起来了

从上例可以看出,始续体标记"起来"、延续体标记"下去、下来"不仅有体标记作用,还有成句作用。始续体和延续体的区别主要不在于体本身,因为始续和延续概括起来说都是继续,它们之间的区别在于对形容词不同次类的选择,始续体一般选择正向形容词,如"大/多/快/冷/热/硬/胖/狂/阔/活/富/鼓/红/火/犟/拗/疼/饿/亮＋起来"等,延续体一般选择反向形容词,如"暗/慢/黑/静/瘦/软＋下来""松/低/旱/散/错/凹/荒/懒＋下去"。正向形容词具有性状凸显性强、可感性强、可视性强等特点,反向形容词具有性状凸显性弱、可感性弱、可视性弱等特点。延续体内部"下来"和"下去"的区别在于它们对反向形容词个体之间的选择差异。按照标记理论来说,始续体与正向形容词之间是一种无标记关联,与反向形容词之间是有标记关联;延续体与反向形容词之间的关联是一种无标记关联,与正向形容词之间是有标记关联。这就是说,始续体标记"起来"和延续体标记"下去、下来"对单音形容词的选择总体上构成一种互补关系。

单音形容词带始续体和延续体标记还有另一种形式:"形＋了＋起来/下来/下去",该形式以实现体为主,始续体和延续体是实现体状态的补充。也即该格式不是典型的始续体和延续体的表现形式。(见

2.4.1.1 S5 的用例及说明)

### 2.4.2 带宾语的考察与分析

形容词带宾语问题一直受到语法学界的重视，吕叔湘(1956)、许德楠等(1980)、范晓(1983)、叶长荫(1990)、王启龙(1995)、郭锐(2002)等都集中或在相关研究中涉及这个问题。主要讨论能带宾语的形容词的范围、词类属性、形宾之间的语义类型等，其中涉及单音形容词的有关问题。但是，系统地对单音形容词带宾语情况的调查还不多见。下面就单音形容词带宾语的类型和条件，形宾之间的语义关系进行考察和分析。

**2.4.2.1** 形容词直接带宾语，不需要，也不能够在形宾之间加进“了”“着”等动态助词或数量词语(下文称辅助成分)，不需要，也不能够重叠或变成“A 一 A、A 一下”等形式(下文称辅助手段)再带宾语。这类形宾结构多为文言词语、书面语用法、固定短语或惯用语。其句法格式为：形＋名$_{宾}$。例如：

安邦(治国)、安神(补脑)|厚此薄彼|亲美(美国)|强身、强兵之路|富国|这车费油、费裤子|健身、健胃|对劲儿|烦人|腻人|定影|专门黑外地人|累人|屈膝|闹人|恼人|偏食、偏心眼儿|酸牙|粘牙|麻嘴|坏事|疼人|晕车|静场|重男轻女、重数量、轻质量

其中，有的带宾语仍能受“很”“特”“有点儿”等程度副词的修饰，如“很对路子、很累人、特费油、特烦人、有点儿腻人、有点儿闹人、很疼人”等。

**2.4.2.2** 形容词可以直接带宾语，也可以根据表达需要同时带上辅助成分或使用辅助手段。句法格式为：形(＋辅助成分/手段)＋名$_{宾}$。例如：

辣眼睛→辣了眼睛|晒被子→晒着被子、晒过一次被子、晒晒

被子|烫发→烫了发、烫过一次发、烫烫发|晕船→晕过船、晕过一次船|壮胆子→壮着胆子、壮壮胆子、壮了壮胆子|狠心→狠一狠心、狠着心|缓气儿→缓缓气儿、缓一口气儿|紧腰带→紧一下腰带、紧紧腰带|齐刘海儿→齐过一次刘海儿、齐齐刘海儿|清账→先清了账再说、清清账、清一下账|宽心→宽宽心|温酒→温一壶酒|愣神儿→愣一下神儿、愣了愣神儿|清嗓子→清清嗓子、清了一下嗓子|弯腰→弯着腰、弯弯腰、弯几下腰|安心→安了心、安下心|冷场→冷了场、冷过场

**2.4.2.3**　形容词不能直接带宾语，需带上辅助成分或使用辅助手段才能带宾语。句法格式为：形＋辅助成分/手段＋名$_{宾}$，有的还需要或可以有不止一种辅助成分/手段。例如：

白了胡子→≠白胡子|秃了头→≠秃头|黑了心→≠黑心|坏了名声→≠坏名声|软了心肠→≠软心肠|热了饭→≠热饭|乱了阵脚→*乱阵脚|哑了嗓子→≠哑嗓子|脏了衣服→≠脏衣服|穷了老百姓→≠穷老百姓|好了疮疤→*好疮疤|花了眼→≠花眼|红了樱桃→≠红樱桃|厚着脸皮→≠厚脸皮|尖着嗓子→≠尖嗓子|硬着头皮→*硬头皮|哑着嗓子→≠哑嗓子|横着板凳→*横板凳|粗着嗓子→≠粗嗓子|红着脸→≠红脸|细着嗓子→≠细嗓子|江北荒着十垧地→*江北荒着地?*江北荒十垧地|冤过好人→*冤好人|红过脸→≠红脸|坏了一台计算机→*坏了计算机≠坏计算机|黄了几片叶子→?*黄了叶子≠黄叶子|烂了一筐桃儿→*烂了桃儿≠烂桃儿

**2.4.2.4**　形容词所带宾语的语义类型可以分为以下六种（参见李泉，1994）：

1. 形＋使动宾语

促使宾语名词发生变化并因而具有某种性质或呈现某种状态的施

事是人。也即使动宾语所具有的形容词表示的某种性质或状态，是通过有意识的人为因素的"促使"而实现的。其特点是，可用"使(让)"把宾语提到形容词前面，即：形＋宾→使(让)＋宾＋形。例如：

强身(使身强)|健胃(使胃健)|富国强民(使国富、使民强)|清账(使账清)|宽心(让心宽)|顺心(让心气顺)|低头(使头低)|狠心(使心狠)|壮胆子(让胆子壮)|正帽子(让帽子正)|饱了私囊(让私囊饱)|坏了名声(使名声坏了、把名声坏了)|穷了老百姓(使老百姓穷了)|乱了阵脚(使阵脚乱了)|肥了个体户(让个体户肥了)|冷了姑娘的心(使姑娘的心冷了、把姑娘的心冷了)|紧了几扣螺丝(使螺丝紧了几扣、把螺丝紧了几扣)|热了饭(使饭热了、把饭热了)|平了世界纪录(把世界纪录平了)|稳了稳心神儿(让心神稳了稳、把心神稳了稳)|清了清嗓子(使嗓子清了清、把嗓子清了清)|空着两只手(让两只手空着)|鼓着肚子(使肚子鼓着)|曲着背(让背曲着)|直着脖子(让脖子直着、把脖子直着)|斜着身子(让身子斜着、把身子斜着)|冤过好人(让好人冤过)|松过劲儿(让劲儿松过)

正由于宾语名词发生的变化是人为使然，所以有的形宾结构还可以转换成由人为因素造成的"把"字句，如"他冷了姑娘的心"→"他把姑娘的心冷了"，甚至可以变成主观性的"把"字句，即造成主观上可以决定和控制的"把"字句，如"直着脖子"→"把脖子直着"。

2.形＋意动宾语

宾语所具有的某种性质或呈现的某种状态是通过人的主观"认定"而实现的，也即意动宾语是主体人认定事物具有形容词所表示的某种性质或状态。这类形宾结构中的"形"在现代汉语只见于固定搭配中的"重""轻"。语义上可以理解为"以＋名$_{宾}$＋为＋形"或"觉得/认为＋名$_{宾}$＋形"。例如：重感情(以感情为重)、重男轻女(认为男的重要，女的不重要)，又如：重数量轻效益、重利轻义等。与此相关，口语中有少数几

个[＋述人，＋感觉]的形容词（也被看作动词）所带宾语兼有使动和意动意义，这类“形＋名$_{宾}$”的意义是“使＋名$_{宾}$＋觉得（感到）＋形”，重在表达主体人对性状的主观感觉。例如：烦人（使人觉得烦）|腻人（使人觉得腻）|累人（使人感到累）|闹人（使人感到闹）|酸牙（感到牙酸）。

3.形＋自动宾语

宾语名词所具有的某种性质或呈现的某种状态，不是人为因素“促使”或主观上“认定”而实现的，而是由某种外在的、自然因素造成的。使得宾语发生变化并因而具有某种性质或状态的施动者是某种不可控的自然因素、自然力量，而不是主体人。我们把这类宾语称为自动宾语。其特点是，宾语都可以置于形容词谓语前面，即由形宾结构变为主谓结构。例如：

白了胡子（胡子白了）|秃了头（头秃了）|哑了嗓子（嗓子哑了）|红着脸（脸红着）|辣了眼睛（眼睛辣了）|脏了我的衣襟（我的衣襟脏了）|暗了半边天（半边天暗了）|好了疮疤忘了疼（疮疤好了忘了疼）|花了眼（眼花了）|慌了神儿（神儿慌了）|昏了头（头昏了）|涝了两垧地（两垧地涝了）|红了樱桃，绿了芭蕉（樱桃红了，芭蕉绿了）|傻了眼（眼傻了）|烂了一车香瓜（一车香瓜烂了）|麻了一只脚（一只脚麻了）|干了一件衬衫（一件衬衫干了）|红了几个草莓（几个草莓红了）|坏了一台机器（一台机器坏了）|熟了几个黄杏（几个黄杏熟了）|臭了一筐鱼（一筐鱼臭了）|娄了两个大西瓜（两个大西瓜娄了）|馊了一盒饭（一盒饭馊了）|瘪了一个气球（一个气球瘪了）|聋了一只耳朵（一只耳朵聋了）|疯了一个姑娘（一个姑娘疯了）|饿过肚子（肚子饿过）

以上各例可以分为如下几种情况：(1)“白了胡子、秃了头、花了眼”等所表示的事物的性状变化，是一种渐变过程，是人生命过程的自然规律；(2)“红着脸、哑了嗓子、傻了眼”等所表示的事物性状的变化，是一种由外界因素引起的短时性生理变化，这种变化是人的主观意志所无法控制的；(3)“烂了一车香瓜、臭了一筐鱼、瘪了一个气球”等，是客观地表达事物已然存在的某种性状，性状的形成同样是人的主观意愿所不能左右的，是事物在非人为因素的自然状态下形成的。不难看出，自动宾语跟使动宾语、意动宾语的不同在于，前者宾语所具有的某种性状是非人为因素所致，具有不可控性，后二者宾语所具有的某种性状是人为因素使然，具有可控性。

值得注意的是，有些带使动宾语的“形＋宾”结构，除了可以用“使(让)”把宾语提到形容词前以外，也可以把宾语置于形容词前变为主谓结构，例如：壮胆子→胆子壮，肥了个体户→个体户肥了，热了饭→饭热了，鼓着肚子→肚子鼓着。但是，变换后形容词和名词之间的语义关系也由使动性动宾关系变为陈述关系。而自动宾语不能用“使(让)”把宾语提到形容词前，只能变换为主谓结构。例如：白了胡子(* 使胡子白了)→胡子白了，红着脸(* 使脸红着)→脸红着，红了几个草莓(* 使几个草莓红了)→几个草莓红了。此外，带使动宾语的形宾结构，其宾语所表事物的性状的实现是人为因素使然，因而具有可控性，而带自动宾语的形宾结构，其宾语所表事物的性状的实现是自然因素使然，因而不具有可控性。

4. 形＋对动宾语

宾语是谓语形容词所表明的某种性状的受事对象。带对动宾语的“形＋宾”结构可以用“对”(跟、为)等介词把宾语提到形容词的前面。例如：

薄了张三，厚了李四(对张三薄了，对李四厚了)|姥姥很疼我(姥姥对我很疼)|馋肉(对肉馋)|黑外地人(对外地人黑)|忙工作(为工作忙)|亲美(对美国亲)、亲中|顺(着)风(跟风刮的方向一致)、顺水|逆水(跟水流的方向相反)、逆风

单音形容词带对动宾语的极为少见，双音节形容词带对动宾语的也不多，典型的如：淡泊名利（对名利淡泊）、热心教育事业（对教育事业热心）、不要冷淡了人家（不要对人家冷淡了）、他疏远了我（他对我疏远了）。

5. 形＋比较宾语

有"S1：名$_{主}$＋形（＋了）＋名$_{宾}$＋数量"和"S2：形（＋了）＋数量＋名$_{宾}$"两种格式，（见 2.4.1.1 S3）它们在意念上都蕴含着比较的意思，其中的"名$_{宾}$"是比较的对象，形容词是所要比较的内容——性状，"数量"成分是比较的结果，也可称为比差。而汉语动词都不能进入这两种比较句式，可以说，这只是少数几个成对单音形容词特有的用法。例如：

S1：弟弟矮我一头｜低人一等｜工资低他一级｜高了我一厘米｜高我一招｜大了他四五岁｜我只小他两三岁｜快了我三秒｜慢了他两秒｜早了我一天出生｜他晚了我一天到校｜他迟了我半个小时

S2：多了三张餐券｜少了两本书｜远了一里地｜近了两里地｜省了两天时间｜贵了两块钱｜贱了三毛钱｜迟了半个小时

其中，S1 可以变为一般比较句，即"名$_{主}$＋形（＋了）＋名$_{宾}$＋数量"→"名$_{主}$＋比＋名$_{宾}$＋形（＋了）＋数量"，如"弟弟矮了我一头"→"弟弟比我矮了一头"，"他晚我一天到校"→"他比我晚一天到校"。S2"形（＋了）＋数量＋名$_{宾}$"可以变为"比原来／某标准＋形（＋了）＋数量＋名$_{宾}$"，如"多了三张餐券"→"比原计划多了三张餐券"，"贵了两块钱"→"比别的商店贵了两块钱"。能进入 S1 和 S2 两种比较句式的单音形容词，分别只有"高、矮、低、大、小、快、慢、早、晚、迟"和"多、少、远、近、贵、贱、省、迟"，它们在有关的义项上都可以用数量来标记其性状上的比较结果，因此它们都具有[＋数量]的语义特征，而作为比较结果的数量成分在 S1 和 S2 中都是不可缺少的。

6. 形＋存现宾语

宾语是表示事物的某种性状存在、出现、消失、变化的主体，形容词表示存现名词宾语所具有的某种性状，其语义指向名词宾语。带存现宾语的形宾结构的构成格式是“处所词＋形＋着／了＋数量＋名$_{宾}$”，其中“着／了”等动态助词和“数量”成分都有成句作用。“着”表示形容词所表性状的持续，“了”表示形容词所表性状的实现及其结果的存续。例如：

门口横着一条板凳｜江北荒着大片土地｜屋里亮着灯｜炉子上热着一壶水｜家里闲着一台计算机｜脸上鼓了个大包｜冰箱里冰了两瓶啤酒｜邮票缺了个角儿｜坏了一台电视机｜树上红了几个柿子｜桌上碎了一个花瓶｜手上烫了一个泡｜胡同里疯了一个姑娘｜手上破了点儿皮儿｜村头响了一阵枪声｜门前竖着一块广告牌

**2.4.2.5** 形容词带宾语后，其词类属性是否发生了变化，是姓“形”还是姓“动”，一直存有争议。我们曾认为“两种处理都可以”，但考虑到不必重新给形容词下定义以及能带宾语的形容词数量不多，并且带宾语时如果需要辅助手段或辅助成分的话，其辅助手段是动词的重叠方式，其辅助成分是动词后的常见成分，因而主张“处理成兼类也许更好一些”。（李泉，1994）这应该是结构主义语言学视野下，遵循词类划分“刚性原则”，并且是有意无意地预设了“带宾语是动词专利”前提下的一种看法。如果基于认知语言学的原型范畴理论来看，词类是原型范畴，成员之间存在特征相似性，带宾语即是部分形容词与多数动词“词类家族相似性”的一个体现，是动词和形容词构成一个大的（谓词）连续统的一个体现。因此，完全可以把带宾语的形容词仍然看成是姓“形”。带宾语是动词的典型性特征，但不是动词的“专利”。不能因为某些形容词带上宾语，就认为它们“进入了动词领地”，就变成动词或是动词化了。有意思的是，介词都能带宾语，可是我们从来不因此而认为介词与动词“兼类”。实际上，形容词带宾语跟动词带宾语，在自由程度、构成机制、语义理解等方面差

别很大，换言之，形容词带宾语有其自身的规律和特点。（参见本节上文和下节 2.4.3）

### 2.4.3 带动态助词与带宾语对比

结合上文的考察和分析，下面对单音形容词带动态助词和带宾语进行对比分析。

1. 在 700 个单音形容词词项中，有 346 个能够带动态助词，占总数的 49.42%。[①] 也即有近半数的词项可以带动态助词，这对形容词来说是相当高的比例。但实际上单音形容词带动态助词并不是十分自由的，大多数有条件限制。比如，要求与数量/时量成分同现，有时数量成分还仅限于"点儿、些"等少数词语；又如，需要与否定词语同现，有时否定词前还要加上"从来"等，使之变成周遍性否定句，同时形容词前还要加上程度副词"这么"才能带经历体"过"，如"从没这么忙过"。此外，动态助词本身对单音形容词的选择性也很强，如：小时候光着脚就下地干活（* 光了脚），气球大起来了（* 大下来了）。（见 2.4.1）而动词带动态助词的比例不仅远高于形容词，[②]而且也相对自由得多。即便如此，单音形容词带动态助词的数量还是相当大的，带动态助词对于区别动词和形容词不大管用。（李泉，1997）

---

① 据李泉（1997）调查，在 1360 个单双音节形容词中，有 560 个能带"了$_1$、着、过、起来（下去/下来）"，占总数的 41.18%，有 110 个只能带动态 · 语气助词"了$_{1+2}$"，占总数的 8.09%，合起来则有 49.27%的形容词能带动态助词。这与本书的统计结果高度一致。郭锐（2002:197）的统计是，在 2355 个形容词中有 72%可以带"了"或"着、过"，远高于本书统计，原因可能是统计的范围和考察的标准不尽相同。

② 据李泉（1997）对《动词用法词典》（孟琮等编，上海辞书出版社，1987）的调查表明，在 1328 个动词中，能带"了、着、过"的有 1198 个，占 90.21%。郭锐（2002:189）统计：85%的动词可以带"了、着、过"，76%的动词可以带宾语，能带真宾语的动词只有动词总数的 59%。

2. 在 700 个词项中,能带宾语的词项有 145 个,占 20.71%。[①] 统计结果显示,有五分之一左右的单音形容词词项可以带宾语,这个比例对于形容词来说不算低。不过,单音形容词带宾语句法上同样是受限的,表现为:少数单音形容词只能用于直接带宾语,不能加进动态助词等辅助成分;一部分单音形容词可以直接带宾语,也可以带上辅助成分或使用辅助手段再带宾语,这是带宾语相对自由的一部分形容词词项;多数单音形容词需要带上辅助成分或使用辅助手段才能带宾语。然而,尽管如此,单音形容词带宾语并不是杂乱无章的,而是有规律可循的。表现为:

(1)语义关系上,单音形容词所带宾语共有六种类型:使动宾语、意动宾语、自动宾语、对动宾语、比较宾语、存现宾语,其形宾之间的语义关系各不相同。

(2)构成形式上,每种类型的形宾结构都有各自的构成格式或独特的变换形式,那些需要有辅助成分或使用辅助手段才能带宾语的单音形容词,需要什么样的辅助成分或使用什么样的辅助手段及其具体的句法格式,都是有章可循的。

(3)实际用法上,只能直接带宾语的单音形容词主要是文言和书面语用法,或是某些固定短语和惯用语;可以直接带宾语也可以带上辅助成分或使用辅助手段再带宾语,以及必带辅助成分或必使用辅助手段才能带宾语的单音形容词,主要用于口语。

3. 考察发现,形容词带动态助词和带宾语表现出高度的特征相容

---

① 吕叔湘(1966)指出"140 个单音'形'里边有将近一半能在一定的场合带宾语",这是不分义项考察的结果。李泉(1994,2001)调查,在 1230 个性质形容词中,能带宾语的有 170 个,占 13.82%,在 156 个单音形容词中,能带宾语的有 52 个,占 33%。郭锐(2002:192—197)把带宾语体现使动意义的"弯、紧、饿、歪"以及不能带真宾语的"响、亮"等看作是形容词兼动词,认为只有 10 个形容词可带真宾语。

性。在145个能带宾语的单音形容词词项中,有139个都能带动态助词,占总数的95.86%。只有6个词项带宾语时不需要也不大能带动态助词,它们是:

烦 真~人、~心、别~我了 *我已经~了他 *我没~过他

健 ~胃、~脑、~身 *~过两年身 *~了身

宽$_2$ 宽松,使宽松:~衣解带、~心 *~了心 *~过衣

强$_1$ 强大,使强:~国富民、~兵之路 *~了国 *~了兵

亲$_1$ 关系近,感情深,对……亲:~华、~日 *~了日

长$_2$ 年纪大,辈分高,排行第一:年~我三岁 *年~了我三岁

不难看出,这6个能带宾语但不能带动态助词的单音形容词词项,带宾语实际上或者是文言、书面语用法,或者是口语中的固定用法,形宾结构多数为一个词或已经词汇化了,如"烦人、烦心、健身、强国富民、亲华、年长",所以看成是动宾式合成词也未尝不可。果若此,那么由它们构成的形宾结构一般不能插进动态助词也就不难理解了。这样,就不仅可以说单音形容词词项带动态助词和带宾语之间有高度的相容性,二者是等价功能,还可以进一步说,凡是能带宾语的单音形容词词项,一定也能带动态助词。根据本书考察,多数情况下带宾语的同时必须有动态助词与之同现,或者说能带动态助词是多数单音形容词词项带宾语的先决性条件。由于单音形容词能带动态助词的词项(占49.42%),远远高于能带宾语的词项(占20.71%),因此,可以再进一步说,单音形容词带宾语的功能蕴含在带动态助词的功能中,也即二者有功能蕴含关系:带动态助词>带宾语。(">",表示蕴含)

4.形容词带动态助词和带宾语后,由于用法发生了不同寻常的变化,因而意义和性质也都发生了变化。这是因为,形容词所表示的性状是由具体事物体现出来的。性状的体现无论是自然因素使然还是人为因素使然,形容词本身无论是用于陈述还是用于修饰,所表性状都需要

“借助拥有这种属性的物体”。(张国宪,2005a)形容词做定语用来修饰具体的事物并表示该事物静态的属性,如“红花需要绿叶扶”“大车拉东西,小车坐人”。形容词做谓语如果不带“了、着、过”等动态助词,则用来陈述事物静态的属性,如“超市的蔬菜太贵”“客厅有点儿小”。但是,形容词做谓语如果带上“了、着、过”等动态助词,便不再表示静态的属性,而具有了动态的意味,并具有了动词性,用来陈述事物性状的变化状态。吕叔湘(1942/1982:57)就曾指出过“形容词做表态谓语,有时不是表示一种无始无终的一瞬间的状态,而是表示一种状态的开始,或是表示一种状态的完成,于是这个形容词也就带有动作的意味”。表状态开始,如“一到十月,这些树叶便红了起来”,表状态完成,如“黄了几片叶子”“他家富过几年”。只不过形容词带动态助词后表示的不是动作的体变化,而是性状的体变化,即表示性状的实现(带“了”)、持续(带“着”)、经历(带“过”),以及性状的始续(带“起来”)、延续(带“下去、下来”)等。

形容词带上宾语(包括同时带上动态助词)后语义上则发生了更为明显的变化。因为即使是动词也是强及物性成员才能带宾语,形容词带上宾语必然是及物性增强和凸显的结果,及物性的增强就是“动性”的增强,因而才能跟宾语发生直接或间接的语义联系。就单音形容词来说,形宾之间通过使动、自动、对动、意动、比较、存现等语义关系将二者联系在一起,将名词代表的事物和形容词表示的性状联系在一起。其中,“关系”是整体,“事物”和“性状”是部分,“作为认知主体的人正是凭借‘整体——部分’这个抽象的认知框架去解释性状的语义指向的”。(张国宪,2005a)具体而言,带使动、自动、存现宾语的形宾结构,其形宾之间构成直接的语义联系,主语和形容词之间构成非直接的语义联系,因此,形容词的语义均指向宾语而非指向主语,例如:“他直着脖子看了半天”:“直”语义指向宾语“脖子”而非指向主语“他”;“她红着脸”:“红”

语义指向宾语“脸”而非指向主语“她”；“树上黄了几片叶子”：“黄”语义指向宾语“叶子”而非指向主语“树上”。带意动、对动、比较宾语的形宾结构，因为事物和性状之间关系的构成加进了认知者的“主观态度”（意动宾语、对动宾语）或“评价标准”（比较宾语），从而使其形宾之间构成间接性的语义联系，即通过认知者的人为因素——“主观态度”或“评价标准”的介入，来激活“性状”与“相关事物”之间的关系，例如：“重数量”的语义理解是“以数量为重（觉得数量重要）”，“重”是主观上“以……为重”或“觉得……重要”；“薄了张三，厚了李四”的语义理解是“对张三薄了，对李四厚了”，“薄”和“厚”分别是“对……薄”“对……厚”的意思；“弟弟小我两岁”的语义关系是“弟弟比我小两岁”，“小”是“比……小”的意思；“多了三张餐券”的语义关系是“比原计划多了三张餐券”，“多”是“比原来……多（出）”的意思。不难看出，带意动、对动、比较三种宾语形宾结构，其中形容词的语义不是单纯地、直接地指向相关的宾语，而是分别通过主观认定、主观倾向选择和客观比较跟相关宾语发生联系。

5. 形容词带宾语跟动词带宾语相比，至少可以看到这样一些现象：

（1）形宾之间的语义类型远少于动宾之间的语义类型。据孟琮等《动词用法词典》动词所带宾语的类型有受事、结果、对象、工具、方式、处所、时间、目的、原因、致使、施事、同源、等同、杂类等十四种，（上海辞书出版社，1987）组合关系较为复杂多样；而形容词所带的宾语主要有六种类型：使动、意动、自动、对动、比较、存现，（单、双音形容词所带宾语的类型一致，见李泉，1994）组合关系相对简单。显然，动词带宾语的范围比形容词带宾语的范围要广得多，类型也要多得多。

（2）事实上，形宾组合大都是受古汉语用法的影响，受动词带宾语的影响，形宾之间的关系类型基本上都可以涵盖在动宾关系的类型内。可以说，形宾之间语义关系的达成还在模式化、语法化的过程中。这表明形容词带宾语低于动词带宾语的语法化程度。

(3)动词带宾语是其本身特性使然，因为动词本身就蕴含着与动作实施相关的受事、结果、对象、工具、处所等事物，动词与这些事物是一种自然关联，动词一旦入句这种自然关联就可能得到凸显。因此，动宾之间的组合语义关系直接、简单。而形容词带宾语不是其本性使然，是其动性特征使然、是其动词化的体现。形宾之间是一种非自然关联，绝大多数是通过“使动”“意动”“对动”“比较”等关系间接地联系起来的。所以，形容词带宾语的语义理解要比动词带宾语的语义理解复杂得多。根据无标记项“组合关系简单，聚合关系复杂”，有标记项“组合关系复杂，聚合关系简单”的标记模式，以及“范畴中的典型成员是无标记项，非典型成员是有标记项”，(沈家煊，1999：38；1997a)不难看出，在述宾语法范畴中，动词带宾语是无标记的，形容词带宾语是有标记的。动词带宾语是其原型性特征的体现，形容词带宾语是其非原型性特征的体现。

6. 带动态助词是动词体特征的表现，标明动作行为进行的过程；带宾语是动词及物性特征的表现，标明动词的及物能力以及动作与所涉及事物之间的各种语义联系，一般认为，这两项功能都是动词的典型句法功能，是动词特有的语法范畴。然而，从本书对单音形容词带动态助词和带宾语的情况来看，有 49.42％的词项可以带动态助词，有 20.71％的词项可以带宾语，这表明，“在现代汉语中，不仅动词可以有体表现，一部分形容词也可以有体表现”。(张国宪，1998)与动词的“体”含义不同的是，形容词的体标明的是性状变化的状态，即表示性状的实现、持续、经历，以及性状的始续、延续等。“性状变化”的动因，或是人为因素使然，或是自然因素使然。

### 2.4.4 形容词动态性问题讨论

在上文对单音形容词带动态助词、带宾语考察和分析的基础上，下面拟就形容词的动态性及静态形容词和动态形容词的划分问题做进一步讨论。

张国宪(2006c:2—3)“根据西方语言学家处理命题情状分类时所遵循的惯例,用[±静态](static)这一组区别性特征,将现代汉语的形容词分为两大类型”:

1. 静态形容词,其最大的特征是情状的时间结构是均质的(homogeneous),缺乏内在的自然起始点和终结点,语法上一般不能带“了、着”等形态标记。它们通常只能进入状态情态句,如:“西山的景色非常优美。”“小红比小兰文静。”“陈红并不漂亮,但很受看。”①

2. 动态形容词,其最大特征表现在情状的时间结构是异质的(heterogeneous),可以有内在的自然起始点和终结点,语法上一般要带“了、着”等体标记。由此,这种形容词都可以进入变化情状句:“我叫她,她睁眼认出我后,红了眼圈。”“小傻瓜,那时我早老了,老得不成样子。”“太阳一点点亮起来,放射出刺眼的光芒。”

我们认为,静态形容词和动态形容词这两大类能否真正撑得起来,是否是两个对立的范畴还需要讨论。理由如下:

1. 静态形容词和动态形容词的区分,并不像朱德熙(1956,1982)所区分的性质形容词和状态形容词两大类别那样,在语法意义和句法功能乃至构词方式上呈现出系统性对立:性质形容词单纯表示属性,状态形容词带有明显的描写性,以及在充当定语、状语、谓语和补语表现出的种种区别与对立。静态形容词与动态形容词的区分主要表现在所表情状在时间结构上是否均质,但这并不是形容词本身外显的语义特征,是在句法结构中通过带体标记成分体现出来的,而性质形容词和状态形容词在词汇意义上就能辨识出是表“属性”还是“状态”。张国宪

① 为节省篇幅,在不影响理解的前提下,本书对所引原著原文的长例句进行了适当简化,下文同。

(2006c:120)认为在句法功能上,“静态形容词的基本功能是充当定语和谓语,也可以充当状语和补语,有时还可以充当主语和宾语;变化形容词充当句法成分的功能比较单一,通常只充当谓语和补语,是一种低能形容词”。但就上文张著所举的几个动态形容词“红”“老”“亮”来看,它们也能做定语,如“红眼圈”“红围巾”“老菠菜”“老小伙儿”“很亮的两盏大吊灯”,在一定语境下也可以做主宾语,如“红比黄的好”“这不算红”“(年岁)老才值钱呢”“他只是显得老,实际并不老”“亮有什么不好”“这灯不显得亮”。可见,静态形容词和动态形容词在句法功能上并不构成系统性的对立。

2.说静态形容词“语法上一般不能带‘了、着’等形态标记,它们通常只能进入状态情态句”,但事实并不完全如此。以能进入“西山的景色非常优美”“小红比小兰文静”“陈红并不漂亮,但很受看”这类所谓状态情态句,而将“优美”“文静”“漂亮”等确定为静态形容词的话,则需要慎重考虑。因为这几个词同样可以进入“现代汉语中,表示性质变化的两个句法结构:S1:NP + A + 了;S2:NP + 变 + A + 了”(张国宪,2006c:125)中:

小区的物业改善了,环境(变)优美了,人的精神面貌都不一样了。

清风明月,鸟语花香,环境真是太优美了。(CCL)

小红上了小学可懂事了,人变文静了,也有礼貌了。

小兰上了小学也比以前文静(多)了,懂事了。

出落得年轻了,漂亮了,富足了,走红了。(CCL)

榕城长大了,长高了,(变)漂亮了。(CCL)

这表明“优美”“文静”“漂亮”也能进入变化情状句。那么,它们到底是静态形容词还是动态形容词呢?这就有些难办,因为总不能说:进入静态情状句是静态形容词,进入变化情状句是变化(动态)形容词,如此就不是一种对立关系的分类了。分类必须有对立的观念,任何语言

单位的分类都是以这些单位之间的对立关系为基础的。（朱德熙，2010:88）

3. 认为动态形容词“语法上一般要带‘了、着’等体标记，并由此可以进入变化情状句”。这一看法及表述同样是可以商量的：不是“一般要带上体标记”，而是强制性要带上体标记（或近似于体标记的“起来”“下去”），有时甚至还要同时带上宾语，才能进入所谓的变化情状句（见2.4.1）。实际上，某些形容词之所以被认定为是动态形容词，是因为它们带上了“了、着”等体标记后，所构成的句子具有了情状的变化性，也即形容词具有了动态性。如果不是这些词带上“了、着、过”以及“起来”“下去”等体标记成分，就不能构成所谓的变化情状句（也许称为“情状变化句”更恰当）。所以，并不是“进入”变化情状句，而是形容词带上体标记成分后“构成”了变化情状句。换言之，原本并不存在所谓变化情状句，亦不存在“动态形容词带上体标记并由此进入变化情状句”这样一个程序化的过程。

其基本情况是：现代汉语中有相当一部分形容词可以带“了、着、过”等动态助词，也可以带宾语，但有一定的条件限制（如带动态助词就是不自由的，有条件限制的），也呈现出某些规则性（如带宾语就只限于特定的几种类型）。（见2.4.1，2.4.2，2.4.3）这些形容词基于表达的需要带上了动态助词或同时还带上了宾语，因而不少学者认为这些形容词具有了动性、动态性，甚至认为已经转化为动词，或者说它们是形、动兼类词。理由是带动态助词和带宾语是动词的典型句法特征。当然，也有学者认为带动态助词也是形容词的句法功能，因而不认为这样用的词是形、动兼类词，这其中就有学者将这类形容词定性为动态形容词。

其基本事实是：这些形容词如果不带上动态标记成分，那些情状句就难以成立，如“她红了眼圈”“我早老了”“太阳一点点亮起来”，如果去掉“了”和“起来”，这几个句子就不成立（“红了眼圈”去掉“了”可以成立，但“红眼圈≠红了眼圈”）。可见，所谓动态形容词，不过是形容词特别是单音形容词的某些义项带动态助词的问题。

4. 从张国宪（2006c：102）的词表看，1066个形容词中，典型变化形容词（83个）和非典型的变化形容词（82个）加起来不过165个，那么从数量上看，把形容词分成静态形容词和动态形容词两大类也是不大相称的。尽管分类不一定非要两个类别的词量大体相当，但是，静态形容词和动态形容词词量上差别之大（动态形容词只占考察词条总数的15%左右），也不能不让人考虑动态形容词作为现代汉语形容词的两大类别之一是否合适。当然，关键还在于动态形容词跟静态形容词并不构成系统性的对立，更不构成全面性的对立。这一点在上文1中已经指出，下面试做进一步讨论。

5. 事实上，不仅静态形容词的确立标准不够“刚性”（见上文2），动态形容词的确立标准也值得商量。张国宪（2006c：99）指出变化形容词有两种基本句法槽：S1：NP＋已经＋____＋了；S2：NP＋没＋____。其中既能进入S1又能进入S2是典型变化形容词，只能进入S1的为非典型变化形容词。典型的变化形容词如：S1：花已经红了|米饭已经熟了|衣服已经湿了。S2：花没红|米饭没熟|衣服没湿。但是，据此将“红、熟、湿”确定为典型变化形容词，可能还是有问题的，特别是作为一个大类。具体如：

（1）能进入S1和S2两个句法格式的可能是该形容词的某个/些义项，其他义项则不能，如“红$_2$（象征成功或受到重视）”就不能进入S1（*这个演员已经红了）和S2（*这个演员没红），同样，如“熟$_3$（加工制造或锻炼过的：～铁）”“熟$_5$（〈口语〉程度深：～睡）”也不能进入S1（*铁已经熟了）和S2（*铁没熟）。

（2）同一个义项的不同用法（充当不同句法成分）有时也不能进入

S1 和 S2，如同样是指颜色的"$红_1$"，做定语(红毛衣)、做主语(红是中国的国色)、做宾语(这不算红)就不能进入 S1 和 S2。甚至同样是做谓语，只要句式不同也不能进入 S1 和 S2，如"红着脸""红得很""这筐苹果比那筐红"等。这或许也说明变化形容词的"两种基本句法槽"S1 和 S2，并不那么"基本"，只是形容词可以出现的众多句法格式中的一种，并不一定能成为立类的依据。

这样看来，所谓动态形容词，主要是某些义项的形容词能够出现在特定的句式中，把它们跟不具有这种句法表现的所谓静态形容词"对立"起来，并将现代汉语形容词分为静态形容词和动态形容词"两大类型"，可能是不合适的。[①] 因为至少动态形容词的内部过于不均质，其义项及其用法差别较大，不能系统性、全面性地跟静态形容词构成对立(实际上静态形容词的确立标准也不具有排他性)。这跟非谓形容词乃至唯谓形容词、唯补形容词、唯定形容词等小类的确立，是很不一样的。例如，非谓形容词：都可以直接修饰名词；绝大多数可以加 de 修饰名词；大多数可以加 de 用在"是"字后面或替代名词；不能充当一般性的主语和宾语；不能做谓语；不能在前边加"很"；否定用"非"，不用"不"。(吕叔湘等，1981)可见，不仅在主要特征(做主宾语、做谓语)跟名词、动词(包括一般形容词)不同，其他特征也跟名、动、形构成系统性的对立，

---

① 事实上，许多学者都注意到了部分形容词的这种"动性""动态性"现象，但都没有明确提出和区分"静态形容词和动态形容词"的概念，而是用其他概念或说法来给这类形容词定性。例如，李临定(1986：111)指出，"瘦、胖、高、疼、大、红、亮、黑"等，这些形容词都可以表示某种状态的变化，表示动态。后边必须带上"了"，或者再带某些趋向动词或数量词。如：你瘦了、孩子又高了、气球大起来了、天渐渐地黑下来了，这些句子都表示状态的变化，这种状态的变化是主观意志所不能控制的，因此是"非意志句"。邢福义(1990，1994，1996)把形容词的这种用法称之为"形容词的动态化"，并指出：有的形容词有动态化用法，但是，并不是任何形容词都可以进入动态化的各种模式之中。比方"X 起来"的模式，可以进入"壮大"，但不能进入"伟大"。(1996：180)

只有在修饰名词(做定语)上跟一般形容词有“家族相似性”。因此，非谓形容词“在词类系统中地位非常特殊”，(吕叔湘，1979：33)把它们独立出来是有词类价值的，也是有充分理由的。而唯谓形容词、唯补形容词、唯定形容词，从词类名称上就能看出它们独特的词类功能，并由于它们分别在做谓语、做补语、做定语上跟一般形容词有“家族相似性”，因而被确立为形容词内部的一个小类。与非谓形容词及其他几个小类的确立不同，静态形容词和动态形容词的确立分别基于两个句法格式，前者依据能进入“S1：NP ＋A ＋了；S2：NP ＋变＋A ＋了”，后者依据能进入“S1：NP＋已经＋____＋了；S2：NP＋没＋____”。不难看出，这四个句法槽主要是形容词做谓语，这就难怪在其他句法位置上，静态形容词和动态形容词并不一定构成对立，甚至同样在谓语的位置上，换个句法格式就不构成对立，更为极端的是，有的静态形容词也能出现在动态形容词的句法格式中(见上文2关于“优美”等的讨论)。

综上，我们认为，仅仅基于形容词做谓语的不同句法格式而将形容词分为静态形容词和动态形容词两大类别恐怕难以成立。因为不仅这两类形容词不构成系统性的对立，就是做谓语有些形容词也不构成对立。此外，静态形容词和动态形容词的词汇语义特征并不明显，[±静态]作为形容词的区别性语义特征实际上是很难把握的。至少不如量度形容词(如“大、小、长、短、高、矮、宽、窄”等)都含有明显的[＋量度]的语义特征那样容易把握，而且，量度形容词还具有明确而独特的句法表现，便于识别。(陆俭明，1989)但是，如果把动态形容词作为形容词内部的小类来研究则是可行的。事实上，形容词带动态助词的研究，至少从黎锦熙(1924)就已经开始了。而所谓动态形容词根本上说正是形容词带体标记“了、着、过”及准体标记“起来、下去、下来”的问题，而这确实是部分形容词的句法特征。

那么，如何看待形容词的这样一种句法特征呢？据考察，有关形容词带动态助词问题，主要有如下几种看法(李泉，1997)：

1.形容词带上动态助词后便具有了“动性”，带有“动作的意味”。如黎锦熙(1924)，吕叔湘(1942)。

2.形容词接动态助词是其语法特点之一，并不改变形容词的词性。也即带动态助词并不是动词的专利，而是动词和形容词共有的语法特征。如王力(1943)，朱德熙(1982)。

3.形容词接动态助词后，无论在语义上还是语法功能上都已具备了动词的主要特征，把它们看成是动词完全是合乎情理的。如唐厚广、车竞(1985)。

4.针对形容词谓语句句末带“了”(花红了、水热了、雨大起来了)，有两种不同的看法：一种认为形容词这样用的时候，就可以认为是动词了，如丁声树等(1961)，李临定(1990)；一种看法则认为，谓词做谓语句末加“了”是动词和形容词共有的语法功能，不能认为此时的形容词兼属动词，如徐枢(1991)，陆俭明(1994)。

上述看法各有道理，此不做评论。下面结合近年来的新见做一点讨论。

张斌(2006)在为张国宪《现代汉语形容词功能与认知研究》(2006)一书作的序言中写道：关于形容词的动态性问题，黎锦熙、王力、吕叔湘等名家都曾注意到。他们的论述有个共同点，即认为形容词带有动作的意味是因为带了时态助词、趋向动词之类。这好比说某种食品本来是无味的，因为加了盐才带着咸味。本书作者却认为有一部分形容词是含有变化性质的，因此在进行下位区分时，列出变化形容词一类。这类形容词前加副词或后接助词，作用是规定不同的量。

张先生的上述论述形象地指出了问题的关键所在，非常有启发性。的确，人们注意到了某些形容词做谓语，有时不是表示一种无始无终的属性，而是表示一种性状开始变化或变化完成，因此也就带有了动作的意味。那么，这种动作的意味是形容词带上了体标记而后形成的，还是这些形容词本身就含有变化的性质，却有不同的看法。认为是前者的，大都将这类形容词或它们的这种用法看作是形容词转化为动词，或者是形、动兼类词；认为是后者的，则不认为是形转为动或形、动兼类，而认为是这类形容词固有的属性。如果就事论事，这两种意见似乎都可取，因为难分高低。但是，如果从汉语词类划分的角度看，将这一问题置于整个汉语词类系统中，那么就有一个优选的问题。优选的实质是怎样处理更有利于词类的划分和词类大格局的建立。而处理的依据主要是看这部分词在形容词中占多大比例。果如此，可参看如下几项统计数据来考虑这个问题：

1. 李泉(1997)：在1360个单双音节性质形容词中，有560个能带动态助词“了$_1$、着、过、起来(下去/下来)”，占总数的41.18%，有110个只能带动态·语气助词“了$_{1+2}$”，占总数的8.09%，合起来则有49.27%的形容词能带动态助词。

2. 郭锐(2002:197)：在2355个形容词中有72%可以带助词“了”或“着、过”。

3. 本书对单音形容词的统计：在700个单音形容词词项中，有346个能够带动态助词，占总数的49.42%。

可以看出，能带动态助词的形容词或形容词词项少则近半数，多则达70%多。如果把半数以上乃至70%多的形容词都看成是动词，即处理成形、动兼类，那么，动词和形容词的区分就更加困难，甚至无法区分这两类词。因此，我们倾向不把形容词带动态助词的用法看作是形、动兼类，而赞同带动态助词是动词和形容词共有的语法功能。也即在形、动的大类划分上放弃是否能带动态助词这一标准，至少不把它作为区分动、形的主要标准。这样处理的好处是不在带动态助词这一点上“模糊”动、形的界限，维持动、形大类的区分；坏处是这条标准基本用不上，还需另寻动、形的区分标准。从原型理论来看，带动态助词是动词和形容词的家族相似特征，也即是绝大多数动词和至少半数以上形容词的共有特征。但是，也要看到，上述对形容词带动态助词的统计是一种静态的、可能性的比例，从实际使用频率和使用条件上看，形容词带动态助词远不如动词带动态助词使用频率那样高、那样相对自由，大都是有条件限制的，如要求与数量（时量）成分同现，有时数量成分还仅限于"点儿、些"等少数词语；需要与否定词语同现，等等。（参看 2.4.1，2.4.3）可见，从特征的原型性看，带动态助词仍然是倾向于动词的原型性特征，而不是倾向于形容词的原型性特征。

那么，形容词的这种"动性""动态性""动词性""动作意味"，究竟是带上了体标记后获得的，还是这些形容词本身就含有变化的性质的体现呢？这是一个有趣的问题。说它们的动态性是后天获得的似无不可，因为这些形容词有静态的一面，甚至更多的时候是表现出静态性，而这符合"动词表示动作，名词表示事物，形容词表示属性"的普遍性语法功能。重要的是，这些形容词不带动态助词就显不出动态性。但是，说它们的动态性是先天就有的亦无不可，因为词类是原型范畴，成员内部特征并不是均质的，有些形容词既能表静态属性，也能表属性的变化。重要的是，假如形容词自身就不含有变化的性质，想加动态助词也加不上去（部分不能带动态助词的形容词就是例证）。然而，进一步思考：

我们能看见的事实是：部分形容词的动态性只有带上了动态助词（或者同时还需要带上宾语）才能体现出来，试比较：花是红的——花红了一大片，红脸蛋——红着脸，大气球——气球大起来了，也即"加了盐才咸"。

我们能推断的事实是：不能带动态助词的形容词本身不具有变化性，如：棒、乏、帅、鲜、香、伟大、雅观，而能带动态助词的形容词本身一定具有变化性，如：大、小、快、慢、冷、热、苍老、细心、温和，也即"能加盐是因为本身有溶盐性”。

把能看见的事实跟能推断的事实结合起来看：可以认为，部分形容词的动性成因是：它们本身具有表示属性变化的内隐功能（即有表变化的潜质或基因），这种功能只有通过适当的外部条件的激活，才能显现出来。这外部条件就是做谓语的形容词带上动态助词或同时带上宾语。进一步说：如果形容词本身不具有表属性变化的内隐功能，则外部条件无法激活它，该形容词也就无法显现出动态性。如果形容词本身具有表属性变化的内隐功能，可分为两种情形：当有外部条件去激活它时，则该形容词就表现出动态性；当没有外部条件去激活它，则该形容词就不表现其动态性（也即用于静态用法）。

把加盐及能否加进盐结合起来看，“加了盐才咸”，可以推断出“不加盐不咸”，这两个论断共同推断出“盐”是重要的因素。“能加盐是因为本身有溶盐性”，可以推断出“没有溶盐性就不能加进盐”，这两个论断共同推断出“溶盐性”是根本的。对于我们讨论的话题来说：形容词动态性（咸味）的体现，外部条件——带动态助词（盐）是重要的，没有外部条件——带动态助词（盐）的激活就没有形容词动态性（咸味）的体现；但是，形容词本身具有情状的变化性（溶盐性）更是根本的，因为如果某一形容词本身不具有变化性（不具有溶盐性），就不能带动态助词（不接受盐的介入），也就无法体现其动态性（没有咸味）。可见，形容词动态性的形成和体现，既有先天的因素（可表性状的变化），也有后天的因素（带上体标记），这两个因素之间不构成对立关系，对于形容词动性的实现二者缺一不可。

### 2.4.5 形容词带补语的考察与分析

形补结构包括在广义的动补结构或者说包括在述补结构中。但是相对于动补结构而言，对形补结构的研究就显得不够。事实上，不少形容词也可以带补语，尽管不如动词带补语那样自由和使用频率那样高。根据考察，在 700 个单音形容词词项中，有 300 个可以带补语，占 42.85%。（见附录一、二）主要有以下几种形式：

1. 形＋程度补语（得很／极了）：

白$_1$得很｜笨$_1$极了｜棒极了｜薄$_1$得很｜水平差$_2$得很｜脾气暴$_2$得很｜这酒冲$_3$得很｜屋子潮$_1$得很｜头沉$_2$得很｜名声臭$_2$极了｜（活儿）粗$_4$得很｜那人刁得很｜心毒$_2$得很｜好$_1$极了｜乖得很｜路滑$_1$得很｜那人滑$_1$得很｜关系僵得很｜这孩子犟得很｜倔得很｜内容空$_2$得很｜河面宽$_1$极了｜那小子狂极了｜冬天冷$_1$极了｜屋子里乱$_1$极了｜心里乱$_2$得很｜（车速）慢$_1$得很｜牛得很

2. 形＋趋向补语（＋了）：

把脸板起来了｜你看他还傲起来了｜光线暗下来了｜凹进去一块儿｜身体好$_3$起来了｜天长$_1$起来了｜看到自己人来了，说话也冲$_2$起来了｜脖子上的青筋都粗$_1$起来了｜低$_1$下头｜声音低$_2$下去了｜心定$_1$不下来｜他现在可抖起来了｜多$_2$出来两块钱｜养狗的人多$_1$起来了｜肥$_1$起来了｜外墙鼓出来一块儿｜天黑$_2$下来了｜总算活$_1$过来了｜一下子火起来了｜让我静$_2$下来考虑一下｜水开起来再放饺子

3. 形＋得＋情态补语：

脸白得吓人｜笨$_2$得像个大狗熊｜好$_2$得不能再好了｜耳朵背$_2$得啥也听不见｜吵得睡不着觉｜沉$_1$得俩人都抬不动｜丑$_1$得吓人｜臭$_1$得让人喘不上来气｜大$_1$得抱不住｜肥$_4$得流油｜嘴唇干$_1$得都裂了｜物价高$_2$得吓死人｜她现在红$_2$得发紫｜眼睛花$_3$得什么也看不清｜急$_2$得大家团团转｜挤得上不来气｜门紧$_3$得拉不开｜萝卜糠得没法吃｜辣得眼泪都出来了｜懒得饭都不想吃｜美$_2$得她都不知道姓什么了｜闷$_1$得上不来气｜少$_2$得不能再少了

4. 形＋结果补语（＋了）：

你真是笨$_2$死了|啤酒冰好了|惨透了|馋死我了|他真是蠢$_1$死了|你真是呆死了|逗死人了|她家比我家富多了|庄稼都旱$_1$死了|都快饿晕了|那小子坏$_1$透了|真急$_2$死他了|把人都渴疯了|这药苦$_1$死我了|困死我了|他可比以前老$_1$多了|那活儿累死人|我的心都冷$_3$透了|凉$_1$着了|上个星期把我忙坏了|那可美$_1$死他了|把他难$_1$住了|牙都要黏掉了|热死我了|衣服都湿透了

就单音形容词词项看，能带补语的大致占 42.85%，应该说不算少。除以上几种带补语的类型外，少数词项还可以有其他用法，如带数量补语(他比我高三厘米|嗓子哑了十多天|心凉了半截)等。但总的来看，单音形容词带补语还是有一定限制的：(1)有些形容词带补语主要限于"形＋得很／极了"格式；(2)由于语义等的限制，能带趋向补语的也只有少数词项，并且句末要带上"了"(或其他后续成分)，否则形补结构就无法成立；(3)能带结果补语的形容词所带的补语主要限于"死、透、多"等极少数词项，并且句末也要带上"了"(或其他后续成分)才能成立。相对说单音形容词只有带情态补语略显自由些。

单音形容词带补语虽可细分为以上四种类型，但实际上大而别之只有两种语义类型，即表示广义的程度和结果。其中，上文的 1、3、4 三类可归入广义的程度类补语。具体来说，程度补语句的"形＋得很／极了"格式自然是表示程度的，如"脑子笨极了""被子薄得很"。情态补语句的"得"字后面的短语是用来说明某种性状达到的程度，如"脸白得吓人"是说"白"的程度让人害怕；"笨得像个大狗熊"是说"笨"的程度跟大狗熊似的；"好得不能再好了"中的"不能再好了"即表示"好到了极点"，也即"形＋不能再＋形＋了"是汉语中专门用于表达程度达到极点的一种表示法。而所谓结果补语句的"结果"更多的是就句法形式而言的，换言之，是表面的现象，其实质上还是表示某种性状或属性的程度，如"啤酒冰好了"是说啤酒冰得达到了凉爽可喝的程度了，"把人都渴疯了”是说渴的程度都快使人疯了，“把我忙坏了”是说“（我）忙极了”“（我）忙得很”的意思，而“笨死了、馋死了、冷死了、美死了”等“形＋死（＋了）”结构中，“死”显然是在说明某种性状或属性的程度极高。朱德熙（1982：137）就曾指出：形容词之后加上“极、多、透、死”组成的述补结构都表示程度，例如“好极了、暖和多了、可笑透了、冷死了、脏死了、难看死了”，并强调“这一类述补结构之后都带后缀‘了’”。

上文第2类可归入广义的结果补语。即“形＋趋向补语（＋了）”，实际上都是表示结果的，“趋向”同样是一种句法形式上的表征，真正的意义是表示性状或属性的“结果”。某种趋向的呈现和发展就是一种广义的结果。例如：“把脸板起来了”，即脸一板起来是一种状态，也是一种结果的呈现；“天暗下来了”是说随着时间的推移，天越来越暗（结果）；“凹进去一块儿”是一种性状的存在，也是一种结果的呈现。

# 第三章　单音形容词构成的功能句考察与分析

## 3.0　引言

本章所谓单音形容词功能句，指的是单音形容词构成的特殊语用句，包括单音形容词构成的祈使句、评价句、疑问句和比较句。称之为特殊语用句是想强调单音形容词构成的这几种语用句比较有特点，某种意义上说它们更适应这几种句型。其中单音形容词（包括双音形容词）构成的评价句和比较句是形容词所特有的，而祈使句和疑问句虽不是形容词所特有的，但形容词特别是单音形容词构成的祈使句和疑问句，其句法、语义和语用都颇有特色，其中的某些现象可以借助原型性、标记性等现代语言学理论来加以阐释。

把单音形容词构成的这几种功能句单独列为一章进行考察和分析，首先是因为，对句型适应能力的考察是本书单音形容词句法语义研究的重要内容，是形容词各种用法的一个方面。所谓句型适应能力既包括对各种句子结构形式的适应能力，也包括对各种功能句型（如陈述句、疑问句、祈使句、感叹句、称呼句、应答句等）的适应能力。这里主要说的是后者，即从句子的功能上看单音形容词的适应性，当然应该是基于对相关句子结构形式的分析来进行的。其中，单音形容词构成的陈述句，主要是单音形容词做谓语及其他句子成分的问题，将在下一章涉及，这里不拟从句型功能的角度来考察。此外，形容词构成的感叹句等这里也从略。本章集中考察单音形容词构成的祈使句、评价句、疑问句和比较句，也是因为这几种形容词句型很有特色，而以往对它们的关注和研究还很不充分，特别是很少从语用的角度来探讨和概括这几种句型的特征。例如，李临定《现代汉语句型》(1986)一书，全面讨论了现代汉语句型系统，并重点分析了句型的构成形式。书中采用多标准，即根据语句不同的构造情况，用不同的标准分类型，意在揭示汉语各种句型格式，描写它们的分类型和总类型的句法特征。其中重点考察了由动词构成的各种句型，包括单动句型(如"单动句型中的名施""单动句型中的名数""存在句型""隐现句型""非意志句型"等)十三种，双动句型(如"连动句型""兼语句型""动补格句型"等)四种，代表字句型(如"被字句""得字句""是字句")三种，其他句型(如"数量语对应句型""形谓句型""主谓谓句型")三种。可见，以往对句型的研究主要是对动词构成的句型的研究，以及对某些汉语特殊句型，如"主谓谓语句""连动句"等的研究，这是可以理解的，也是应该的，总体上说，动词毕竟是句子的核心成分。但是，也应加强对名词、形容词句型及其相关的功能句的研究，而迄今对动词以外的句型的研究还有很大的空间。

与本书的考察相关，上述著作在"形谓句型"中，描写和分析了"名＋形""名＋副＋形""名＋这么(这样……)＋形""名＋那个＋形＋呀""名＋形＋极了(着呢……)""名＋形＋了""名＋形＋起来(下去、下来)""$名_1$＋比＋$名_2$＋形""主谓/动＋比＋动＋形""$名_1$＋比＋$名_2$＋$名_3$＋形""$名_1$＋比＋$名_2$＋形＋名数"等具体句型。并指出"形容词谓语句型主要可以分为三个方面：表程度，表比较，表变化"。(李临定，1986：285)这里提到的一些形容词句型，有的我们在上一章已从形容词组合能力的角度做了考察和分析，有的将在下一章从形容词充当句子成分的角度加以探讨。其中，已经并将进一步涉及相关句型表示程度、比较和变化的问题。

需要指出的是，这里所说的单音形容词构成的祈使句、评价句、疑问句和比较句，毫无疑问都是由相关的词类序列、标志词、固定格式以及语调等形式特征显示的包含句法结构和语义结构构成的句子结构格式来体现的，以祈使句、评价句、疑问句和比较句来概括它们，不过是想凸显和强调这些形容词句式的语用功能。因此，本质上说，本章讨论的这几种句型其具体的句式仍是静态性的。我们将在考察和描写相关句型构成形式的基础上，更加关注它们的使用价值。范晓(2011)指出：句式的使用价值指的是静态句式自身固有的某种语用表达功能意义。这种句式义是语言集团长期运用该句式的固化经验的沉淀，是句式约定俗成的、常用的语用表达功能意义，它是句式使用价值的直接体现。使用价值是静态句式自身固有的能力，是句式的本质属性。

## 3.1 单音形容词构成的祈使句

### 3.1.1 单音形容词祈使句概说

一般认为"祈使句的作用是要求听话人做某事"。例如："你给老王打个电话。""走吧！"因此，"祈使句的谓语只能是表示动作或行为的动词或动词性结构"。(朱德熙，1982：23，205)这是常规情况、多数情况。英语也大抵如此，祈使句跟动词相关，祈使语气是动词的三种语气形式(另两种为陈述语气和虚拟语气)之一。(Jespersen，1939；中译本，1989：366)祈使句是要求或请求对方做某事，那么跟表示动作行为的动词便构成一种自然关联，原型性关联。

然而，在现代汉语里，祈使句的谓语并不限于表示动作或行为的动词或动词性结构，形容词也可以构成祈使句。这是不是汉语的一个特色还不敢肯定，但汉语形容词在一定条件下可以构成祈使句，并且形式多样,使用也相当普遍却是事实。如形容词带上“点儿”便可以构成一种典型的祈使句:快点儿! 慢点儿! 高点儿! 老实点儿! 谦虚点儿! 严肃点儿! 如此等等,还有其他各种表祈使的句子形式(见下文)。这是一种很有意思的现象,因为形容词本质上是表示事物的属性、性状,而不表示动作、行为,形容词至多可以表示性状、状态的变化,而具有这种用法的形容词只限于自身具有这种隐性功能的部分形容词。因此,如何阐释形容词祈使句的构成机制是一个很值得探讨的问题。我们初步认为,形容词祈使句应该是说话人要求听话人使事物呈现某种属性或状态。如“快点儿!”可能是要求听话人“快点儿走”,“慢点儿!”可能是要求听话人“慢点儿下车”(下车的动作慢点儿),“老实点儿!”是要求听话人“保持规矩、不乱动、不惹事”的状态,或者是要求听话人态度上要表现出诚实的性状。因此,形容词祈使句总体上都是使动性的,即通过某种动作行为而使事物呈现某种属性或状态。由于关注的是性状的呈现与否,因此相关的动词在具体语境中往往省去不说,如“快点儿!”“短点儿!”当然,也可以出现相关的动词,如“快点儿走!”“短点儿剪!”有关形容词祈使句的语义构成机制,下文将结合相关的句式做进一步的讨论。这里只想说明,汉语的形容词祈使句是一种很有特色的功能句。

不过,迄今为止有关祈使句的研究成果还不多见。我们收集到的有关文献主要有蒋平(1984)、刘月华(1985)、袁毓林(1993b,1993a)、马清华(1995)等。其中,刘月华(1985)以《雷雨》《日出》《北京人》等几个话剧中的祈使句为语料,基于肯定祈使句和否定祈使句的对比分析,讨论了汉语祈使句的基本结构类型和特点、如何表达程度不同的祈使、可以构成祈使句的动词和形容词,此外还涉及了祈使句的主语和语调问题。该文有关形容词祈使句的重要观点包括:1. 形容词构成的肯定祈使句表示两种不同的意思:其一,表示要有某种改变。此类祈使句实际上包含了动作,只是这种动作在特定的语境中是不言而喻的,如“左边高点儿！”（语境：挂画，省略动词“挂”），“明天早点儿！”（语境：约定爬山，可以补出的动词“去、到、走”）。其二，对对方的为人、处事、工作态度等提出希望或要求，一般要加“点儿”“些”，如：实际点儿！ 和气点儿！2.形容词构成的否定祈使句往往表示劝诫，多用贬义、消极意义的形容词，有两种形式：其一，形容词可单独构成否定祈使句，如“为难、麻烦、忙、慌、自满、骄傲”等。其二，需加“那么”“这么”等才能构成否定祈使句，如“粗、脏、乱、碎、舒服、粗鲁”等。认为“动词和形容词是否能构成祈使句以及构成哪种祈使句，主要取决于意义”。袁毓林《现代汉语祈使句研究》(1993b)可能是迄今为止唯一一本全面研究祈使句的专著，该书运用变换分析、语义分析和话语的语用分析等当代语言学的分析手段，对现代汉语中十来种比较典型的祈使句式进行了细致深入的描写，并重点刻画了肯定式祈使句、否定式祈使句和强调式祈使句的句法形式特点、语义结构特点及其语境和预设特点，详细讨论了动词、形容词、动结式、动趋式等谓词性成分进入各种祈使句时所受到的句法、语义和语用约束。其中，在第六章“祈使句式和形容词的类”(1993a：117—124)中，指出“形容词一般不能单说构成祈使句，但在形容词后边加上‘一点儿’，或在形容词及其否定形式（‘不A’）前面加上‘别’，能构成三种以形容词为核心的祈使句式：S1：‘A一点儿！’，S2：‘别不A！’，S3：‘别A！’”并据此将与祈使句相关的形容词分为[±述人形容词]，将[+述人形容词]分为[±自主形容词]，将[+自主形容词]分为[±褒义词]，并确定了各类形容词的词表。

上述有关汉语祈使句，包括对形容词祈使句的多方研究，为我们对单音形容词构成的祈使句进行系统的讨论奠定了坚实的基础。本节试图在前人研究的基础上，对单音形容词构成的祈使句进行系统性的定量考察和分析，并探讨相关的语法化现象。

据我们考察，由单音形容词（记作A）构成的祈使句主要有以下十种形式：

S1：A＋点儿！：大～！慢～！高～！短～！

S2：A＋着＋点儿＋名！：瘪～～肚子！低～～头！小～～声！

S3：A＋着＋点儿＋动！：薄～～切！短～～剪！肥～～裁！

S4：A＋着！：亮～！歪～！弯～！横～！竖～！

S5：AA儿的！：好好～！慢慢～！短短～！乖乖～！快快～！

S6：别＋A！：～慌！～急！～犟！～横$_{1(去声)}$！

S7：别＋太/那么＋A！：～～紧！～～快！～～硬！

S8：别＋A＋着！：～冷～！～饿～！～咸～！～烫～！

S9：别＋A＋喽(lou)！：～稠～！～淡～！～窄～！～咸～！

S10：别＋A＋着＋名！：～板～脸！～鼓～肚子！～烫～他！

S1—S3是由单音形容词带“点儿”或同时带“着”构成的肯定式祈使句。S1中的不定量词“点儿”也可以说成“一点儿”，或者把“点儿”看成是“一点儿”的简省形式；S2、S3中的“点儿”不能说成“一点儿”。因此，下文S1中“点儿”也代表“一点儿”，S2、S3中的“点儿”不代表“一点儿”。“点儿”既可以用于动词后，也可以用于形容词后，但动词后的“点儿”用于表示名量，如“吃点儿、喝点儿、拿点儿”，形容词后的“点儿”用于表示程度量，[①]如“小点儿、大点儿、早点儿”。S4是单音形容词加“着”构成的祈使句。关于S2、S3、S4以及S8、S10中的“着”的性质和作用，请参见下文有关部分的讨论。S5是由部分单音形容词重叠式构成的祈使句。S6—S10是单音形容词否定式祈使句的四种主要构成形式。

① 马庆株(1992)指出：“学点儿、学一点儿、学了点儿”中“(一)点儿”都是名量，但是“学着(zhe)点儿”中“点儿”又是程度量。

## 3.1.2 肯定式祈使句考察与分析

### 3.1.2.1 S1:A＋点儿!

矮$_1$(高度)～|矮$_2$(身材,使……矮)～|薄$_1$(厚度)～|长$_1$(时间或空间距离)～|稠～|粗$_1$(指物体,也指人的腰、脖子等)～|粗$_2$(两边距离不接近:～眉毛、～线条)～|粗$_3$(颗粒大)～|大$_1$～|淡$_2$(盐分)～|淡$_3$(颜色)～|低$_1$(距离小,离地面近)～|低$_2$(标准)～|短～|多$_1$(数量大)～|肥$_3$(宽大)～|干$_1$(湿度低)～|高$_1$(与"低$_1$"相对)～|狠$_1$(凶恶,残暴)～|狠$_2$(坚决,严厉,使……狠)～|横$_1$(去声)～|厚$_1$(厚度)～|活$_3$(生动活泼,不死板)～|挤～|贱～|紧$_1$(不松)～|紧$_2$(牢固)～|紧$_3$(空隙小)～|快$_1$(速度)～|宽$_1$(宽度)～|辣～|烂$_1$(食物)～|亮～|满$_1$(全部充实)～|慢$_1$(速度低)～|慢$_2$(从缓,不急)～|猛～|密～|难$_1$(不容易做的,使……难)～|嫩$_2$(烹调时间短)～|浓$_1$(浓度)～|浓$_2$(颜色)～|平$_1$(不倾斜)～ |齐$_1$(整齐)～|浅$_1$(距离)～|浅$_4$(颜色)～|轻$_3$(用力小)～|热～|软$_1$(柔软)～|少$_1$(数量)～|深$_1$(距离)～|深$_4$(颜色)～|生$_1$(食物没做熟)～|湿～|省～|瘦$_2$(食用肉)～|瘦$_3$(不肥大)～|松～|素(颜色)～|碎$_1$～|歪$_1$(不正,斜)～|弯～|晚$_1$(时间靠后)～|稳$_1$(不摇晃)～|稀$_1$(不密)～|稀$_3$(不稠)～|细$_1$(跟"粗$_1$"相对)～|细$_2$(跟"粗$_2$"相对)～|细$_3$(跟"粗$_3$"相对)～|咸～|小$_1$～|斜～|严$_1$(严格)～|严$_2$(严密)～|酽～|硬$_2$(态度)～|圆$_1$～|远$_1$～|早$_1$～|窄$_1$～|直$_1$～|准$_1$～
(为行文方便,祈使句句末的"!"一律省去,下文同)

S1是单音形容词祈使句的肯定式,其句式义是说话人要求听话人通过实施某种动作行为来实现形容词所表示的某种性状。例如:

"矮$_1$点儿!"可能是要求听话人"举(抬)矮点儿!"

"矮$_2$点儿!"可能是要求听话人自身"站(蹲)矮点儿!"

"薄$_1$点儿!"可能是要求听话人"切(擀)薄点儿!"

"满$_1$点儿!"可能是要求听话人"装(倒)满点儿!"

"直$_1$点儿!"可能是要求听话人"站(伸)直点儿!"

可见,S1对语境的依赖程度较高,但在具体的语言环境中,说话人要求听话人实施什么样的动作行为,则说听双方不言自明。

据统计,共有 81 个单音形容词词项可以直接带“点儿”构成祈使句,占 700 个总词项数的 11.57%。S1 中的形容词可分为三类:1. 性状的主体是人,即具有[+述人,一述物]的语义特征,如:矮$_{2}$,狠$_{1}$,狠$_{2}$,横$_{1}$(去声),活$_{3}$,慢$_{2}$,难$_{1}$。2. 性状的主体是物体,即具有[+述物,一述人]的语义特征,如:矮$_{1}$,稠,粗$_{3}$,肥$_{3}$,素,碎$_{1}$,紧$_{3}$。3. 性状的主体既可以是物体,也可以指人,即具有[+述物,+述人]的语义特征,如:薄$_{1}$(～棉袄、～嘴唇),粗$_{1}$(～绳子、～腰),粗$_{2}$(～眉毛、～线条),厚$_{1}$(～被子、～嘴唇),圆$_{1}$(～圈、～脸)。

其中,无论是述人的,还是述物的,或是既能述人又能述物,只要带上“点儿”构成祈使句,则需具有[+自主]语义特征,或具有[+可控]语义特征。由于是自主的,所以通过人的主观意志可以决定性状出现或不出现,如表示人的态度的“狠$_{2}$”和“横$_{1}$(去声)”;由于是可控的,所以通过人的行为可以使性状出现,如表示身材小的“矮$_{2}$”可以通过某种行为(如低头、曲着身子或腿等)变“矮”,又如“碎$_{1}$”不是述人的,自然也就不是自主的,但人通过施事某种动作行为(如剁、咬、击打)可以使事物(如饺子馅儿、药片、玻璃)出现“碎”的性状。可见,“矮$_{2}$”等非自主形容词能够进入“A+点儿!”是因其具有[+可控性]。

S1 类祈使句如果需要否定或有否定形式的话,一般用“别(+太)+A!”或“别+A+喽(lou)!”来否定,表示说话人要求或提醒听话人注意不要出现形容词所表示的性状,如:别挤! 别太省! 别短喽! 别淡喽! S1 不能采用在原式前直接加“别”的方式来否定,如:* 别矮点儿!* 别薄点儿!* 别挤(一)点儿! 这说明“点儿”不能与否定词“别”同现,“点儿”只用于祈使句的肯定形式,“别”只用于祈使句的否定形式。

“点儿”和“别”不同现,一定程度上表明“点儿”在“形+点儿!”构成的祈使句中已经语法化为祈使句肯定形式的标记,跟祈使语气一样成为祈使句肯定式的必有成分。对此,我们还可以进一步加以论证:首先,单音形容词带“点儿”构成的祈使句，除“快点儿”“慢点儿”可以说成“快!”“慢!”以外，一般都不能省略“点儿”。其次，“点儿”的这种标记作用在双音节形容词、单/双音节动词构成的祈使句中同样得到清楚的体现。例如：

小心点儿！大方点儿！高兴点儿！规矩点儿！干净点儿！便宜点儿！

吃点儿！喝点儿！拿点儿！带点儿！抹点儿！说点儿！给点儿！加点儿！

注意点儿！集中点儿！准备点儿！包涵点儿！放松点儿！

在具体语境中，有时“点儿”可以不用，如：小心！吃！喝！注意！放松！安静！但绝大多数双音节形容词和动词即使在具体语言环境中也不能省略“点儿”，如：*规矩！*大方！*干净！*便宜！*高兴！这进一步说明，“点儿”用在祈使句末除了表示程度或数量的“小量”以外，已经语法化为祈使句的标记，表示要求听话人通过实施某种行为来实现形容词所表性状或动词所表动作行为的数量。

关于“点儿”的语法化过程和语法作用，是否可以这样来解释：“点儿”即“一点儿”，由表示不定量的少量（名量）充当定语（买了一点儿东西）、宾语（拿了一点儿），到用在形容词后做补语（毛衣织得长了一点儿），表示程度轻（吕叔湘，1999:602），再到用在动词、形容词后构成祈使句，并语法化为祈使句肯定式的标记：既表示肯定性的祈使语气，也表示“程度量小”（用于动词祈使句则表示“数量小”）。形容词谓语后的“（一）点儿”，赵元任（1968/1996:285—287）称为同指宾语，朱德熙（1982:116）称为准宾语。从语法化的角度，似可对“形＋点儿”进行如下分析：祈使句“矮点儿、薄点儿、大点儿、轻点儿”中的“（一）点儿”做程度补语，表示性状变化的“小量”，即程度轻（跟表示程度“大量”的“（好）极了”“（快）得很”相对应），这一语法意义在语用过程中逐渐向句式义靠拢，从而更多地带上了“要求听话人做某事”的含义，而表示量小、程度轻的意义逐渐淡化。其语法化的机制是，形容词本身表示性状而不直接表示动作行为，因此无法实现说话人“做事要求”的话语目的，带上“点儿”以后，“形＋点儿”变成了一种使动结构，即通过人的主观意念的变化或外力作用而使事物呈现出形容词所表示的性状，其中隐含着让听话人首先去实施某种动作行为的含义。S1 隐含的这种致使意义在语用过程中逐渐赋予了“点儿”，而“点儿”自身表示“量小”的意义逐渐退居第二位。听话人的认知过程是，听到说话人“快点儿！”“高点儿！”等祈使话语后，首先想到的是“快”“高”以及如何“快”、如何“高”，然后才是“快”或“高”的量的问题，并且这个“量”是个不定的模糊小量。可见，“点儿”向祈使标记转化的动因是形容词祈使句的使动要求所致。

此外，形容词祈使句选择“点儿”做标记也符合言语交际的礼貌原则。因为祈使句本身就是命令、要求、劝阻听话人做某事或不做某事，是对听话人的一种“不客气”，带上表示小量的“点儿”可以淡化和减少这种不客气的程度。而对某些表示请求、恳请、希望听话人做某事或不做某事的祈使句来说，则是对听话人的一种“麻烦”，带上表示小量的“点儿”可以在语气上淡化和降低这种麻烦的程度，这种“淡化”作用正是对听话人的礼貌与尊重。

**3.1.2.2　S2：A＋着＋点儿＋名$_{宾}$！**

矮$_2$～～身子｜瘪～～肚子｜低$_1$～～头｜低$_2$～～声音｜饿～～肚子｜鼓～～肚子｜弯～～腰｜直$_1$～～腰｜歪～～脑袋｜斜～～身子｜板～～脸｜偏～～身子｜曲～～腿｜狠$_2$～～心｜厚$_1$～～脸皮｜小$_1$（～）～声｜大$_1$（～）～声

S2 实际上是单音形容词带动态助词“着”、带“点儿”后再带宾语，其宾语为使动宾语，“矮着点儿身子”是使身子矮着点儿。宾语所表事物为人体的某一部位或人的行为可以控制的事物，因此这种用法的单音形容词比较少，在 700 个词项中只有 17 个词项可以这样用，仅占

2.42%。S2 的句式义是，说话人要求听话人通过实施某种动作行为，来使宾语名词所表示的事物体现出形容词所表示的性状。该祈使句凸显的是形容词性状的体现者。S2 中的“着”可以省略，如“低点儿头！”“点儿”多数也可以省略，如“鼓着肚子！”有时“着”和“点儿”可以同时省略，如：弯腰！鼓肚子！这是因为带使动宾语的形宾结构本身就是致使性的，含有祈使的意思，因而可以不需要祈使标记“点儿”。其中的形容词都是述人的，并且都是自主的，其语义都指向使动宾语所表示的事物。不具有[＋述人][＋自主][＋可控]特征的形容词，即使能带宾语也不能进入这一格式，如：红着脸→* 红着点儿脸！

S2 的否定式是在原式前加“别”，同时去掉原式中的“点儿”，即变成“别＋形＋着＋名！”如：别低着头！（* 别低着点儿头！）别板着脸！（* 别板着点儿脸！）。此外，由于 S2 的宾语都是所谓同源宾语，即形容词所表性状的体现者，因而这种句式的宾语也可以移到形容词前做主语，即变换为另一种祈使句：“$名_{主}$＋A＋着＋点儿！”如：瘪着点儿肚子！→肚子瘪着点儿！厚着点儿脸皮！→脸皮厚着点儿！变换后的祈使句的否定形式跟变换前（即 S2）的否定形式相同。如：肚子瘪着点儿！→别瘪着肚子！

#### 3.1.2.3 S3：A＋着＋点儿＋动！

$矮_{1}$～～割｜$薄_{1}$～～切｜$饱_{1}$～～吃｜$草_{1}$～～写｜$长_{1}$～～剪｜稠～～熬｜$粗_{1}$～～切｜$粗_{2}$～～描｜$大_{1}$～～写｜$低_{1}$～～飞｜短～～剪｜$肥_{3}$～～裁｜$干_{1}$～～拧｜$高_{1}$～～举｜$狠_{1}$～～打｜$狠_{2}$～～抓｜$厚_{1}$～～擀｜挤～～坐｜贱～～卖｜$紧_{1}$～～系｜$紧_{2}$～～拧｜$紧_{3}$～～坐｜$快_{1}$～～走｜$烂_{1}$～～煮｜$满_{1}$～～倒｜$慢_{1}$～～讲｜$浓_{1}$～～沏｜$齐_{1}$～～剪｜$轻_{3}$～～放｜密～～栽｜$深_{1}$～～挖｜省～～用｜$瘦_{3}$～～裁｜松～～捆｜$碎_{1}$～～剁｜$稀_{1}$～～种｜$稀_{3}$～～熬｜$细_{1}$～～擀｜$细_{2}$～～描｜$细_{3}$～～磨｜$小_{1}$～～写｜斜～～放｜$严_{1}$～～管｜酽～～沏｜$远_{1}$～～走｜$早_{1}$～～走｜$准_{1}$～～射｜$横_{1(去声)}$～～（说）｜$慢_{2}$～～（走）

能进入S3的词项有49个，占总数7%。S3句式义是，说话人明确要求听话人施事某种动作行为(即句末动词)从而使事物体现出形容词所表示的性状。该句式凸显的是要求听话人所要施事的具体动作行为。因此，S3跟S1、S2不同的是，它不是使动祈使句，说话人让听话人“施”的“动”已经说出。但是，在具体语境中，句末的“动”可以省而不说，如：矮着点儿！薄着点儿！慢着点儿！省着点儿！

S3中的“着”都可以省而不说，如：紧点儿系！高点儿举！细点儿擀！远点儿走！“点儿”则多数不能省略，如：*矮着割！*薄着切！*碎着剁！*早着走！*大着写！*烂着煮！只有“斜着点儿放！挤着点儿坐！省着点儿用！”可以省略其中的“点儿”，因为省略后的结构仍具有致使性，也即仍能构成祈使句。

S3中的“着”和“动”若同时省略，则变成了“S1：A＋点儿！”上面例子中只“饱着点儿吃！”不能省略“着”和“动”(*饱点儿)，其余的都可以，如：薄着点儿切！→薄点儿！松着点儿捆！→松点儿！轻着点儿放！→轻点儿！

S3中的形容词多数都不是述人的，但实现形容词表示的性状所涉及的相关动作都是人力所及的，也即形容词的性状是可控的，故都可以构成祈使句。S3的否定形式同样不能有“点儿”，即使如此，也只有“斜着点儿放！挤着点儿坐！省着点儿用！”可以前加“别”构成否定形式，如：别斜着放！别挤着坐！别省着用！其余的则不能直接用前加“别”来否定，如：*别矮着割！*别碎着剁！*别早着走！

**3.1.2.4 S4：A＋着！**

现代北京口语中有一种由“动词＋着”构成的祈使句，如：坐着！拿着！听着！等着！看着！扛着！背着！躺着！其基本句式义是“说话人要求听话人处于某种状态”。能进入“V＋着！”的V(动词)必须是能加“着”的自主动词，记作V[＋自主][＋持续]。(袁毓林，1993b：47，

54)单音形容词也有少数可以进入“A＋着!”格式，在700个词项中，只有20例：

倒$_{(去声)}$～(念)|反～(穿)|鼓～(肚子)|横$_{3}$～|竖～|斜～|平$_{1}$～(放)|亮～(灯)|满$_{1}$～|轻$_{3}$～|慢$_{2}$～|歪～(头)|弯～(腰)|直$_{1}$～(身子)|瘪～(肚子)|低$_{1}$～(头)|空$_{3(去声)}$～|晒～|饿～|渴～

其中，头两例是要求听话人以两种不同的方式从事某种动作行为(并保持这种状态)，因而只能后续动词(虽然动词可不必出现)，因此在这里不具有致使性。最后两例一般不用于始发句，是针对说话人“我饿了”和“我渴了”之类的话语所做出的“祈使”，其形式是肯定的，语用上是否定的。“饿着!”的意思可以是：饿了也不能吃饭，还得饿着。“渴着!”意思可以是：渴了也不能喝水，还得渴着。

“A＋着!”的句式义可概括为：说话人要求听话人使性状实现或保持某种状态。因此，“A＋着!”包括两种预设：其一，听话人还没有使事物处于某种状态，所以说话人要求其实现这种状态，如：弯着(腰)! 鼓着(肚子)! 其二，听话人打算或正在使事物改变原来所处的状态，说话人要求其保持原来所处的状态，如：饿着、渴着、光着。进入“A＋着!”格式的形容词大都是致使性的祈使句。其否定式一般为“别＋A＋着!”如：别歪着(头)! 别饿着! 能进入“A＋着!”的形容词都含有[＋自主][＋持续]或[＋可控][＋持续]的语义特征。否则不能进入该句式，如：*钝着! *乏着! *肥着! *挤着! *僵着! *腻着! *聋着!

#### 3.1.2.5 相关讨论

据观察，能够进入S2、S3和S4中的形容词绝大多数也都可以带动态助词“了”或“过”，但这三类祈使句式只可以出现“着”不能出现“了”或“过”，这是为什么？① 另外，“着”在这几类句式中起什么样的作

① 形容词带“了”的祈使句只见于“(把这杯酒)干了!”。

用？也是值得思考的。

对此，我们试着这样解释：肯定的形容词祈使句要求听话人做某事以便使事物能呈现形容词所表示的性状，祈使句强调的是要求听话人现在就做某事，而“着”表示动作或状态正在持续，符合话语者要求听话人现在就施事某一动作行为的要求。“了”表示动作或状态的实现，“过”表示动作或状态的经历，都不符合祈使句让听话人当下就做某事的要求，因而不能用来构成祈使句。语言事实也表明，“了”“过”跟带“点儿”的祈使句不能同现。例如：* 狠了点儿心！* 紧了点儿螺丝！* 低过点儿（头）！* 饿过点儿（肚子）！而“多了点儿”“快了点儿”“淡点儿了”“歪点儿了”虽然可以说，但不是祈使句，“点儿”不表示祈使。祈使句要求的是，听话人首先做某事或不做某事，而不是强调事件的做成，更不是强调事件的经历。所以，祈使句不能出现动态助词“了”和“过”。也就是说，“了”“过”的语法意义跟祈使句的句式义不相符，故不能进入形容词祈使句的肯定式，“着”的语法意义跟祈使句的句式义相符，所以能进入肯定的形容词祈使句。这样说来，S2、S3 和 S4 中的“着”仍然是动态助词，在此表示形容词性状的持续。但是，还有另一种解释：祈使句中的“着”根本就不是动态助词，而是古已有之的用于表示命令、祈使和提醒的“着”。① 这两种解释似乎都可以，但要做出确切的选择，都还需要结合实际进行详细的论证。目前，我们倾向于前一种解释，因为其中的“着”仍然是表示状态的持续。

---

① 吕叔湘在《释景德传灯录中在、著二助词》(1941)一文中，讨论了“其用在助全句之语气”的“殿句之著”，认为“著者祈使之辞，今语遇此等处率不用助词”。如“退后著，退后着(17.17)。卷上帘子著(20.11)。且留口吃饭著(19.2)。”(《吕叔湘文集》第二卷，商务印书馆，1995 年，65 页)太田辰夫《中国语历史文法》认为，“着”用作表示命令的助词见于唐五代。如“添净瓶水着。(祖唐集 5)能者虔恭合掌着。(维摩押座文)”(见中译本，蒋绍愚等译，北京大学出版社，1987 年，338 页)

#### 3.1.2.6 S5:AA儿的!

薄薄～|稠稠～|粗粗$_1$～|粗粗$_2$～|粗粗$_3$～|脆脆$_1$～|大大$_1$～|淡淡$_2$～|淡淡$_3$～|低低$_1$～|短短～|肥肥$_1$～|肥肥$_3$～|干干$_1$～|高高$_1$～|乖乖～|好好$_1$～|狠狠$_2$～|厚厚$_1$～|紧紧$_1$～|紧紧$_2$～|开开～|快快$_1$～|快快$_2$～|宽宽$_1$～|辣辣～|烂烂$_1$～|亮亮～|慢慢$_1$～|密密～|浓浓$_2$～|齐齐$_1$～|轻轻$_3$～|热热～|瘦瘦$_2$～|瘦瘦$_3$～|松松～|碎碎$_1$～|旺旺～|稀稀$_1$～|稀稀$_3$～|细细$_1$～|细细$_2$～|细细$_3$～|咸咸～|小小$_1$～|斜斜～|酽酽～|硬硬$_1$～|圆圆$_1$～|远远$_1$～|窄窄$_1$～|直直$_1$～

其中,有些重叠式一般不带"儿",如"齐齐的""松松的""窄窄的""咸咸的"等,不管重叠式是否带"儿",其否定式都不带"儿",故这里不细加区别。能进入句式S5的单音形容词词项有54个,占总词项数的7.71%;占能重叠的词项总数(155个)的34.83%。也即是说,能重叠的单音形容词词项中有三分之一强的重叠式能够构成肯定的祈使句。S5的句式义可概括为:说话人要求听话人使事物呈现出形容词重叠式所表示的某种状态。S5是使动祈使句,所应施事的具体动作行为,在实际言语交际中说听双方不言自明。比如:

"乖乖儿的!"可以是"乖乖儿的(跟我走)!"

"短短儿的!"可以是"短短儿的(剃得)!"或"(剃得)短短儿的!"

"粗粗儿的!"可以是"(把线纺得)粗粗儿的!"

"硬硬儿的!"可以是"(把面和得)硬硬儿的!"

"开开儿的!"可以是"(把油烧得)开开儿的!"

"紧紧儿的!"可以是"(把鞋带系得)紧紧儿的!"

由于形容词重叠式表示程度量的增加,所以跟带"点儿"的S1、S2、S3三种表示"小量"的祈使句相比,S5要求听话人实现的程度量是"大量"。正因为S5是表示"大量"的祈使句,所以"AA儿的!"否定形式是

"别太(那么)A!",即对"大量"(高程度)进行祈使性否定,也可以叫弱化否定,而不是对性状本身进行否定。如:薄薄儿的! →别那么薄! 粗粗儿的! →别那么粗! 辣辣儿的! →别太辣! 碎碎儿的! →别太碎! 咸咸的! →别太咸!

能进入 S5 的形容词都不是述人的,自然也就不具有[＋自主]语义特征,但形容词所表示的性状都是人通过某种动作行为可以致使、可以促成的,因此都具有[＋可控]语义特征。如"硬硬儿的!"和"酽酽儿的!"说的分别是(和)面和(沏)茶,但是,人是可以把面和得硬硬儿的、把茶沏得酽酽儿的,也就是说,这种性状是可致使的。

**3.1.2.7　综合概括**

根据以上对肯定祈使句的考察和分析,可以进一步得出以下结论:

1. 能进入 S1—S5 五种肯定祈使句的单音形容词词项共有 109 个,占总词项(700 个)的 15.57%。其中,有的词项(如:低$_1$、厚$_1$、小$_1$)分布较广,能进入 S1—S5 中的四五种句式,有的只能进入其中的一两种句式(如:猛、旺、渴、饿)。

2. 能进入 S1—S5 五种肯定祈使句的词项,无论是述人的,还是非述人的,也不管是自主的,还是非自主的,都必须具有[＋可控]的语义特征。此所谓"可控"指通过人的主观努力或实施某种行为,可以表现出形容词所表示的某种性状,可称之为"正向可控性"。能进入肯定祈使句的形容词都必须具有[＋正向可控]的语义特征,即人力"可以使其出现"的性状。具有[－正向可控]语义特征的形容词不能构成肯定的祈使句(有的可以构成否定祈使句,见下文),如:蠢,俊,犟,胖,疯$_1$(精神失常),薄$_2$(土地不肥沃),暴$_1$(急骤),笨$_1$(不聪明),笨$_2$(不灵活),潮$_1$(潮湿),丑$_1$(相貌难看),臭$_1$(气味难闻),钝(不锋利),寒(温度低),糠(水分少),懒(不勤快),等等。这类形容词所表性状既不是通过人的主观努力就能实现(非自主的),也不是通过某种动作行为所能实现,即人力不能使其然。所以说话人无法要求听话人"俊点儿!""潮点儿!”“糠点儿!”“钝着点儿!”“笨点儿!”“臭臭儿的!”“胖胖儿的!”

3.述人的形容词不一定都是自主的,非述人的形容词不一定都是不可控的。述人的形容词中只有通过人的主观意志、主观努力或通过活动人自身的某一部位(器官)就可以决定或改变的性状,简言之,主体人能够自我控制的性状才是自主形容词,才可能构成肯定的祈使句,如:狠点儿! 快点儿! 斜着点儿身子! 低着点儿头! 双音节的如:小心点儿! 稳重点儿! 灵活点儿! 相反,如果不是主体人能控制的性状,即使是述人的形容词,也不能构成肯定的祈使句,如:*笨点儿!*蠢点儿!*俊点儿!*帅点儿!*胖点儿!*红着点儿脸!*慌着点儿神儿! 双音节的如:*粗心点儿!*轻浮点儿!*死板点儿!

非述人的形容词中,只要是人力可控的,即通过人实施某种动作行为而可以使形容词性状得以体现的,也能构成肯定的祈使句,如:薄点儿(擀)! 粗点儿(描)! 高点儿(举)! 密点儿(栽)! 酽点儿(沏)! 碎点儿(剁)! 非述人而又不具有正向可控性的形容词,则不能构成肯定的祈使句,如:*糠点儿!*冷点儿!*暖点儿!*猛点儿! 可见,不管是否是述人的形容词,只要具有[+正向可控]的语义特征,就可能用来构成肯定的祈使句。

### 3.1.3 否定式祈使句考察与分析

#### 3.1.3.1 S6:别+A!

~馋|~吵|~烦|~疯$_2$|~慌|~急$_1$(急促)|~急$_2$(着急)|~挤|~横$_1$(去声)|~犟|~强$_1$(去声)|~倔|~狂|~困|~赖|~懒|~乱$_1$(没有秩序)|~忙|~毛(惊慌)|~美$_3$(得意)|~蒙|~闹|~拧(去声)|~牛(固执或骄傲)|~拗(去声)|~偏$_1$(歪,斜)|~贫$_2$(话太多)|~肉(慢性子)|~散$_1$(无拘束,不集中)|~傻$_2$(死板,不知变通)|~省|~死$_1$|~淘|~歪$_1$

S6是在形容词(A)前直接加否定词“别”构成的否定的祈使句,其句式义为，说话人要求听话人不要表现出某种性状。进入 S6 的 34 个形容词词项中，用于述人的有 29 个；可述人也可述物的有“乱$_1$，偏$_1$，散$_1$，省，歪$_1$”5 个，其中，无论是否述人，无论是否自主，它们都含有[＋可控]的语义特征。此所谓可控是指说话人通过主观意志或客观努力可以使某种性状不出现。例如，“烦、慌、犟”都是述人的，但不是自主的——主体人不能想“烦”就烦，愿意“慌”就慌，喜欢“犟”就可以犟，所以它们都不能用来构成肯定的祈使句。然而，主体人可以通过主观意志使这类性状不出现，或不继续表现出这类性状，比如，人可以使自己做到“不烦”“不慌”“不犟”。非述人形容词的“可控性”表现为，人可以通过某种行为使事物不表现出相应的性状，或不继续表现出该性状，如“歪”如果是述人的话，人可以通过调整自身姿势而使自己“不歪”，如果是述物的话，人也可以通过实施某种动作而使事物挂得“不歪”、立得“不歪”、写得“不歪”，等等。从实际进入否定祈使句 S6 的形容词词项来看，大都是人性格中不好的一面，如“横$_1$、犟、强$_{(去声)}$、倔、狂、懒、贫$_2$、肉$_{(慢性子)}$”等，或是不良行为，如“吵、馋、慌、赖、闹、淘”等，或是不良现象，如“歪$_1$、乱$_1$、散$_1$、偏$_1$、挤”等，概括起来说，都是贬义的，所以说话人要求听话人不要表现出这类性状或停止这类性状。其中，“省”不是贬义的，但“别省！”表明说话人此时认为不需要“省”或干脆把“省”当作“贬义”的；“死$_1$”不是说话人所能控制的，甚至也不是听话人自己所能控制的，所以“别死！”表达的是说话人要求听话人不要有“死”的想法或行为，抑或仅仅是说话人的祈求和祝愿。

需要说明的是，“别”在 S6“别＋A！”中是不可或缺的成分，不仅如此，在下面的 S7、S8、S9 三种否定祈使句中亦是必有成分、完句成分。可以认为，表示禁止或劝阻的副词“别”在 S6—S9 四种否定祈使句中已经语法化为否定祈使标记。因为否定祈使句是说话人要求听话人不要做某事（动词谓语句）或不要使某性状出现（形容词谓语句），而副词

“别”的语用义跟“不要”的意思相同，恰好符合否定祈使句“不要……”的语义要求。在“别”用于否定祈使句的语法化过程中，通过语义—语用的演变，而语法化为否定祈使句的标记。

现代汉语中，文言成分“勿”和北京口语中的“甭”在否定祈使句中的使用范围和使用频率都不能跟“别”相比，而“不”和“没”主要用于对动作、行为和性状、程度本身的否定，而不用于否定祈使句。因此可以认为，在“否定词＋谓词”构成的否定祈使句中，“别＋谓词”是无标记组配，因而也是一种原型性否定祈使结构，“勿＋谓词”和“甭＋谓词”是有标记组配，因而也是一种非原型性否定祈使结构。

**3.1.3.2 S7：别＋太/那么＋A！**

～～矮$_1$｜～～暗｜～～傲｜～～白$_1$｜～～薄$_1$｜～～扁｜～～糙$_1$｜～～草$_1$｜～～瘪｜～～长$_1$｜～～吵｜～～迟｜～～冲$_1$｜～～稠｜～～粗$_2$｜～～大$_1$｜～～淡$_2$｜～～短｜～～低$_1$｜～～多$_2$｜～～烦｜～～繁$_2$｜～～肥$_1$｜～～干$_1$｜～～高$_2$｜～～鼓｜～～贵$_1$｜～～好$_2$｜～～黑$_2$｜～～狠$_1$｜～～厚$_1$｜～～滑$_2$｜～～慌｜～～犟｜～～紧$_2$｜～～近$_2$｜～～久｜～～抠｜～～苦$_2$｜～～快$_2$｜～～宽$_1$｜～～狂｜～～辣｜～～懒｜～～亮｜～～满$_1$｜～～慢$_2$｜～～忙｜～～猛｜～～密｜～～牛｜～～腻$_1$｜～～轻$_1$｜～～热｜～～肉｜～～软$_3$｜～～散$_1$｜～～傻$_2$｜～～深$_2$｜～～省｜～～湿｜～～实｜～～瘦$_3$｜～～死$_2$｜～～松｜～～俗$_1$｜～～素｜～～酸$_1$｜～～碎$_1$｜～～烫｜～～淘｜～～甜$_1$｜～～歪$_1$｜～～晚$_1$｜～～稀$_1$｜～～细$_3$｜～～咸｜～～小$_1$｜～～凶$_1$

S7 是在形容词(A)前加上“太”或“那么”，之前再加“别”构成的否定祈使句，其句式义是，说话人要求或提醒听话人不要把某种性状表现得过高。其预设是听话人已经或可能把某种自主而可控或不自主而可控的性状表现得过高或过于充分，因此说话人要求或提醒听话人弱化性状的程度，但不是对性状本身的否定。正因为 S7 是对

“高程度”的否定，所以A前的程度副词“太/那么”是不可缺少的，因为只有凸显了形容词所表性状的“高程度”，才谈得上对程度的“弱化”。如果没有“太/那么”，有些形容词就不能进入S7，如“暗”(别太暗！*别暗！)、“次”(别太次！*别次！)、“繁”(别那么繁！*别繁！)、“素”(别那么素！*别素！)、“贵”(别太贵！*别贵！)等，这进一步证明S7是对“程度”的否定。

进入S7的形容词词项同样必须具有[＋可控]的语义特征，只是跟S6相比，S7所强调的“可控”不是要求说话人不表现出某种性状，而是要求说话人不要把某种性状表现得太突出、太充分。这比直接要求听话人不要表现出某种性状(如S6)要委婉，因此容易被受话人接受。能进入S7的词项共有164个，占总词项(700个)的23.42%，是否定祈使句的主要形式，也可以说是否定祈使句的无标记形式，也即原型形式。

**3.1.3.3　S8：别＋A＋着！**

～横$_3$～|～荒～|～挤～|～渴～|～饿～|～空$_{1(阴平)(里面没有东西)}$～|～空$_{3(去声)(腾出来，没有被使用)}$～|～辣～|～累～|～冷$_1$～|～凉$_1$～|～晒～|～烫～|～闲$_{1(无事可做)}$～|～闲$_{2(空着的)}$～|～咸～|～歪$_1$～

S8是由形容词(A)后加“着”前加“别”构成的否定祈使句，其句式义为说话人要求或提醒听话人不要出现形容词所表示的性状。其预设有二：(1)听话人已经呈现出某种性状，所以说话人要求听话人停止出现该性状。例如，“别横着！”“别歪着！”是说话人要求听话人不要继续“横着(板凳)”、不要继续“歪着(头)”。(2)听话人可能呈现出某种性状，所以说话人提醒听话人避免出现该性状。如：别辣着！别累着！别凉着！就是提醒听话人避免出现“辣着”“累着”“凉着”这样的状况。

能进入S8的形容词在700个词项中只有17个，都是[－自主]的，但所表性状都具有[＋可控]的特征，即人可以控制其不出现。其中的

“着”可以理解为表示状态持续的动态助词，也可以看作是近代汉语中用于句末表示“命令”的助词“着”在现代汉语中的存留形式，但这需要详加证明，所以我们这里暂时倾向于前者。(见 3.1.2.5)

#### 3.1.3.4 S9:别＋A＋喽(lou)!

～瘪～|～稠～|～错$_1$～|～大$_1$～|～淡$_2$～|～长$_1$～|～短～|～钝～|～低$_1$～|～倒～|～多$_2$～|～窄～|～反～|～肥$_3$～|～废～|～干$_1$～|～狠$_2$～|～厚$_1$～|～挤～|～糠～|～娄～|～满$_1$～|～慢$_1$～|～蔫$_1$～|～糗～|～死$_1$～|～凉$_1$～|～累～|～瘦$_3$～|～馊～|～湿～|～碎$_1$～|～烫～|～弯～|～晚$_1$～|～稀$_1$～|～咸～|～小$_1$～|～斜～|～脏～

S9 是由形容词(A)后加“喽(lou)”前加“别”构成的否定祈使句。这种“别……喽!”句式是一种“防然性祈使句”，用于提醒听话人注意不要出现某种情况，如：别丢喽! 别忘喽! 别都吃喽! 别摔喽! 就单音形容词构成的防然性祈使句 S9 来说，其句式义是说话人提醒听话人不要使形容词所表示的性状出现。该句式的预设有二：(1)事物本身就可能呈现出某种性状，所以说话人提醒听话人避免使事物出现该性状。例如，苹果、萝卜等自身就可能出现“糠”的状况，“别糠喽!”正是提醒听话人不要把苹果、萝卜放得时间过长或放在过热、过于干燥的地方，以使它们避免出现“糠”的性状。(2)听话人可能会使事物呈现出某种性状，因此说话人提醒听话人避免使事物出现该性状。例如，听话人可能把画儿挂歪了，“别歪喽!”正是提醒听话人注意不要把画儿挂歪。

能进入 S9 的形容词有 42 个，占总数(700 个)的 6%，跟能进入 S8 的形容词一样，也是[－自主]，但所表性状都具有[＋可控]特征，即人可以避免形容词所表性状的出现。

#### 3.1.3.5 S10:别＋A＋着＋名!

～板～脸|～瘪～肚子|～臭$_1$～你|～低$_1$～头|～饿～肚子|

～鼓～肚子|～横$_3$～板凳|～厚$_1$～老脸|～挤～孩子|～空$_1$～手|～辣～你|～累～他|～亮～灯|～湿～裤子|～顺$_3$～他|～晒～孩子|～烫～你|～弯～腰|～咸～你|～斜～身子|～硬$_2$～头皮|～冤$_1$～好人|～脏～手|～直$_1$～腰|～歪$_1$～头

S10是由形容词(A)带上"着"再带宾语后构成的否定祈使句,其句式义为说话人要求或提醒听话人不要出现形容词所表示的性状。其预设有二:(1)听话人已经呈现出某种性状,所以说话人要求听话人停止出现该性状。如:别板着脸! 别直着腰! (2)听话人可能呈现出某种性状,所以说话人提醒听话人避免出现该性状。如:别挤着孩子! 别烫着你! 别湿着裤子! 就是提醒听话人避免出现"挤着孩子""烫着你""湿着裤子"这样的状况。S10中的宾语有的可以省而不说,如"横$_1$、挤、累、冷、辣、晒、烫"等所带的宾语,省略宾语后跟S8式完全一样。有的宾语不能省,如"厚$_1$、臭$_1$、冤$_1$、顺$_3$"等。S10带了宾语是为了更加凸显说话人关切的事物。能进入S10的形容词在700个词项中只有25个,它们所表性状都具有[+可控]的特征,即人可以控制或避免这种性状的出现。S10是否定性的形宾结构,其中的"着"是表示状态持续的动态助词。

#### 3.1.3.6 综合讨论

根据以上对否定祈使句的考察和分析,结合上文对肯定祈使句的考察分析,我们可以进一步得出以下认识和结论:

1. 能进入S6—S10五种否定式祈使句的单音形容词词项共有202个,占总词项(700个)的28.85%。据上文统计,能进入肯定式祈使句的单音形容词词项共有109个,占总词项(700个)的15.57%,可见,单音形容词能构成否定祈使句的比例几乎是构成肯定祈使句的两倍。实际情况还远不止此,因为每一种肯定的祈使句都有相应的否定式(见上文对S1—S5的讨论),但不是每一种否定祈使句都有相应的肯定式,例如:

别累着！→*累点儿！*累着！*累着点儿！*累着点儿他！

别闲着！→*闲点儿！*闲着！*闲着点儿！*闲着点儿房间！

别馊喽！→*馊点儿！*馊着！*馊着点儿！*馊馊儿的！

别蔫喽！→*蔫点儿！*蔫着！*蔫着点儿！*蔫蔫儿的！

别太傲！→*傲点儿！*傲着！*傲着点儿！*傲着点儿样子！

这样看来，实际能够构成否定祈使句的词项要远多于能用来构成肯定祈使句的词项。显然，单音形容词构成的否定祈使句和单音形容词构成的肯定祈使句是很不对称的。

2.就一般情况而言，在肯定/否定这对范畴中，肯定句是无标记项，否定句是有标记项。使用否定句时总是预设一个相应的肯定命题，因此否定句的理解过程要比肯定句复杂。（沈家煊，2000）但是，从本书对单音形容词祈使句的考察来看，情形则相反：否定式是单音形容词祈使句的无标记用法，原型性用法，肯定式是单音形容词祈使句的有标记用法，非原型性用法。表现为：

其一，单音形容词构成否定式祈使句的能力比构成肯定祈使句的能力强，使用的范围广，使用的频率高。一般来说肯定句的分布比否定句要广，“许多肯定句式如果改成相应的否定句都站不住或很别扭”，（沈家煊，2000）但是，就形容词祈使句来讲，每一种肯定的祈使句都有相应的否定式（但不是每一种否定祈使句都有相应的肯定式，参见上文）：

S1：A＋点儿！→别（＋太）＋A！/别＋A＋喽（lou）！

如：咸点儿！→别太咸！别咸喽！

S2：A＋着＋点儿＋名！→别＋形＋着＋名！

如：低着点儿头！→别低着头！

S3：A＋着＋点儿＋动！→别＋动＋得＋太＋A！

如：粗着点儿切！→别切得太粗！

S4:A+着！→别+A+着！

如:光着(膀子)！→别光着(膀子)！

S5:AA儿的！→别+太/那么+A！

如:薄薄儿的！→别太薄！别那么薄！

其二,“在组合形态上否定句总是比相应的肯定句来得复杂”,(沈家煊,2000)一般来说是这样的,至少否定句比相应的肯定句要多一个否定标记“不”或“没(有)”。但就单音形容词祈使句来看,情形不完全如此。具体说:

首先,形容词祈使句既有一套独立的肯定式,也有一套独立的否定式,除了S4跟S8形式上肯否对称,否定式的构成要素比肯定式多以外,其余的否定式都不是肯定式加否定词的简单变形构成的,很难说否定式在组合形式上比肯定式来得复杂,从构成要素上看,肯定式和否定式大体相当,试比较:

| 肯定式 | 否定式 |
| --- | --- |
| S1:A+点儿！ | S6:别+A！ |
| S2:A+着+点儿+名！ | S7:别+太/那么+A！ |
| S3:A+着+点儿+动！ | S8:别+A+着！ |
| S4:A+着！ | S9:别+A+喽！ |
| S5:AA儿的！ | S10:别+A+着+名！ |

其次,就S1—S5五种肯定式跟各自的否定式形式相比较来看,除了S4是原式加上“别”就能构成否定式以及S1有少数词项也可以这样以外,其余的否定式都不是这样构成的,而是在加“别”或其他构成成分(如加“太”等)的同时,也要去掉原式的个别构成成分:S2、S3和S1(多数时候)要去掉“点儿”,S5要去掉“儿”和“的”。从实际构成肯定式和否定式的必有要素上看,二者大致是相当的,试比较:

| 肯定式 | 否定式 | 肯定式 | 否定式 |
| --- | --- | --- | --- |
| A 点儿! | 别太 A! | A 着点儿(名)! | 别 A 着(名)! |
| A 着点儿(动)! | 别(动)得太 A! | AA 儿的! | 别太 A! |

以上情况表明,形容词祈使句的肯定式跟否定式的构成要素基本相当,这一结果仍然支持本书的观点——形容词祈使句的否定式是无标记项,肯定式是有标记项。因为“一个范畴中用来组成有标记项的语素数目比无标记项的多,至少也一样多”。(沈家煊,1999:32)

3. 综上,可以认为:单音形容词祈使句的否定式是无标记用法,肯定式是其有标记用法。那么,如何解释这种“标记颠倒”现象呢?

其一,从语言系统上看,否定祈使句标记“别”的语法化程度高于肯定祈使句标记“点儿”。“别”的语用义跟否定祈使句的核心语义“不要……”完全吻合,“别+谓词!”构成的否定祈使结构,是一种无标记组配,也是一种语法化结构。(见 3.1.3.1)而“点儿”正处在由不定量词用在谓词后做补语向祈使标记转化的过程中,况且汉语里并不存在“肯定词+谓词!”框架,也不存在专门用于祈使的肯定词,“谓词+点儿!”结构倒是有望成为一种肯定的祈使结构,但即使如此,也仅仅是在语法化过程中。(见 3.1.2.1)概言之,否定式的语法化程度高,肯定式的语法化程度低。

其二,从祈使句的语义功能上看,肯定祈使句的基本句式义是,说话人要求听话人通过实施某种动作来实现形容词所表示的某种性状。“实施某种动作”这种语义要求对肯定式祈使句来说是有标记的,因为形容词本身无法“动”,而不“动”其“性状”又无法表现出来,所以只能通过“使动”并借此来实现说话人的要求,因此形容词肯定式祈使句都具有致使性。而致使性是间接的、有行为的,因而“性状”的实现是复杂化的,所以肯定式祈使句是有标记的,非原型性的。否定的祈使句的基本句式义是,说话人要求或提醒听话人不要表现出某种性状或不要把某种性状表现得过高。这种要求对于绝大多数否定祈使句来说不需要通过“使动”就能实现，少数否定祈使句虽然可以按使动义来理解，但实际上“使动”并没有真正付诸行动，也即没有行动化，甚至说话人也并不一定要求听话人有行动，只是一种提醒而已，比如“别烫着！”“别累着！”“别辣着！”“别咸喽！”可见，有使动意义的否定祈使句其“使动性”也是极低的。因此我们可以把否定式祈使句看成是无标记的，原型性的。

其三，从语言的主观性和主观化角度，即从说话人的视角和情感看，特别是从受话人的视角和情感来看，肯定祈使句总是显得过于直接、过于生硬，而且“要求”“命令”的色彩过重过浓，如“高点儿！”“慢着！”否定的祈使句相对而言更加间接、更加委婉，如“别太急！”“别晚喽！”“别烫着！”“要求”“命令”的色彩较淡，而“提醒”“建议”的色彩较明显。这符合言语交际的礼貌原则。

4. 能进入 S6—S10 五种否定祈使句的词项，无论是述人的，还是非述人的，也无论是自主的，还是非自主的，都必须具有[＋可控]的语义特征。此所谓“可控”是指通过人的主观努力或采取某种措施而可以避免形容词所表性状的出现或继续，可以称之为“反向可控性”。能进入否定祈使句的形容词词项都必须具有[＋反向可控]的语义特征，即人力“可以避免其出现”的性状。具有[－反向可控]语义特征的形容词不能构成否定的祈使句，如：丑$_1$(相貌难看)，俊，痴，薄$_2$(土地不肥沃)，暴$_1$(急骤)，够，活$_1$(有生命)，寒(温度低)，聋，麻$_1$(感觉麻木)，麻$_2$(使舌头发木的味道)，膻，等等。因为这类形容词所表性状既不能通过人的主观努力就能避免其出现，也不能通过实施某种动作来避免其出现。所以说话人无法要求听话人“别丑！”“别那么丑！”“别俊！”“别太俊！”“别寒喽！”“别寒着！”

5. 值得关注的是，某些不具有[＋正向可控]的形容词词项，即不能进入肯定祈使句的形容词词项，(见 3.1.2.7)却可以进入否定的祈使句(这也是能进入否定祈使句的词项比能进入肯定祈使句的词项比例

高的一个原因)。例如:

别慌! (*慌点儿!*慌着点儿!*慌着点儿表情!)

别潮喽! (*潮点儿!*潮着点儿!*潮潮儿的!)

别太胖喽! (*胖点儿!*胖着点儿!*胖胖儿的!)

别那么蠢! (*蠢点儿!*蠢着点儿!*蠢着点儿样子!)

别那么笨! (*笨点儿!*笨着点儿!*笨着点儿走!)

别冷着! (*冷点儿!*冷着点儿!*冷着!)

双音节的如:

别那么粗心! (*粗心点儿!*粗心着点儿!*粗心着!)

别太轻浮! (*轻浮点儿!*轻浮着点儿!*轻浮着!)

别太死板! (*死板点儿!*死板着点儿!*死板着脸!)

这是因为它们虽然都是非自主的,但由于具有[+反向可控]特征,即可以通过人的主观努力就能避免其出现,如"犟、慌、急";或通过采取某种措施来避免其出现,如"钝、胖、累"。可见,不管是否是述人的,不管是否是自主的,只要形容词具有[+反向可控]的语义特征,就可能用来构成否定的祈使句。

### 3.1.4 肯定式和否定式祈使句对比

为便于观览和总结,在此把以上考察结果列表如下:

表3-1 肯定式祈使句考察简表

| 肯定祈使句句式 | 入句条件 | 词项数及比例 | 否定形式 |
|---|---|---|---|
| S1:A+点儿! | [+正向可控] | 81个,11.57% | 别+太+A! 别+A+喽! |
| S2:A+着+点儿+名! | [+正向可控] | 17个,2.42% | 别+A+着+名! |
| S3:A+着+点儿+动! | [+正向可控] | 49个,7.00% | 别+动+得+太+A! |
| S4:A+着! | [+正向可控] | 20个,2.85% | 别+A+着! |
| S5:AA儿的! | [+正向可控] | 54个,7.71% | 别+太/那么+A! |

表 3－2　否定式祈使句考察简表

| 否定祈使句句式 | 入句条件 | 词项数及比例 | 肯定形式 |
| --- | --- | --- | --- |
| S6：别＋A！ | ［＋反向可控］ | 34 个，4.85％ | －(多)，＋(个别) |
| S7：别＋太／那么＋A！ | ［＋反向可控］ | 164 个，23.42％ | ＋(少)，－(多) |
| S8：别＋A＋着！ | ［＋反向可控］ | 17 个，2.42％ | －(多)，＋(少) |
| S9：别＋A＋喽！ | ［＋反向可控］ | 42 个，6.00％ | ＋(少)，－(多) |
| S10：别＋A＋着＋名！ | ［＋反向可控］ | 25 个，3.57％ | －(少)，＋(多) |

对 700 个单音形容词词项进入祈使句情况的考察表明：

1. 能进入各种肯定式祈使句单音形容词词项占总词项数(700 个)的 31.55％。在五种主要的肯定式祈使句中，“A＋点儿！”“A＋着！”和“AA 儿的！”是三种较简洁的方式。其中，“A＋点儿！”是最简便的一种形式，使用几率最高，是肯定式祈使句的原型性形式；如果再加上另两种带“点儿”的(S2、S3)的肯定祈使句，那么带“点儿”的肯定祈使句比例会更高。“点儿”表示程度量的含义已趋淡化，正在语法化为肯定祈使句的标记。

2. 能进入各种否定式祈使句的单音形容词词项占总词项数(700 个)的 40.26％。在五种主要的否定式祈使句中，“别＋A！”是最简便的形式，“别＋A＋着！”和“别＋A＋喽(lou)！”两种句式也比较简洁，但这三种句式使用几率都不高。“别＋那么/太＋A！”不但较为简洁，使用的几率远远高于其他四种形式，是否定祈使句的原型性形式。五种主要否定祈使句都是用“别”(当然也可以用“不要、不必、不用、甭”等，但都不如“别”更典型)，“别”已经语法化为否定祈使标记。

3. 在单音形容词构成的祈使句中，否定祈使句和肯定祈使句之间存在着复杂的不对称关系：前者的分布、使用频率远远高于后者，能进入前者的词项总体上说大都不能进入后者，相反，能进入后者的词项全都能进入前者；前者致使性低，语法化程度高，后者致使性高，语法化程度低;前者要求入句的词项必须具有[＋反向可控]特性,即人能够避免该性状出现或继续,简言之"人可以使其不然";后者要求入句的词项必须具有[＋正向可控]特征,即人可以促成该性状出现,简言之"人可以使其然"。因此,单音形容词构成的祈使句存在"标记颠倒"现象:否定式是单音形容词祈使句的无标记用法,原型性用法,肯定式是单音形容词祈使句的有标记用法,非原型性用法。

4. 以往对形容词祈使句的研究主要从自主和非自主、褒义和贬义的角度进行的,这两个角度都是可行的,特别是后者有相当的实用性。但是,用来说明祈使句的构成条件都还有局限性。如上文所述,非自主的单音形容词只要是人力可控的,也能进入祈使句,而褒义和贬义不能涵盖所有形容词,况且褒贬有时不结合语境很难区分。本书的考察和讨论主要是从单音形容词是否具有可控性的角度进行的,并且进一步明确具有[＋正向可控]特征的词项可以进入肯定祈使句,具有[＋反向可控]特征的词项可以进入否定祈使句。

5. 此外,以往对形容词祈使句的考察不区分单双音节,事实上,单音节形容词所能进入的 S1—S5 五种肯定式祈使句,双音节形容词只能进入其中的 S1"A 点儿!"(老实点儿! 细心点儿! 冷静点儿!),也可以有类似 S5"AA 儿的!"的"AABB(儿)的!"(大大方方儿的! 老老实实儿的! 规规矩矩的! 和和气气的!),而不能进入 S2"A＋着＋点儿＋名!"(* 大方着点儿样子!)、S3"A＋着＋点儿＋动!"(* 仔细着点儿看!)、S4"A＋着!"(* 老实着!)三种句式。单音节形容词所能进入的 S6—S10 五种否定式祈使句,双音节形容词只能进入其中的 S6"别＋A!"(别马虎!)、S7"别＋太/那么＋A!"(别太认真!),而不能进入 S8"别＋A＋着!"(* 别拘谨着!)、S9"别＋A＋喽!"(* 别自满喽!)、S10"别＋A＋着＋名!"(* 别冷淡着人家!)可见,单音节和双音节形容词构成的祈使句是不对称的。

## 3.2　单音形容词构成的评价句

### 3.2.1　形容词构成的评价句概说

前人从不同的角度对“太”修饰形容词构成的相关句法格式进行过很好的研究。例如:周小兵《“不太A”析》(1992),认为“不太A”包含两种不同的格式意义和语法构造。S1:(他)不太聪明;S2:(他还)不太笨。S1实际上是一种委婉的否定格式,其基本句义是X“不A”;S2的基本义是X“不是非常A”,前提义是“A”,说话人所要表达的主要是基本义,即“A的程度不是很高”。刘元满《“太+形/动”与“了”》(1999),分析了“太+形/动+了”结构中“了”出现的条件、“太+形/动”结构的句子成分功能。帅宝春《说“太A了一点”》(1999),分析了“太A了一点”中相关成分的特点和性质,结合能进入该格式的形容词的褒贬义色彩,将“太A了一点”的格式意义概括为表示贬义,即表达说话人或作者的贬斥感情色彩。邵敬敏《论“太”修饰形容词的动态变化现象》(2007),利用语料库语料考察了“太”修饰形容词的动态变化现象,包括“太”跟特殊形容词结合的自由度,“太”跟形容词组合后的褒贬倾向及其优选性,跟否定副词的配合机制及其词汇化进程。文章结合社会生活的变化以及网络时代对语言运用的巨大影响,探讨了相关的理论问题。

本节拟讨论“太”修饰单音形容词并带句末“了”构成的主观评价句。所谓单音形容词构成的评价句,即指能进入“太+A+了!”格式的单音形容词构成的句子。如:~蠢~!　~大~!　~淡~!　~刁~!　~美~!

其中,“太”是程度副词,语法意义有二:表示程度过头;表示程度高。“了”即“了$_2$”,用在句末,在此“只肯定已经出现的情况,不表示有过什么变化”。(吕叔湘,1999:526,352)说“太+A+了!”是一种句式,是因为它是一种常见的固定格式，有特定的标志：格式中的“太”“了”；有特殊的表达作用：该格式用于表达说话人对事物性状程度的主观评价，即说话人认为性状的程度极高。其预设是，事物性状的程度超过了说话人的心理标准或心理期待，因此，说话人觉得“太……了”。例如：“太好了”按照说话人标准，某事物“好”的程度高、超过了一般；“太蠢了”按照说话人标准，某事物“蠢(愚蠢)”的程度过高、过分。

进一步来说，“太＋A＋了！”构成的主观评价句有以下几个特点：

1.该句式的主观性和评价性体现在说话人认为性状的程度极高，表达说话人认为是“好的”性状，则为“好得超出想象”，表达说话人认为是“差的”性状，则为“差得超出想象”。换言之，主观评价主要体现为或“极优”或“极劣”的两级性评价。

2.构成这一句式的“太”和“了”都是不可缺少的必有成分。缺了“太”，则程度“高”的意义体现不出来，并且“A＋了”中的“了”变成了“$了_{1+2}$”，表达情感和语气的作用减弱，而表达性状已然变化即将变化的作用凸显。缺了“了”，则由“太”和“了”构成的“太……了”格式所特有的表达说话人对性状的程度进行夸张性强调的作用减弱，也即主观评价功能弱化。因此，“太……了”是一种语法化了的表示主观评价的典型句式。①

3.评价标准的个人主观性，是构成主观评价句的基本特征。说话

① 事实上，形容词谓语句大都具有一定的主观评价色彩，例如：(1)这个人很老实！(2)这对你不合适。(3)这个大，那个小。(4)今天比昨天冷。本书暂不讨论双音节形容词的问题，也不讨论表达主观评价意义语法化程度较低的对比句和比较句，因为这两种句子都有客观性的标准作为评价的基础。单音形容词构成的评价句也不限于“太＋A＋了”一种格式，“太＋A”和“A＋了”等也表示一定的主观评价意义，例如：(这个)太小！(楼层)太高！(写)小了。(挖)深了。其中“太A”主要用于肯定事物性状的程度高，至于这“高”是“好”是“坏”，说话人的主观倾向并不明显，而“A了”是个歧义短语，(陆俭明，1990b)“了”是所谓的“$了_{1+2}$”，既表示变化已经完成，又表示出现新的情况，跟$了_2$“只肯定已经出现的情况，不表示有过什么变化”的意义和用法不尽相同。而且，“太＋A”和“A＋了”的使用对语境的依赖程度高，换言之，作为一种句式的独立性低于“太＋A＋了”；表达说话人主观评价的典型性也不如“太＋A＋了”。

人对事物性状的“评价标准”，既可以是客观性的，比如规定三厘米厚度为标准的，那么现在所说的事物是1.3或1.5厘米，所以说话人说“太薄了”；也可以是主观性的，比如说话人认为三厘米厚度的木板也是过于薄，所以他也可以说“太薄了”，或者说话人根本就不知道（甚至也不想知道）某木板的厚度实际是多少厘米，就是主观上认定这木板对某用途来说“太薄了”。主观评价句主要指的是没有明确的客观标准做参照而做出的主观性评价。而对于表达不可能有客观标准的事物的性状来说，所说的“标准”只能是说话人心目中的主观标准。比如“太蠢了”“太笨了”“太香了”“太棒了”，就是根据说话人个人的评价标准做出的主观评价，因为没有一个公认的客观标准规定何种情况为“蠢”、为“笨”、为“香”、为“棒”。因此另一个人完全可以根据自己的标准认为同样的人或事物不“蠢”、不“笨”、不“香”、不“棒”。可见，评价句的评价标准是个人性的，主观性的。

4. 能进入“太＋A＋了！”格式的主要是单音节形容词，一部分双音节形容词也可以进入相关的格式，如：太仓促了、太认真了、太粗鲁了、太仔细了、太粗心了。单音节动词不能进入这一格式，如：*太气了、*太恨了、*太爱了、*太嫌了，少数双音节动词可以进入该格式，如：太着急了、太心虚了、太伤心了、太可恶了。

### 3.2.2　主观评价句形成的内外动因

形容词主观评价句的形成，跟形容词自身所表达的语法意义有关。形容词表示事物的性状，动词表示动作行为，显然人们对性状的认识比对动作的认识具有更大的主观性。换言之，形容词表达事物的主观性特征是一种自然关联，表达动作行为是非自然关联，动词表达事物的主观性特征是一种非自然关联，表达动作行为是自然关联。比较而言，汉语单音节形容词是典型的性质形容词，用来表达事物的性状，因此，单音形容词用来表达主观评价是一种自然关联、无标记关联。这是单音形容词评价句形成的内在动因。

进一步来看，形容词评价句的形成跟语言的主观性和主观化密切相关。“主观性”(subjectivity)指的是语言这样一种特性，即在话语中多多少少总是含有说话人“自我”的表现成分。也即说话人在说出一段话的同时表明自己对这段话的立场、态度和感情，从而在话语中留下自我的印记。“主观化”(subjectivisation)则是指语言为表现这种主观性而采取相应的结构形式或经历相应的演变过程。主观性和主观化的研究主要集中在：1. 说话人的视角；2. 说话人的情感；3. 说话人的认识。（沈家煊，2001）就单音形容词评价句的构成机制来说：说话人的主观性——对话语的立场、态度和感情，可以概括为说话人的主观评价，这种主观评价通过“太＋A＋了”结构形式得以实现，也即说话人在表达事物性状程度时总是多多少少要表达出对性状及其程度的立场、态度和感情。从语法化的角度看，对事物性状的主观评价及其采用相应结构形式的过程是一种语法化现象，在其语法化的过程中，通过语义—语用的演变而最终凝固化“太＋A＋了”这一语法化的格式，用来表达性状的程度高及其说话人对这种“高程度”的评价。在这个过程中语用推理(pragmatic inference)的反复运用起到了关键作用。“语用推理的产生是由于说话人在会话时总想用有限的词语传递尽量多的信息，当然也包括说话人的态度和情感”。（沈家煊，2001）

从“说话人的视角”，即说话人对性状叙述的出发点来看，说话人认为性状“现在”(说这句话的时刻)已经或即将达成，格式中的“了”为其标志。从“说话人的情感”，即说话人的感情、情绪和态度来看，该格式表达的是说话人对事物已达成的性状的主观评价，句式中形容词的词汇意义为说话人主观评价的语义基础。从“说话人的认识”，即主观性的程度来看，说话人表达的是一种高程度的主观性，程度副词“太”是其标志。

### 3.2.3　主观评价句的类型及原型用法

下面结合对能进入该句式的单音形容词的考察，来进一步观察主观评价句的特点。根据进入该句式的单音形容词是否具有程度性，以及所达到的程度在说话人心中是否过分，可以把“太＋A＋了”格式分为如下两个小类。

S1：太＋A＋了：表示性状的程度高，但说话人并不觉得“过分”。

～棒～|～对$_1$～|～富～|～好$_1$～|～火～|～酷～|～阔～|～灵$_1$(灵活，灵巧)～|～灵$_2$(灵验)～|～美$_1$(美丽)～|～强$_1$(强大)～|～善～|～神(聪明，机灵)～|～熟$_4$(知道得清楚)～|～爽～|～顺$_2$(顺利)～|～香$_1$(气味好闻)～|～香$_2$(味道好)～|～香$_3$(吃东西胃口好)～|～香$_4$(睡得熟)～|～准$_1$(准确，准时)～|～实(实在，真实)～|～铁$_2$(关系牢固)～

就以上实例来看，进入 S1 的都是单音形容词的褒义词项，概言之都是“好的”性状。按照一般逻辑和社会心理，“好的”可以不厌其好，可以好上加好。因此，说话人虽然认为“太＋A＋了”程度很高，超过了个人的心理期待，但并不觉得“过分”。事实上，S1 表达的是说话人对形容词所表性状的程度给予的夸张性的肯定评价。进入 S1 的单音形容词的条件是，必须具有[＋程度性] [＋褒义]的语义特征。褒义词进入 S1，说话人并不觉得“过分”，如“太善了”“太香了”。但是，也要看到，个别褒义词进入该句式后在具体语境中也可能带上“过分”的意思，如“(你)太实了！”一般情况下，“你太实了”是肯定性的，是褒义的，但是某些特定的语境中也可以带上说话人认为“实”得过分的含义，从而多少带有些责怪的意味。这是“太……了”格式所具有的表示“过分”的强烈倾向之所致。能进入 S1 的单音形容词很少，在 700 个词项中仅见上述 23 例。

S2：太＋A＋了：表示性状的程度高，说话人觉得“过分”。

～矮$_1$(高度)～|～矮$_2$(身材)～|～暗～|～板(呆板)～|～傲～|～薄$_1$(厚度)～|～薄$_2$(不肥沃)～|～饱$_1$～|～暴$_2$(过分急躁)～|～背$_1$(不顺)～|～笨$_1$～|～白$_1$～|～长$_1$～|～糙$_1$～|～草$_1$～|～差$_1$～|～馋～|～潮$_1$～|～沉～|～痴～|～迟～|～冲$_2$(去声，态度强硬)～|～稠～|～丑$_1$～|～臭$_1$～|～蠢$_1$～|～次$_1$(质量)～|～次$_2$(人品)～|～粗$_1$～|～大$_1$～|～淡$_2$～|～陡～|～多$_1$～|～费～|～高$_1$～|～怪～|～黑$_1$～|～狠$_1$～|～倔～|～糠～|～抠～|～狂～|～辣～|～懒～|～亮～|～忙～|～腻$_1$～|～胖～|～破$_1$～|～浅$_1$～|～穷～|～热～|～傻$_1$～|～甜$_1$～|～晚$_1$～|～稀$_1$～|～细$_1$～|～腥～|～严$_1$～|～硬$_1$～

能进入 S2 的单音形容词都是贬义或中性的。贬义的形容词进入该格式后不但程度加深，而且说话人觉得有些过头、过分。如“太丑了”，表示“丑”的程度超过了说话人的心理标准（比较：很丑、丑了点儿、长得有点儿丑），因而觉得“丑得过分”，“太……了”格式正表达了说话人这种觉得程度“过分”的主观评价。贬义词“傻、抠、次$_2$、脏、馋、狂”等进入该 S2，情形亦如此。

中性义的形容词进入该格式后，因“太”的作用使得形容词所表性状的程度得到提升，并由于“太……了”格式的作用，使得这种提升了的程度更加凸显和强化，从而超过了说话人心理可接受的程度而成为“过分”。如“太薄了”是说“薄”的程度超过了说话人的心理标准（比较：很薄、薄了点儿、有些薄），因而觉得“薄得过分”，而“太……了”正表达了说话人这种觉得程度“过分”的主观评价。中性词“稠”“晚”等进入 S2，情形亦如此。

进入 S2 的单音形容词的条件是，必须具有[＋程度性][＋贬义／中性义]的语义特征。能进入 S2 的单音形容词词项有 299 个，占总词项数(700 个)的 42.71%。而能进入 S1 的词项只有 23 个,占总词项数(700 个)的 3.28%。可见,能进入 S2 的词项的比例,远远高于能进入 S1 的词项的比例。

至此,可得出这样的结论:S2“太+A+了”,表达说话人觉得性状的程度“过分”,是单音形容词主观评价句的原型用法。因为:从频率上看,能进入 S1 的词项只占 3.28%,能进入 S2 的词项占 42.71%,二者之间相差近 40 个百分点。从分布上看,进入 S1 的只有少数褒义词项,而进入 S2 的词项既有贬义词项,也有大量中性词项,显然 S2 分布广。可见,从频率和分布上看:S2 是无标记用法,S1 是有标记用法。S1 意义上“不表过分”,相对于原型性用法的 S2(“表示过分”)来说正是它有标记的体现。进一步看,贬义词项概括地说都是表示“不好”的性状,从人的认知心理来看,“不好”的性状的存在就是一种“多余”,而这些表示“不好”的性状的词项进入 S2 后,其“不好”的程度得到张扬和凸显,因而说话人更加觉得“过分”。中性词项本无“好”和“坏”之别,但是由于 S2 格式义的强制性作用,使得进入该格式的中性词项也含有了“过分”的含义。褒义词项进入 S1,实际上是跟“太”表示“程度高”的含义相吻合,所以整个格式只表示程度高,但无过分的含义。

通过考察可以看到,不具有[+程度性],因而无法表达“程度高而不过分”,也无法表达“程度高得过分”的词项都不能进入表示主观评价意义的“太+A+了”式,如“优、良、贤、益、甘、寒、昏、缓、俊、劣、残、正、副、雌、雄、公、母、单、夹、凸”,等等。此外,考察还发现,极少数贬义单音形容词词项可进入“太+A+了+点儿”式。例如:

～矮$_{1(高度)}$～～|～矮$_{2(身材)}$～～|～暗～～|～傲～～|～薄$_{1(厚度)}$～～|～背$_{3(僻静)}$～～|～笨$_{3(笨重)}$～～|～糙$_{1}$～～|～草$_{1}$～～|～大$_{1}$～～|～淡$_{2}$～～|～黑$_{1}$～～|～狠$_{1}$～～|～浅$_{1}$～～|～细$_{1}$～～|～低～～

显然，这个格式跟S2相近，也是表达性状程度“过分”。不同的是：S2分布比“太＋A＋了＋点儿”广得多，使用频率比“太＋A＋了＋点儿”高得多；语义上，表不定量的小量词“点儿”限制了“过分”的程度，即“太＋A＋了＋点儿”表示“过分”的程度不太高，语义强度低于“太＋A＋了”（比较：“太低了”跟“太低了点儿”的差别）。可见，“太＋A＋了”和“太＋A＋了＋点儿”是不对称的，前者是无标记用法，后者是有标记用法。

## 3.3 单音形容词构成的疑问句

### 3.3.1 相关研究概说

一般把疑问句分为是非问、特指问、选择问和正反问四种类型。以往人们从不同角度对这四种疑问句本身及其内部之间的关系进行了考察，其中包括根据疑问句内部小类的派生关系、疑问句与陈述句之间的转换关系、疑问句的结构形式特点以及语句的交际功能等对上述四种疑问句进行了定性、定位和再分类。（见邵敬敏等，2009：108—111）从词类研究的角度看，正反问更便于考察充当谓语的动词或形容词本身能否构成疑问句，能否成为疑问点。这是因为：其一，特指问要用疑问代词和由它组成的短语来表明疑问点，而不是由谓词本身构成疑问点。其二，选择问实际上是用复句的结构提出不止一种看法供听话人选择，并且询问的内容如果是同一事物的正反两种选择的话，则可用正反问来替代。其三，是非问的结构更像陈述句，朱德熙（1982：202）就说过“只要把相应的陈述句的语调换成疑问语调，就变成了是非问句”。这样疑问的焦点就不一定是谓语成分本身。其四，正反问句是由谓语的肯定形式和否定形式并列构成的。就本书来说，就是形容词词项本身肯定和否定形式并列构成的，疑问的焦点即是谓语形容词本身。因此，我们从实际需要出发，只考察单音形容词词项进入正反问的情况，并且限于正反问最基本的形式“A 不 A?”式。此外，把能否进入“有多 A?”格式也作为对单音形容词句法特征考察的一个项目，因为能进入这一格式的主要是形容词，并且主要是单音形容词。

### 3.3.2 进入“A 不 A?”的词项考察

据考察，能进入“A 不 A?”格式的词项共有 281 个，占总数词项数(700 个)的 40.14%。根据进入该格式的词项能否受程度副词的修饰，以及是用于询问性状的程度，还是询问性状的有无等因素，可以把该格式分为 S1 和 S2 两个小类。

S1：A 不 A?

进入 S1 的词项都可以受程度副词修饰，整个格式用于询问性状的程度。能进入 S1 的词项有 267 个，占能进入“A 不 A?”格式总词项数(281 个)的 95.01%，占本书考察的总词项数(700 个)的 38.14%。例如：

矮$_1$～矮$_1$|暗～暗|白$_1$～白$_1$|长$_1$～长$_1$|粗$_1$～粗$_1$|脆$_1$～脆$_1$|大$_1$～大$_1$|淡$_2$～淡$_2$|低$_1$～低$_1$|多$_1$～多$_1$|对$_1$～对$_1$|高$_1$～高$_1$|怪～怪|贵$_1$～贵$_1$|好$_1$～好$_1$|黑$_1$～黑$_1$|滑$_1$～滑$_1$|慌$_1$～慌$_1$|浑$_1$～浑$_1$|渴～渴|(水)开～开|挤～挤|犟～犟|紧$_1$～紧$_1$|抠～抠|快$_1$～快$_1$|困～困|辣～辣|累～累|亮～亮|灵$_1$～灵$_1$|黏～黏|胖～胖|浅～浅|涩～涩|湿～湿|松～松|酥～酥|烫～烫|咸～咸|斜～斜|腥～腥|脏～脏|早～早

能够受程度副词修饰说明这些词项本身具有程度性，表示的是程度量，因此进入 S1 后，整个格式用于询问性状的程度量。程度量既可以是某一性状连续统上的一个“量点”，也可以是其中的一个“量段”。

如果是询问前者，则可以直接用“A(了)”或“不 A”来回答，如“这围墙矮不矮?”可以用“矮”或“不矮”来回答；如果是询问后者，则可以用 A 前加上说话人认为合适的程度副词来回答，如“很矮”“比较矮”“有点儿矮”“不太矮”等。

需要说明的是，S1 用于询问所谓的程度“量点”，实际上就是说话人询问性状有无与否或达成与否的程度“临界量”，听话人如果认为达到了这个“临界量”，就是性状的“有”，因此可以用肯定式“A”来回答；听话人认为没有达到这个“临界量”，就是性状的“无”，因此可以用否定式“不 A”或“没 A”来回答。S1 用于询问所谓的程度“量段”，实际上是询问程度的“相对量”，听话人可以根据个人的认识选择“很 A”“非常 A”“比较 A”“有点儿 A”“不太 A”“不很 A”等来回答问话人的询问。

S2：A 不 A?

进入 S2 的词项都不能受“很”“有点儿”等程度副词修饰，整个格式用于询问性状的有无。能进入 S2 的词项只有 14 个，占能进入“A 不 A?”格式的词项总数(281 个)的 4.98%，占本书考察的总词项数(700 个)的 2%。它们是：

差1(有差错，错误的)：计算题～没～?　　*很～　*有点儿～

多2(超出应有的数量)：钱数～不/没～?　　*很～　*有点儿～

反(颠倒的，方向相背的)：衣服穿得～没～?　　*很～　*有点儿～

旱1(长时间不下雨，雨量小)：今年老家～没～?　　*很～　*有点儿～

坏2(变得不健全或变得无用)：电脑～没～?　　*很～　*有点儿～

活1(有生命的，生存的)：门前那棵树～没～?　　*很～　*有点儿～

烂2(腐烂)：那些葡萄～没～?　　*很～　*有点儿～

涝(雨水过多而淹了庄稼)：今年你们那儿～没～?　　*很～　*有点儿～

少2(不够原有或应有的数量)：钱数～不/没～?　　*很～　*有点儿～

熟1(食物加热到可食用的程度):米饭～不/没～? *很～ *有点儿～

熟2(植物的果实等完全长成):西瓜～不/没～? *很～ *有点儿～

死1(失去生命的,死亡):你养的金鱼～没～? *很～ *有点儿～

通1(通顺):这句话～不～? *很～ *有点儿～

妥(妥当,齐备,完备):这样做～不～? *很～ *有点儿～

不能受程度副词修饰的词项,说明它们在该义项上不具有程度性,它们表示的是性状的固定量,也可以看成是一种程度的“临界量”,因此S2用于询问性状是否存在或是否达成,也就是说,问话人询问的是性状存在或达成与否的“临界量”。听话人如果认为达到了这个“临界量”,就是性状的“有”,因此可以用肯定式“A”来回答;听话人认为没有达到这个“临界量”,就是性状的“无”,因此可以用否定式“不A”或“没A”来回答。如“那台电脑坏没坏?”“门前那棵树活没活?”就只能回答“坏了”“活了”或“没坏”“没活”,而不能用回答“程度量”(相对量)的方式来回答,如不能用“很坏”“有点儿坏”“没太坏”“特活”“有点儿活”“不太活”等来回答。

由以上考察和分析可知:1.能进入S1的词项有267个,占能进入“A不A?”总词项数(281个)的95.01%,能进入S2的词项只有14个,占能进入“A不A?”总词项数(281个)的4.98%。显然,进入S1的词项分布范围广、使用频率高。2.S1用于询问程度量,可以是询问程度“量点”,也可以是询问程度“段量”,回答方式也分别有两种。3.而进入S2的词项分布范围小、使用的几率相对也低;S2用于询问性状是否存在或达成,只能用于询问程度“量点”,回答方式也只有一种。4.概括地说,S2的用法包括在S1之中。5.进入S1的词项可以受程度副词的修饰,这跟形容词表示事物的性状是一种自然关联,进入S2的词项不能受程度副词的修饰,这跟形容词表示事物的性状是一种非自然关联。以上情况表明:S1是无标记用法;S2是有标记用法。换言之,“A不

A?”用于询问性状的程度是其原型性用法，用于询问性状的有无是非原型性用法。

不具有[＋程度性]或[＋临界量]特征的形容词都不能进入“A不A?”格式，如“安、半、宝、扁、痴、雌、呆、刁、抖、钝、恶、方、优、良、贤、益、甘、寒、昏、缓、俊、劣、残、正、副、雌、雄、公、母、单、夹、凸、凹”，等等。

### 3.3.3 进入“有多A?”的词项考察

根据进入该格式的单音形容词词项的特点、询问的预设情况、询问域的范围等因素，可以把“有多A?”格式分为如下S1和S2两个小类。

S1：有多A?

能进入S1的词项在意义上必须覆盖相应的反义词词项的意义，问话的预设没有主观倾向，询问的范围是该词项义及其反义词项义的“全量”。据本书考察，在700个单音形容词词项中，只有10个词项能自由地进入S1，它们是：

～～长$_1$|～～沉$_1$|～～粗$_1$|～～大$_4$|～～高$_1$|～～厚$_1$|～～宽$_1$|～～深$_1$|～～远$_1$|～～重$_1$

S1的特点是：1.这是一种客观的询问，询问的是事物性状的程度，而不是性状的有无或是否发生变化。格式中的程度副词“多”是询问程度量的标志。2.该格式用于客观地询问性状的程度，说话人对性状及其程度事先没有主观倾向。概言之，询问的范围(询问域)是从小(“轻、细、低/矮、薄、窄、浅、近”等)到大(“重、粗、高、厚、宽、深、远”等)这样一个连续统的全程，也即询问的范围是程度量的“全程”。3.因此，进入该格式的10个词项都包括了相应的反义词词项所表示的意义，如“长、粗、大、高、厚”等分别包括了“短、细、小、低/矮、薄”等的含义在内。也就是说，这10个词项的意义覆盖了其相应的反义词项的意义。如“这井有多深?”既可以用于询问100米深的“很深”，也可以是询问10米深的“很浅”。4.能进入“有多A？”的词项限于表示长度、重量、面积、高度、厚度、宽度、深度、距离等，但在客观询问，即说话人没有对性状程度的主观倾向的情况下，这10个词项的反义词项都不能进入S1。例如：

这座桥有多长？　　*这座桥有多短？

这包东西有多重(沉)？　　*这包东西有多轻？

你儿子的腰有多粗？　　*你儿子的腰有多细？

你们校园有多大？　　*你们校园有多小？

这座楼有多高？　　*这座楼有多矮？

这墙有多厚？　　*这墙有多薄？

这条河有多宽？　　*这条河有多窄？

这井有多深？　　*这井有多浅？

这儿离颐和园有多远？　　*这儿离颐和园有多近？

以上分析可以概括为：进入这一格式的10个词项用于询问性状的程度，这跟形容词表示事物的性状是一种自然关联；询问的范围是程度量的“全量”，也即这是一种客观询问，其预设没有倾向性，因此对语境的需求程度相对较低；这10个词项的意义覆盖了其相应的反义词项的意义，但通常情况下它们的反义词项不能进入S1，除非事先已经有了预设倾向。据此，我们可以根据标记理论把进入这一格式的上述10个词项认定为无标记项，它们进入S1用于询问性状的程度是无标记用法，原型性用法。

S2：有多A？

进入S2的词项在意义上不能覆盖相应的反义词词项的意义，问话的预设已经蕴含了问话人对性状程度的主观倾向，询问的范围是该词项义所指的范围，不包括相应的反义词的所指范围(有的根本没有相应的反义词项)。例如：

～～矮$_1$|～～薄$_1$|～～低$_1$|～～陡|～～短|～～贵$_1$|～～黑$_1$|

～～坏$_1$|～～浑$_1$|～～急$_3$|～～近$_1$|～～久|～～快$_1$|～～冷$_1$|～～凉$_1$|～～慢$_1$|～～难$_1$|～～胖|～～破$_1$|～～浅$_1$|～～轻$_1$|～～热|～～瘦$_1$|～～细$_1$|～～小$_1$|～～窄$_1$|～～轻$_1$

S2 的特点是：1. 这是一种主观性的询问，询问的是事物性状的程度。2. 该格式的预设是，说话人对事物的性状已经有了主观倾向，即限于形容词词项意义所指的范围，询问的是该性状的程度。如“有多矮？”的预设是，说话人已经知道或认定该事物的性状是“矮”，询问的是“矮的程度”。换言之，进入 S2 的词项在语义上不覆盖相应的反义词词项的意义所指（如果有反义词项的话）。3. 跟 S1 相比，S2 使用是有前提的，即事物的某种性状是说听双方都认同的，是他们正在谈论的话题，而且很可能是听话人首先确认的，说话人询问的是这种性状的程度如何。比如，张三（听下一句问话的人）说“我的办公室太热了”。李四（问话人）说“有多热？”4. 显然，S2 对语境的依赖程度比 S1 高，S2 是一种“后续问”，即顺着说话人的话题问；而 S1 既可以是后续问，如张三说“我的笔记本电脑很沉。”李四问“有多沉？”也可以是“始发问”，即说话人作为话题主动询问事物性状的客观程度，如张三问李四“你们校园有多大？”

综上，根据询问是一种客观性的还是主观性的；询问有无预设倾向；进入“有多 A？”的词项的语义范围（语义域）的大小，即有无覆盖性；使用“有多 A？”有无前提，以及对语境的依赖程度如何；能否作为“始发问”等情况来看，不难得出这样的结论：进入 S1 的词项是无标记的，S1 是无标记用法，原型性用法；进入 S2 的词项是有标记的，S2 是有标记用法，非原型性用法。从语法化的角度来看，显然，S1 的语法化程度高，能进入该格式的“长、沉、粗、大、高、厚、宽、深、远、重”等 10 个词项，在进入该格式后语义上都发生了变化，即覆盖了相应的反义词项的意义，这种意义上的变化是“有多 A？”格式赋予的，并且在现代汉语单音形容词中只有这10个词项进入“有多A?”格式后获得了这种“以偏概全”的意义特征，即正向形容词词项也涵盖相应的反向形容词词项的语义。因此，有理由认为这10个单音形容词词项不仅高度语法化，而且具有语言类型学意义；同样，有理由认为S1不仅高度语法化，而且也具有语言类型学的意义。

### 3.3.4 “多”和“少”与“有多A?”

吕叔湘(1965)指出：“多”和“少”的词性是很值得研究的问题。一般认为是形容词，可是它们在语句里的活动方式(句法功能)跟别的形容词很不一样。比如，一般单音形容词(如“好”)可以直接修饰名词(“好书”)，替代名词的时候必须带“的”(“拿出好的”)，不带“的”绝对不成(*拿出好)。“多”和“少”既不能修饰名词(*多书、*少书)，也不能替代名词(*拿出多〈的〉、*拿出少〈的〉)。文章在分析了“多”和“少”做谓语、做补语、做状语等多种用法后，认为把“多”和“少”归入形容词或归入动词都有不合适的地方。“不得已恐怕还只能把它们寄放在形容词里边，作为一个小类，管它们叫‘数量形容词’，说明它们在哪些方面不同于一般形容词”。朱德熙(1982:76)也注意到了“多”和“少”的一些特殊用法，指出二者都表示数量。“多”和“少”和一般形容词一样，可以受“很”和“不”修饰。可是一般形容词加上“很”和“不”之后，只能做谓语，不能直接做定语，也不能充任体宾动词的宾语。“很多”“不少”兼有这几方面的语法功能，如直接做定语(很多人|不少书)等。此后，不少学者进一步探讨“多”和“少”的用法，如陆俭明(1985)、詹人凤(1987)、裘荣棠(1999)等，加深了对这两个词独特用法及二者之间差异性的认识。

其中，吕叔湘(1965)指出的三种“表示程度”的用法中只有“多”，没有“少”的句法现象，对我们下面的讨论启发最大。具体的三种句式分别是：(3b)“这个问题复杂得多”“他知道的比我知道的多得多”。(4b)“他比我强多了”。(5b)“多大”“多复杂”“多有意思”。就我们的考察看，还有一种情况是“多”和“少”都不能用的。具体情况是：

与上文(3.3.3)能进入S1(长$_1$|沉$_1$|粗$_1$|大$_4$|高$_1$|厚$_1$|宽$_1$|深$_1$|远$_1$|重$_1$)和S2(矮$_1$|薄$_1$|低$_1$|陡|短|贵$_1$|黑$_1$|坏$_1$|浑$_1$，等等)的词项不同，表数量的词项“多$_{(数量大)}$”和“少$_{(数量小)}$”用于询问数量“程度”时不能进入“有多A?”格式。这是因为：

1. 跟能进入S1的词项相比，这两个词项都不是无标记的，“多”不含有“少”的意义，“少”也不含有“多”的意义，也即它们在语义上不是相互覆盖的，也不是一个覆盖另一个的，因此不能进入S1。

2. 它们跟能进入S2的有标记词项也不同，因为即使在问话人有了主观预设倾向的情况下，也不能说：* 有“多”?* 有“少”? 不论是问“多”还是问“少”，都只能说“有多少?”这是因为：“多”和“少”表示数量，而不是表示性质和状态，它们用于询问只能是问数量“多”或“少”的“程度”，所以不能进入用于询问性状程度的S2(有主观预设倾向)。用于询问“多”或“少”的“有多少?”其主观倾向从“有多少?”这一问句形式上体现不出来，只能在语境中体现出来。例如：

张三：报考艺术类的考生特别多。 李四：有多少?(问“多”的程度)

张三：报考艺术类的考生特别少。 李四：有多少?(问“少”的程度)

可见，无论主观倾向上是问“多”，还是问“少”，都只能用“有多少?”来问。而“有多少?”这一问法既不同于客观询问性状程度的S1，也不同于有主观预设倾向的S2，它是一种特殊的无标记用法，既可以问“多”，也可以问“少”。问“多”还是问“少”，要通过具体语境才能体现出来。

但是，用于询问“数量程度”时，这“多”和“少”两个词项都可以进入“A不A?”格式，如“多不多?”“少不少?”(见3.3.2)

## 3.4 单音形容词构成的比较句

### 3.4.1 单音形容词构成的比较句

对事物进行比较是人类最基本的认知活动。比较的内容无非是事物的性质和状态，比较的过程也就是对事物之间性状的异同、数量的多寡及其程度的深浅等做出选择和判断的过程。形容词正适合于这种比较结果的表达需要，换言之，比较这一认知过程及其结果的语言表现离不开形容词的参与。形容词用于比较句是其词类特征与句法功能特征两个范畴之间的自然关联、无标记关联。考察具体的形容词词项能否进入比较句，也就是对这个词项作为形容词的原型性功能的考察。

汉语表示比较的方式有很多种，比如："小李个子比小张高""小李长得比小张高""小李跟小张个子一样高""小李比小张高两厘米""小李比小张高多了""小李比小张还高""小李没有小张个子高""小李个子高，小张个子矮"，以及"小李比以前有进步""大比小好""老刘大我三岁""今年的收成好于往年"，等等。对其中由形容词构成的比较句进行系统的研究，观察各类比较句式的句法、语义和语用功能，以及各类相关句式之间的转化关系、肯定和否定之间的变化关系，等等，是很有应用价值的。我们认为形容词用于性状的比较及其结果的表现是其基本的、原型性的功能，并希望通过对单音形容词能否进入典型的比较句的考察来确认其是否具有这一原型性特征。因此，这里不准备全面考察形容词构成的比较句及它们之间句法、语义和语用上的特点，而是选择比较典型的形容词比较句作为考察的首选框架，不能进入这个框架的再看能否进入其他形容词比较句。

所选择的基本句式是"N1＋比＋N2＋A"（"N"代表名词或代词，

如“小李个子比小张高”)。因为这个句式适用面广,使用频率高,并且是一种无预设倾向的客观性比较,其他的格式或表示“同比”(“……一样A”)、“差比”(“……比……A＋数量”“……A＋N＋数量”“N1＋比＋N2＋A＋多了”),或表示“强调比”(“……更/还A”)、“反向比”(“……没有/不如……A”),或为小句之间的对比(“……A1,……A2”),或为文言用法(“……A于……”),等等,简言之,都是有标记的用法,都不如“N1＋比＋N2＋A”式更为典型,有的可以看作是“N1＋比＋N2＋A”的变式,如“小李比小张高两厘米”。

### 3.4.2　进入“N1＋比＋N2＋A”的词项

对单音形容词词项构成比较句能力的考察,首先是看能否进入“N1＋比＋N2＋A”格式,其次看它能否进入该格式的变式,然后再看它能否进入形容词充当谓语的其他的比较句,最后看能否进入单音形容词词项充当结果补语的比较句。例如:

道北的草～道南的草矮$_1$|小李～小张矮$_2$|屋里～屋外暗|晚上吃得～中午吃得饱$_1$|我～他笨$_1$|他～我惨|一层～二层潮$_1$|他～我冲$_1$|这萝卜～苹果还脆$_1$|这个菜～那个菜淡$_2$|东边的地势～西边的低$_1$|你～我还毒$_2$|他工资～我多$_1$|这块肉～那块肉肥$_1$|今天～昨天还乏|孩子穿衣服～大人费|他～我高$_2$|你～我乖|他～我还慌$_1$|她～我嗓子尖$_2$|弟弟～哥哥犟|她～她姐姐还抠|他写得～我快$_1$|这把刀～那把刀快$_2$|你～我阔多了|这芥末～辣椒都辣|他～你懒|你～我累|今天～昨天冷$_1$|屋里～外面还凉$_1$|他～你写得还乱$_1$|你～我忙|这题～刚才那道题难$_1$|他～我牛|他可～你神|他～你瘦$_1$|这个～那个白$_1$/ 薄$_1$/ 笨$_2$/ 长$_1$/ 沉$_1$/ 次$_1$/ 粗$_1$/ 大$_1$/ 短 / 高$_1$/ 贵$_1$/ 好$_1$/黑$_1$/ 紧$_1$/ 轻$_1$/ 软$_1$/ 甜$_1$/ 细$_1$

能进入表示比较的“N1＋比＋N2＋A”等格式的词项有286个,占总词项数(700个)的40.85%。其中只有3个能进入比较句，但不能受副词修饰，它们是：

矮$_{3(级别、地位低)}$：* 级别很～、工资比我～两级

多$_{2(比原来的数量有所增加或超出应有的数量)}$：* 很～出两本书、打印稿比原文～了三个字

少$_{2(不够原有或应有的数量)}$：* 很～了、这个月的奖金比上个月～了一百块

其中，“多$_2$”和“少$_2$”表示数量，“矮$_3$”在语义上具有可数性，因此可以带上比较的“量差”(如上例中的“一等”“两级”)。显然，这三个词项都具有[＋离散性]的语义特征，表示的性状是“有界”的，因而不能受副词的修饰，(沈家煊，1995)事实上，这三个词项本身就有“比……A”的含义，因此主要用于比较句，而比较句中的形容词不能受程度副词修饰，如“* 他英语比我很好”“* 他工资比我很多”。

这样，则可以说能进入比较句的词项都能受程度副词的修饰，都具有[＋程度性]的语义特征，其中绝大多数表示“性状的程度”，个别表示“数量的程度”。而表示性状及其程度是形容词原型性语义功能，因此能进入比较句的单音形容词词项是其原型性特征的表现。同时，根据能进入比较句的词项都能受程度副词修饰，可得出这样的结论：受程度副词修饰和能进入比较句是等价功能；根据能受程度副词修饰的词项的数量远高于能进入比较句的词项，(参见附录一、二)可进一步得出这样的结论：能进入比较句的功能蕴含在能受程度副词修饰的功能中，也即二者是功能蕴含关系：能受程度副词修饰＞能进入比较句。(“＞”，表示蕴含)

### 3.4.3　单音形容词特有的比较句

跟上文有“比”字的比较句相比，还有两种无“比”字的表示比较的

格式：S1“N1＋A＋N2＋数量成分”（“老刘大我三岁”）和 S2“A(＋了)＋数量成分＋N”（“省了两天时间”）格式。它们是单音形容词特有的一种无“比”字的比较句。本书在 2.4.2.4“比较宾语”一节，从单音形容词带宾语的角度对这种语言现象已有所涉及。这里从比较句的角度加以简要的分析。单音形容词进入无“比”字的比较句的情况可以分为两个小类：

S1：弟弟矮$_2$我一头｜低$_3$人一等｜工资低$_2$他一级｜高$_2$我一厘米｜高$_2$我一招｜高$_3$人一等｜大$_1$他四五岁｜我只小$_1$他两三岁｜快$_1$我三秒

S2：多$_2$三张餐券｜少$_2$两本书｜远$_1$了一里地｜近$_1$两里地｜省了两天时间｜贵$_1$了两块钱｜贱了三毛钱｜迟了半个小时

这两个小类都可以转换成有“比”字的比较句。S1“名$_主$＋形＋名$_宾$＋数量”→“名$_主$＋比＋名$_宾$＋形＋数量”，如“弟弟矮我一头”→“弟弟比我矮一头”“他晚我一天到校”→“他比我晚一天到校”。S2“形(＋了)＋数量＋名$_宾$”可以变为“比原来／某标准＋形(＋了)＋数量＋名$_宾$”，如“多三张餐券”→“比原计划多了三张餐券”“贵两块钱”→“比别的商店贵了两块钱”。能进入 S1 和 S2 两种无标记比较句式的单音形容词词项都具有[＋数量]的语义特征，句式中用“数量成分”来标记其性状比较的结果。因此，能进入 S1 和 S2 的词项都能进入或变为“N1＋比＋N2＋A”格式，说明后者是更为基本的、原型性的比较句。

### 3.4.4 进入比较句的形容词的语义特征

以上考察和分析表明：单音形容词词项进入比较句的条件是，必须具有[＋程度]或[＋数量]的语义特征，如“热、冷、高、低、大、小、快、多、少”，等等。不具有这两种语义特征的词项不能构成比较句，如：“安、凹、宝、遍、别、残、诚、痴、初、活$_1$、昏、空$_1$、劣、恶、反、方、粉、甘、公$_1$、公$_2$、孤、古、寒、横$_2$、缓、黄、假”等。

当然，一个形容词词项不能进入“N1＋比＋N2＋A”之类的比较句，其原因应该是多方面的，而不可能是一两条标准就可能界定下来的。不能进入“N1＋比＋N2＋A”这样的比较句，但是可能另有比较的方法，比如，有的词项虽然能受程度副词修饰，但不能进入“N1＋比＋N2＋A”，如“僵”可以说“他们关系搞得很僵”，但不能说“他比你僵”。对此，我们可以做这样的解释：“僵”虽然可受程度副词修饰，但并不表明有程度性，它所表示的性状是个固定量（“量点”），在人们的认知中这样的词项是“有界”的，因此无法进行性状及其程度量的比较。有界的词项“雪白”“灰白”“慢腾腾”“湿漉漉”等都不能进入比较句。

# 第四章　单音形容词句子成分功能考察与分析

## 4.0　引言

吕叔湘在《关于汉语词类的一些原则性问题》(1954)这篇著名论文中,发表过这样一些对本书(包括对本章)讨论的问题有重要指导作用的观点:1. 词类是根据词的语法特点来分的。2. 结构关系,“鉴定字”,能否重叠以及用什么方式重叠——这些都可以用来划分词类。问题在于怎样配合。3. 结构关系能照顾的面最大,宜于用来做主要的分类标准。结构关系指一个词的全面的、可能的结构关系,不是指它进入句子以后实现出来的“一种”结构关系,不是“依句辨品”。4. 按句子成分定词类,是具有高度的排他性的。在《汉语语法分析问题》(1979:28)中,吕先生进一步明确了这样一些对我们的研究有重要启发的观点:5. 汉语没有严格意义的形态变化,就不能不主要依靠句法功能(广义的,包括与特定的词的接触)。6. 用句法功能做划分词类的依据,有单一标准和多重标准的问题。单一标准最好,但是往往找不着理想的标准(理想的标准应是对内有普遍性,对外有排他性)。7. 找不着理想的标准,就不得不采用多重标准,多重标准的结果总是参差的,就有协调的问题。

本书从词类的角度对单音形容词组合能力、典型功能句适应能力以及本章将要进行的充当句子成分能力的考察,正是以吕叔湘上述观念作为指导思想和理论基础的。而且吕先生的根据语法特点来划分词类,包括采用鉴定字(如助词、副词等)、重叠等手段的看法,以及他对"结构关系"性质和内涵的确认,对单一标准和多重标准的使用意见,乃至于"按句子成分定词类,是具有高度的排他性"的论断,都跟本书采用的原型理论不谋而合,或者说原型理论的基本理念体现了吕先生的这些学术思想。因此,本书试图从组合能力、功能句适应能力和句子成分能力三个角度,来考察单音形容词的"全面的、可能的结构关系"。然而,这些角度及其相关的特征或标准"没有一种是恰到好处的,必须解决如何综合利用的问题"。(吕叔湘,1979:29)如何综合利用形容词的这些语法特点和多重标准,来确定单音形容词的核心功能以及内部成员的均质程度,很值得探讨。在此,我们试图利用原型范畴理论的某些观念来观察单音形容词内部成员句法语义特征的原型性。

就形容词充当句子成分功能来看,其可能的功能是充当定语、谓语、状语、补语和主宾语六大成分,其最主要的功能人们的看法不一(见1.1.3)。究竟形容词的原型性的功能序列如何,尚未见探讨,自然也未取得共识。朱德熙(1985:4—6)在论述汉语语法的特点时曾有这样一些重要论述:在印欧语里,词类和句子成分之间有一种简单的一一对应关系。如大致说来,动词跟谓语对应,名词跟主宾语对应,形容词跟定语对应等。汉语词类跟句法成分(就是通常说的句子成分)之间不存在简单的一一对应关系,二者之间是错综复杂的关系。如与印欧语不同的是,动词和形容词可以做主宾语,名词可以做定语并可以在一定条件下做谓语等。就形容词来说,"(它)能够跟主语、谓语、宾语、补语、定语、状语各种句法成分对应,功能最为广泛"。朱先生这些论述同样对我们有重要的指导和启发作用。汉语词类没有形式标志,无论出现在哪种语法位置上,都不发生形式上的变化,至少不发生狭义的形态变化,因而至少在表面上造成了汉语词类的多功能现象。本章将对单音形容词充当各种句法成分的情况进行定量考察和分析，以便从单音形容词这个角度来看一看汉语词类多功能现象的实际情况，进而探讨单音形容词的原型性句法功能。

## 4.1 单音形容词做主宾语

### 4.1.1 相关研究概说

对主宾语位置上动词和形容词性质的讨论，几十年来一直是汉语语法研究的一个热点问题，也一直存在较大分歧。代表性的观点主要有：

1. 主宾语位置上的动词、形容词在意义上已经由原来的“行为范畴”或“特性范畴”转为“事物范畴”；用作主宾语的动词、形容词已经失去了一部分或全部动词、形容词的特点，而获得了名词的一部分特点，此时的动词、形容词已经“名物化”“名词化”，或者明确地说已经变成名词了。①

2. 主宾语位置上的动词、形容词既未失去什么，也未得到什么，也即它们的词性不变。认为主宾语位置上的动词、形容词已经名词化了，这是拿印欧语的眼光看待汉语。就汉语来说，动词和形容词既能做谓语，又能做主宾语。做主宾语的时候，还是动词、形容词，并没有改变性质。这是汉语区别于印欧语的一个非常重要的特点。②

3. 主张区分开句法平面的“名词化”与语义平面的“名物化”。名词

---

① 参见中学汉语编辑室《暂拟汉语教学语法系统简述》，人民教育出版社，1956；张志公主编《语法和语法教学》，人民教育出版社，1956；黎锦熙、刘世儒《汉语语法教材》，商务印书馆，1959。

② 参见朱德熙等 1961、朱德熙 1985，另外，郭锐(2002)也持类似的观点。

化指在句法平面转化为名词的现象，名物化指动词、形容词的“述谓”义在语义平面转化为“名物”(或“事物”)。名物化和名词化既有联系，又有区别。具体来说，句法平面上，做主宾语的动词、形容词词性不变，语义平面上，主宾语位置上的动词形容词已经“指称化”了，通俗点说，就是“名物化”了。[①]

4. 除以上几种代表性观点外，一些学者对主宾语位置上的动词、形容词或所谓名物化现象另有新见、另有诠释。例如，李宇明(1986)首先指出如下两个具有普遍性的特征：谓词做谓语时是描述性的，做主语或宾语时是指称性的；谓词做谓语时，其前不能直接出现充当定语的词语，做主语或宾语时则可以。进而提出“语法位”的概念，并认为“位置”在语句中起着相当重要的作用。不同的语法位之间，可根据其语法性质的同异度，再划分为不同位类。如主位和宾位都具有指称性。李先生对所谓名物化现象的解释是：谓词(动词和形容词)有自己的语法性质 A，主位和宾位这个语法位类有自己的语法性质 B。谓词进入主/宾位之后，除了仍具有自身的语法性质 A 外，还带上了主/宾位类的语法性质 B。这种解释，与“名物化”说相同之处是：谓词处在主/宾位时增加了新的语法性质；不同之处是：增加的这种新的语法性质不是名词的，而是主/宾位的，因此不存在名物化问题。与“本能说”(动词、形容词“性质不变”说)相同之处：都不承认谓词这个语法类本身的性质有所变化，不同之处：该文承认主/宾位的谓词增加了新的语法性质，并认为这种增加是必然的，是语言单位变化言语单位的普遍规律。这是 20 世纪 80 年代对所谓名物化现象最有新意的一种诠释，且论证严密，逻辑性很强。

20 世纪 90 年代以及 21 世纪以来，人们对这一现象进一步进行了

① 胡裕树、范晓，1994。

新的探索。例如,姚振武(1996)认为,谓语不但可以陈述主语,也完全可能指称主语,因为谓语所体现的是主语所代表的事物的属性。陈述转化为指称有两种情况:一种是名词化,当然也就必然指称化,一种是仅仅指称化,而尚未名词化。谓词性成分名词化有两种途径:一种是在没有形式标记的情况下转化为名词,如“教授”“摆设”“补助”等,一种是带有形式标记的名词化,如构词平面的加“子、儿、头”(骗子、卷子、姘头),以及句法平面的带“的”(二尺长的、红的、白的、躺着的)。有形式标记的名词化与无形式标记的名词化,指称的对象完全一致。作者认为,任何动作、状态或性质等,只要可以解释为某一本体的属性,那么反映到语言中,表示这种动作、状态或性质的 VP 就可以加上“的”指称代表那个本体的名词。如:(我要)红的|(不要)白的|躺着的(全站起来)。胡明扬(2000)全面回顾了“名物化”问题提出的历史背景以及相关意见(包括批评意见)的发展变化及利弊得失。指出随着研究的深入和时间的推移,各家的意见也就逐步接近,即认为就“这本书的迟迟出版”中“出版”这类“动词名用”现象而言,其中的“出版”的确已经丧失了一部分动词的特点,同时取得了一部分名词的特点。同时强调动词、形容词在主宾语位置上的用法是受条件限制的,是有标记的。沈家煊(2011b)在论述“朱德熙先生最重要的学术遗产”时,重申并全面论述了朱先生的汉语“动词和形容词既能做谓语,又能做主宾语。做主宾语的时候,还是动词、形容词,并没有改变性质”的重要论断,诠释了朱先生“是怎么想的”和“为什么这么想”,可以说沈文在一些方面深化了朱先生的学术思想。此外,何元建等(2007),胡小敏(2011)等,所论及的谓词的名物化结构及谓词的非典型语法功能,也都不同程度地涉及谓词做主宾语的问题。

前人的成果为进一步研究奠定了基础、开拓了思路,值得重视。本节的主要目的是考察单音形容词有多少、是哪些、在何种情况下能够充当主宾语。而这方面的考察将有助于从“量”上以及是否受限等方面来认识形容词做主宾语问题。以往的讨论多数都是结合少数例子进行的，虽然有学者就能做主宾语的动词形容词的数量发表过意见、公布过统计结果，例如，朱德熙(1985:7)说有“百分之八九十的动词形容词可以做主宾语”；莫彭龄、单青(1985)的考察是：做主宾语的形容词分别只占1.72%和6.03%；贺阳(1996b:128)的统计是：能做主宾语的形容词分别占1%和2.10%；郭锐(2002:197)的统计结果是“93%的形容词可以做主语、宾语”。但是，目前公布的大都是考察的数据，还不十分清楚到底是哪些动词形容词，又是以什么方式出现在主宾语位置上的，尤其是本书关心的单音节形容词做主宾语的情况目前还没有见到相关的研究成果。当然，在以上考察和分析的基础上，我们也将对动词和形容词做主宾语的性质问题做些讨论。

本节拟就单音形容词词项充当主宾语的情况进行定量考察：单音形容词单独做主宾语和含单音形容词词项的偏正结构做主宾语的情况。偏正结构仅限于单音形容词受程度副词和否定副词修饰而形成的状中结构，不包括受名词性成分修饰限制而形成的定中结构。含单音形容词的定中结构、主谓结构、形补结构做主宾语实际上是整个结构的功能，很难说就是其中单音形容词句法功能的体现，至少不如单音形容词单独做主宾语更为典型。因此这里暂不考察含单音形容词词项的定中结构、主谓结构、形补结构、形宾结构等做主宾语的情况。

### 4.1.2　单音形容词做主语考察

据考察，700个单音形容词词项中，能单独或受副词修饰或带上“了”后充当主语的词项共有227个，占总数32.42%。单音形容词词项做主语大致可分为以下十一种类型：

1. $A_{主}$＋是＋不＋A：

笨$_1$是不笨$_1$(就是缺点儿灵气儿)|笨$_2$是不笨$_2$(可也不灵活)|潮$_1$是不潮$_1$(就是不通风)|臭$_1$是不臭$_1$|纯是不纯(不过问题不大)|沉$_1$是不沉$_1$(就是不好拿)|粗$_1$是不粗$_1$|淡$_3$是不淡$_3$|(标准)低$_2$是不低$_2$|短是不短|钝是不钝(可也不快)|多$_1$是不多$_1$|饿是不饿|肥$_1$是不肥$_1$|费是不费|富是不富(但是也不穷)|干$_1$是不干$_1$|(这山)高$_1$是不高$_1$|渴是不渴|坏$_1$是不坏$_1$|累是不累|麻$_1$是不麻$_1$(但这两条腿还是不灵活)|慢$_1$是不慢$_1$|难$_1$是不难$_1$(可也得动动脑子)|嫩$_2$是不嫩$_2$|(衣服)破$_1$是不破$_1$|(挖的坑)浅$_1$是不浅$_1$|(颜色)浅$_4$是不浅$_4$(可你穿不合适)|膻是不膻(可做得也不香)|(水井)深$_1$是不深$_1$|(颜色)深$_4$是不深$_4$(不过你穿显得太素)|生$_1$是不生$_1$(有点儿没熟透)|疼$_1$是不疼$_1$|土$_2$是不土$_2$(可现在也没人穿了)|晚$_1$是不晚$_1$|细$_1$是不细$_1$|小$_1$是不小$_1$|痒$_1$是不痒$_1$|(对他来说)冤$_1$是不冤$_1$

能进入“$A_{主}$＋是＋不＋A”的词项不限于上述各例，另有不少词项也能进入这一格式，如“低$_1$、丑$_1$、矮$_1$、矮$_2$、轻$_1$、肥$_3$、薄$_1$、长$_1$、瘦$_1$、瘦$_3$、腻$_1$”，等等。其中，处于句首的单音形容词词项做主语，“是”作为动词“起肯定和联系”的基本作用不变，但不同于它用在两个名词或名词性成分之间表示“等同”“归类”等的典型用法，而是“表示让步”，有“虽然”的意思，第二小句常有“就是、不过、可是”等词。[①]

2. $A_{主}$＋是＋A：

饱$_1$是饱$_1$了(还想喝点儿汤)|惨是惨了点儿|草$_1$是草$_1$(可还能看得清)|蠢$_2$是蠢$_2$了点儿|对$_1$是对$_1$(就是稍简单了点儿)|(衣

① 吕叔湘(1999:496,501)对动词“是”的说明是“主要起肯定和联系作用，并可以表示多种关系”。对“A是A(4)”的说明是：单用。表示让步，有虽然的意思。第二小句常有“但是、可是、就是”等词。所举的例子如“东西好是好，就是价钱太贵”“他瘦是瘦，可从来不生病”。

服）肥$_3$是肥$_3$｜公$_1$是公$_1$（私是私）｜男是男，女是女（要求不一样）｜这孩子乖是乖（就是学习差点儿）｜怪是有点儿怪｜光$_1$是光$_1$（可是不滑）｜黑$_1$是黑$_1$（但很好吃）｜（屋子）黑$_2$是黑$_2$了点儿｜红$_1$是红$_1$了（可不见得好吃）｜静$_1$是静$_1$｜旧$_2$是旧$_2$（可还能用）｜倔是倔（可心眼儿好）｜（水）开是开｜狂是狂｜（肉炖得）烂$_1$是烂$_1$了｜辣是辣｜亮是亮｜（脑瓜）灵$_1$是灵$_1$｜（招数）灵$_2$是灵$_2$｜聋是有点儿聋（不过不那么严重）｜这路平$_1$是平$_1$（就是窄）｜浅$_2$是浅$_2$了点儿｜（盒子）轻$_1$是轻$_1$｜肉是肉（可该干的也都干了）｜酥是挺酥的｜土$_1$是土$_1$（可不俗）｜值是值（可买了也没什么用）

能进入“$A_{主}$＋是＋A”的词项不限于上述各例，可以进入“$A_{主}$＋是＋不＋A”格式的词项都能进入“$A_{主}$＋是＋A”。实际上把2和1两个格式合并为“$A_{主}$＋是（＋不）＋A”一个格式也无不可，即把2式看作是肯定式，把1式看作是否定式。而且2式中“是”的基本作用仍然是表示肯定和连接前后成分，多数时候也含有“虽然”的意思，整个格式也含有“表示让步”的意思。“是”有“的确”的意思。但是，仔细分析进入两个格式的用例，可以看到1式和2式多少还是有些不同的：1式中“是”都是表示让步，都有“虽然”的意思，但能进入2式的用例不完全如此，如上例的“公是公（私是私）等；2式中“是”可以重读，此时有强调“是”后形容词词项的作用，“是”含有“的确”的意思，这种用法的标志是，后一个形容词A一般要带上“了”。1式的“是”一般不重读，它后面的词项A也不需要带“了”，“是”本身也只是一般性的肯定，没有强调的作用，不含有“的确”的意思。

3. $A_{主}$＋是＋数量成分：

高$_1$是三尺｜长$_1$是两米｜厚$_1$是五厘米｜宽$_1$是三米｜深$_1$是四米｜重$_1$是十斤

“$A_{主}$＋是＋数量结构”从形式上看可以说是典型的形容词单独做主

语的格式，不过在700个单音形容词词项中，能进入这一格式的只有这6个词项。格式中的“是”可以省略，但省略后整个结构既可以是主谓结构，也可以是述补结构。作为主谓结构，“$A_{主}$＋数量”中的A是无标记词项，意义上覆盖了相应的反义词项的含义。如“高三尺”中的“高”涵盖了“短”的意义，实际上这里的“高”是高度的意思。整个结构表示事物所具有的某种性状(如高度)的客观量。上例中“长、厚、宽、深、重”等用法同此。作为述补结构，“A＋数量”中的A是有标记词项，意义上不能覆盖相应的反义词项的含义。整个结构的意思是“A了＋数量成分”，即事物的性状偏离目标的程度，如“高三尺”是“高(出)了三尺”。

4. $A_{主}$＋是＋谓词/名词性成分：

严$_1$是对你们负责|软$_2$是无能的表现|苦$_2$是可以忍受的(指生活)|瘸是装的|臊$_1$(臭$_1$)是厕所的味儿|急$_3$是没有用的|痒$_1$是肯定的

能进入格式4的词项极为有限，但从句法形式上说这应该是单音形容词做主语的一种典型格式，其中的动词“是”起肯定和联系作用，其后是谓语部分的主要内容，“是”在此表示评价关系，即表示其后的谓语是对形容词主语之性状的评价。

5. $A_{主}$＋比＋B＋好：

长$_1$比短好|(眉毛)粗$_2$比细好看|(玉米面)粗$_3$比细好|丑$_1$也比你好看|大$_1$比小好|旱$_1$比涝好办(我们有机井)|(关系)好$_2$比什么都强|厚$_1$比薄好|近$_1$比远好|快$_1$比慢好|宽$_1$比窄好|胖比瘦更糟|热比冷好(我不怕热)|涩比苦好|少$_1$比没有强|瘦$_1$比胖好|(挂面)细$_3$比粗好吃|早$_1$比晚了好

这也是一种典型的单音形容词做主语的用法，不过能进入该格式的词项不多。其中的形容词词项A、B后面都可以带上实现体助词“了”，从而进一步证明形容词的谓词性。不过带上“了”以后增强了结构的虚拟语气，试比较：长比短好——长了比短了好。

6. A＋谓词性成分：

矮$_1$不要紧|矮$_2$不算毛病|馋不算毛病|吵我不怕|强$_1$没什么好处|犟没有好处|抠不算毛病|懒可不好|拗没什么好处|生$_2$可不能吃|湿不要紧

勤$_1$能补拙|青$_1$出于蓝而青$_1$于蓝|穷则思变|傻$_1$有傻$_1$福|少$_3$不更事、少$_3$不当家|熟$_4$能生巧|稳$_1$如泰山|邪$_1$不压正|易如反掌|阴$_1$转多云|晴转多云

格式6是形容词单独做主语的主谓结构构成的句子。从形式上看，可以说这也是一种典型的单音形容词做主语的形式，但就前一部分例子来看，大都是有预设的，也即是说话者针对"上文"（对方的相关话题或话语）而言的，并且主语大都是贬义性的，谓语部分大都是否定性的，这说明这种所谓典型的单音形容词做主语的格式在语用上是有一定限制的。后半部分的例子（"勤能补拙"以下）虽然可以不是后续句，可以没有预设，但都是成语或习惯用语，所以它们算不上是单音形容词做主语的典型形式。

7.（太）$A_{主}$＋了＋不行（或其他谓词性成分）：

太暗了不行|太白$_1$了刺眼|太薄$_1$了不行|乱$_1$了不行|太猛了也不行|太密了也不行|太嫩$_1$了也不好吃|太腻$_1$了吃不下去|太浓$_1$了不行|（化妆）太浓$_2$了并不好看|（出考题）太偏$_3$了不行|太晒了也不好|太松了也不行|太烫了可不行|歪$_1$了可不好|弯了不行|太低$_1$了不行|太艳了穿不出去|太杂$_1$了不行|（给车打气）太足了不行|太甜$_1$了我不喜欢

这也是一种单音形容词充当主语的常用格式，除上述用例外许多词项也能进入该格式。这实际上是一种紧缩句，在具体语言环境中可以表达不同的复句关系，比如，表示假设关系，格式中的"了"表示设若

某种事物实现A的性状，那么将会出现“不行”等结果。由于“太”在这里表示性状的程度过分，所以整个格式表示“要是(太)A了，就不行”或者出现其他某种不如愿的结果，如“太腻了吃不下去”是说“要是(菜做得)太腻了，就没法吃下去”。表示结果的“不行”是对可能出现的某种不如人愿的情况的概括性说法，在实际言语交际中也可以根据表达的需要换成别种说法，如“太足了不行”也可以说成“太足了容易爆胎”。又如，表示因果关系，如“太甜了我不喜欢”，可以是“因为太甜了，所以我不喜欢”。实际上，是表达假设关系还是表达因果关系，有时要根据具体语境来决定，比如上例“太腻了吃不下去”也可以是表达因果关系，即“因为太腻了，所以吃不下”。而上例“太甜了我不喜欢”也可以用来表达假设关系，即“要是太甜了，我可不喜欢”。

8. $A_{主}$＋了(＋就/才/也)＋谓词性成分：

(盒子)扁了就不要了|(车胎)瘪了就打点儿气|差$_1$了重算|(白酒)冲$_3$就别喝了|稠了就兑点儿水|错$_1$了(就)重写|惯了就好了|贱了好卖|紧$_1$了不行|太紧$_2$不行|太紧$_3$了不好|老$_1$了就好了|(芹菜)老$_6$了不好吃|满$_1$了不好端|闷$_2$了听听音乐|面了不好吃|蔫$_1$了就别吃了|偏$_1$了可以调过来|糗了没法吃|软$_1$了不行|弱$_1$了要受欺|(体质)太弱$_2$也不行|散$_1$了也没关系|深$_2$了不好懂|省了也没人说你好|(肉)瘦$_2$了不香|瘦$_3$了没法穿|熟$_1$了才能吃|熟$_2$了才好吃|馊$_1$了可不能吃|(写剧本)俗$_1$了没人看|素了显得老气|碎$_1$了没关系|稀$_1$了不要紧|稀$_3$了可不行|细$_2$了不好看|(规定)太细$_5$了显得烦琐|斜了不行|硬$_1$了不行|远$_1$了香近了臭|糟$_1$了就不要了|窄$_1$了不行|重$_1$了就换个轻的

格式8是由紧缩句独立成句构成的句子，进入该格式的单音形容词跟进入格式7的词项一样，充当紧缩句的主语。该紧缩句多用于表假设关系，格式中的“了”表示实现或假设实现，“就”“也”等关联副词表示其后是结果。假设连词"要是、如果"等以不出现为常(是被缩减和省略的成分),但在理解整个句义时可以补上,例如,"(盒子)扁了就不要了",意思是说"要是(盒子)扁了,就不要了"。该格式在具体语境中也可以表示条件关系,整个紧缩句的句义是"只有……,才……"。如"熟了才能吃"是说"只有熟了才能吃"。有的可以表达更为复杂的复句语义关系,如"省了也没人说你好",意思是"即使省了(饭钱),也没人说你好"。该例表示的是假设让步——转折关系。

9. $A_{主}$＋就＋谓词性成分:

挤就别进去了|糠就别吃了|潮$_1$就换一个房间|困就睡一觉|再这么涝就完了|淡$_2$就加点儿盐|苦$_1$就别吃了|娄就别吃了|酸$_1$就不能吃了|贵$_1$就少买点儿|咸就少吃点儿|脏就别吃了

格式9跟格式8没有太大的区别,都是紧缩句单独成句的形式。所不同的是,格式9形容词词项A后边不带"了";格式8只表示假设关系,不能表示因果关系。另外,格式9是形容词词项A单独做主语,格式8是形容词词项A带"了",即"A了"做主语。能进入格式9的词项不限于上述各例,另外一些形容词词项也能进入该格式,如:短就换一个、陡就别爬了、忙就别来了、冷就多穿点儿、臭就不要了、大就换双小的、累就歇一会儿、晒就别在外边待着了,等等。

10. $A_{主}$＋也＋(得)＋谓词性成分:

次$_1$也有人要|陡咱也能爬上去|烦也得干|急$_2$也没有用|老$_7$也能吃|冷$_1$也得去|凉$_1$也得下水|忙也得来|闹也得住在这儿|腻$_2$也得学|太拧也不好

格式10也是一种紧缩句单独成句的形式,表示假设让步——转折关系,整个紧缩句的句义是"即使……,也(得)……"。例如:"烦也得干",意思是"即使烦了,也得干(这活儿)"。能进入该格式的词项不限于上述各例,不少形容词词项也能进入该格式,如"沉也得背着、苦也得吃、贵也得卖、痒也得忍着”等。

11. 不＋A＋不＋谓词性成分：

不黏不好吃|不齐$_1$不好看|（做工）不细$_4$不行|不响$_1$听不见|不快$_2$不行|不硬$_2$不行|不圆$_1$不行|不直$_1$不行|（病）不好$_3$不能去上课|（跟这些人）不横$_1$不行

格式 11 是表示假设关系的紧缩句“不……不……”单独成句的形式，“不 A”充当主语，“不＋谓词性成分”充当谓语。整个格式的语义是，“如果（要是）不……，那么（就）不……”。如“不齐不好看”的意思是“要是（摆得）不整齐就不好看”。

### 4.1.3 单音形容词做主语类型分析

以上考察表明，单音形容词词项充当主语的句法格式大致可以归纳为以上十一种，当然不能说尽收了单音形容词单独做主语的所有形式。例如，下列几种格式似乎也可以算作单音形容词充当主语的形式：

a. A 也 A 不到哪儿（去）：好/冷/热/累……也好/冷/热/累……不到哪儿（去）；

b. A 也 A 不了多少：好/冷/快/大/贵……也好/冷/快/大/贵……不了多少；

c. A 什么呀：好（冷/热/累/贵/）什么呀？

显然，a、b 两个格式都是紧缩句，意思是“即使 A，那么也不会太 A……”。其中的 A 与其说做主语，还不如说是个假设性的话题，至少不似典型的主语。[①] c 格式是以反问句的形式来否定对方的话语，其预设是：对方肯定事物具有某种性状，说话人则不认为事物具有该性状。值得注意的是，几乎所有的单音形容词都能进入“A 什么呀”这一格式。

① 另外，能进入这两个格式的词项都能以别的方式充当主语，故不影响本书的统计结果。

但是，如果把能进入这一格式的形容词词项都看作是做主语的话，实在过于勉强。因为“A什么呀”实际上是一种惯用语性的格式，不仅单音形容词能进入，绝大部分单音动词（包括少数双音动词）也能进入，但它的使用必须是有预设的，且只能用于否定对方的话语，是一种语用否定句。故这里暂不把进入该格式的形容词词项记作是形容词做主语。

这样看来，上述十一种格式大致能够反映单音形容词单独做主语的实际情况。当然如果加上含形容词词项的偏正结构、主谓结构、形补结构、形宾结构等充当主语的情况，那么能做主语的单音形容词数量肯定要高于本书目前的统计结果（32.42%），因为不仅有些含单音形容词词项的短语可以做主语，如“水凉就别洗了”“凉水不能和面”“话糙理不糙”“手笨心可不笨”“花的香是一种自然的香”“贵点儿没关系”“大几岁也行”，等等，某些含非谓形容词的短语也能做主语，如“初稿是四月份写的”“年初就定下了这个计划”“副主任是林东东”等。不过，如上文所言，含形容词词项的各种结构做主语不能简单地认为就是形容词做主语，因为根据形式和意义一致性的原则，含形容词词项的结构跟单独的形容词词项形式的不同，不可能不引起意义和用法上的变异，因此充当句法成分的自主能力也就不会完全一样。某些只能包含在主谓、偏正等结构中才能出现在主语位置上的单音形容词词项恰好说明它本身不具有做主语的能力。因此，我们只考察形容词词项单独（或受程度副词修饰或带上体助词“了”等，下文同此）做主语的情况，对含形容词词项的结构充当主语的情况未予考察。

根据上文考察，可以把能单独出现在主语位置上的单音形容词分为以下三种类型：

其一，话题主语：一部分单音形容词做主语有话题性。能进入上文（4.1.2，下同）考察的1和2两个格式的句首词项都具有这一特性。如：

1. $A_{主}$＋是＋不＋A：笨是不笨，就是缺点儿灵气儿

2. $A_{主}$+是+A：惨是惨了点儿

主语位置上的“笨”和“惨”从句法形式层面上说是做主语，是说明的对象；从语用层面上说是话题，是谈论的焦点。上面两例分别应该理解为“要说（他）笨还是不笨，他不算笨，只是缺少点儿灵气。”“要从（输得）惨不惨的角度来看，（我们）是输得惨了点儿。”

由此看来，把1和2两个格式中句首位置上的单音形容词词项看成是话题主语更为准确和恰当。其话题性的标志是，进入这两个格式的句首形容词都可以理解成“如果从是否A的角度来看，……”或“要说（某事物）A不A，……”。果如此，则可进一步认为，这种假设的话题主语是虚拟性的，语义理解上的“如果……”“要说……”为其标志。

其二，对象主语：做主语的单音形容词是谓语说明、评价、比较的对象。能进入上文考察的3、4、5、6四种格式句首位置的词项具有这一特性。其中，进入格式3、6的词项是谓语部分说明的对象，进入格式4主语位置上的词项是谓语部分评价的对象，进入格式5主语位置上的词项是比较的对象（格式中“比X”是比较的标准），如：

3. $A_{主}$+是+数量成分：高是三尺

4. $A_{主}$+是+谓词/名词性成分：严是对你们负责

5. $A_{主}$+比+B+好：长比短好

6. $A_{主}$+谓词性成分：湿不要紧

进入格式3式主语位置上的词项的词类属性是颇值得讨论的一个问题。就“高是三尺”来看，“高”是高度的意思，显然是名词性的，或者干脆说就是名词也无不可。因为此时不仅语义上是名词性的，而且主语位置上的“高”等词项还可以前加名词定语，如“围墙的高是一丈”“桌子的宽是二尺半”；或受数量词语修饰，如“三米深不算深”“二尺厚可不算薄了”“三斤重没有多沉”，这说明它们有名词的句法特征。因此，可以认为，现代汉语中“高、长、厚、宽、深、重”等6个词项，进入格式3“$A_{主}$+

是＋数量成分”是其作为名词的用法，因为此时在语义上它们分别覆盖了各自相应的反义词项的意义，也即分别表示高度、长度、厚度、宽度、深度和重量，在句法特征上获得了名词的某些属性。这本身并不是“名词化”“名物化”的问题，而是实实在在的名词用法。[①]

事实上，的确有一些学者包括权威的工具书是这样处理的，如《现代汉语词典》第6版（2012）就将“高（书桌～八十厘米），长（铁路桥全～6772米），厚（木板～两寸），宽（我国国旗的～是长的三分之二），深（河水～两米），重（箱子～十公斤）”等标注为名词。又如，谭景春（2009）指出：“（三角形）高3厘米”的意思是“高等于3厘米”。“高”后面可加“是”字，说成“高是3厘米”。该结构为“主＋谓”，即“高”是主语，“3厘米”是谓语。并认为能出现在“形＋（是）＋数量词”这个格式中的形容词只有“长、宽、高、深、厚、重”等少数几个，也就是说，它们的这种用法具有特殊性，其他的形容词一般不能随意仿效。“因此把它们归入名词是可行的，不至于造成大量的形名兼类，也可以使它们与大多数的形容词区别开来”。另外，这样处理与词法中的处理可以一致起来，如“体重70公斤、身高1.9米”等结构中“体重、身高”是定中式名词做主语，“重、高”是名词性语素，分别是“重量、高度”的意思。我们认为，将“长、宽、高、深、厚、重”等的上述用法看作是名词，即处理为形名兼类词，当然是一种可选的处理办法，其理由也是可以接受的。这样处理可能主要是考虑到这几个词的这类用法，与其他单音形容词有差异性，与名词用法有一致性，并且由于数量少，便于处理成兼类。然而，我们也可以取另一种选择，做另一种解释，即承认它们的这一用法与其他单音形容词的差异性而与名词用法的一致性。

① 吕叔湘（1966）曾就下面的几种情况指出，这样用的单音形容词“完全是名词性质的”：一种是抽象名词，如：长＝长度，高＝高度，重＝重量，温＝温度。一般见于合成词，例如：身长|体重，毛重，净重|水深|体温，气温；一种是指具体事物，也是以合成词为多，例如：蛋黄，韭黄，牛黄|铜绿，石绿|橘红，口红，等等；也有单独成词的，例如：一横|一直|一股香。

但是,如果考虑到这类名词用法的“单音形容词”数量不多且用法限制在特定的格式上,考虑到“高、长、厚、宽、深、重”等的其他用法都是典型的单音形容词(可以受“很”修饰,可以做谓语、做定语)用法,那么,也可以不把它们的名词性用法处理为形、名兼类,而仍然看作是极少数确定的单音形容词的特别义项在固定格式中的特定用法。从而不使它们与大多数的形容词区别开来,而让它们与大多数形容词在词类系统中保持一致,条件是将这几个典型单音形容词的这一用法做个案处理。事实上,还可以进一步做如下诠释:把出现在“$A_{主}$ +是+数量成分”中的“高、长、厚、宽、深、重”等 6 个词项做主语,看作是它们作为形容词多种用法中的一种特别的用法,即表示事物性状的客观量(所以它们的谓语都是客观的、确切或比较确切的数量成分,如“高是三米”“高是五米多”),而非表示性状的程度量(所以其谓语不能是主观性的模糊量或不定量,如“* 高是一些”“* 高是几米”)。实际上,这 6 个词项可以进入“……有多 A?”这种无标记询问句(此时它们在语义上还覆盖了各自相反的义素,如“高=高矮,长=长短”等)用于询问事物性状程度的客观量,(见 3.3.3—S1)这说明,表示事物性状的客观量跟询问事物性状程度的客观量是相互关联的,正因为它们能够表示客观量,所以才可以用于询问其客观量究竟为多少的无标记询问句中。从这个意义上说,也可以不把进入格式 3 中“高”等 6 个词项看作是兼类词,而看作是其形容词用法的特例,因为它们进入询问句用于询问客观量时仍是形容词。[①] 综合以上多种因素,我

① 谭景春(2009)指出,能出现在“有+多/数量词+形容词(长、宽、高等)”格式中表示程度,不是形容词的个别现象,而是具有普遍性。不仅积极性的形容词可以,在一定的语境中消极的形容词也可以出现在这个格式中(如,甲:哈尔滨的冬天可冷了。乙:到底有多冷?)。因此“可以认为它们仍然是形容词,并没有转变成名词,不能根据这种用法给它们分立出名词义项”。否则,“相当多的形容词都要据此分立出名词义项。这在实际操作中是行不通的,也是不必要的”。

们倾向采取后一种处理办法，即把它们做主语时也看作是形容词的（一种特殊）用法。如此，则可以说“高、长、厚、宽、深、重”等 6 个词项进入格式 3“$A_{主}$＋是＋数量成分”是汉语形容词独有的一种表示事物“度量”量的主谓结构。总之，对少数特定单音形容词特殊用法的个案处理，有利于从系统上维持单音形容词内部成员词性的一致性，如果为了它们个别的名词用法而把它们处理为形容词和名词兼类是不值得的。

进入格式 4 主语位置上的单音形容词，一般不能前加“很”等程度副词，如“*很严是对你们负责”“*很瘸是装的”，有的可以前加定语，如“他的瘸是装的”“老师的严是对你们负责的表现”，这似乎一定程度上说明此时的形容词已经失去了自身的某些重要性状，而获得了名词的部分特征，但它们都不能前加数量成分。另一方面，进入该格式主语位置上的形容词都可以带上助词“了”，如“严了是对你们负责”“软了就会被人欺”，可见仍有形容词的性质。这样看来，用是否还能受程度副词修饰、能否受数量成分修饰、能否再带“了”等来验证主语位置上的词项是否是形容词或其他词类，实际上是很困难的，因为词项本身的不同、表达内容的不同，特别是句法位置的不同，都可能使得它们的句法特征、句法功能产生变异。实际上，无论从理论上说还是从事实上看，任何一个词类的所有成员都不可能在所有的语法特征、语法功能上都完全相同，而某一具体的成员也不可能在任何情况下都能体现出该类词的所有句法特征。因此，这种用是否还能受什么修饰或是否还能带上什么成分的办法，来检测某一位置上的词项是否是某类词的做法，不是一个十分可靠的标准，至少不是时时处处都管用的。基于以上考量，我们仍把进入格式 4 主语位置上的词项看作形容词。

进入格式 5 主语位置上的单音形容词词项都有与之相反、相对或相关的词项，但由于受“比”字句句法和语义上的限制，它们都不能再受程度副词修饰。这是因为：性状形容词受程度副词修饰后（如“很长、太短”)带有明显的描写性,因而具有了状态形容词的性质,不符合“比”字句比较的内容必须是“性状”的要求,而具有状态形容词性质的“很长、太短”等不仅本身具有了描写性,而且已经是隐性的比较后的结果,所以不能再进入比较句,如不能说“很长比很短好”“他比我很胖”。但是进入格式 5 的形容词词项都可以带上“了”,说明它们仍是形容词而非名词,如“长了比短(了)好”。因此,可以说该格式中主语位置上的形容词词项是其做主语的典型性用法。

进入格式 6 主语位置上的词项都是谓语说明或评价的对象,其中“矮不要紧”等一部分用例的谓语大都是否定性的,“勤能补拙”等一部分用例是成语或惯用语性语言成分。

其三,虚拟主语:一部分单音形容词做主语具有虚拟性。能进入 7、8、9、10、11 五种格式的句式词项都具有这一特性。如:

7.(太)$A_{主}$+了+不行(或其他谓词性成分):太低了不行(要是太低了,那可不行)

8. $A_{主}$+了(+就/才/也)+谓词性成分:错了就重写(要是写错了,那么就重写)

9. $A_{主}$+就+谓词性成分:潮就换一个房间(如果觉得潮,就换一个房间)

10. $A_{主}$+也+(得)+谓词性成分:忙也得来(即使忙你也得来)

11. 不+A+不+谓词性成分:不齐不好看(如果不整齐,就不好看)

概括地说,这五种格式都是紧缩句,都表示假设关系(有的在具体语境中还可以表示条件关系、因果关系),从认知的角度来看,假设关系是说假设的某种情况实现后,就会产生相应的某种结果,这种“假设的条件——相关的结果”之关系是一种虚拟关系,是说话人主观上的一种判断、认定或要求等。虚拟关系并不意味着客观的不真实,更不意味着客观上的不可能,但“虚拟”毕竟是未实现的事件(客观世界里尚未发生的事情），是主观世界里认知想象能力的体现。表达虚拟事件的句子跟表达客观上已然事件的句子，其语言成分的功能也是有所分别的：表达客观事件的语言成分，其功能也应该是客观性的、实在性强的；表达虚拟事件的语言成分，其功能也应该是主观性的、实在性弱的。也就是说，表达客观事件的语言成分的功能是无标记的、是原型性的，表达虚拟事件的语言成分的功能是有标记的、非原型性的。如果是这样，那么就可以说，单音形容词词项在上述五种紧缩句中所充当的主语是有标记的，非原型性的。

至此，可以认为，对象主语是单音形容词做主语比较典型的形式，其次是话题主语，最后是虚拟主语，也即从原型性程度上看：对象主语＞话题主语＞虚拟主语。但总的来说，单音形容词做主语并非其优势功能、自然功能，因而也不是它的原型功能。这是因为：1. 从数量上看，只有 32.42％的形容词词项可以单独充当主语，仅占总数的三分之一左右，这无论如何不能算作是单音形容词词项的优势功能。2. 考察发现，单音形容词充当主语的主要句法格式都是由于在具体语境中省略了相关的语言成分造成的，补上相关的语言成分，单音形容词就不再做主语或不再单独做主语。这说明做主语并非是单音形容词的主要功能。具体来说，上文考察的单音形容词充当主语的十一种句法格式都可以在句首的形容词前加上一个相应的名词性成分，（参见 4.1.2）这个名词性成分可能直接成为句子的主语，也可能同句首的形容词词项组合成主谓短语做全句的主语，如果是前者则改变了原格式中形容词做主语的功能，如果是后者则弱化了原格式中形容词做主语的功能。例如：

1. 笨是不笨——他笨是不笨；2. 惨是惨了点儿——老王惨是惨了点儿；3. 高是三尺——桌子高是三尺；4. 严是对你们负责——老师严是对你们负责；5. 长比短好——木料长比短好；6. 矮不要紧——个子矮不要紧；7. 太暗了不行——光线太暗了不行；8. 错了就重写——

字错了就重写;9.潮就换一个房间——这屋子潮就换一个房间;10.忙也得来——你忙也得来;11.不齐不好看——杯盘(摆得)不齐不好看

不难看出,前加的名词性成分有的成为主语,如例1、2,有的跟形容词组合成主谓短语做整个句子的主语,如例3—10,个别格式及其用例要在形容词前加动词及其连带成分,如例11,而无论是哪一种情况都表明单音形容词做主语是不地道的、是有条件的——成分省略的产物——用形容词所表示的性状来替代具有该性状的具体事物造成的。

综上,似不难得出如下结论:单音形容词做主语可分为对象主语、话题主语和虚拟主语三个类别;只有三分之一左右的单音形容词可以单独充当主语;单独充当主语实际上是语言成分省略的结果,并非其"完形性的功能"。

我们对形容词做主语的认识是:形容词所表示的性状(属性和状态)是依附并通过具体事物体现出来的,但在话语和篇章中,当表达的重点聚焦在内容本身(即事物的性状,如"大、小、长、短、高、矮、胖、瘦"等)时,体现这种性状的事物就变得不言自明(如"苹果、木料、个子、身体"等),省略就成了顺理成章,而体现事物性状的名词性成分的省略,就使得形容词在形式上独居主语位置,从句法层面上看,形容词就成了句子的主语。果如此,则从形容词做主语的机制中不难发现:单音形容词做主语并非其独立性的语序,亦非其优势功能,而是语用过程中为凸显话语焦点而省略了相关语言成分造成的。

以往把形容词单独居于主语位置上看作是形容词的名物化或名词化,这只是脱离语用和语境,仅从句法层面上做出的一种解释。通过对单音形容词充当主语情况的定量考察发现,形容词做主语实际上是话语和篇章中语言成分省略造成的,并非其原型性的功能,亦非名物化或名词化的结果。一般来说,句首主语位置上以名词性成分居多,这是汉语的事实,但是,这也仅仅是一种具有较大概率的倾向,而非绝对的规律，某些谓词性成分通过省略相关的语言成分或通过形式上的紧缩和表达上的虚拟等手段(这其中仍然存在省略现象)，也可以进入这一领地，尽管概率相对较低。然而，我们不能因为它们进入这一领地的机会少，便认为一进入这一地界就说它们被同化了——名词化或名物化，因为这种观念的前提过于绝对化，也缺乏充分的理据。单音形容词单独做主语正好比"山中无老虎，猴子成大王"，猴子可能成为大王，但它还是猴子，而不能因为它当了大王就变成了老虎或"老虎化"了。

总起来说，我们倾向于把出现在主语位置上的单音形容词仍然看作是形容词，它们在句法上做主语是语义表达上为了凸显内容(性状)的需要造成的，这是它们能单独出现在主语位置上的根本动因，实现这一目的的手段是省略体现相关性状的事物(名词性成分)。

### 4.1.4 单音形容词做宾语考察

据考察，700 个单音形容词词项中，能单独或受副词修饰或带上"了"后充当宾语的词项共有 291 个，占总数 41.57%。单音形容词做宾语大致可以分为十一种类型：

1. 主语(＋不/没)＋觉得＋$A_{宾}$：

我不觉得矮$_1$|我不觉得饱$_1$|我不觉得臭$_1$|不觉得乏|我没觉得慌$_1$|我不觉得渴|我不觉得苦$_2$|不觉得困|不觉得累|不觉得冷$_1$|我不觉得饿|我不觉得闷$_1$|没觉得腻$_2$|我觉得不偏$_1$|不觉得热|不觉得膻|不觉得生$_2$|没觉得省|我不觉得俗$_1$|不觉得疼$_1$|不觉得秃$_4$|我不觉得土$_1$|我不觉得$_1$|我觉得不妥|我觉得太细$_2$了|我觉得很值|这表我觉得不准$_1$|我觉得不齐$_1$|我心里觉得很烦|这豆角儿我觉得老$_6$|我觉得不老$_7$|这事我觉得很怪|我觉得太勤$_2$了|他觉得冤$_1$|他觉得窄$_1$|我觉得太杂$_1$了|我觉得太紧$_1$了|我自己觉得好$_3$了|我觉得斜了

格式1中的“不”有时可以不用，如“我(不)觉得累”，有时可以放在动词的后面，如“我觉得不偏”“我觉得不土”；有时可以前后都不出现“不”，如“我觉得腻”。格式中的动词“觉得”有时可以换成“认为”“感觉”等，如“我不认为俗”“我不感觉饿”。“觉得”等是谓宾动词，所带的宾语都是谓词性的，从意义到用法都不存在所说的名物化迹象，许多情况下做宾语的形容词前仍可以加“很”，尤其是动词“觉得”前面不出现“不”或“没”的情况下，如“我觉得很俗”“我觉得很腻”。格式中的主语以第一人称“我”为最常见、最自然，有时也可以换成“他”，有时可以不出现。

“主语(＋不/没)＋觉得＋$A_{宾}$”表示说话人对事物具有或不具有形容词所表示的某种性状所做出的判断。这种判断都是有一定客观依据的，即说话人对事物性状的心理体验，因此宾语多是表示人的心理或生理性状的形容词(有的也被称作心理动词)，如“$饱_1$、渴、饿、困、累、冷、热、$苦_2$、腻、膻”等。之所以说是有客观依据的，是因为诸如“饱不饱”“冷不冷”等说话人是心知肚明的。相对来说，表示事物性状的形容词词项，如“细、斜、妥、省、歪、杂、准”等充当的判断宾语则更多地带有个人的主观色彩。

2. 主语＋不算＋$A_{宾}$：

这纸不算$薄_1$|这块地不算$薄_2$|不算$矮_2$|你的运气不算$背_1$|这地方不算$背_3$|他不算$笨_1$|这豆荚不算瘪|这字不算$草_1$|这酒不算$冲_3$|这样写也不算$差_1$|这可不算馋|这屋子不算$潮_1$|这话不算$冲_2$|这粥不算稠|这样子不算$蠢_2$|不算太$次_1$|他眉毛不算$粗_2$|这沙子不算$粗_3$|这菜不算$淡_2$|这个色儿不算$淡_3$|这分数不算$低_2$|级别不算$低_3$|不算陡|不算$大_1$|你这招不算$毒_2$|这么写不算$对_1$|这刀不算钝|这肉不算$肥_1$|不算费|不算富|这楼不算$高_1$|他技术不算$高_2$|两家关系不算$好_2$|这屋子不算$黑_2$|不算$厚_1$|这地不算荒|这水不

算浑$_1$｜这雨不算急$_1$｜不算贱｜不算近$_1$｜这速度不算快$_1$｜这刀不算快$_2$｜不算宽$_1$｜这肉不算烂$_1$｜（这招儿）不算灵$_2$｜这瓜不算娄｜不算乱$_1$｜不算满$_1$｜这速度不算慢$_1$｜不算忙｜这豆腐不算嫩$_2$｜不算胖｜这题不算偏$_3$｜这路不算平$_1$｜我俩交情不算浅$_3$｜这病不算轻$_2$｜这粥不算糗｜这河不算深$_1$｜他不算瘦$_1$｜我跟他不算熟$_4$｜工作不算顺$_2$｜不算远$_1$

格式2中的"算"是"算作""属于"的意思，是个谓宾动词，所带的宾语为形容词。整个格式"主语＋不算＋$A_{宾}$"表达的含义是：说话人认为某事物（主语）不具有形容词（宾语）所表示的某种性状，或某事物所具有的某种性状在程度上还不够高，没有达到说话人的心理标准。据考察，几乎所有能够做宾语的单音形容词都能进入该格式，可见"不算＋单音形容词"已经语法化为用于表示对事物性状程度的主观评价。其中，语言的主观性和语义表达的需要是造成格式2语法化——用于表达说话人对事物性状程度的主观评价的主要动因。一方面，说话人在语言表达的过程中多少总要体现出对这段话的立场、态度和感情，概括地说就是说话人的主观认识和主观评价，语言的这种主观性通过主观化的句法格式得以实现（见3.6.2）；另一方面，形容词用于表示事物所具有的某种性状，性状在程度上存在一个有高有低乃至该事物在当前情况下是否具有某种性状的问题，这在汉语中都应有相应的表达形式。当说话人认为事物不具有某种性状或性状在程度上没有达到说话人心目中的标准时，便选择了"不算＋单音形容词"的格式，这种格式就是主观化了的句法格式。例如，"这病不算重""车气不算足"表示说话人认为这病没有达到重的程度、车气没有达到足的程度。褒义、贬义和中性的单音形容词词项都有可能进入格式2，并且都表示某事物不具有某种性状或某种性状在程度上没有达到说话人的主观标准。正由于该格式用于主观评价，所以形容词宾语前大都可加表示程度高或程度过头的副词“太”(见 3.6.1),如“这纸不算太薄”“这衣服不算太脏”。形容词宾语受程度副词“太”修饰后,表明说话人认为性状在程度上不高或没有过头。

3. 主语(+不)+嫌+A$_{宾}$:

他嫌沉$_1$|我不嫌多$_1$|他嫌肥$_3$|我不嫌黑$_1$|老张不嫌辣|我不嫌闷$_2$|我嫌太闹|他嫌太嫩$_1$|我不嫌破$_1$|他不嫌臊$_1$|他不嫌臊$_2$|他不嫌涩|我不嫌少$_1$|我不嫌瘦$_2$|这裤子不算瘦$_3$|我不嫌馊$_1$|我嫌酸$_1$|这样子他嫌土$_2$|我不嫌紧$_3$|他嫌稀$_3$|我不嫌苦$_1$|他嫌太重$_1$了|他嫌太细$_5$了|我嫌太咸|我嫌太面|我嫌太花$_1$

格式 3 中谓语动词“嫌”是一个可以带体词宾语的(你嫌我,我就走)的谓宾动词,但多数用于带谓词性宾语,表示“不喜欢”“不满意”的意思。整个格式表达说话人不喜欢、不满意事物所具有的某种性状(不出现“不”时),如“他嫌酸”;或表达说话人能够接受事物所具有的某种性状(出现“不”时),如“他不嫌涩”。概括地说,格式 3 表示说话人对事物所具有的某种性状的不满或认可,即表达说话人对事物性状的主观态度。

4. A+是(+不)+A$_{宾}$:

纯是不纯|肥$_4$是肥$_4$|公$_1$是公$_1$(私是私)|(这孩子)淘是不淘|急$_3$是不急$_3$(可也别拖)|(水)开是开|他抠是抠(但对老人不抠)|嘴贫$_2$是贫$_2$(可不乱讲)|贵$_1$是贵$_1$(可质量也好啊)|红$_1$是红$_1$了(可不见得好吃)|湿是不湿(有点儿潮)

格式 4 中“是”仍然是动词,“起肯定和联系”的作用,但兼有了“虽然”的意思。从句法形式上说,“是”连接的前后成分分别是主语和宾语。整个格式表示说话人肯定形容词宾语所表示的性状是事实,但在后续句中叙述的意思发生转折。不过,少数词项进入该格式后所表达的意思与上述情形不同,例如:“公是公,私是私”“男是男,女是女”,整个格式表示前后两种情况并不相同,应区别对待。这主要是成对出现的非谓形容词。

5. 主语＋是＋$A_{宾}$：

这帮家伙是黑$_3$|这人是狠$_1$|这招是狠$_2$|这家伙是横$_1$|这孩子是笨$_2$|这人是坏$_1$|这孩子是强$_1$|这孩子是犟|这孩子是娇|这人是狂|(这孩子)是灵$_1$|西湖是美|这东西是妙|东北的黏豆包是黏|这家伙是牛|这孩子是拗|这东西是轻$_1$|老张是肉$_{(慢性子)}$|这孩子体质是弱$_2$|他是那么帅|他开车是稳$_1$|槐花是香$_1$|质量是好$_1$|这面是白$_1$|老张的脾气是暴$_2$|这家伙是蠢$_1$|这萝卜是脆$_1$|她嗓子是脆$_2$|这孩子是乖|她嗓子是尖$_2$|老王是倔|这萝卜是糠|这孩子是淘|这题是难$_1$

格式 5 中“是”仍然起连接前后成分的作用，一般要重读，此时有强调“是”后形容词词项的作用，“是”明显含有“的确”的意思，肯定话语的预设是事实。实际上，该格式中“是”都可以换成“的确”而基本意思不变(如此则句末形容词就不能再认为是宾语)。“是”作为动词起肯定作用，跟肯定语气副词“的确”本身就有相通之处，但“是”还有一定的连接作用。因此，我们倾向仍然把“是”看作是动词，但此时它已明显向肯定语气副词方向虚化，所以格式中“是”后的形容词不是地道的宾语，也即不是原型性宾语。

6.(主语＋)显得＋$A_{宾}$：

显得挺笨$_3$|显得特假|显得旧$_2$|情绪显得不稳$_2$|显得亮|她显得老$_1$|显得很软$_2$|这颜色显得素|这篇文章显得散$_1$

格式 6 中“显得”是谓宾动词，所带的形容词做宾语。该格式表示说话人认为某事物从外表上看具有某种性状。能进入该格式的词项虽不限于上述各例，但也不多，因为不能从外表上看得出性状的词项即不能进入该格式，如“饿、热、冷、淡、苦$_1$”等，某些由主观性标准来确定的性状也不能进入该格式，如“贵、贱、脆$_2$、肉、扭、乖”，等等。

7. 有＋名词性成分＋$A_{宾}$：

有篮球场大$_4$|有碗口粗$_1$|有一人多高$_1$|有三寸厚$_1$|有三米深$_1$|有一里地远$_1$|幅子有二尺宽$_1$|这条鱼有10斤沉$_1$|这头大象能有两吨重$_1$|这条带鱼有五尺长$_1$

能进入该格式的单音形容词词项只有上述10个，它们分别覆盖了相关的反义词项的含义，如“大”是大小，“粗”是粗细的意思，是单音形容词的无标记形式。（见3.7.3，4.1.2）格式中的名词性成分是必有成分，否则句子就不能成立，如“* 有大$_4$”“* 有高$_1$”。这些名词性成分，有的可以用“这么”替代，如“有这么大$_4$”“有这么粗$_1$”“有这么高$_1$”，有的不能用“这么”替代，如“* 有这么沉$_1$”“* 有这么重$_1$”“* 有这么远$_1$”。能够用“这么”替代的，其形容词所表示的性状应是说话人可形容、听话人可感知的，否则便不能替代。

8. 有＋$A_{宾}$＋有＋$B_{宾}$：

他对儿女有薄$_3$有厚|有粗$_1$有细|这些竹材有长$_1$有短|这些椽子有直$_1$有弯|他的话有真$_1$有假|他的话有对$_1$有错$_1$

这是单音形容词进入固定格式“有……有……”中充当“有”的宾语，条件是两个正反义项的形容词词项对举出现，否则不能进入该格式。此外，该格式形容词宾语还有一个特点，当形容词所表示的性状指代的是具体的事物时，其后可以加“的”，如“椽子有弯的有直的”。但是，当形容词所表示的性状指代的是非具体的事物（如情感、态度）时，其后不能加“的”，如“* 他对儿女有薄的有厚的”。能进入该格式的词项不限于上述各例，如“高、矮、远、近、深、浅”等也能进入。

9. 主语＋真（才）叫＋$A_{宾}$：

这药可真叫苦|高铁可真叫个快|他那话才叫损呢|那儿的东西可真叫贵|那裤子真叫瘦$_3$|这辣椒才叫个辣|人家那体格真叫棒|那话说的真叫冲$_2$|北大荒的土地可叫肥$_2$|那日子才叫火呢|这西

瓜才叫甜$_1$|人家那关系才叫铁$_2$|吃上一口那才叫个香$_2$|这球踢得真叫个臭$_3$

格式中的"叫"为动词,做谓语,相当于"是""称得上",有肯定、判断的意思。"真/才"是必有成分,用于加强肯定的语气。整个格式表示说话人对事物体现出的某种性状的夸张性肯定。该格式主要用于口语,所以宾语形容词前有时可以加上口语标记词"个"。

10. 主语(+不)+怕+$A_{宾}$:

我不怕滑$_1$|我不怕挤|我不怕凉$_1$|我不怕难|我不怕腻$_1$|不怕拧(就怕不讲理)|他怕晒|我不怕生$_1$|我怕不熟$_1$|我怕晚$_1$了|我怕烫|我怕吵|我怕短了

格式中的"怕"是"疑虑,担心"的意思,必带动词、形容词、小句做宾语,因此是谓宾动词。整个格式表示说话人对出现形容词所表性状的担心或不担心。形容词宾语所表示的性状是谓宾动词"怕"的对象。

11. 主语+动词(装,发,转……)+$A_{宾}$:

格式11是除以上十种句法形式以外单音形容词做宾语的形式。主要包括:

(1)装聋|你装傻$_1$|他装瘸(不是真瘸)|腿脚发麻|眼眶发青$_1$|发蔫(去声)|阴转晴|多云转阴$_1$|你别犯傻$_2$

(2)奖勤$_1$(罚懒)|(奖勤)罚懒|(抗旱)防涝|嫌贫$_1$(爱富)、脱贫$_1$|改邪$_1$归正|改邪归正$_3$|(他欺软)怕硬$_2$|化整(为零)|(化整)为零|复原$_1$、还原$_1$

(3)受寒、受(了)(点儿)寒|受(过)穷|丢(出)丑$_2$|摆(过)阔|耍(过)赖|撒(过)野$_1$

(4)我把它当个宝、当作宝|没人记你个好$_1$

其中,(1)"装、发、转"等动词所带宾语仍为形容词,似不成问题;(2)"奖勤罚懒"等惯用语、成语中做宾语的形容词也只能看作形容词,而不能认为已经名物化，但也很难说是典型形容词做宾语的用法，因为不是可以任意拆卸和搭配的；(3)“受寒、丢丑”等可以看作是形容词做宾语的用法，但动宾之间如果不加其他成分，则有词汇化的倾向；(4)“当个宝、记个好”等个别用例不仅形容词可以前加“个”，也可以儿化，似乎有名物化、名词化的迹象，但加“个”实际上是成句的需要。不过这种用法是口语中个案性用法，搭配受限，用例罕见，因此把宾语看作是形容词、名词、名物化了、名词化了，似都无关紧要。

### 4.1.5 单音形容词做宾语类型分析

据以上考察，单音形容词充当宾语的句法格式大致可以归纳为十一种，虽不能说尽收了单音形容词单独做宾语的所有形式，但主要形式应该包括在内。当然如果加上含形容词词项的偏正结构、主谓结构、形补结构、形宾结构等充当宾语的情况，那么能做宾语的单音形容词数量肯定要高于本节目前的统计结果(41.57%)。不过，如上文所言，含形容词词项的各种结构做宾语不能简单地认为就是形容词做宾语，因为形式发生了变化，意义和用法也将发生变化，充当句法成分的自主能力也就不会完全一样。因此，本节只考察形容词词项单独(或受程度副词修饰或带上体助词“了”等)做宾语的情况。(参见 4.1.3)

从动词跟宾语之间的语义关系来看，单音形容词做宾语可以概括为以下两种类型：

其一，判断宾语：宾语表示说话人对事物性状及其程度的判断。能进入上文(4.1.4，下同)考察的格式 1—9 宾语位置上的形容词词项概括地说都具有这一特点。

1. 主语(＋不/没)＋觉得＋$A_{宾}$：我觉得冷、我不觉得累、我觉得不腻

2. 主语＋不算＋$A_{宾}$：这纸不算薄、这刀不算快

3. 主语(＋不)＋嫌＋$A_{宾}$：我不嫌多、我嫌酸

4. A＋是(＋不)＋$A_{宾}$：急是不急、他抠是抠

5. 主语＋是＋$A_{宾}$：这人是坏、这孩子是犟

6. 主语＋显得＋$A_{宾}$：显得挺笨、情绪显得不稳

7. 有＋名词性成分＋$A_{宾}$：有碗口粗、有一人多高、有三寸厚

8. 有＋$A_{宾}$＋有＋$B_{宾}$：有薄有厚、有粗有细

9. 主语＋真(才)叫＋$A_{宾}$：那药真叫苦、这辣椒才叫个辣

"判断宾语"是一种概括性的说法，具体来说：1 式是对有无某种性状的判断，2 式是断定事物性状的程度不够高，3 式表明对事物性状的情感态度，4 式肯定形容词宾语所表示的性状是事实，5 式是对预设中事物所具有的某种性状的确认，6 式是对事物外表上体现出的某种性状的断定，7 式是对性状的程度量(数量)的估量，8 式是对性状存在的肯定，9 式是对形容词所表属性的夸张性强调。

其二，对象宾语：形容词宾语是谓语动词关涉的对象。上文考察的格式 10、11 中的宾语具有这一特点。例如：

10. 主语(＋不)＋怕＋$A_{宾}$：我怕晚了、我不怕挤

11. 主语＋装，发，转……＋$A_{宾}$：你装傻、阴转晴、当个宝、丢过丑

格式 10 中的形容词宾语所表示的性状是谓宾动词"怕"(担心)的对象，11 中形容词宾语是变化动词"装"等和认定动词"当"等变化或认定直接涉及的对象。事实上，无论从使用的格式的多少上看，还是从实际使用的数量和频率上看，对象宾语都只占少数。

从单音形容词做宾语是否存在省略现象，也可以分为两种情况，一种是在具体语境中可以补上相关的语言成分，一种是不能补出相关的语言成分。前者如格式 1、3 中的大部分用例，后者如格式 2、4 中的用例。例如：

我不觉得渴——我不觉得口渴　　我不觉得腻——我不觉得这菜腻

我不嫌多——我不嫌钱多　　我不嫌破——我不嫌衣服破

这纸不算薄——*这纸不算纸薄　这刀不算快——*不算这刀快

急是不急——*急是这事不急　　抠是抠——*抠是他抠

能够省略相关语言成分的,是因为体现形容词所表性状的事物在上下文中是确定的或是不言自明的;不能省略是因为与形容词所表性状相关的语言成分已经出现在该句的主语位置上或是因为性状本身就是评论的焦点(而不是相关的事物)。

据上文考察和分析看,单音形容词做宾语不存在名物化现象。做宾语的形容词在语义上仍然是表示事物的性状,在句法上仍然体现形容词的特征,表现为如果能加修饰成分的话,所加的仍是"很""太"等程度副词,而不能加名词或数量词语。但是,上文格式7似乎例外,该格式中有的不能看作是名词修饰宾语形容词,如"有碗口粗"(?*碗口粗),有的则很像数量成分限制形容词,如"有三寸厚"。不过,该格式中的词项是单音形容词的无标记形式,不仅表示该词项字面上的含义,也包括了相关的反义词项的意思,如"粗"是粗细的意思,"厚"是厚度的意思,而且这种含义以及用法也见于问句,(见3.7.3)因此不能认为是做宾语后名物化了。

总起来说,单音形容词做宾语并非其优势语序、优势功能、原型功能。这是因为:从数量上看,单音形容词做宾语不占优势;同样也存在着以性状指代相关事物的现象,尽管这种指代不如做主语时那么普遍;单音形容词做宾语限于少数具体的动词做谓语,并且跟它做主语一样仅限于少数具体的格式,普遍性较差。

### 4.1.6 单音形容词做主宾语对比分析

现将单音节形容词做主宾语的考察结果,以表4—1、表4—2陈列如下:

表 4－1　单音形容词做主宾语的基本情况

| 单音形容词 | 占总数量(700 个)比例 | 主要格式 | 可省略名词成分 | 主宾语的类型 |
|---|---|---|---|---|
| 做主语 | 227 个,32.42% | 11 种 | 全部 | 对象、话题、虚拟 |
| 做宾语 | 291 个,41.57% | 11 种 | 部分 | 判断、对象 |

表 4－2　单音形容词做主宾语使用的句法格式

| 单音形容词做主语 | 单音形容词做宾语 |
|---|---|
| 1. $A_{主}$＋是＋不＋A:笨是不笨 | 1. 主语(＋不)＋觉得＋$A_{宾}$:我觉得冷 |
| 2. $A_{主}$＋是＋A:惨是惨了点儿 | 2. 主语＋不算＋$A_{宾}$:这纸不算薄 |
| 3. $A_{主}$＋是＋数量成分:高是三尺 | 3. 主语(＋不)＋嫌＋$A_{宾}$:我不嫌多 |
| 4. $A_{主}$＋是＋谓词/名词性成分:严是对你们负责 | 4. A＋是(＋不)＋$A_{宾}$:急是不急 |
| 5. $A_{主}$＋比＋B＋好:长比短好 | 5. 主语＋是＋$A_{宾}$:这人是坏 |
| 6. $A_{主}$＋谓词性成分:湿不要紧 | 6.(主语＋)显得＋$A_{宾}$:显得挺笨 |
| 7.(太)$A_{主}$＋了＋不行:太低了不行 | 7. 有＋名词性成分＋$A_{宾}$:有碗口粗 |
| 8. $A_{主}$＋了＋谓词性成分:错了就重写 | 8. 有＋$A_{宾}$＋有＋$B_{宾}$:有粗有细 |
| 9. $A_{主}$＋就＋谓词性成分:潮就换一个房间 | 9. 主语＋真(才)叫＋$A_{宾}$:那真叫苦 |
| 10. $A_{主}$＋也＋谓词性成分:忙也得来 | 10. 主语(＋不)＋怕＋$A_{宾}$:我怕晚了 |
| 11. 不＋A＋不＋谓词性成分:不齐不好看 | 11. 主语＋动词(装……)＋$A_{宾}$:你装傻、阴转晴 |

总体上看,单音形容词能单独做主语、宾语的比例都不算高。能做宾语的比例比能做主语的比例要高一些(大约高出九个百分点),也即做宾语的能力略强于做主语。主要的问题还不完全在于它们充当主宾语的比例不高、能力不算强,而是单音形容词做主宾语很受限制,主要见于十余种特定的格式中,而且谓语主要限于“是”或少数谓宾动词,其主语和宾语的语义类型分别只有两三种。这表明,主宾语位置上排斥谓词性成分,尤其是谓词性成分单独出现在主宾语位置上,换言之,主宾语位置不是单音形容词的优势语序,而是名词性成分的优势语序。相对而言,宾语位置对谓词性成分排斥得不那么强烈,这是因为,体现单音形容词所表性状的事物(名词)在具体语境中因不言自明而缺省,

或因已经出现在句首主语位置上，或因宾语所表性状正是评论的焦点，从而让表示性状的形容词直接做了宾语，这是造成做宾语的单音形容词比做主语的单音形容词数量多的主要原因。

一个强烈的倾向是，能做主语的词项基本上都能做宾语，能做宾语的词项绝大多数也能做主语。这说明，做主语和做宾语具有功能上的相容性，二者是等价功能。也就是说主语和宾语两个句法位置对词语的选择限制总体上是相同的，特别是对不同词类及其小类而言。但是涉及具体词语则不能一概而论，考察表明，有 53 个能做宾语的词项不能做主语，占能做宾语的词项总数的 19.27%，它们是：

薄$_2$、薄$_3$、宝、暴$_2$、背$_1$、背$_3$、糙$_1$、丑$_2$、臭$_3$、蠢$_1$、脆$_1$、脆$_2$、大$_4$、毒$_2$、恶、乏、寒、黑$_3$、狠$_1$、狠$_2$、花$_1$、急$_1$、假、尖$_2$、娇、绝$_1$、阔、赖、闷$_1$、妙、贫$_1$、浅$_3$、强$_1$、勤$_2$、轻$_2$、全$_1$、臊$_2$、傻$_2$、深$_3$、帅、顺$_2$、秃$_4$、妥、旺、稳$_2$、香$_1$、野$_1$、荫、原$_1$、真$_1$、整、正$_3$、准$_1$

有 4 个词项能做主语不能做宾语，仅占能做主语词项总数的 1.76%，它们是：惯、蔫$_1$、少$_3$、易。这四个词项做主语也并不地道，前两个主要用于紧缩句中做虚拟主语，后两个仅见于惯用语中，实际上可以忽略不计。如此则可得出这样的结论：能做主语的单音形容词词项都能做宾语，能做主语的词项蕴含在能做宾语的词项之中。

### 4.1.7 单音形容词做主宾语的原型性问题

单音形容词做主宾语都是有条件的，换言之，是有一定规律性的。表现为：它们主要出现在十几个确定的格式中；单音形容词单独做主语几乎全部都可以看作是具体语境中省略了相关的名词性成分造成的，做宾语也有部分属于这种情况；单音形容词做主语和做宾语的类型都比较单调，典型性也不够高；形容词做主语的句子，动词主要限于“是”，或句子为紧缩句；形容词做宾语的句子，其动词主要限于“觉得、嫌、显得、装”

等少数谓宾动词，或是"是、有、不算"等少数表示存在、判断的动词。

当然，单音形容词单独做主宾语也都有比较典型的用法，做主语如表4—2中的格式3、4、5；做宾语如表4—2中的格式1、2、3、7等。但是，这些典型性相对较高的句式，有的只有少数词项能够进入，如格式3只有"高、长、深"等十来个词项可以进入，格式7也大抵相类。这在相当程度上反而说明，单音形容词做主宾语是受限的，典型程度不高。

从广义的语法化，即"语言是如何获得语法的?"也即语用法的语法化角度来看，可以认为，单音形容词单独做主宾语的语法化程度还很低，做主宾语不是单音形容词的原型性功能。这是因为：

1.能做主宾语的单音形容词分别只占32.42%和41.57%，说明主宾语位置不是单音形容词在句子中的优势语序；用频率标准来衡量，则单音形容词做主宾语是有标记的。

2.单音形容词单独做主宾语分别限于十来种固定的格式，格式中的动词主要限于联系动词"是"，或少数谓宾动词；用分布标准来看，单音形容词做主宾语是有标记的。

3.做主语有近半数的格式是紧缩句(主语是虚拟性的)，不通过这类紧缩句，有关的形容词词项连虚拟主语也做不成，进入紧缩句才能做主语，正说明单音形容词的章法功能向句法功能的转变，也即章法成分向句法成分的转变。

4.单音形容词做宾语使用面最广的一个格式是"不算＋形容词宾语"，几乎所有能做宾语的单音形容词词项都能进入这一格式，但是该格式中的动词"算"必须以否定的形式出现，否则就不能成为带形容词宾语的句式。其实不限于这一格式，单音形容词做主宾语许多情况下都需要有否定词"不"的同现，而否定句一般是有前提或预设的，跟陈述句比其成句是有条件的。实际上，3所提到的紧缩句(虚拟主语)和4所提到的有"不(算)"参与的否定句(宾语非事实)都表明这样一些句子

为非现实句，而普遍的语言调查表明，“现实句是无标记的，非现实句是有标记的”。（沈家煊，1999：106）

所有这些都说明单音形容词做主宾语是受限的、是有标记的，是这种用法语法化程度低的表现，换言之，做主宾语不是单音形容词的原型功能。

值得注意的是，朱德熙在《语法讲义》（1982：101）中说“事实上绝大部分的动词和形容词都能做主宾语”，在《语法答问》（1985：7）里又说“百分之八九十的动词和形容词可以做主宾语”。沈家煊（2011b）支持这一基本观点，并列举了不少动词包括少数形容词做主宾语的例子，指出“这样的例子可以无穷地举下去，真正不能做主宾语的动词为数极少”。本节根据单音节形容词的不同义项，按上述考察方式得出的单音形容词词项做主宾语的比例分别只占 30.42%和 40.57%。看来，动词和形容词做主宾语的能力可能并不一样，是否区分音节和义项，其能做主宾语的情况可能也不一样。这个问题可能还需要进一步明确考察范围、语体、音节、义项、标准等，以便进行更为细致的考察，因为这是一个事关大局的重大问题。[①] 本节对单音节形容词做主宾语按义项的考察和分析仅供参考。

### 4.1.8 从单音形容词做主宾语看名物化问题

从本节对单音形容词做主宾语情况的考察和分析来看，我们赞同朱德熙（1985：5）的观点，即汉语的动词形容词既能做谓语，又能做主宾语。做主宾语的时候，还是动词、形容词，并没有改变性质。朱先生认为，说主宾语位置上的动词、形容词已经名词化了，这是拿印欧语的眼

① 沈家煊（2011b）指出：要是“事实上”可以做主宾语的动词和形容词不是“绝大部分”，不是“百分之八九十”，那么汉语的动词和形容词“做主宾语的时候还是动词、形容词，并没有改变性质”的观点就根本站不住了。笔者按：可见，能充当主宾语的动词和形容词的数量问题是影响做主宾语的谓词是否改变性质（词性）的大问题。朱德熙（1985：5—6）认为，汉语动词做主宾语的时候并没有改变词性，还是动词、形容词。这是汉语区别于印欧语的一个非常重要的特点。并认为，这件事不但影响我们对整个词类的看法，而且还关系到对句法结构的看法。

光来看待汉语。目前,朱先生这种“主宾语位置上的动词和形容词不变性”的观点仍然是主流意见。这里试着从另外的角度来探讨汉语形容词做主宾语的现象。

1. 我们认为,名物化和名词化的说法似乎有意无意地设定了一个前提,即句首主语位置上是名词性成分的领地,因此进入这一领地的成分必是名词性成分,非名词性成分进入这一位置则需名物化或名词化。于是,从不同角度、不同层面上证明其名物化或名词化。如果确有这样一个前提,那么,这一前提是缺乏理据的。有一种类似的看法是说主位和宾位的语法位类有自己的语法性质,谓词进入主/宾位之后,便带上了主/宾位类的语法性质。也即谓词处在主/宾位后在保持自身的谓词性的同时增加了新的语法性质,这种新增的语法性质不是名词的,而是主/宾位的。(见 4.1.1)这是一种创新性的解释,但是,如果要问:这种新增的主/宾位的语法性质,与名词的语法性质有何关系?回答应该是:大部分语法性质是相同的,如有指称性,可前加名词性定语、可受指代词指代等。果如此,那么这种新颖的解释只是把主宾语位置上的谓词新增加的名词性的语法特点,由谓词本身的名物化或名词化所致,归因为是由语法位置所赋予的。通俗点说就是“不是谓词本身怎么样了,是主/宾位置让谓词怎么样了”。如果再进一步问,主/宾位置所具有的这种名词性的语法意义又是从何而来呢?这可能涉及汉语的语言类型等多方面问题,但一个最简单的事实是汉语主宾语位置上以名词性成分居多,所以这两个位置可以或主要容纳和体现名词性成分的语法特点。果如此,那么把主宾语位置上的谓词可能具有的名词属性说成是通过谓词直接的名物化而来的,与说成是通过主宾语这两个位置间接赋予的,实质上就没有多大区别。

2. 我们的看法是:一个词往往只是在某一位置或做某一句法成分时具有某一个或几个句法特征,换了一个位置或做另一种句法成分就可能不再表现出某个或几个句法特征,而表现出另一个或几个句法特征，这应该是语言运用的常规现象。因此，以往对进入主宾语位置上的谓词性成分，用“是否还能受什么修饰，是否还能带什么成分”等办法，来证明其是否还具有谓词性的做法可能是有问题的。例如：

(1)老实最重要　　　　* 很老实最重要

(2)他喜欢干净　　　　* 他喜欢十分干净

(3)笨有笨办法　　　　* 非常笨有笨办法

(4)虚心使人进步　　　* 比较虚心使人进步

以上四例用来证明：性质形容词做主宾语用来指称事物，失去了形容词最本质的特性“有程度差别”，因此不能再受“很”之类的程度词的修饰。(沈家煊，1999:283)这是以往多数人用来证明主宾语位置上的谓词“失去”了谓词的某种属性的常用办法。我们认为，无论是从句子形式本身来看，还是凭语感，上面例子中主宾语位置上的形容词的确有了一定的指称性，是把形容词所表示的性状当作一个事件来看待的，在主语位置上是作为话题来被陈述的，在宾语位置上被当作动词关涉的对象来说明。如“老实最重要”中的“老实”可以理解为“老实这种品质(态度)”，“他喜欢干净”中的“干净”可以理解为“干净这种性状(环境)”。出现这种意义上的变化，是因为形容词进入了一个它不常进入的环境，获得了一种新的功能(主宾语)，因而“入乡随俗”，伴随这种位置和功能的变化而在意义上多少也发生了些变化，但这种变化——带上了一定的指称性——而这种指称性显然并不典型，如果据此说明上述四例中主宾语位置上的形容词已经失去形容词的本质特性，并已经“名物化”“名词化”了，则很难令人信服。

具体来说：例(1)“* 很老实最重要”当然不能说，但是“老老实实最重要”则可以说，而这仍然是双音形容词的重叠方式；而“太老实不行(容易受人欺)”中，“老实”受“太”修饰，因而并没有失去形容词所具有的程度差别。例(2)“* 他喜欢十分干净”固然不能说，但“他喜欢干干净净”中“干净”仍是形容词的重叠方式。同样(3)“* 非常笨有笨办法”和(4)“* 比较虚心使人进步”固然不能说，但“有点儿笨算不上大毛病”和“特别虚心不是坏事，但也不能没有自己的主见”则是可以说的。这样看来，说主宾语位置上的形容词“失去了程度性”也是有困难的。总不能因为“* 很老实最重要”不能说，就说“老实”失去了程度性，而因为“太老实不行(容易受人欺)”能说，就又说“老实”没失去程度性，否则，是否失去程度性就成了“因句而定”的随意性说法，而不是一个带有普遍性的规则。

同样，用“可以前加修饰成分(定语)”等办法，来证明主宾语位置上的谓词具有了名词性或名物化了，也是值得商量的。例如：

(1)他的到来使人惊奇　　　? 他的曾经到来使人惊奇

(2)他的牺牲令人痛心　　　* 他的牺牲了令人痛心

以上两例用来证明：动词做主宾语时多少失去了一部分动词的典型特性时间性，因此带表示时间、时态的词语就受限制。(沈家煊，1999:275,276)这是以往许数人用来证明主宾语位置上的谓词“失去”了谓词的某些属性而获得了名词的某些属性的常用办法。然而事实上，例(1)“他的到来”这一结构本身就决定了它不可能再加入任何表示其谓词性的时间词语，而“曾经到来”或“他的曾经到来”可能在任何场合下都不说，至少是极不常见，而不只是主语位置上不能这样用。例(2)“他的牺牲”这一结构既已形成，其中“牺牲”就不能再随意带上什么成分，“牺牲”只有在做述语时才可能带上“了”，如“牺牲了五名战士”，而“他的牺牲了”在任何情况下都不能说，并不限于主语位置上，甚至“他＋的＋动词＋了”这一格式根本就找不到语言事实的支持(* 他的去了，* 他的参观了)，而不限于“牺牲”不能进入这一格式。“的”和“了”根本就不能同现于“N 的 V 了”这种结构中。

3. 可见，一个词一旦进入了句子或形成了某种结构，就不能再随意地带上它在词汇层面、短语层面或在其他场合可以带上的成分或可以修饰它的成分，这是句子层面跟词汇层面乃至短语层面的不同，以及句法位置、句法结构的不同对词的语法特征的“显现”和“隐匿”造成的影响。因此，不能因为在另一个位置上不表现出某一特征就说它丧失了这一特征，很可能在这个位置上它根本就不可能表现出某一特征，而这某一特征只限于在另一位置上并且根据需要才可能体现出来。因为任何一个词类的成员都不可能在所有句法位置上、在所有情况下都能体现该类词的所有语法特征。(见 4.1.3)

就好比一个姑娘嫁到婆家后，不可能甚至不应该把她在娘家的所有特性和习惯等都带到婆家，否则就不和谐甚至发生冲突。相反，她很可能乃至理所当然要接受婆家的某些生活习惯，而当她回到娘家后就又可能表现出她以前的一些特性和习惯。而无论她的习性是增是减，作为女人的本性并没有改变。谓词在不同句法位置上显出的特性也大抵如此，其谓词属性并没有改变。这便是我们同意朱德熙(1985：5)形容词做主宾语的时候“并没有改变性质”的理由。①

---

① 朱德熙(1985：5)指出：“传统语法著作认为主宾语位置上的动词、形容词已经名词化了。这是拿印欧语的眼光看待汉语。就汉语本身的实际情况来看，动词和形容词既能做谓语，又能做主宾语。做主宾语的时候，还是动词、形容词，并没有改变性质。”朱先生的这一结论是符合汉语实际的，指出“名词化”论的“印欧语眼光”亦可谓一针见血。但是，朱先生似乎并没有明确地指出“词性不变”的理由。只是说“汉语的动词和形容词无论做谓语还是做主语，都是一个样子”。(1985：5)这“都是一个样子”可能是朱先生“词性不变”说的理由(尚未见到朱先生有关这一重要观点的其他论述)。结合朱先生这段话的上下文来看，“都是一个样子”指的应该是：汉语谓词做主宾语并不像英语那样“动词和形容词只有通过构词手段或者句法手段转化为名词性成分之后才能在主宾语位置上出现”。(1985：5)如果这里的推测大体符合朱先生的本意，那么，是否可以认为这样的理由也是一种“印欧语的眼光”呢？因为有形态变化语言的状况并不能说明没有形态变化的汉语的状况。汉语本身就是没有形态变化，自然不可能通过构词手段或者句法手段的形态变化来改变词性，自然在任何场合“都是一个样子”。简言之，汉语既然没有形态变化，就不能拿形态变化来说事，否则同样会有“印欧语眼光”之嫌。用动词和形容词没有发生以形态变化为主的词法或句法手段的变化，来说明主宾语位置上的汉语动词和形容词没有改变性质，似乎不够有说服力。因为汉语没有形态，也从不发生形态变化，不仅仅是主宾语位置上不发生变化，在其他任何位置上也都不发生变化，而“总是一个样子”。

4.那么如何看待这种“特征的增减”现象呢？我们建议采取“只说有，不说无”的原则，也即用“能够受什么修饰或能够带上什么成分”等来说明其具有某种特性，但不用“不再受什么修饰或不能再带上什么成分”等来证明其不具有或失去了某种特性。

说其“有”是因为事实上确实有了新的变化，例如：在“这本书的出版令人欣慰”和“有三米高”两个句子中，主宾语位置上的“出版”和“高”的前面出现了定语，那么我们可以说，“高”和“出版”这两个谓词的语法性质发生了新的变化——受名词性修饰成分，但即便如此，也不一定就说它们已经变为名词或名词化了。[①] 然而，说其“无”则理据就不充分，比如，“这本书的出版令人欣慰”中“出版”不能带“了”（*这本书的出版了令人欣慰），“有三米高”中“高”不能受“很”修饰（*有三米很高），如果因此就说“出版”和“高”失去了一部分谓词的特性，则难以让人信服。一个最简单的理由是，“出版”可以带“了”（“出版了一本语法书”），但它不可能在任何场合、任何条件下都能带“了”；“高”可以受“很”修饰（“树很高”），但它不可能在任何场合、任何条件下都能受“很”修饰。因此，不能因为在特定的语法环境下不显现出某种特性，就说这个词失去了某种特征。

总之，一个词进入了它不常进入的位置，产生了一两个别的词类的特征，或“丧失”了它在别的场合的一两个特征，就说它某某化了，这是不可取的。一个词的词性的确定不仅要根据它在词汇层面上可能具有的某些语法特征或组合功能，更要根据它经常出现的句法位置所具有的特征来确定，而一旦确定下来便不应根据它在具体句法结构中一两

---

① 朱德熙（2010：88）指出：有人认为主宾语位置上的动词和形容词已经转化成名词，因为它们取得了一系列名词的语法特征：(1)能受定语修饰；(2)能用名词或代词复指。朱先生认为，(1)和(2)根本就不是名词的语法特征。在(1)和(2)这两点上，名词和谓词不对立。

个语法特征的有或无就断定它“变性”了，否则又将走向词无定性，造成不必要的混乱。[①]

5. 我们认为，名物化的说法是“刚性语法”观念的体现：位置一变、一两个特征的有或无，就认为性质也变了，至少也某某化了。然而，如果用原型观念来看待词类范畴，就可能看到：一类词有一类词的优势语序和非优势语序，有其原型性功能和非原型性功能，而这中间是很难一刀切的。词类范畴是典型范畴，一般不可能找出仅为一类词所有而为他类词所无的“语法特点”，词类的边界不是离散的，而是模糊的。就主宾语位置上的形容词可能或已经具有的一两项名词性的语法特征来看，也很难断定就是名物化或名词化了，否则，无疑等于说“这一两个语法特征”就是名词的绝对性认定标准了，这恐怕不符合确定一个词的类属的认定办法，也不符合词类范畴的特点。

6. 一般来说，主宾语由名词性成分充当，用来指称事物；谓语多由谓词性成分充当，用来陈述事物。名词性成分和指称性、谓词性成分和陈述性之间是一种自然关联，是一种原型性的关联。与此相关，有些谓词性成分进入主宾语位置充当主宾语，有些名词性成分进入谓语的位置充当谓语，则是一种非自然、非原型性的关联。如果用这种观念来看待主宾语位置上的形容词的话，就不一定非把它们说成“某某化”了。也就是说，它们不是“某某化”的问题，而是原型性和非原型性用法的差别。事实上，我们从来不说“我北京人”“他已经十六了”“明天中秋节”

---

① 当然，具体的语言现象及其处理原则也是很复杂的。朱德熙（2010：90）指出：通常把“红”归入形容词，但是可以说“红着脸”“把脸一红”。就“～着＋名词”“把＋名词＋一～”这两个格式来说，形容词内部有对立：有的能进入，有的不能。此时，可以说形容词“红”取得了动词的语法性质，甚至可以说它已经转成了动词。（应该如何处理，决定于其他许多因素）但如果所有的形容词都能进入这两个格式里，那么就不能说进入这类格式里的形容词取得了动词的语法性质，更不能说它们已经转成了动词。朱先生的上述例析，可以看作确定“取得了某种语法性质”及“已经转成了某类词”的一个案例及相关的原则，很值得参考。

中充当谓语的名词性成分已经“谓词化”了，而只认为主宾语位置上的谓词性成分“名物化”或“名词化”，这多少有点标准不一的味道。如果从原型性的角度来看，把名词充当谓语和谓词充当主宾语都视为它们的非原型性用法，也即对同样现象采取同样的处理和认定办法，那么不仅标准一致了，也更加公正和合乎逻辑。

## 4.2 单音形容词做定语

### 4.2.1 相关研究成果示例

单音节形容词做定语的研究成果不少，其中进行计量考察的如：

1. 莫彭龄、单青(1985)：书面语中形容词做定语的频率是 42%。

2. 贺阳(1996b:128)：形容词在口语语料中做定语的占 21.40%，在书面语中做定语的占 63%，口语和书面语材料合计起来占 44.20%。

3. 沈家煊(1997b)：单就性质形容词来看，口语中做定语的占 74%，书面语中做定语的占 55%，“口语＋书面语”中，做定语的占 62%。

4. 郭锐(2002:197)：做定语的形容词只占总数的 29%。

上述这些统计数据表明，对形容词做定语情况的了解和把握还存在不同程度的差别。差别可能是由于选材及其范围的不同、是否区别语体以及对形容词做定语的认定标准等的不同造成的。这说明，还应该从不同角度、运用不同的方法对形容词做定语的能力做进一步调查。本书仅对单音形容词词项做定语的情况做计量考察，以期为全面准确地把握形容词做定语的能力提供一份参考材料。

### 4.2.2 单音形容词做定语考察

据考察，在 700 个单音形容词词项中：

1.有 539 个可不加或根本不能加“的”而直接做定语，占总词项数 77%。

2.有 106 个(含在可直接做定语的 539 个词项里)只能做定语，占总词项数 15.14%。

3.有 25 个需要加“的”或同时还要受“很”等修饰才能做定语，占总词项数 3.57%。

4.把不需要加“的”和需要加“的”才能做定语的词项合起来共有(539+25)564 个词项可以做定语，占总词项数 80.57%。

具体可分为以下几种情况：

1.可以直接做定语的单音形容词词项，即“形+名”：

一组：大$_1$房间|白$_1$蜡烛|长$_1$途|臭$_1$水沟|粗$_1$铁丝|矮$_1$凳儿|矮$_2$个儿|低$_1$空|高$_1$楼|干$_1$毛巾|好$_1$歌儿|黑$_1$马|红$_1$毛衣|坏$_1$主意|旧$_1$社会|旧$_2$家具|快$_1$车|小$_1$房间|湿衣服|新$_1$款式|新$_2$被子|脏衣服|早$_1$车|晚$_1$点|薄$_1$嘴唇|笨$_1$人|粗$_2$线|废报纸|低$_3$年级|好$_2$朋友|好$_3$体格|黑$_2$屋子|厚$_1$棉衣|高$_2$标准|高$_3$年级|坏$_2$鸡蛋|黄纸|活$_1$鱼|活$_2$扣儿|空$_1$车|空$_2$话|枯树|老$_2$朋友|老$_3$观念|冷$_1$天|绿茶|乱$_1$麻|毛$_2$利|美$_1$人|美$_2$味儿|面倭瓜|末班车|破$_1$房子|浅$_1$碟子|清$_3$茶|穷日子|全$_2$行业|深$_5$秋|生$_1$鸡蛋|生$_2$桃子|生$_4$面孔|碎$_1$玻璃|真$_1$本事|潮$_1$味儿|丑$_1$媳妇|偏$_1$西风|散$_1$兵|散$_2$座|土$_3$办法|歪$_1$脖子|弯路|瞎马|鲜$_1$花|闲$_1$人|闲$_3$事|圆$_1$脸|肥$_3$裤子|窄$_1$胡同|重$_3$病|死$_1$鱼|死$_2$扣儿|死$_3$脑筋|瘦$_3$裤子|熟$_1$肉|熟$_2$瓜|反方向|扁鼻子|倔老头儿|嫩芽儿|热火烧

二组：棒小伙子|笨$_3$功夫|糙$_1$米|臭$_2$架子|臭$_3$棋|纯利润|错$_1$话|低$_2$水平|饿狼|疯$_1$老头|疯$_2$丫头|干$_2$河床|公$_3$倍数|公$_4$报|黑$_3$心肠|红$_2$人|厚$_2$礼|绝$_1$活儿|糠萝卜|苦$_1$胆|苦$_2$命|宽$_1$银幕|老$_1$奶奶|男主角|闹市区|逆$_1$风|黏米面|牛脾气|浓$_1$茶|暖风机|胖娃娃|贫$_2$

嘴|平$_1$地|巧$_1$活儿|巧$_2$事儿|轻$_1$金属|轻$_2$伤|轻$_5$机枪|瘸腿|软$_1$席|软$_2$骨头|软$_3$心肠|臊$_1$味儿|傻$_1$孩子|傻$_2$力气|膻味儿|善心|少$_3$东家|深$_1$山|深$_4$色|瘦$_1$狗|瘦$_2$肉|双$_1$职工|顺$_1$风|死$_4$胡同|死$_6$对头|馊$_1$味儿|馊$_2$点子|俗$_1$套子|酸$_1$黄瓜|痴情|蠢$_2$样子|粗$_3$粮|粗$_4$布|粗$_6$嗓门儿|脆$_1$萝卜|尖$_1$刀|尖$_2$声尖气|烂$_1$面条儿|烂$_2$桃子|老$_6$黄瓜|死$_5$顽固|细$_2$眉毛|细$_3$砂纸|细$_6$嗓门儿|闲$_2$房|土$_2$秀才|误区|稀$_3$饭|细$_1$纱|咸鸭蛋|直$_1$线|直$_2$性子|重$_1$金属|重$_2$地|准$_1$信儿|紫丁香|总$_1$产量|总$_2$公司|暴$_1$雨|丑$_2$闻|蠢$_1$话|急$_1$雨|急$_2$性子|硬$_1$木板|硬$_2$汉子|原$_1$样|远$_1$郊|杂$_1$粮|伪$_1$钞|细$_4$瓷|响$_1$雷

三组：凹版|薄$_2$地|笨$_2$手笨脚|吃上一顿饱$_1$饭|瘪谷|暴$_2$脾气|走背$_1$运|遍地|冰茶|馋家伙|有股子冲$_2$劲儿|残阳|我是个糙$_1$人|草$_1$字|潮$_2$银|诚心|呆头呆脑|刁球|淡$_1$墨|钝刀子|繁$_2$体(字)|肥$_4$差事|疯$_3$秧子|乖孩子|鬼$_1$话|鬼$_3$家伙|鼓包|海$_2$碗|买了几件贵$_1$衣服|下狠$_2$心|人行横$_4$道|滑$_2$头|欢$_2$声雷动|昏天黑地|浑$_1$水|浑$_2$人|强$_1$脾气|犟脾气|紧$_4$任务|紧$_5$日子|净$_1$水|俊小伙儿|累活儿|冷$_2$脸子|愣小子|灵$_1$丹妙药|聋人|娄瓜|麻辣汤|满员|他可是个大忙人|(青春)妙龄|明$_3$人不做暗事|蔫$_1$黄瓜|蔫$_2$性子|拧劲儿|拗脾气|与北大齐$_2$名|俏小伙儿|给了我两个涩李子|深$_3$情厚意|甜$_2$买卖|下了场透$_1$雨|虚$_1$席|艳服|油腔滑调|走了不少冤$_2$路|远$_2$亲|晕$_1$头晕脑|燥风|正$_3$路|足年足月|碎$_3$嘴子|损招儿|淘小子|铁$_2$哥们|邪$_1$财|腥味儿|虚$_2$汗|虚$_3$名|哑$_3$嗓子|酽茶|异国|正$_2$品|众人|粗$_7$人|淡$_2$水|淡$_3$色|淡$_4$季|毒$_2$计|肥$_1$肉|肥$_2$田|花$_1$猫|花$_2$车|奸$_1$商|贱价|健儿|近$_1$郊|近$_2$亲|精$_1$盐|净$_2$利|静$_1$态|阔人|懒汉|涝灾|慢$_1$车|旁人|偏$_3$题|浅$_4$色|强$_1$手|强$_3$项|曲尺|弱$_1$项|少$_1$数|盛$_1$宴|竖线|顺$_2$境|酥糖|甜$_1$点|铁$_1$证|通$_2$则|凸面镜|秃$_1$头|秃$_2$岭|稀$_2$客|严$_1$师|义$_1$军|阴$_1$云|冤$_1$情|匀速|糟$_1$木头

大致说来，一组中的形容词词项做定语比较自由，它们是“大、小、长、短、黑、白、红、好、坏、干、湿、新、旧”等单音词的基本义项。二组中的形容词词项做定语相对来说就不那么自由，所能修饰的事物有限。三组中的形容词词项做定语最不自由，有的就是一次性的，如“白字”“匀速”“乖孩子”等。当然，上面所分一、二、三组只是大概其的分类，说不上多么精确，故仅供参考。

2. 只能做定语的词项构成的“形＋名”：

半道儿(～径、～辈子)|便饭(～服、～门)|别名(～墅、～的事情)|草$_2$图(～稿、～案)|常$_1$温(～人、～态)|超低空(～高温、～薄)|陈米(～粮、～醋)|成$_1$规(～箱、～套)|雌鸟|次$_3$大陆(～日、～子)|大$_2$舅(～姐、～女儿)|大$_3$作(～著、～号)|大$_5$冬天(～清早、～过节的)|单$_2$衣(～裤、～层)|单$_3$日子(～数、～号)|定$_2$量(～局、～稿)|毒$_1$品(～蛇、～草)|对$_2$面(～岸、～门儿)|繁$_1$星(～花)|方砖(～巾、～糖)|粉裙子(～纸)|浮$_2$土(～皮儿、～油)|副$_1$标题(～手、～司令)|副$_2$产品(～业、～本)|干$_4$闺女(～爸、～亲)|高$_4$见(～寿、～论)|甘泉(～草、～露)|个案(～体、～人)|公$_5$牛|故乡(～地、～土)|鬼$_2$天气(～地方、～名堂)|贵$_2$公司(～校)|害虫(～鸟、～处)|旱$_2$船(～伞、～鸭子)|黑$_4$社会(～话、～市)|灰衣服|酱肘子(～牛肉)|金$_1$戒指(～表、～笔)|金$_2$奖(～婚、～曲)|旧$_3$居(～友、～风俗)|绝$_2$症(～路、～境)|老$_4$毛病(～习惯、地方)|老$_5$画家(～船长)|老$_8$姑娘(～儿子)|老$_9$师傅(～王、～李)|凉$_3$鞋(～帽)|劣质(～等、～势)|令兄(～妹)|陋习(～室)|满$_2$身是泥(～脸、～屋子)|喝闷$_2$酒(睡～觉)|名车(～城)|明$_4$日(～早)|母鸡|能人(～手)|女高音|破$_2$西服|前半夜|亲舅舅|乳燕(～猪、～牙)|生$_3$铁(～荒地)|熟$_3$铁(～皮子)|双$_2$工资|双$_3$日子(～数)|俗$_2$文学(～话)|碎$_2$纸片|太空(～古)|头天(～几排、～年)|歪$_2$主意

(～理)|外地(～号、～祖母)|晚$_2$秋(～期、～唐)|伪$_2$局长|污水(～泥)|喜雨(～酒)|贤侄|小$_2$弟弟(～姨)|小$_3$婿(～女、～店)|小$_5$师傅(～张、～华)|新$_3$娘子|雄蜂|哑$_2$剧(～炮、～谜)|洋酒(～娃娃)|养父|要闻(～道、～务)|义$_2$父|异国(～乡、～味)|益鸟|银耳环|硬$_3$功夫(～骨头、～手)|硬$_5$指标(～任务)|愚兄|元帅(～年、～音)|原$_2$煤|杂$_2$费(～牌军、～税)|赃款(～官)|早$_2$春(～稻、～年)|贼$_1$心(～胆)|正$_5$教授|正$_6$餐(～业、～门)|正$_7$电(～数、～极)|终身(～年、～点)

上述这些只能做定语的词项，都可以算作非谓形容词，但它们跟一般所说的非谓形容词在句法特征上还有所不同。吕叔湘等(1981)把以双音节为主的非谓形容词归纳为七个特点：(1)都可以直接修饰名词；(2)绝大多数可以加 de 修饰名词；(3)大多数可以加 de 用在“是”字后面；(4)不能充当一般性的主语和宾语；(5)不能做谓语；(6)不能在前边加“很”；(7)否定用“非”，不用“不”。其中，(2)(3)两条不符合单音非谓形容词的情况，实际情况正好相反，单音非谓形容词绝大多数不能加 de 修饰名词，只有个别单音形容词词项修饰单音名词或少数单音形容词词项在修饰双音节名词时可以加 de，如“陈(的)米”“粉(的)裙子”“灰(的)衣服”“金(的)戒指”等；只有极少数可以加 de 用在“是”字后面，如“那件衣服是灰的”“她戴的耳环是银的”，其余绝大多数都不能这样用。单双音节非谓形容词在这两条功能上的不对称，正是由于音节数的不同及其对所修饰名词音节数的选择倾向不同造成的。单音非谓形容词更倾向于修饰单音名词，双音非谓形容词更倾向于修饰双音名词。这是汉语单双音节的一般组配规律。正因为如此，单音非谓形容词修饰单音名词时强烈排斥“的”的介入，构成“是……的”句的能力也大大低于双音非谓形容词。

3. 加“的”才能做定语的词项：

住在一个很背$_3$的地方|考得太差$_2$的学生就不复试了|很沉$_1$

的箱子|很冲$_3$的烟味|很稠的粥|二班是一个很次$_2$的班级|这是一篇很不错$_2$的文章|很粗$_5$的计划|多大$_4$的房间|对$_1$的地方|我也有烦的时候|为这事费的时间太多了|很横$_1$的口气|很久以前的事|他是一个很抠的主儿|很酷的发型|很亮的两盏灯|很嫩$_2$的豆腐|很浓$_2$的色彩|很浓$_3$的节日气氛|内容很浅$_2$的读物|有很强$_2$的原则性|内容很深$_2$的书|滚烫的开水|很凶$_1$的样子

上面这25个词项不加"的",一般就不能做定语,如:$^*$背地方、$^*$差学生,并且多数加"的"同时形容词本身还要受"很"等程度副词的修饰才能做定语,试比较:很冲的烟味——$^{?*}$冲的烟味、很稠的粥——$^{?*}$稠的粥、很凶的样子——$^{?*}$凶的样子。当然,是否必须加"的"也要看语境,单用多数时候要加"的",但是对举、连用的时候就不一定,例如:"当老师的要一视同仁,好学生和差学生都得认真教。""轻箱子你拿,沉箱子我拿。"

### 4.2.3 单音形容词做定语分析

1.单音节形容词修饰双音节或三音节等名词时,如:大房间、红蜡烛、旧衣服、废报纸、热火烧、烂水果、老观念、歪心眼儿,等等,说其中的形容词充当定语,多数情况下应该是没有什么问题的。如果形容词后加了"的"以后,说其中的形容词充当定语就更无可争议,例如:大的房间住两个人,小的房间住一个人|干的衣服收进来,湿的衣服先别收进来|我要一箱细的粉丝|他买一台新的笔记本电脑|我喜欢喝甜的豆浆,等等。

2.单音形容词词项修饰单音节名词性成分,所形成的结构就很难将其中的形容词词项一概看作是做定语。具体来说:

(1)相当数量的"形$_{单}$+名$_{单}$"组合构成的结构有许多是双音节词而不是词组,如"长途、暗道、傲气、惨剧、公务、公道、古书、毛利、美人、惯例、尖刀、细目、险情、香水、斜坡、哑语、良策、凹版、白字、潮银、诚心、虚汗、虚名、便饭、别名、草图、常温、陈米、繁星、方砖、甘泉、故乡、喜雨、专栏”，等等，这其中的形容词词项是以形容词性语素的身份跟名词性语素进行组合的，所形成的结构是复合词(中间不能插进别的成分)。

(2)少数“形$_{单}$＋名$_{单}$”是词还是词组很难鉴定，如“整天、公牛、名车、洋酒”，但至少可以说已经单词化。

(3)单音形容词词项修饰双音节名词有些可以看作是词组，如“老毛病、湿衣服、新款式、歪主意、碎玻璃、咸鸭蛋”，有些也还是词，如“副标题、副产品、碎嘴子、紫丁香”等，当然这种认定也有很大的主观性。

这样看来，单音形容词“做定语”所形成的结构有相当数量是词汇层面上的构词现象，那么，进一步带来的问题是，单音形容词在句法层面做定语的能力就会大大降低。因此，对我们得出的单音形容词直接(不加“的”)做定语占77％的统计数据就“不能不信，也不能全信”，尤其是在跟单音形容词充当其他成分的能力进行比较的时候。因为构词能力和充当句法成分的能力是不同层面上的两种能力，尽管组合方式是一样的。不过，我们在比较和评估单音形容词做定语的实际能力时，对“形$_{单}$＋名$_{单}$”结构的单词现象和单词化倾向采取了必要的“排除”措施。(见4.6)

3.单音形容词词项修饰名词是否要加“的”可以分为三种情况：

(1)可加可不加“的”的形名组合，例如：

大(的)房间｜白(的)蜡烛｜粗(的)铁丝｜高(的)楼｜干(的)毛巾｜好(的)歌儿｜黑(的)马｜红(的)毛衣｜坏(的)主意｜旧(的)家具｜小(的)房间｜湿(的)衣服｜新(的)款式｜脏(的)衣服｜纯(的)利润｜生(的)鸡蛋｜生(的)桃子｜淡(的)水

(2)不能加“的”的形名组合，例如：

长途：*长的途｜臭豆腐：≠臭的豆腐｜旧社会：*旧的社会｜快

车：≠快的车｜暗道：* 暗的道｜傲气：* 傲的气｜棒小伙子：* 棒的小伙子｜薄嘴唇：*? 薄的嘴唇｜笨人：*? 笨的人｜笨功夫：* 笨的功夫｜悲剧：* 悲的剧｜糙米：* 糙的米｜臭架子：* 臭的架子｜臭棋：* 臭的棋｜初稿：* 初的稿｜异国：* 异的国｜正房：* 正的房｜众人：* 众的人｜粗人：* 粗的人｜急性子：* 急的性子｜急件：* 急的件｜半道儿：* 半的道儿｜便饭：* 便的饭｜别名：* 别的名｜常温：* 常的温｜超低空：* 超的低空｜近郊：* 近的郊｜近亲：* 近的亲｜精盐：* 精的盐｜静态：* 静的态｜小婿：* 小的婿｜僵局：* 僵的局

(3)必须加“的”的形名组合，例如：

很背的地方：* 背地方、* 很背地方｜学习很差的学生：* 学习差学生、* 学习很差学生｜很沉的箱子：*? 沉箱子、很沉箱子｜很冲的烟味：* 冲烟味、* 很冲烟味｜很稠的粥：* 稠粥、* 很稠粥｜很凶的样子：* 凶样子、* 很凶样子

据考察，可加可不加“的”的形名组合跟不能加“的”的形名组合，在数量上大体相当，但是，加不加“的”不仅跟形容词词项本身有一定的关系，跟它修饰的名词的音节数以及具体事物也有关系，比如“坏习惯”可以加“的”也可以不加，但“坏人”就不能说成“坏的人”。可加可不加“的”的形名组合，加了“的”就有了区别和强调的意味，也即“A 的 N”中“A 的”区别“非 A 的”，同时强调“A 的 N”中 N 所具有的属性是“A 的”，试比较：黑马——黑的马（区别于“红的马、白的马”，并强调马的皮毛是黑的），白蜡烛——白的蜡烛。不能加“的”的形名组合基本上都可以看作是词。必须加“的”的形名组合肯定不是词。

4. 在 700 个单音形容词词项中，有 106 个只能做定语，占总数 15.14%。它们具有如下特点：(1)都可以直接修饰名词；(2)绝大多数不能加 de 修饰名词；(3)有极少数可以加 de 用在“是”字后面；(4)不能充当一般性的主语和宾语；(5)不能做谓语；(6)不能在前边加“很”；

(7)否定用“非”，不用“不”。其中除(2)(3)两个特征跟双音节非谓形容词正好相反以外，其余五个特征跟双音节非谓形容词都完全一致。(见4.2.2)因此，可以把这些词项确定为单音非谓形容词，或者叫作“单音唯定形容词”。

5. 据考察，可加可不加“的”和根本不能加“的”做定语的词项几乎各占能直接做定语的539个词项的一半，也即77%的一半(约占38.50%)。而“形名”组合中间不能加进“的”(例见上文)大都可以认定为合成词，这就是说，单音形容词词项能够较为自由地做定语的词项(可加可不加“的”)大约只占38.50%左右。

6. 单音形容词单独做定语(包括词汇层面上用于构词)总体上表示对事物的性状(包括属性)加以限定，因此是限定性定语。比如：“坏主意”中的“坏”用来限定“主意”的属性，具有分类的作用——不是“好主意”，而“很坏的主意”则是对“主意”的状况或情态加以描写和评价，不具有分类的作用，因而是描写性的定语。(朱德熙，1956)

7. 如果不打算把那些不能受“很”等程度副词修饰、不能做谓语等，而只能做定语的单音非谓形容词与单音性质形容词等量齐观，也即把单音非谓形容词从单音形容词中分离出去的话，那么就应该从上文统计的539个可以直接修饰名词的单音形容词词项中去掉这106个非谓形容词词项，这样，能直接修饰名词的单音形容词词项就是(539－106)433个，占总数(700－106)594个的72.89%，若加上25个需要加“的”等才能修饰名词的词项，那么，能够直接或加“的”修饰名词的单音形容词词项共有(433＋25)458个，占总数(700－106)594个的77.10%。当然，在全面考量单音形容词句法功能时，对77.10%这个数据也要打折扣，因为能直接修饰名词的539个单音形容词词项中还有相当数量的“$形_{单}$＋$名_{单}$”是构词组合而非句法组合。(不过，对单音非谓形容词是否留在形容词之内，将在下文讨论单音形容词分类时进一步讨论)

# 4.3 单音形容词做谓语

## 4.3.1 单音形容词做谓语考察

单音形容词做谓语有多种形式，这里列举的是单音形容词单独（包括带上时体助词或受副词修饰）做谓语的主要句法格式。实际上，凡是做谓语时能带补语的单音形容词都有单独做谓语的形式，所以这里主要考察单音形容词做谓语而不带补语（数量补语除外）的情况。单音形容词做谓语主要句法格式列举如下。

1. 名$_{主}$＋A＋了：

轮胎瘪了｜我已经饱$_1$了｜方向反了｜这人疯$_1$了｜河水干$_2$了｜广场上那人海$_1$了｜病好$_3$了｜手都僵了｜这萝卜糠了｜麦苗都枯了｜这西瓜娄了｜水缸满$_1$了｜脑子都木了｜饺子熟$_1$了｜饭都馊了｜腿都酸$_2$了｜他头都秃$_1$了｜电线杆子歪$_1$了｜饭稀$_3$了｜这马眼睛瞎了｜这事真邪$_2$了｜嗓子哑$_1$了｜绳子都糟$_1$了

格式1中"了"是不可缺少的完句成分，否则，主谓短语都不能单独成句，如：*轮胎瘪、*我已经饱。即使句末带上"了"，有的也还要在形容词前加"都""已经"等副词以增强"完成"的语气，句子才更容易接受，如"腿都酸了"。当然，格式1如果有后续句，就能完全站得住脚了，如"轮胎瘪了，得打点儿气（了）"。

2. 名$_{主}$＋A（＋了）＋名$_{宾}$＋数量成分：

他大$_1$了她五岁｜工资矮$_3$了我两级｜我高$_2$了弟弟五厘米｜快$_1$我一分钟｜弟弟矮$_2$了我一头｜低$_3$了人一等｜我只小$_1$了他两三岁｜早了我一天出生｜他晚了我一天到校｜他迟了我半个小时｜远$_1$了二里地｜渴了我一上午｜急$_2$了他一身汗｜吵了我一上午｜忙了哥儿几

个一周|这孩子闹了我一下午

格式 2 是单音形容词做述语带宾语带数量成分的用法，有的带比较宾语，如“他大了我五岁”(他比我大了五岁)，有的带使动宾语，如“渴了我一上午”(让我渴了一上午)。格式中的数量成分是不可缺少的，否则句子不能成立，如：* 他大了她。

3. 名$_{主}$＋A＋了＋数量成分：

围墙矮$_1$了点儿|这也太惨了点儿|这糨子稠了点儿|人头儿次$_2$了点儿|这个菜淡$_2$了点儿|这肉肥$_1$了点儿|裤脚肥$_3$了三指|这水浑$_1$了点儿|生意火了一阵子|时间紧$_4$了点儿|这房子空$_3$了一年|路比以前宽$_1$了三尺|她又胖了一圈儿|腿瘸了一条|我晚$_1$了三分钟|胳膊细$_1$了不少|这衬衫小$_1$了一号|开车时间早$_1$了五分钟

格式 3 比格式 1 多了一个数量成分，可以看作是单音形容词做述语带数量补语。如果不带数量成分，多数就跟格式 1 一样了，少数则不成句，如“* 人头儿次了”。

4. (名$_{宾}$)＋A＋了＋数量成分＋名$_{宾}$：

冰了两瓶汽水|这张邮票残了一个角儿|差$_1$了三道题|错$_1$了一个小数点儿|他低$_2$我一个年级|对$_1$了五道题|多$_2$了两块钱|只干$_1$了一件衬衫(别的没干)|贵$_1$了两块钱|红$_1$了几个草莓|坏$_2$了一台电脑|缓了口气儿|黄了几片叶子|贱了两块钱|苦$_2$了两个孩子|烂$_2$了一筐桃子|江北涝了一大片水田|聋了一只耳朵|麻$_1$了一条腿|平$_1$了一上午操场|热了一碗饭|散$_1$了一箱苹果|少$_2$了两本书|省了不少时间|我湿了一只鞋|死$_1$了一条鱼|碎$_1$了一个花瓶

格式 4 是单音形容词带“了”带数量成分带宾语的形式，其中的“了”和数量成分都有成句的作用。

5. (名$_{主}$＋)A＋了/着/过＋名$_{宾}$：

低$_1$着头|富了个体户|黑$_3$着心肠|饱$_2$了个人的腰包|狠$_2$了心|

渡口横$_3$着一条船|厚$_1$着脸皮|薄了张三厚$_2$了李四|江北荒着大片土地|他已经慌$_2$了神儿|我真是昏了头|急$_2$着上班|(别)挤着孩子|净$_2$过手了|空$_1$着手|屋里亮着灯|队伍乱$_1$了阵脚|偏$_1$着身子|曲着膝|竖着耳朵|没疼$_2$过我|他已经铁$_1$了心|父亲铁$_3$着脸|哑$_3$着嗓子|硬$_2$着头皮|我没晕$_2$过船

格式5是单音形容词做谓语带体助词带宾语的用法，其中体助词对多数具体用例来说具有使述宾结构成立的作用，形容词不带上体助词述宾结构就不能成立或变成了偏正结构，例如：父亲铁着脸——*父亲铁脸，黑着心肠(述宾)≠黑心肠(偏正)。格式5主要是表明单音形容词具有带宾语的功能，实际上，这种述宾结构(如“低着头”)抑或主谓宾结构(如“我厚着脸皮”)真正能够“成句”还需要添加别的成分或后续句，如“他低着头，一声不坑”“我厚着脸皮跟他要”。而这种现象不限于格式5，本书列举的其他各种单音形容词做谓语的格式都程度不同地存在这样的问题，这说明单音形容词单独做谓语不仅需要完句成分或其他成分，也还强烈需求有后续句。

6. 名$_主$＋很＋A：

个子很矮$_2$|我心里很不安|他这人特傲|这纸很白$_1$|这个乐队很棒|这块地很薄$_2$(所以产量低)|他的脾气很暴$_2$|今儿这事儿真背$_1$|耳朵很背$_2$|他嘴很笨$_2$|样子很笨$_3$|这孩子特馋|房间很潮$_1$|这东西很沉$_1$|这儿的风很冲$_1$|心里很烦|这姑娘特浮$_1$|脾气很怪|用途很广$_2$|车气很足

7. 名$_主$＋太＋A＋(了)：

屋里太暗了|这纸太薄$_1$|这孩子太笨$_1$|这个盒子也太扁了|这字太草$_1$|质量太差$_2$|袖子太长$_1$|临街的房子太吵|质量太次$_1$了|这根毛笔太粗$_1$了|这围墙太高$_1$了|这件衬衫太花$_1$了|你也太坏$_1$了|你也太娇了|你的观念太旧$_1$了|这篇文章太空$_2$|设备太老$_3$了|

羊肉太膻|你也太善了|这件衣服太艳了

格式6、7是单音形容词做谓语常见的、也是典型的两种形式，其中副词“很”和“太”都有成句的作用，而不仅仅表示相关形状的程度，甚至表程度已经不是“很/太”的主要作用，“完句”作用越加明显。

8. 名$_{主}$＋比＋名(＋还)＋A：

他比他爹还刁|她比她姐姐还毒$_{2}$|这个比那个短|他级别比我高$_{3}$|她比姐姐乖|这孩子比大人还鬼$_{3}$|他比老刘还黑$_{1}$|他比黑社会的人还狠$_{1}$|他可比我红$_{2}$|他比老刘还滑$_{2}$|他比他哥哥还浑$_{2}$|她比你嗓子尖$_{2}$|这件比那件还旧$_{2}$|他比我还倔|他比哥哥俊|她比她妈还抠|这药比黄连还苦$_{1}$|他比你还狂|这酱油比盐还咸

格式8也是单音形容词做谓语的一种典型形式，单音形容词可以单独进入格式中A的位置，而单音动词不能光杆进入这一格式，除非动词前带上某些辅助成分，如“我比爸爸能吃”(*我比爸爸吃)。绝大多数单音形容词在一定的语境中都可以进入该格式。

9. 名$_{主}$＋不＋A：

交情不薄$_{3}$|味道不错$_{2}$|分配不公$_{2}$|知识面不广$_{1}$|耳不聋来眼不花$_{3}$|分配不均|这把剪子不快$_{2}$|耳朵也不灵$_{1}$了|这小子说话不实|他干事不行$_{2}$|这色不正$_{4}$

格式9中的“不”不仅表示否定意义，在此也有成句的作用。当然所谓成句主要是说单音形容词做谓语的主谓结构本身的自足性增强，要真正做到成句，也还是需要有后续句或其他的语境方式。

10. A(＋了)＋名$_{宾}$：

辣舌头|这孩子真累人|别冷$_{2}$场|冷$_{3}$了人家的心|麻$_{2}$舌头、麻$_{2}$嘴|忙工作、忙论文|美$_{1}$容|这孩子特腻$_{2}$人|中国队平$_{2}$了三项亚洲纪录|衣服破$_{1}$了一个洞|齐$_{1}$齐$_{1}$刘海儿|强$_{1}$身健体|别轻$_{4}$敌|清$_{1}$场|清$_{2}$账目|傻$_{1}$了眼|晒粮食|顺$_{1}$风(走)|松手|酸$_{1}$牙|烫手|弯

腰|显富|别脏了你的手|正$_1$正$_1$帽子|你直$_1$直$_1$腰|壮$_2$门面|头沉$_2$(恶心)|我身上痒$_2$|圆$_2$场|健身

格式10是单音形容词直接或带“了”后带宾语的形式，其中多数形宾短语用于祈使句的话能成句，如：松手！弯腰！别脏了你的手！不能用于祈使句的(如“圆场”)要能成句则需要添加句法成分、改变句法成分等(如“你给他们圆圆场”)。

显然，单音形容词做谓语并不限于上述十种格式，比如：单音形容词做谓语构成的祈使句(快点儿、慢点儿)；单音形容词做谓语构成的疑问句(冷不冷、短不短)；单音形容词带趋向补语做谓语(天黑下来了、胆子大起来了)；单音形容词带程度补语、状态补语做谓语(好极了、熟透了、热得慌、冷得连觉也睡不着、好得跟一个人似的)；单音形容词重叠式做谓语(个儿高高的、眉毛弯弯的)；单音形容词做谓语用于对比(这个大，那个小)；单音形容词做谓语用于答话(你感冒好了吗？好了)，等等。但是，以上十种形式是单音形容词做谓语的原型性形式，因为它们不是出现在祈使句、疑问句等特定的功能句中，也不是出现在对比句、答句中，它们都出现在陈述句中，并且所需的完句成分相对是少的。

### 4.3.2 单音形容词做谓语分析

1. 据考察，在700个单音形容词词项中，有486个词项能够做谓语，占总数的69.42%。如果去掉上文考察得到的106个不能做谓语而只能做定语的唯定单音形容词(见4.2.2)，那么单音形容词中能做谓语的词项所占的比例是486∶594(700－106)个，即81.81%。

形容词做谓语的相关统计如：(1)莫彭龄等(1985)：书面语中形容词做谓语占26.20%。(2)贺阳(1996b:128)：形容词在口语中做谓语占59.10%，书面语中做谓语的占17.50%，口语和书面语合计起来占36.30%。(3)沈家煊(1997b)：单就性质形容词来看，口语中做谓语占

26%，书面语中做谓语占 45%，“口语＋书面语”中，做谓语占 38%。(4)郭锐(2002：196)：99.47%的形容词可做谓语。这些统计有的区分了语体，但都没有区分单双音节。

2.从上文对单音形容词做谓语情况的考察可以发现，单音形容词做谓语句法形式可谓多种多样。但是，单音形容词单独做谓语有诸多条件限制，如要求带“了、着、过”、受副词修饰、带宾语、带数量成分、带趋向补语，或同时需要有上述条件中的几项共现，或要求重叠，或用于祈使句，或用于疑问句，或用于对比句，或用于答话，才能成句。即使如此，单音形容词做谓语总有一种强烈的要求——有后续句(或先行句，如“我不喜欢小子，小子淘”)，这样才能真正成句，否则还只能说是相对自足、相对成句。因此，可以概括地说，单音形容词做谓语形式多样，但各种形式要自主自足成句都不同程度地受到限制，这些限制或者说条件就是单音形容词单独做谓语有标记性的表现，限制或条件越多其有标记的程度就越高。

3.一般认为“性质形容词单独做谓语含有比较或对照的意思，因此往往是两件事对比着说的”。(朱德熙，1982：104)本书的考察表明，这种说法还可以再补充。单音性质形容词单独做谓语的确有不少含有比较和对照的意思，也可以采取对比着说，如“白菜贵，萝卜贱”，等等，但即使是表示比较或对照也可以不用对比着说而直接用“比”字句，如“白菜比萝卜还贵”“路比以前宽了三米”；或用不带“比”的比较句，如“哥哥大我五岁”。更重要的是，另有不少形容词做谓语的格式不含有比较或对照的意思，至少不明显。例如：

(1)名$_{主}$＋A＋了：轮胎瘪了、这人疯了、手都僵了

(2)(名$_{宾}$)＋A＋了＋数量成分＋名$_{宾}$：我湿了一只鞋、烂了一筐桃子

(3)(名$_{主}$＋)A＋了/着/过＋名$_{宾}$：富了个体户、她低着头、我晕过船

(4)名$_{主}$＋太＋A＋(了)：屋里太暗了、这纸太薄、这孩子太笨

(5)名$_{主}$＋很＋A：我心里很不安、他这人特傲、这纸很白

(6)A(＋了)＋名$_{宾}$：辣舌头、这孩子真累人、别冷场

(7)名$_{主}$＋A＋趋向补语(＋了)：教室里静下来了、胆子大起来了

(8)A＋点儿！：高点儿！小点儿！慢点儿！

能进入上述这些格式的相关例句除(4)(5)等以表示事物恒久的属性，是静态性的以外，多数都是表示事物变化的性状，是动态性的，格式中的动态助词是其标记。

4.单音形容词做谓语所构成的主谓结构或主谓宾结构、述宾结构等，其中的形容词在语义上可以分为两种情况：一是表示静态的比较或对照的意思，如“弟弟高，哥哥矮”；二是表示动态的性状变化，其性状的变化可以是某种自然因素使然，如“烂了一筐桃子”“轮胎瘪了”，也可以是人为因素使然，如“你已经冷了姑娘的心”。

5.上文的考察和分析表明，单音形容词单独做谓语形式多样，其句法格式无标记程度较高，但单音形容词单独做谓语不仅对完句成分需求强烈，对后续句和语境的需求也十分强烈，表明其成句的有标记程度较高。可见，单音形容词做谓语，其构成形式无标记性和语义不自足的有标记性是不对称的，这是由于句式的概括性和语义表达的精确性之间的不同要求造成的。总体上看，单音形容词做谓语不是很自由的，或者说有一定的标记性。

6.考察还发现，有26个单音形容词词项只能做谓语，占考察总词项数的3.71%，可以把它们称作单音唯谓形容词，它们是：

成$_{2}$：表示肯定：～！就这么办，不～；有能力：你真～、我～(你放心吧)

灰$_{2}$：比喻消沉，沮丧；使……灰：心～意冷、心里很～、～心丧气、没～过心

尖$_{3}$：(视、听、嗅觉)敏锐：你眼睛可真～、这孩子的耳朵很～、警犬的鼻子真～

奸$_{2}$：自私自利，虚伪：这个人特～(一毛不拔)、他很～(从来不吃亏)、你也太～了

静$_2$:安详,安定;使安定:内心平～、～下心来、心总～不下来、让我～～心

快$_3$:反应快,思维敏捷:这家伙脑子特～、他反应很～、脑子～得很、他反应比我～

冷$_3$:比喻灰心或失望:我的心～了半截、我的心～透了、～了人家的心

凉$_2$:比喻灰心或失望:一听这我心里就～了、我心～了半截、我心～透了

灵$_1$:灵活;灵巧:脑瓜儿真～、他脑子很～(就是不学)、腿脚不～了

亲$_1$:关系近,感情深(跟"疏"相对);对……亲:姐妹俩可～了、我跟二叔特～、～华

轻$_4$:不重要,不贵重;(意动)觉得不重要:这礼物太～了、～敌、重数量～质量

沙:声音不清脆,不响亮:他嗓音很～、嗓子～了点儿、～着嗓子喊

烧:形容因钱多或条件优越而头脑发热:看把他～得、～得不知姓什么了

顺$_3$:合适,如意:～心、不～眼、～了他的心、～了他的意、没～过心

踏:稳定,安定:最近心老～不下来、很不～心、～下心来做点儿事

铁$_3$:形容表情严肃:他～着脸(没有一丝笑容)、父亲～着脸对我说:"门儿都没有。"

显:故意外露,向人显示:这人太能～了、别老跟我～、有俩钱儿特能～

邪$_2$:奇怪,异常:这事真～了、怎么这么～、这人有点儿～、这事你说～不～

行$_1$:可以:～!(就这么办)、～了(准备好了)、那怎么～、能用就～

行$_2$:能干:老张搞起实验来真～、你真～、他办事很～、他干事不～

虚$_4$:胆怯,勇气不足:他心里很～、他有点儿胆～、你心～不～、心～得很

痒$_2$:(心情)难以抑制,跃跃欲试:看见别人踢球心里就～、看你们打牌手特～

晕$_2$:头脑发昏,眩晕,人有要跌倒的感觉:我一坐汽车就～、我不～车

躁:性情急,不冷静:这人脾气很～、脾气太～了

贼$_2$:狡猾:这种小山鸡很～、他太～了、～得很、他比狐狸都～

周:完备,完善:考虑很不～、安排不～、照顾不～

单音唯谓形容词基本上只见于口语。它们多数可受"很"等程度副

词修饰,或受“不”修饰再受“很”等的修饰;多数可受“不”或“没”的修饰;不能做主宾语,也不能做定语、状语和补语;多数不能带宾语,少数可以带动态助词。

## 4.4 单音形容词做状语

### 4.4.1 相关研究简述

形容词能够做状语这是人们公认的,但是,有多少形容词能做状语,是哪些形容词?做状语是否是形容词的原型性功能等,则还没有形成共识。朱德熙(1956)认为,“绝大部分的单音形容词都不能做状语”。在全部单音形容词里,只有“多”“少”“早”“晚”等不多的几个词是真正能够做状语的。吕叔湘(1965)则认为,动词前边的形容词,是形容词还是副词,现在还无定论,姑且仍然称之为形容词。在计量考察研究中:

1. 莫彭龄、单青(1985):书面语中形容词做状语的占 19.10%。

2. 贺阳(1996b:128):形容词在口语中做状语的占 3.40%,在书面语中做状语的占 11.30%,口语和书面语材料合计起来占 7.70%。贺阳(1996a:144)在另一项考察中发现,在 1115 个性状形容词中,只 166 个可以直接做状语,仅占总数的 14.90%。并据此得出“现代汉语形容词不具有做状语的功能”。

3. 郭锐(2002:198)的考察结果是:12%的形容词可以直接做状语。加“地”后可以做状语的形容词占 40%。并认为做状语的形容词比例不算高,所以认为把能做状语的“形容词”处理为形容词和副词的兼类也是可行的。

这些考察及其对形容词做状语问题的认识,为进一步研究提供了很好的借鉴。这里对单音形容词词项做状语的情况进行考察,希望能通过“单音节、分义项”这个角度，来了解单音形容词做状语的情况，以期进一步深化对形容词语法功能的认识和把握。

### 4.4.2　单音形容词做状语考察

单音形容词做状语从句法功能的角度可以分为两大类，一类是可做状语也可以做定语、谓语或其他句法成分，可称之为非唯状形容词；一类是只能做状语的形容词，可称之为唯状形容词。前者从语体上又可分为口语化和书面语化的，后者以口语化用法居多。当然这只是一个大概的分别。不过，实际上也难以做出精确的区别与统计。具体如下：

1. 非唯状形容词做状语

（1）口语化的：迟走了一步|大$_1$病一场、大$_1$打出手|干$_1$嚼（咽）|空$_2$谈（想）|快$_1$去（说、起来）|乱$_1$翻（写）|少$_1$吃小摊上的东西|少$_2$拿了两个|粗$_5$算了一下|错$_1$怪了人家|呆坐在河边|单$_1$行车道、单$_1$打冠军|暴$_1$打一顿|短打扮|多$_1$学人家的长处|我多$_2$喝了两杯|饱$_1$餐一顿|反穿（着）上衣|棉花秧子疯$_3$长|高$_1$飞（抬脚）|公$_1$立学校|鬼$_1$混|好$_2$商量|狠$_2$抓科研|昏死（睡）|活$_1$埋|急$_1$行军（转弯）|急$_2$着回家（上班）|急$_3$需一批物资、急$_3$用|假哭（笑、慈悲）|贱卖了|紧$_3$靠马路|慢$_1$跑|毛$_1$估（算）|猛打（攻）|问题明$_3$摆着|蔫$_2$儿淘（坏）|怒吼（视）|偏$_2$听（信、爱）|清$_3$唱（炖、蒸）|穷吃（喝）|全$_1$（来、去、花）拿出来了|瘸着走|散$_1$打（记、射、放）|傻$_1$笑（吃）|生$_1$吃（嚼、啃）|省穿（吃、用）|实话实说|熟$_5$睡（记、读）|双$_1$打冠军|歪$_1$叼着一根烟|晚$_1$走（去、结婚）|细$_5$看（说、想想）|早$_1$来（上班、结婚）

（2）书面语化的：暗恋（喜、战）|残缺（破）|诚聘（招、邀）|痴迷（想）|初选（赛）|陡立（直）|低$_1$飞（传）|毒$_2$打|公$_3$举（认）|公$_4$映（审）|海$_2$涵|后援（到）|欢$_1$聚（送）|奸$_1$笑（诈）|简写（评）|热（卖、销、处理）|善举

(行)|深$_1$耕(埋、挖)|盛$_2$行(传)|微缩(调、笑)|伪$_1$造(装、饰)|严$_1$守(令、禁、打、防)|优化(选)|重$_3$打(赏、奖)|恶斗(战、补)|饱$_2$览(受欺凌)|轻描淡$_3$写|淡$_4$忘|低$_2$投入(消耗)|孤立、孤注一掷|广$_2$开就业渠道|狠$_1$打黑恶势力|欢$_2$蹦乱跳|健在|僵卧在床|紧$_1$闭双眼|精$_1$雕细刻|净$_1$增|久留(坐)|均摊(分)|宽$_2$进严出|滥用职权|浅$_3$谈、浅$_3$耕|巧$_1$夺天工|勤$_1$学苦练|惨变(遭不幸)|软$_1$着陆|深$_3$谈|稳$_1$扎稳$_1$打|虚$_3$构(拟)|易教(燃)|平$_2$放着

2. 唯状形容词做状语

常$_2$住人口、常$_2$驻代表|时光不能倒流、倒(着)数第三行|干$_3$洗(馏)|好$_5$看(听、写、使、解决)|黄河横$_2$贯本省|横$_3$排|横$_4$渡长江|难$_2$听(看、吃、写、闻、咽)|逆$_2$行(转、运算、反应)|深$_6$知(信、爱、恐)、深$_6$表同情|生$_5$怕别人不知道、生$_5$硬的态度|速记(成、递、冻、滑、溶)|小$_4$睡一会儿、小$_4$住几天|稀$_4$烂(松、糟、软、囊、糠)

### 4.4.3 单音形容词做状语分析

1. 据考察，在700个单音形容词词项中，有191个词项能够做状语，占总数的27.28%。这个比例不算高，但仍高于现有的统计数据。(见4.4.1)

2. 值得注意的是，“形$_{单}$＋动$_{单}$”组合中有一些是合成词而不是词组，如“清唱、单行、暗喜、暗恋、诚聘、痴迷、微缩、怒吼、健在、淡忘、伪造、优化、虚构、干洗、速记、速冻、逆行、生硬、好看、空谈、空想、公立、生怕、横渡”，等等。另有一些似乎也有词化倾向，如“倒流、倒数、干嚼、干咽、易嚼、易教、易学、易燃、急用、横写、好写、好使、好闻、急转弯、软着陆”，等等。无论是一个词还是词化成分，都表明单音形容词修饰动词所构成的形动结构有凝固化的倾向，因而它们往往以一个词的身份充当句法成分，并不是单音形容词做整个句子的状语。如“陈先生是我国

在联合国的<u>常</u>驻代表”“要<u>广</u>开就业门路”“这是一个<u>虚</u>构的故事”，等等，而这种现象在实际语言运用中相当普遍。造成单音形容词修饰单音动词词化现象的根本原因在于，这样一种组合方式契合了“双音节”是汉语的基本韵律单位、标准音步，有绝对优先的实现权。① 也就是说，“形$_{单}$＋动$_{单}$”组合首先在结构形式上、在韵律单位上符合一个韵律词的基本要求——双音节，而双音节是汉语最基本的韵律构词模式，也是最容易词化的韵律模式。

3. 此外，还有些单音形容词做状语是出现的在固定的格式中，其中以两个“形$_{单}$＋动$_{单}$”并列构成的四字格居多，如“偏听偏信、平起平坐、深思熟虑、零存整取、轻描淡写、深入浅出、精雕细刻、稳扎稳打、宽进严出、好吃懒做、孤注一掷、深表同情、巧夺天工”，等等，其中有许多就是一个成语，另有一些非成语的凝固格式。

4. 以上两种情况表明，单音形容词做状语相当受限，在实际语言运用中真正能够做状语的单音形容词词项肯定连 27.28％的比例也达不到。能够比较自由做状语的单音形容词并不多，主要有“迟、大$_{1}$、快$_{1}$、乱$_{1}$、少$_{1}$、少$_{2}$、多$_{1}$、多$_{2}$、急$_{2}$、急$_{3}$、好$_{5}$、难$_{1}$、全$_{1}$、细$_{1}$、晚$_{1}$、早$_{1}$”。（见 4.4.2）因此也可以说，“27.28％”只是单音形容词能够做状语的一个概念性的比例，并不能表明单音形容词词项做状语的实际情况，因为“形$_{单}$＋

---

①　冯胜利（1997：1—3）指出：韵律词是最小的能够自由运用的语言单位（韵律单位），它必须至少是一个音步。语言中最小的能够自由运用的韵律单位是音步。音步是通过比它小的单位“音节”来确定的，也即音节组成音步。音步必须具备如下条件：它必须同时支配两个成分亦即严格遵循“二分枝（Binary Branching）”的原则。音步所代表的正是语言节律中最基本的角色，它是最小的一个“轻重”片段，所以必须是一个“二分”体，否则不足以表“轻重”。如音步必须由两个音节组成，那么韵律词也必然至少包括两个音节。韵律词不管构成音步的成分之间关系如何，只要满足音步的基本要求，就可以是一个韵律词。汉语最基本的音步是两个音节。尽管单音节音步跟三音节音步也是存在的。双音节音步是汉语最小、最基本的标准音步，其他音步可以看作标准音步的“变体”。一般情况下，标准音步有绝对优先的实现权，因为它是最基本的、最一般的。

动$_{单}$”格式许多情况下是用来造词(构成复合词)而不是造句——单音形容词真正充当句子的状语。

5.考察发现,单音形容词做状语除了都不能带 de 以外,绝大多数都不能带“了着过”做状语、不能以重叠的方式做状语、不能受“很”修饰后做状语。但是,单音形容词做状语也有一些特殊的现象:

(1)个别词项只有重叠后才能做状语,如表示优点多、使人满意的“好$_1$”只能说“好好干、好好学习、好好工作”,不能说“* 好干、* 好学(习)、* 好工作”。“好干、好学、好记、好听、好闻、好使、好办、好解决”等是可以说的,但这里的“好”是“好$_5$”,该词项是唯状形容词,只用在动词前,表示使人满意的性质所在或表示动作容易进行、效果好。

(2)个别词项只有带上持续体助词“着”才能做状语,如“急着回家、瘸着走”(* 急回家、* 瘸走),这可能是表义和成句的需要,因为不带“着”就语义不明,不能成句。

(3)有少数词项做状语既可以带“着”也可以不带“着”,如“散$_1$(着)放、生$_1$(着)吃、反(着)穿、急$_3$(着)用”等,带“着”可能是为了凸显动作的状态或方式。

(4)有个别单音形容词词项能够或只能修饰形容词,如“稀$_4$烂(松、糟、软、囊、糠)、生$_5$硬”,表示所修饰形容词的性状的程度。

6.考察发现,共有 14 个单音唯状词项(常$_2$、倒、干$_5$、好$_5$、横$_2$、横$_3$、横$_4$、难$_2$、逆$_2$、深$_6$、生$_5$、速、小$_4$、稀$_4$),占能做状语的词项总数(191 个)的 7.32%。(例见上文)它们除做状语以外不能做任何其他句法成分;多数不能带“了着过”(个别可带“着”)、不能带宾语和补语;不能用于比较句和疑问句;不能重叠;除了“好$_5$”和“难$_2$”外,其余的都不能受“很(太)、不”修饰做状语。

7.考察发现,同一单音形容词词项能够做状语跟能够做定语有极大的相关性。除唯定形容词和唯状形容词外,绝大多数能做状语的单音形容词词项也能做定语，反之则不然。另有一些单音形容词词项只能做状语和定语，而不能做其他句子成分，也不能受“很”和“不”的修饰，多数不能重叠，不能带宾语，不能带“了着过”。这类只做定语和状语的单音形容词词项共有35个，占总词项数(700个)的5%，它们是：

初：起头的；原来的；第一个；(等级)最低的：～冬、～版、～恋、～赛、～审

刍：〈谦辞〉称自己的(言论、见解等)：～言、～见、～议、～论、～说

单$_1$：单个，一个；单独，不跟别的合在一起的：～扇窗户、～间、～干、～恋

公$_1$：属于国家或集体的而非个人的：～款、～务、～事、～出、～派

公$_3$：共同的，大家公认的：～理、～约、～议、～愤、～举、～认、～推

公$_4$：公开的：～报、～演、～判、～映、～审、～开、～布

孤：单独；独特的，特出的：～雁、～岛、～本、～立、～注一掷

鬼$_1$：不正大光明，不正当：～话、～伎俩、～花招、～混、～花样

海$_2$：形容巨大(含夸张意)：～碗、～量、夸～口、～报、～涵

横$_4$：跟物体的长的一边垂直的：～渡长江、～穿马路、～断面、～剖面

后：时间上比较晚的，未来的；次序靠近末尾的：～辈、～话、～援、～到

欢$_1$：高兴，喜悦：～度、～送、～呼、～声雷动、～歌笑语

奸$_1$：狡猾，邪恶；对君主或国家不忠：～计、～商、～诈、～笑

简：简单：～报、～本、～历、～装、～写、～化、～评、～述

净$_2$：纯，单纯：～赚20万、～剩30万、～增、～重、～利

零：分散的，零碎的：～活儿、～件儿、～售、～敲碎打、～用(钱)、～存整取

毛$_2$：不纯净的；粗略；未加工的：～数20万、～收入、～增、～估、～算

怒：(用于修饰动词性和名词性成分)愤怒：～气、～容、～斥、～视

清$_3$：单纯，没有掺杂或配合的东西：～茶一杯、～秋时节、～汤、～唱、～炖

全$_2$：整个的，全体的：～世界、～民、～校、～行业、～吃了、～拿出来了、～走了

散$_2$：(上声)零碎的，不成整体的：～装、～页、～工、～座、～活儿

双$_1$：两个的；两种的：～职工、～季稻、～边会谈、～行车道、～打冠军、～赢

死$_6$:不可调和的,无法改变的:～对头、～局、态度～硬、不能～顶

通$_2$:共同的,一般的;全部,整个:～病、～宵、～体、～用、～读、～观

危:环境险恶,不安全:～房、～楼、～情、～难、～及

微:小,轻微,少:～型、～风、～量、～利、～缩、～调、～笑

伪$_1$:假的,设法掩盖真相的:～君子、～证、～造、～装、～饰

误:不正确:～码、～区、～差、～传、～断、～用、～信

闲$_3$:正事以外的:～事、～话、～气、～钱、～言、～扯、～聊、～谈

野$_3$:非人工饲养或培育的;非正式的,不合法的:～牛、～骆驼、～菊花、～生

疑:无法确定的,难以解决的:～问、～义、～云、～案、～难

义$_1$:符合正义的或大众利益的:～士、～军、～举、～卖、～演、～捐、～诊

异:其他的,别的;新奇的,特别的;不同的:～国、～族、～味、～议、～姓

优:好,非常好:～等、～势、～质、～点、～化、～选、～生～育

整:完整,完全,没有剩余或残缺:～套设备、～日、～夜、～天、零存～取

这些单音形容词词项饰名和饰动能力相当,换言之,它们进入"形$_{单}$+名$_{单}$"和"形$_{单}$+动$_{单}$"组合时具有高度的对称性。用于饰名是对事物属性的限定和凸显,用于饰动是对动作方式或状态的说明和凸显。不过这两种组合大多数都是词或词化成分,也即是构词组合而不是造句组合。因此,上述这些词项所谓只能做定语和状语,在很大程度上说也只是概念意义上的,而非现实意义上的,也即是词汇层面的,而非句法层面上的。

8.单音形容词做状语主要用于表示动作行为进行的时间(如:晚走、早来、小住几天),速度(如:快去、慢走),数量(如:双打、多出五个),状态(如:呆坐、傻笑、热卖、短打扮),方式(如:反穿、倒数、横排、乱翻),程度(如:大打出手、穷吃、稀松、生怕、深谈、毒打),性质(如:假哭、诚聘、伪造)等,其中以表方式和状态的为多。

9.单音形容词做状语的语义指向大体可分为:(1)指向动词:晚走、

快说、多学人家长处、宽进严出、少吃小摊上的东西；(2)指向宾语：反穿衣裳、多出五个鸡蛋、生吃蔬菜、嘴角歪叼着烟；(3)指向主语：他呆坐在河边、你别傻笑、问题明摆着、人上午就全来了；(4)指向介词宾语：他把球低传给大李、把脚高抬。(陈一,1987;董金环,1991)

# 4.5 单音形容词做补语

## 4.5.1 单音形容词做补语考察

迄今人们在形容词的第一功能是做谓语还是做定语仍存在争议,但在把形容词做补语的能力排在做谓语和定语之后这一点上并不存在争议。那么做补语是否是形容词的一个原型性功能,它在形容词的各项句法功能中究竟占有一个什么样的位置,做补语有无条件限制,有无词汇化倾向,等等,都还值得研究。单音形容词做补语的主要格式包括：

1. 名$_{主}$＋动＋A＋了：

院墙砌矮$_{1}$了|衣服洗白$_{1}$了|饺子皮儿擀薄$_{1}$了|常年不施肥地变薄$_{2}$了|让你给气饱$_{1}$了|肚子都饿瘪了|他把我整惨了|账算差$_{1}$了|头发又长长$_{1}$了|粮食受潮$_{1}$了|会议推迟了|这姑娘长丑$_{1}$了|线纺粗$_{1}$了、柳树长粗$_{1}$了|声音变粗$_{6}$了|孩子长大$_{1}$了|把人惊呆了|刀砍钝了|木头锯短了|酒喝多$_{1}$了|人走饿了|我已经看烦了|衣服穿反了|妈妈急疯$_{1}$了|衣服晒干$_{1}$了|床垫高$_{1}$了|水位升高$_{2}$了|学乖了|看惯了|皮儿擀厚$_{1}$了|球踢坏$_{2}$了|喂活$_{1}$了|把他逼急$_{2}$了|鞋烧焦了|穿旧$_{2}$了|他把事做绝$_{1}$了|油烧开了|房子腾空$_{1}$了|药熬苦$_{1}$了|面条儿煮烂$_{1}$了|耳朵震聋了|题出难$_{1}$了|花都晒蔫$_{1}$了|挖浅$_{1}$了|日子过穷了|粥熬稀$_{3}$了

格式1是单音形容词做状语最常见和典型的用法。其中“了”是不可缺少的成分，具有完句的作用。陆俭明(1990)考察发现：进入该格式的单音形容词，除通常所说的褒义(变乖了)和贬义(变野了)是表示某种结果的实现以外，其余的都表示某种预期结果的偏离(挖浅了)，这其中又有一部分既可以表示某种结果的实现，也可以表示某种结果的偏离，即有歧义，如“挖深了”可以是目标的实现，也可以表示目标的偏离，并从形容词语义指向和动词对与之相关的事物所具有的性质的制约作用，对造成歧义的原因进行了深入的分析。

2.(名$_{主}$)＋动＋得＋不＋A：

他长得不矮$_2$|长得不黑$_1$|抓得不狠$_2$|课讲得不活$_3$|系得不紧$_1$|住得不近$_1$|做得不精$_1$|绳子拴得不牢|玻璃擦得不亮|她长得不美$_1$|放得不平$_1$|剪得不齐$_1$|人来得不齐$_3$|他被打得不轻$_3$|文章写得不通$_1$|这个词用得不妥|来得不晚$_1$

格式2是动词带“得”带形容词补语的用法，其中的“不”对有些句子来说似乎可有可无，如“他长得(不)矮”“课讲得(不)活”，但对有的句子来说就显得不可缺少，如“$^{?*}$这个词用得妥”“$^{?*}$住得近”。因此，总体上说“不”有成句的作用。当然，格式2及其例句中的“不”都可以换成“很”。

3.(名$_{主}$)＋动＋得＋太＋A：

颜色涂得太暗|照得太板|课讲得特棒|脾气变得很暴$_2$|穿得很笨$_2$|活儿干得太粗$_4$了|磨得很光$_1$|文章改得很好$_1$|打得太狠$_1$了|马跑得很欢$_2$|水搅得很浑$_1$|话说得很活$_2$|走得太急$_1$了|桌子摆得太挤|铅笔削得太尖$_1$了|两个人弄得很僵|这孩子长得真俊|菜炒得太辣

格式3也是动词带“得”带形容词补语的用法，其中的“太(很、真)”都有成句的作用。形容词前不加“太”等程度副词，有的就不大能成句，如：*两个人弄得僵、*桌子摆得挤；有的可以成句，补语则由表示状态变成了表示可能，如：磨得很光——磨得光，格式 2 也有这种情形，如：擦得不亮——擦得亮。

4.（名$_{主}$）＋动＋A（＋了）（＋数量成分）＋名$_{宾}$：

我打扁你|走遍世界各地|打残了一只腿|想办法搞臭$_2$他|我看错$_1$人了|答对$_1$了两道题|跟同事搞好$_2$关系|我能治好$_3$你的胃病|晚霞染红$_1$了天边|看花$_3$了眼|气昏了头|捂烂$_2$了一箱苹果|坐麻$_1$了一条腿|筐里装满$_1$了桃子|查明$_2$原因|抠破$_1$了一个洞|打瘸了一条腿|我恨透$_1$了他|吃透$_2$文件精神

格式 4 实际是动补结构带宾语的用法，有时需要动补结构带上“了”，如“看花了眼”，有时宾语前还要加数量成分，如“抠破了一个洞”。对于形容词做补语来说，格式中的名词宾语、“了”和数量成分都有成句的作用。

5. 动＋名＋动＋A＋了：

唱戏唱红$_2$了|演小品演火了|倒腾衣服倒腾富了|看书看困了|等你都等老$_1$了|看书看累了|睡觉睡冷$_1$了|押题押偏$_3$了|踢球踢平$_2$了|读博士读傻$_2$了

格式 5 是重动结构带形容词补语的用法，“了”有成句的作用。有的词项不需要通过重动格式也可以做补语，如：睡冷了、题押偏了。但有的词项不通过重动格式其自足成句的能力就很低，如：?读傻了、?等老了。

### 4.5.2　单音形容词做补语分析

1. 据考察，在 700 个词项中，有 316 个词项可以做补语，占总数 45.12%。有关形容词做补语的统计数据如：(1)莫彭龄、单青(1985)：书面语中形容词做状语占 4.80%。(2)贺阳(1996b:128)：形容词在口语中做补语占 12.90%，书面语中做补语占 5.20%，口语和书面语材料合计起来占 8.70%。(3)马真、陆俭明(1997)：在 168 个单音形容词中，有 153 个可以做结果补语，占 91.07%。(4)郭锐(2002:196)：69%的形容词可以做补语。从这几项统计结果来看，差别相当大，可能与语料来源、考察范围、认定标准等因素有关。

2. 单音形容词做补语的格式显然不限于上述"名$_{主}$＋动＋A＋了"等五种格式，细分起来还有别的形式，如"站得高，看得远""攀得高，跌得重"(朱德熙，1956)，"磨得又亮又快""锁得又紧又牢"(吕叔湘，1965)，等等，但上述五种格式基本上概括了单音形容词做补语的主要句法格式。

3. 单音形容词做补语对相应的述语动词有明显的选择倾向，即强烈要求动词也是单音节的。这显然跟双音节是汉语的主流音节、基本韵律词，双音化是汉语音节的优势选择倾向有密切关系。能够进入"动$_{双}$＋形$_{单}$"这种结构中的双音节动词和单音节形容词都相当有限，如：商量好$_{4}$了、布置好$_{4}$了、联系妥了。

4. 此外，单音形容词做补语也还有一定的限制，例如：在"名$_{主}$＋动＋A＋了"格式中"了"是不可缺少的完句成分，动词"得"再带补语往往需要在形容词补语前加上"太(很)""不"等句子才能成立，另有一些词项做补语需要带宾语或同时需要动补结构带上"了"、宾语前加数量成分等。但是，考察发现"动形"组合的凝固化、惯用化比例比"形名"组合和"形动"组合都要低，(见 4.2，4.4)也就是说动形组合构成的合成词及词化结构的比例相对低，这表明动形组合即单音形容词做补语相对比较自由。

5. 单音形容词做补语几乎都是做结果补语。但有的词项既能做结果补语，也能做状态补语，如：改好了、改得很好，吃急了、吃得太急了；有的词项既能做结果补语，也能做可能补语，如：擦亮了、擦得亮；少数词项不能构成黏合式述补结构，也即不能做结果补语，只能做状态补语，如：活儿干得太粗了、* 活儿干粗了、? * 活儿干得粗。

6. 考察发现，有 13 个单音形容词词项只能做补语，可以称作单音唯补形容词，占能做补语的词项总数（316 个）的 4.14%。它们是：

多$_3$：相差的程度大，用于比较：快/瘦/～了、方便/容易～了、比你好得～

够：厌烦，腻：这活儿我干～了、吃/看/跑/学～了、吃(得)～～儿的

光$_2$：净，尽，一点儿不剩，完了：钱花～了、消灭～、吃～、喝～、用～

好$_4$：动作完成或达到完善的地步，妥当：商量～了、坐～了、说(得)～～的

坏$_3$：表示达到了极深的程度：把我气～了、把他高兴～了、急/饿/乐/忙/渴～了

慌$_2$：用在"得"后，表示某情况让人难以忍受：真闷得～、累/饿/热/晒/烦得～

焦：物体经高温后变黑、变硬、发脆：树烧～了、饭全烧～了、烤～了、鞋烧～了

净$_3$：尽，一点儿不剩：钱花～了、把桌子擦～了、喝～了、吃～了、把雪扫～了

清$_4$：一点儿不留，没有存余：把账还～、还～了欠账、账都结～了、算～了

死$_7$：表示程度深，达到了极点：笑/乐/气/急/累/恨～人了、热/冷/冻～我了

完：光，尽：水喝～了、油墨用～了、水果吃～了再走、钱都花～了

真$_2$：真切，清楚：看得～、听得～、看不～、听(得)～～的、看(得)～～的

左$_1$：错，不对：想～了、说～了、讲～了、弄～了、看～了、缝/贴/挂/沾～了

概括起来，单音唯补形容词有这样一些特点：

(1)有的只能用在动词后做补语，如：光$_2$、完、净$_3$；有的只能用在形容词后做补语，如：多$_3$、死$_7$。

(2)个别词项既可出现在"动词＋唯补形"中，也可出现在"动＋得＋唯补形"中，如：多$_3$；个别词项只能出现在"动＋得＋唯补形"中，如：慌$_2$、真$_2$(也可以有"听/看＋不＋真$_2$"的形式)；有的词项还可以有"动(＋得)＋唯补词重叠式"，如：够、好$_4$。

(3)除了"慌$_2$、真$_2$"，其余的都可以甚至是必须带"了"，但不能带"着、过"。

(4)唯补形容词一般只能做结果补语。其中“慌$_2$、真$_2$”分别只做状态补语和可能补语,“动(+得)+唯补词重叠式”为状态补语用法,如:讲(得)好好的、听(得)真真的。

(5)唯补形容词只用于口语,并且大都使用频率极高,尤其是“多$_3$、好$_4$、死$_7$、完、光$_2$、坏$_3$”等。

(6)大都不能受“很、不”修饰。

7. 单音形容词做补语的语义指向较之于做状语的情形要复杂得多。最早涉及动形组合中“形”的语义指向的是吕叔湘(1966)。马真、陆俭明(1997)对充任结果补语的形容词的语义指向做了全面的考察,分析了做补语的形容词的十种语义指向:(1)指向述语动词本身(来迟了);(2)指向述语动词所表动作的施事(写累了);(3)指向当事人的人体器官或人体某部分(嘴吃馋了);(4)指向述语动词所表示的动作行为的受事(把球压扁了);(5)指向述语动词所表示的行为的主事(花儿变红了);(6)指向述语动词所表示的行为动作所凭借的工具(刀砍钝了);(7)指向述语动词所表示的行为动作的产物(坑挖浅了);(8)指向述语动词所表示的行为动作的施事或受事所在的处所(房间里坐满了人);(9)指向述语动词所表示的行为动作的施事或受事所在的距离(球踢远了、秧插密了);(10)指向述语动词的同源成分(火烧旺了)。这十种语义指向涵盖了单音形容词做补语语义指向的各种情况。

## 4.6 单音形容词句法功能考察小结

### 4.6.1 单音形容词原型性句法功能分析

形容词的主要句法功能究竟为何,是姓“定”还是姓“谓”,抑或是既姓“定”也姓“谓”,充当其他句法成分的能力又如何,与此相关的研究成果总体上说不算少，但上述这些基本问题至今仍未取得共识。我们原本希望通过对单音形容词词项句法功能的考察，为进一步探讨包括单音形容词在内的汉语形容词的典型句法功能及确立其句法功能原型性序列提供一份“参考样本”，但由于汉语单音节的特点及其他特性，使得我们的考察遇到了一个比较大的问题：有些词项是用于“构句”还是用于“构词”？而这个问题直接影响对相关词项句法能力的认定。具体来说：单音形容词词项充当“句法成分”存在一定的词化现象，主要体现在做定语、状语和补语时，有的词项不是以独立的形容词身份来充任句法成分，而是以形容词素的身份充当构词成分，也即有些“$形_{单}+X_{单}$”或“$X_{单}+形_{单}$”是词法组合而不是句法组合。因为双音节是现代汉语的主流音节结构，原型性的音节韵律模式，也是最易于词化的结构模式，因此有些双音节结构有明显的词化倾向，或者根本就是一个单词。

尽管如此，考察过程中，在找不到该词项充当句法成分的用例时，就把一些词化成分乃至是单词的用例权且算作“充当某种句法成分”。这种不得已而为之的做法是出于如下考量：汉语缺乏形态和形态变化；汉语的构词法（主要是合成词的结构方式）跟句子的构造规则（主要是短语的结构方式）基本一致；而汉语的词跟非词（短语）的区分至今仍未能得到根本解决，在这种情况下，如果把难以一刀切的词跟短语硬性区分开来，势必有太多的主观因素。事实上，词和短语都是一种原型范畴，二者之间是一种非离散的连续统现象，词范畴和短语范畴各自存在典型和非典型成员，它们的非典型成员之间有家族相似性。因此，我们不主张仅凭个人的语感来判断哪一个（些）用例是构词用法，哪一个（些）用例是构句用法，并在考察中将所谓构词用法的例证剔除出去。因为这样做主观因素在所难免，很可能将某些句法现象当作词法现象而被剔除掉。但另一方面，将无论是用于构词还是用于构句的用例都视为是充当句法成分的用例，无疑也将名不副实地扩大了某些词项充当句法成分的能力。那么,如何处理某些词项句法能力的考察数据中掺杂着一定数量的“词化”用法呢?

实际上问题还不仅限于此,本章的考察表明:单音形容词充当不同的句子成分时,除了在充当定语等句法成分时有“词化”问题,在充当其他句法成分时还存在是否“受限”及其程度的问题,存在着有无“虚拟现象”及其程度的问题,存在着是否“有标记”及其程度的问题。为此,不仅需要考虑“词化”问题,也需要考虑到其他的因素,因为这些因素同样影响对单音形容词充当句法成分实际能力的评估和认定。在此,我们结合对单音形容词充当句子成分能力的考察,特提出如下若干概念和标准,借以对某些词项“词法和句法”的混合现象进行“蒸馏”,对充当某种句法成分的受限程度、虚拟程度和有标记的程度进行确认和标识,以期获得更加贴近实际的评估结果。

下面用“—”来表示不存在某种现象,“+”表示有某种现象,“++”表示某种现象的程度居中,“+++”表示某种现象的程度较高。

1. 概念比例:即在具体考察时优先考察该词项真正用于充当某种句子成分的造句用例,但在找不到典型例证时则把可能属于构词现象的含形容词的组合也算作该项句法功能。理由是:汉语缺乏形态和形态变化,词的结构规则与短语的结构规则基本一致,汉语的词法现象和句法现象之间并非是界限分明的两个范畴,许多情况下难以一刀切。为此,本书对这类拿不准的情况一律算作该词项“有”这一句法功能。也正因此,我们把本书对700个单音形容词词项各项“句法”功能的原始百分比数据称之为概念比例。概念比例意味着未必是实际句法能力的体现,其中在某些句法功能上存在一定程度的“虚高”现象。

2. 能力等级:设定这一指标是为了把单音形容词词项充当某些句法成分的概念比例折算为“能力等级段”,也即给予原始数据以一定的评估权重,并进行相应的等级标识,以便为单音形容词句法成分能力的综合评估提供依据。具体办法是:将100%的比例分为低中高三个等级段,每个等级段大致占33%多一点儿。所占比例在33%以下,视为单音形容词充当该项句法成分的总体能力最弱,也即具有“低”的属性最强,故用“+++”来标记;所占比例在34—66%,视为充当该项句法成分的总体能力居中,用“++”来标记;所占比例在67—100%,视为充当该项句法成分的总体能力较强,也即具有“高”的属性最强,用“+”来标记。显然,这是一种反向加权处理(与下文的几项正向加权不同)。

3. 词化现象:指单音形容词充当句法成分时跟相关的成分(主要是被修饰的成分和被补充的成分)之间构成合成词或构成词化结构的情况。设立这一评价指标并根据词化现象的有无及轻重程度进行权重标记,目的在于对概念比例中的虚高现象进行“蒸馏处理”。其中,没有词化现象或可忽略不计的,用“—”来标记;词化现象较低的,用“+”来标记;词化现象居中的,用“++”来标记;词化现象较多的,用“+++”来标记。

4. 受限程度:主要指单音形容词词项进入该句法位置,是否是其优势分布(强势语序),有关句式是否有条件要求(如对完句成分的需求等),对相关句法成分有无特殊要求(如单音形容词做主语对动词的特殊选择,做定语对被饰成分的音节需求倾向等),以及这些要求的多寡与迫切性来确定其受限程度。不受限制的,用“—”来标记;受限程度较低的,用“+”来标记;受限程度居中的,用“++”来标记;受限程度较高的,用“+++”来标记。

5. 虚拟表达:指实现该功能的句式是用于表达现实事件还是用于表达非现实事件,以及该项功能运用虚拟句式的多寡。虚拟表达是一种有标记的表达,是充当该项句法功能有标记性也即“受限”的一种表现,因此需要标注,以便跟用于无标记也即“自由”表达相区别。具体办法是:不用于虚拟现象的,用“—”来标记;虚拟现象较少的,用“+”来标记;虚拟现象居中的,用“++”来标记;虚拟现象较多的,用“+++”来标记。

6. 标记状况：指有标记和无标记的状况以及有标记的程度。这是一个综合性的指标，主要参考该项功能的概念比例、能力等级、词化现象、受限程度、虚拟表达等多方面的情况，也参考该项功能的句式多寡、成句的自由程度等。有标记程度较低（即相对来说无标记程度较高），用“＋”来标记；有标记程度居中，用“＋＋”来标记；有标记程度较高，用“＋＋＋”来标记。

7. 为了更加全面和综合考量单音形容词充当句子成分的实际能力，我们把上述各项指标数字化，利用总体分值来确定单音形容词句法功能实际能力及原型性程度。为此，规定“—”不计分，“＋”记 1 分，“＋＋”记 2 分，“＋＋＋”记 3 分。其中，总得分越高，说明单音形容词充当该句子成分的能力越低，原型性程度也越低；总得分越低，说明单音形容词充当该句子成分的能力越高，原型性程度也越高。这样可以得到表 4—3：

**表 4—3 单音形容词充当句法成分的能力及原型性程度（总词项数 700 个）**

| | 做主语 | 做宾语 | 做定语 | 做谓语 | 做状语 | 做补语 |
|---|---|---|---|---|---|---|
| 词项数（个） | 227 | 291 | 539 | 486 | 191 | 316 |
| 概念比例（%） | 32.42 | 41.57 | 77.00 | 69.42 | 27.28 | 45.12 |
| 能力等级 | ＋＋＋ | ＋＋ | ＋ | ＋ | ＋＋＋ | ＋＋ |
| 词化现象 | — | — | ＋＋＋ | — | ＋＋ | ＋ |
| 受限程度 | ＋＋＋ | ＋＋＋ | ＋ | ＋＋ | ＋ | ＋ |
| 虚拟现象 | ＋＋ | ＋ | — | — | — | — |
| 标记状况 | ＋＋＋ | ＋＋＋ | ＋＋ | ＋＋ | ＋ | ＋ |
| 总分值 | 11 | 9 | 7 | 5 | 7 | 5 |
| 实际能力 | 低 | 低 | 中 | 高 | 中 | 高 |
| 原型程度 | 低 | 低 | 中 | 高 | 中 | 高 |

(1)需要说明的是,单音形容词做定语的概念比例是77%,是所有概念比例中最高的,但在词化现象中反向加权却最重。因为“形名”组合中,属于或基本上属于非造句用法的词项和造句用法——能够较为自由地做定语的词项(可加可不加“的”)几乎各占38.50%左右。(见4.2.3)单音形容词做补语和状语的词化现象远没有达到各自概念比例的半数。其中做状语的词化现象的比例略高于做补语。而用于成词(构成复合词)还是用于造句(充当句法成分)反映的是单音形容词在不同层面上的组合能力。故给予做定语、补语、状语中词化现象的比例权重分别标记为“＋＋＋”“＋＋”“＋＋”。

(2)单音形容词实际充当句子成分的能力及其原型性程度低、中、高的确定,是综合了单音形容词做主语、宾语、定语、谓语、状语、补语的多种因素的实际情况得出的结论。具体来说,将能力等级、词化现象、受限程度、虚拟现象、标记状况等五种因素经过评估加权并数字化后,分别得到单音形容词句法能力的六个相关数据“11、9、7、5、7、5”。要将这六个数据分出低、中、高三组,显然,11和9应该是一组,两个7分是一组,两个5分是一组,并分别对应低、中和高三个程度等级。进一步来说,单音形容词词项做谓语和补语的能力最强,做定语和状语的能力次之,做主语和宾语的能力最弱。

(3)还应该说明的是:上述对所谓的能力等级、词化倾向、受限程度、虚拟现象、标记状况等五项指标的确立及其相应状况(分值)的评估,都很难说十分精确,其中的主观因素在所难免。但我们相信,上述评价指标及其所赋予的分值,大体上反映了此前考察和分析的重点及其相应功能的实际状况。(参见有关章节及本章上文的相关讨论)事实上,正是因为对单音形容词充当句法成分的原型性程度的评估不是仅仅依据某一项指标,而是权衡了多种指标和多种因素进行综合评价,从而使结论有可能更加符合实际。而且这样一种评估策略和操作办法,也符合此项研究所依据的范畴化的原型理论，即任何范畴的确立都不是仅仅依靠一两条必要和充分条件来确定的，而是凭借一组相互之间有内在关联的特征束来确定的。我们相信，对范畴成员句法能力的考察和认定亦应如此。

### 4.6.2 单音形容词句法功能的原型序列

如果上面的评价指标、处理办法及其所得到的数据总体上是可信的，那就可以参照上文表4—3，来为单音形容词句法能力排列一个由强到弱的原型序列：

做谓语 做补语＞做定语 做状语＞做宾语 做主语[①]

原型性功能 → 非原型性功能

这个序列可以看作单音形容词词项充当句法成分功能的一个连续统或原型序列。其中，做谓语和做主语分别位于这个连续统的两端，表明单音形容词做谓语的能力最强，原型性程度最高；做主语的能力最差，原型性程度最低。次两端分别是做补语和做宾语，表明做补语的能力较强，原型性程度较高；做宾语的能力较差，原型性程度较低。连续统的中间部分是做定语和状语，表明单音形容词充当这两种句法成分的能力相当，并介于原型性功能和非原型性功能之间。进一步来说，单音形容词句法功能的这一原型序列表明：

1. 做谓语是单音形容词典型的句法功能，尽管在实际成句时对完句成分（副词、时体助词、数量成分）乃至相关句法成分（如宾语等）需求强烈，但综合评价结果显示，做谓语仍然是单音形容词最主要的句法功能。因为对辅助成分等的需求强烈只能说明它成句的“价码”较高，但

---

① 如果只按能力比例来排列的话，单音形容词充当句法成分的能力顺序应该是：做定语(77)＞做谓语(69.42)＞做补语(45.12)＞做宾语(40.14)＞做主语(32.42)＞做状语(27.28)。但是，这种单一的评价指标忽略了许多重要的事实，比如：做定语的比例中包含了词化现象，做主宾语时受限程度、虚拟现象及有标记状况等都没有得到应有的反映。

毕竟不是成词或词化的需求，这与做定语的情形大不相同。做定语虽然对“的”需求并不强烈，但成词可能性和词化程度较高，从而大大降低了实际充当句法成分的能力。

2.做补语是单音形容词次典型性句法功能。单音形容词做补语（特别是结果补语）不仅频率相对较高，而且也比较自由。单音形容词做补语跟做谓语具有相当程度上的等价性，二者都是单音形容词谓词性特征的体现。

3.做主宾语是单音形容词的非原型性用法，表现为受限程度高、虚拟现象明显、有标记程度高等。

4.单音形容词做定语由于强烈要求所修饰的名词也是单音节，使得所形成的双音节形名组合词化倾向明显，从而大大弱化了单音形容词单独充当句法成分（定语）的能力，因为双音形名组合的功能实际上等同于名词，往往以整个形名结构充当句子的成分，乃至于充当句子成分的成分。单音形容词大都是典型的性质形容词，如果与名词性成分组合用于标明或限制事物的属性则是一种无标记的关联，而用作状语表示动作的方式或状态则是一种有标记的关联，因为由形容词充当的这种表示方式或状态的状语，就性质来说“是描写性的，不是限制性的”，因此“一般不宜于做状语”。（朱德熙，1956）实际情况也是如此，单音形容词做状语除有一些是合成词或词化成分外，还有一些仅见于凝固格式中。

### 4.6.3 单音形容词句法功能的语法化现象

考察发现，有些单音形容词词项分别只能充任某一句法成分，并且绝大多数都不能受“很、不”的修饰，不能带“了着过”。它们是单音唯定形容词、唯谓形容词、唯状形容词、唯补形容词。下面以简表的形式展示如下：

表 4—4 专职的单音形容词

| | 唯定形容词 | 唯谓形容词 | 唯状形容词 | 唯补形容词 |
|---|---|---|---|---|
| 词项数(个) | 106 | 26 | 14 | 13 |
| 占总词项百分比(%) | 15.14 | 3.71 | 2.00 | 1.85 |
| 占能做 X 语百分比(%) | 19.66 | 5.34 | 7.32 | 4.11 |
| 受"很"修饰 | — | +(多数) | —(个别+) | —(多数) |
| 受"不"修饰 | — | +(多数) | —(个别+) | —(多数) |
| 带"了着过" | — | +(少数) | —(个别+) | +(了) |
| 例　词 | 便饭、成箱、雌鸟、金奖、双数 | 眼睛尖、心都凉了、这事真邪了 | 常驻、倒(着)数、(很)好看 | 好多了、吃完了、钱花光了 |

其中只能做定语的唯定形容词最多，占 15.14%，其余的词项在总词项数中所占比例很小。不过，这些只能充当某一句法成分的词项合起来共有 159 个，占总词项数 22.71%，而且它们的使用频率都很高。更重要的是，它们不仅在语法特征上跟其他的单音形容词词项有明显的不同，它们之间在用法上也有明显的分工，因而不能不予以应有的关注。如果把语法化理解为不仅指实词转化为虚词，还指语法结构和语法范畴的形成，理解为一种句法和语用现象，①那么就不能承认这些语义单一、用法专一、句法功能专职化的词项在语言使用过程中所形成的语法化现象，也即单音唯定形容词、唯谓形容词、唯状形容词、唯补形容词句法功能的语法化。这四类单音形容词词项至少有如下五个特点：

1. 语法特点单一化，即绝大多数不能受"很""不"等的修饰，不能带动态助词，不能重叠，不能构成祈使句、比较句和评价句，等等。

① 沈家煊《语法化学说》导读，《语法化学说》，北京：外语教学与研究出版社，2001。

2.句法功能专职化，即只能做定语或只能做谓语、状语、补语。唯补形容词主要用作结果补语，表示动作的结果或性状所达到的程度；唯状形容词用于表示动作的方式和状态；唯谓形容词主要用于表示事物的性状；唯定形容词主要表示事物的属性（少数表示数量：单衣、双数，层级：大姐、小姨）。

3.多数词项具有黏着性的特点，表现为：单音唯定、唯状和唯补形容词都具有黏附性，即必须跟相关的名词、动词或形容词组合在一起才能体现出"唯某"的特性。其中，唯定和唯状单音形容词具有后附性，唯补单音形容词具有前附性。单音唯谓形容词没有这种附着性要求，但在自主成句过程中对完句成分和完句手段的需求强烈。

4.组合的凝固性，表现为："$形_{状}$＋动"组合中间不能加"地"，"$形_{定}$＋名"组合中间多数不能加"的"，"动＋$形_{补}$"组合中间多数不能加"得"。

5.比较起来看，单音唯补形容词的语法化程度最高，其次是唯状形容词，再次是唯谓、唯定形容词。具体来说：

（1）唯补形容词数量不多，但能组配的词项面广，使用频率高，成句能力强，有的意义相当虚化，已经语法化为只用于表示程度高、程度深，如"$多_{3}$：好/慢/快/高/大/小/老/容易……～了""$坏_{3}$：把我气/急/饿/热/高兴/紧张……～了"。

（2）唯状形容词数量也不多，组配能力和使用频率都不如唯补形容词高，但也有典型的虚化词项，如"$好_{5}$看/听/写/使/用/解决……"，"$难_{2}$听/看/吃/写/闻/咽"。

（3）唯谓和唯定形容词在功能上已经语法化，但在意义仍然是实在的，少数有虚化的倾向，比如用于比喻和形容事物的性状等，尤其是唯谓形容词。唯定形容词不仅现有的词项数量多，而且是一个开放性的专职词类。因此从语用和语义的角度上看，唯定和唯谓形容词语法化的程度低于唯状和唯补形容词。

# 第五章　单音形容词原型特征模式与再分类

## 5.0　引言

陆俭明(2010:4—5)指出,当今语言研究的目的主要有五个:1.研究、分析、描写清楚语言的共时状况与历史发展。2.对种种语言现象做出尽可能合理、科学的解释。3.探索人类语言的共性和各个语言的个性特点。4.加深对语言本质的认识,建构语言学科的理论构架。5.为语言应用服务。陆先生对语言研究的总体目标进行了全面而切合实际的概括,展示了当今语言研究的基本方向和目标。

本书在以上有关章节对 388 个单音形容词 700 个义项(词项)的 16 项功能进行了考察和描写,同时借助相关的理论和前人的相关研究对与单音形容词有关的一些语言现象进行了力所能及的分析和解释,希望能有助于了解单音形容词在现代汉语共时层面的实际应用情况,特别是"按单音节、分义项"的系统性的考察,希望能有助于全面把握单音形容词范畴的原型性程度和成员之间的关联关系。

本章拟借鉴原型范畴等相关的理论,在以上章节对单音形容词词项句法语义特征(主要是句法特征)考察描写和数据分析的基础上,对单音形容词的原型特征序列进一步加以概括,也即确立不同特征(功能)序列从原型性特征到非原型特征的连续统,以期建立一个单音形容词原型特征范畴的框架。进而依据这一框架对单音形容词的内部成员(词项)进行再分类。看一看相对比较单纯,并且就整个形容词范畴来说相对比较典型的单音形容词内部成员的均质状态大体是个什么样子,即一致性和差异性的表现及程度。

## 5.1 单音形容词原型特征模式

### 5.1.1 单音形容词原型特征模式的构成框架

近些年来,连续统(continuum)和原型范畴(prototype-based category)理论逐步受到人们的关注。这两种理论在本质上有相通相关之处,都有典型和非典型的观念,都有“过渡地带”“中间状态”或“边缘成分”的思想,等等。不少学者已将有关理论和思想运用到汉语的词类研究中。可以说,词类范畴本质上是一种原型范畴的观念已经得到了越来越多的人的认可。而我们认为,不仅词类本质上是原型范畴,词类范畴的建立所依据的语法功能也是一种原型范畴,也具有原型性效应。也就是说,某些语法功能是建立某个词类范畴的原型性功能,而另外一些语法功能是该类词的非原型性功能,当然在原型和非原型功能之间还有过渡性的功能。本书第二至第四章的考察和分析已经充分显示出单音形容词句法功能的这种原型效应。

在上文的相关章节中,我们对388个单音形容词的700个词项进行了16项语法功能的逐一检测,得出了16个参项的相关数据,并对含单音形容词的组合,以及由单音形容词构成的特定句式的有无标记等情况进行了必要的分析和认定,对句法功能考察中所存在概念比例现象等问题进行了相关的处理。本章在此根据第二、三、四章考察和分析的结果,分别排定了单音形容词原型功能特征的三个序列,见表5—1。

表 5—1 单音形容词范畴的原型特征模式框架①

原型特征序列一：

＋程度副词 ＋否定副词 ＞ ＋动态助词 ＋补语 ＞ 重叠 带宾语

原型性特征 → 非原型性特征

原型特征序列二：

评价句 ＞ 比较句 ＞ 疑问句 ＞ 祈使句

原型性特征 → 非原型性特征

原型特征序列三：

做谓语 做补语 ＞ 做定语 做状语 ＞ 做宾语 做主语

原型性功能 → 非原型性功能

概括地说，序列一是单音形容词组合能力的原型序列，序列二是单音形容词构成特定功能句的原型序列，序列三是单音形容词充当句子成分的原型序列。这三个序列分别从不同角度、不同层面来确认单音形容词的原型性，比起单一层面、单一标准来说可能更加符合词类范畴的实际，至少它更符合原型理论的思想精髓。因为按照范畴的原型理论，任何一个范畴都不是仅凭一两个标准来建立起来的，建立和区分一个范畴时，没有任何一个属性是必要和充分的条件，范畴的确立是凭借一组特征束以及具体成员具备这组特征束的程度而系联起来的。我们认为，单音形容词范畴是根据上述三个原型特征序列建立起来的，其中序列一是范畴成员原型语义特征的体现，序列二是其语用能力的体现，序列三是其句法能力的体现。这三组特征范畴序列是基于不同层面和用途而建立起来的，但内部的配位存在着相关性和对称性等关联机制。

① 本书拟定的单音形容词原型特征模式框架由三个层级序列的 16 项具体特征（功能）构成。为什么是 16 项而不是 14、15 项，或 17、18 项，等等，其中并没有绝对的理由。因为原型范畴都是由人确定的，尽管有相当的理据性，但并没有一个绝对的标准，因此其中的主观因素在所难免。本书的 16 项特征就是根据我们对单音形容词的 16 项考察而确立的。

### 5.1.2 单音形容词原型特征模式的关联机制

首先，在“原型性特征→非原型性特征”的序列顺序上，单音形容词原型特征模式框架(见5.1.1)具有高度的相关性和对称性。例如：

序列一的首席原型性语义特征：＋程度副词

序列二的首席原型性语用特征：评价句

序列三的首席原型性句法特征：做谓语

“＋程度副词”用于检测单音形容词语义上“有程度差别”这一特征，而构成“评价句”用于表达说话人对事物性状程度差别的主观评价。这二者之间不仅内部有密切的联系性，外在功能上也高度对称——主观评价句的基本格式就是“太＋形＋了”，显然不能受程度副词修饰就根本不能构成主观评价句。“做谓语”是形容词谓词性特征的体现，即用于表示事物的性状，并且许多单音形容词单独做谓语强烈要求有程度副词与之共现。而“评价句”单独成句就是单音形容词单独“做谓语”的句子。

其次，这三个序列在非原型特征上也呈现相关性和对称性，例如：

序列一的末席原型性语义特征：重叠，带宾语

序列二的末席原型性语用特征：祈使句

序列三的末席原型性句法特征：做主语

“重叠”“带宾语”是动词的原型性特征，形容词虽然可以重叠、可以带宾语，但这不是形容词的原型性特征。单音形容词构成祈使句在语义特征上，在成句条件上都有诸多限制，并且肯定和否定祈使句存在标记颠倒现象，根本上说祈使句是有致使性的，而致使性的实现对形容词来说是有标记的用法。(见3.1)形容词做主语，在频率、成句条件、语序优势程度以及表达事件的现实性等方面都表现出明显的非原型性特征。(见4.1)

在三个特征序列的首席和末席特征之间，总体上说都是由原型性特征到非原型性特征的过渡性特征，其内部的联系和对称程度不如典型特征和非典型特征那么明显，但是它们的特征地位大体相当。

根据以上分析，有理由相信，上面拟构的由语义、语用和句法三个原型序列构成的单音形容词原型特征范畴，不仅适合对单音形容词原型程度的确认及其原型范畴的确立，也应该适合于双音形容词。不过，就序列三来说，双音形容词在做谓语、做补语、做定语的原型顺序上可能会与单音形容词的顺序有所不同，因为双音形容词做补语的能力较单音形容词要低，而做定语的能力可能要比单音形容词高，因为单音形容词做定语存在构词现象和词化现象。当然这只是一种估测，双音形容词原型特征范畴的建立也要在相关调查的基础上进行，并且根据调查的实际情况来确立。

第三，事实上，同一层级的特征束中，典型性特征和次典型特征或非典型特征之间也存在着各种关联性，如(1)—(3)；不同层级序列的特征之间也存在各种关联性，如(4)(5)：

(1)受程度副词修饰和受否定副词修饰总体上说是等价性的特征；

(2)进入评价句和进入比较句都是凸显形容词的性状属性；

(3)做主语和做宾语是单音形容词非原型性句法功能的表现，等等；

(4)句子成分特征序列中，做谓语的特征跟组合特征序列中的多项特征都有着内在关联，也即做谓语时往往要求受“很”或“不”修饰，或带上“了”，或带补语，或带宾语，或同时带“了”带宾语，实际上只有做谓语才能谈得上带动态助词、带补语和带宾语的问题，否则便无从谈起。

(5)单音形容词做谓语完全可以跟语用特征序列联系起来，甚至等同起来，因为单音形容词进入评价句、比较句、疑问句和祈使句实际上也就是单音形容词做谓语。

如此等等，可以看到，相同序列中不同原型地位的特征之间，以及不同层级之间不同原型地位的特征都存在着相当程度的关联性，这种特征关联性主要包括等价性关联、蕴含关联、同现关联、等同关联等。

第四，单音形容词语法特征范畴这种错综复杂的关联性，实际上就是单音形容词特征的“家族相似性”，是其原型范畴的表现。范畴中各项语法特征的地位虽然是不均等的，有原型性特征和非原型性特征之分，但是，它们却共同标识了单音形容词的原型性程度，而不是仅靠一两项特征就标识了某一词项的原型程度，更不可能是仅靠一两项特征就构成了一个原型范畴。因此，完全或较多地具备单音形容词的三组特征束（见 5.1.1，表 5—1）的词项是单音形容词的典型成员；具备其中一部分特征的词项是程度不等的非典型成员；具备较多典型特征的词项，其原型程度就高，不具备较多典型特征的词项，其原型性程度就低。这就是单音形容词相关特征的使用原则，或可视为单音形容词范畴原型特征的关联机制。

## 5.2 单音形容词的再分类

### 5.2.1 单音形容词分类角度示例

前人从不同角度、基于不同目的对包括单音形容词在内的形容词做过不少分类。例如，李临定（1986：111）将“瘦、胖、高、疼、大、红、凉、黑”等做谓语并后面带上“了”或同时带上趋向动词或数量词，表示人的主观意志所不能控制的状态的变化的形容词（如：你瘦了、天渐渐黑下来了），看作是非意志形容词。马庆株（1988）将形容词包括在广义的动词之中，并把“阴、晴、干、旱、湿、滑、冷、暖、熟、烂”等归为非自主形容词，把有使动用法的“累、饿、馋”等归为自主形容词。袁毓林（1993b：117—124）根据对祈使句式的研究，将形容词分为述人形容词和非述人形容词(如:大、小、高、低、长、短、粗、细、远、近、宽、窄、厚、薄、深、浅,简单、复杂、好听),前者又包括自主形容词(如:急、慌、美(得意)、傻(死心眼儿),灵活、老实、谦虚)和非自主形容词(如:美、丑、累、精、灵、笨、蠢,健康、成熟、可靠)。朱景松(2002)根据是否能进入"(放)+形容词+些/点儿(+名词)",将形容词分为能动意义形容词(如:乖、老实、聪明、严肃)和非能动意义形容词(如:渴、痒、大意、伟大)。王珏(2006)根据是否具有生理义,将形容词分为有生形容词、无生形容词和共相形容词三类,有生形容词又分为人类、动物、植物和共相形容词,人类形容词又分为可控和非可控形容词。张国宪《现代汉语形容词功能与认知研究》(2006)中,将形容词分为性质形容词、状态形容词和变化形容词等,并分别进行了句法语义等多方面研究。

对单音形容词的分类除以上各种分类角度和具体的分类以外,还可以采取其他单一标准的二分法或多标准的多分法。比如,要想看看单音形容词有多少词项能够受程度副词的修饰,那么就可以进行相应的检测,分出可受程度副词修饰的词项和不可受程度副词修饰的词项,并可以进一步研究不能受程度副词修饰的词项有什么特点,又何以成为形容词,等等。又如,想把能重叠的单音形容词跟不能重叠的单音形容词分开,就可以进行相应的检测,并进一步对所分出的两类词项进行句法语义的对比研究。再如,要想了解单音形容词里有多少只能充当某一种句子成分的词项、充当哪些句子成分,那么就可以逐一检测,以获得所需信息。

此外,还有一种重要而广泛的分类,那就是在对相关现象多种特征考察研究后,按照相关特征的"有和无"及"多与少"进行分类。这不仅是一种重要的分类角度,更是基于特征分类的重要选择方式。并且对汉语单音节词的分类来说,如果不是依据某一项特征之有无的二分法(如能否重叠或能否受程度词语修饰,等等),就只能依据某些特征(如受“很”修饰、带时体成分、做定语、做谓语等)的“有”“无”或具有全部特征的数量多寡来进行二分或多分类。本书对单音形容词内部成员的再分类,主要即选择这种依据特征数量的多寡来分类的方式,因为这更符合基于特征的原型性分类的要求,即典型成员拥有同类成员的相关特征的数量多,非典型成员则相反。

### 5.2.2 单音形容词的原型性分类

本书的总体研究目标即是对单音形容词进行原型性研究,其中最基本的想法是要看看哪些是典型的单音形容词,哪些是非典型的单音形容词,或者说想了解单音形容词内部一致到什么程度,差异到什么程度,以及为什么是这样,并为此进行了一系列考察和分析,在此基础上依据原型范畴理论和标记理论,拟定了单音形容词原型特征模式框架。(见 5.1.1)现在,我们可以利用这一原型特征模式来确认单音形容词词项的原型程度,进而对单音形容词词项进行原型分类,借以观察单音形容词范畴内部成员的均质程度和差异程度。

下面,根据单音形容词范畴原型特征模式及其关联机制,将单音形容词词项分为以下三个原型类别:

1. 原型程度最高的成员——典型成员

完全或较多地具备单音形容词各种特征,具体来说,应具备构成单音形容词原型特征范畴的 16 项特征中的 13 项以上,[①]并且应包括组合特征序列、语用特征序列和句子成分特征序列的三项原型性特征——首

① 为什么具备 13—16 项特征就是典型成员,而不是具备 12—16 项特征或是其他量段,并没有一个说一不二的理由,因为原型特征分类本身就是要在原型特征序列中“切一刀”,这一刀切在哪儿都必然带有主观性,这是运用连续统性特征对原型范畴成员进行原型层级划分的必然现象。不过,我们在做出具备 13—16 项特征就算是典型成员这一规定时,参考和观察了本书对单音形容词词项所进行的 16 项语法特征的考察结果,见附录二。

席特征。符合上述要求的单音形容词词项如：

矮$_{2}$，暗，白$_{1}$，薄$_{1}$，饱$_{1}$，瘪，惨，馋，长$_{1}$，稠，臭$_{1}$，粗$_{1}$，粗$_{2}$，粗$_{3}$，大$_{1}$，淡$_{2}$，低$_{1}$，低$_{2}$，短，多$_{1}$，饿，肥$_{1}$，富，干$_{1}$，高$_{1}$，高$_{2}$，贵$_{1}$，好$_{1}$，好$_{2}$，好$_{3}$，黑$_{1}$，黑$_{2}$，狠$_{2}$，红$_{1}$，厚$_{1}$，挤，贱，紧$_{1}$，紧$_{2}$，紧$_{3}$，苦$_{2}$，快$_{1}$，快$_{2}$，宽$_{1}$，辣，累，凉$_{1}$，亮，乱$_{1}$，满$_{1}$，慢$_{1}$，忙，密，难$_{1}$，嫩$_{2}$，浓$_{1}$，浓$_{2}$，胖，平$_{1}$，齐$_{1}$，浅$_{1}$，浅$_{4}$，热，软$_{1}$，傻$_{1}$，少$_{1}$，深$_{1}$，生$_{1}$，省，湿，瘦$_{1}$，瘦$_{3}$，熟$_{4}$，松，酥，酸$_{1}$，碎$_{1}$，弯，晚$_{1}$，稀$_{1}$，稀$_{3}$，细$_{1}$，细$_{2}$，细$_{3}$，细$_{5}$，咸，小$_{1}$，斜，严$_{1}$，硬$_{1}$，冤$_{1}$，圆$_{1}$，远$_{1}$，脏，早$_{1}$，窄$_{1}$，直$_{1}$，重$_{1}$，重$_{3}$，足

2. 原型程度较高的成员——次典型成员

较多地具备单音形容词特征，具体来说，应该具备 8—12 项特征，其中至少应包括 1—2 项首席特征。符合上述要求的单音形容词词项如：

矮$_{1}$，傲，板，薄$_{2}$，暴$_{2}$，背$_{2}$，背$_{3}$，笨$_{1}$，笨$_{2}$，笨$_{3}$，扁，糙$_{1}$，草$_{1}$，差$_{1}$，差$_{2}$，潮$_{1}$，吵，沉$_{1}$，冲$_{2}$，冲$_{3}$，丑$_{1}$，臭$_{2}$，臭$_{3}$，纯，蠢$_{1}$，蠢$_{2}$，次$_{1}$，粗$_{4}$，粗$_{5}$，粗$_{6}$，脆$_{1}$，错$_{1}$，呆，淡$_{3}$，低$_{3}$，刁，定$_{1}$，陡，毒$_{2}$，对$_{1}$，钝，多$_{2}$，烦，肥$_{3}$，肥$_{4}$，费，高$_{3}$，鼓，乖，怪，光$_{1}$，旱$_{1}$，黑$_{3}$，狠$_{1}$，横$_{1}$，红$_{2}$，花$_{1}$，花$_{3}$，滑$_{1}$，滑$_{2}$，坏$_{1}$，坏$_{2}$，荒，慌$_{1}$，黄，浑$_{1}$，活$_{1}$，火，急$_{1}$，急$_{2}$，急$_{3}$，尖$_{2}$，强$_{1}$，犟，紧$_{4}$，近$_{1}$，净$_{1}$，静$_{1}$，久，旧$_{2}$，倔，开，糠，渴，空$_{1}$，空$_{3}$，抠，苦$_{1}$，酷，狂，困，阔，懒，烂$_{1}$，老$_{1}$，老$_{6}$，老$_{7}$，涝，冷$_{1}$，冷$_{2}$，灵$_{1}$，灵$_{2}$，聋，娄，绿，麻$_{1}$，麻$_{2}$，美$_{1}$，闷$_{1}$，闷$_{2}$，蒙，猛，面，妙，闹，嫩$_{1}$，腻$_{1}$，腻$_{2}$，黏，拧，牛，拗，浓$_{3}$，偏$_{1}$，偏$_{3}$，贫$_{2}$，破$_{1}$，齐$_{2}$，浅$_{2}$，强$_{1}$，巧$_{2}$，勤$_{2}$，轻$_{1}$，轻$_{2}$，轻$_{3}$，清$_{1}$，清$_{2}$，晴，穷，全$_{1}$，瘸，肉，软$_{2}$，软$_{3}$，弱$_{1}$，弱$_{2}$，散$_{1}$，臊$_{1}$，涩，傻$_{2}$，晒，膻，少$_{2}$，深$_{2}$，深$_{3}$，深$_{4}$，神，生$_{2}$，实，瘦$_{2}$，熟$_{1}$，熟$_{2}$，帅，顺$_{2}$，死$_{3}$，馊$_{1}$，俗$_{1}$，素，酸$_{2}$，碎$_{3}$，损，烫，淘，疼$_{1}$，甜$_{1}$，甜$_{2}$，秃$_{1}$，土$_{1}$，土$_{2}$，土$_{3}$，洼，歪$_{1}$，旺，稳$_{1}$，稳$_{2}$，细$_{4}$，细$_{6}$，瞎，闲$_{1}$，香$_{1}$，香$_{2}$，响$_{1}$，腥，凶$_{1}$，凶$_{2}$，虚$_{2}$，虚$_{3}$，严$_{2}$，暄，艳，酽，痒$_{1}$，阴$_{1}$，硬$_{2}$，油，冤$_{2}$，匀，杂$_{1}$，糟$_{1}$，正$_{1}$，直$_{2}$，值，专$_{2}$，壮$_{1}$，准$_{1}$，紫

3. 原型程度较低的成员——非典型成员

只具备单音形容词原型特征范畴中不足半数的特征，具体来说，特征数在1—7项，其中对原型特征——首席特征不做要求。具体词项有：

矮$_3$，安，凹，白$_2$，半，棒，薄$_3$，饱$_2$，宝，暴$_1$，背$_1$，便，遍，别，冰，残，糙$_2$，草$_2$，常$_1$，常$_2$，超，潮$_2$，沉$_2$，陈，成$_1$，成$_2$，诚，痴，迟，冲$_1$，丑$_2$，初，刍，雌，次$_2$，次$_3$，粗$_7$，脆$_2$，错$_2$，大$_2$，大$_3$，大$_4$，大$_5$，单$_1$，单$_2$，单$_3$，淡$_1$，淡$_4$，倒，定$_2$，抖，逗，毒$_1$，独，对$_2$，多$_3$，恶，乏，繁$_1$，繁$_2$，反，方，肥$_2$，废，粉，疯$_1$，疯$_2$，疯$_3$，浮$_1$，浮$_2$，副$_1$，副$_2$，负，干$_2$，干$_3$，干$_4$，甘，高$_4$，个，各，公$_1$，公$_2$，公$_3$，公$_4$，公$_5$，够，孤，古，故，惯，光$_2$，广$_1$，广$_2$，鬼$_1$，鬼$_2$，鬼$_3$，贵$_2$，海$_1$，海$_2$，害，寒，旱$_2$，好$_4$，好$_5$，黑$_4$，横$_2$，横$_3$，横$_4$，后，厚$_2$，花$_2$，坏$_3$，欢$_1$，欢$_2$，缓，慌$_2$，灰$_1$，灰$_2$，昏，浑$_2$，活$_2$，活$_3$，佳，假，尖$_1$，尖$_3$，奸$_1$，奸$_2$，简，健，僵，酱，娇，焦，金$_1$，金$_2$，紧$_5$，近$_2$，精$_1$，精$_2$，净$_2$，净$_3$，静$_2$，旧$_1$，旧$_3$，绝$_1$，绝$_2$，均，俊，空$_2$，枯，快$_3$，宽$_2$，赖，蓝，烂$_2$，滥，牢，老$_2$，老$_3$，老$_4$，老$_5$，老$_8$，老$_9$，冷$_3$，楞，良，凉$_2$，凉$_3$，靓，劣，烈，零，令，陋，乱$_2$，满$_2$，慢$_2$，毛$_1$，毛$_2$，美$_2$，美$_3$，名，明$_1$，明$_2$，明$_3$，明$_4$，末，母，木，男，难$_2$，能，逆$_1$，逆$_2$，蔫$_1$，蔫$_2$，女，怒，暖，旁，偏$_2$，贫$_1$，平$_2$，平$_3$，破$_2$，齐$_3$，前，浅$_3$，强$_2$，强$_3$，巧$_1$，俏，亲$_1$，亲$_2$，勤$_1$，青$_1$，青$_2$，轻$_4$，轻$_5$，清$_3$，清$_4$，糗，曲，全$_2$，乳，散$_2$，臊$_2$，沙，善，烧，少$_3$，深$_5$，深$_6$，生$_3$，生$_4$，生$_5$，盛$_1$，盛$_2$，熟$_3$，熟$_5$，竖，双$_1$，双$_2$，双$_3$，爽，顺$_1$，顺$_3$，死$_1$，死$_2$，死$_4$，死$_5$，死$_6$，死$_7$，馊$_2$，俗$_2$，速，碎$_2$，踏，太，特，疼$_2$，铁$_1$，铁$_2$，铁$_3$，通$_1$，通$_2$，同，头，透$_1$，透$_2$，凸，秃$_2$，秃$_3$，秃$_4$，妥，歪$_2$，外，完，晚$_2$，危，微，伪$_1$，伪$_2$，温，污，误，稀$_2$，稀$_4$，喜，鲜$_1$，鲜$_2$，闲$_2$，闲$_3$，贤，显，香$_3$，香$_4$，响$_2$，小$_2$，小$_3$，小$_4$，小$_5$，邪$_1$，邪$_2$，新$_1$，新$_2$，新$_3$，行$_1$，行$_2$，雄，虚$_1$，虚$_4$，玄，悬，哑$_1$，哑$_2$，哑$_3$，亚，厌，洋，养，痒$_2$，遥，要，野$_1$，野$_2$，野$_3$，疑，义$_1$，义$_2$，异，易，益，阴$_2$，银，荫，硬$_3$，硬$_4$，硬$_5$，优，右，愚，元，原$_1$，原$_2$，圆$_2$，远$_2$，远$_3$，晕$_1$，晕$_2$，杂$_2$，赃，糟$_2$，早$_2$，早$_3$，

燥，躁，贼$_1$，贼$_2$，窄$_2$，长$_2$，真$_1$，真$_2$，整，正$_2$，正$_3$，正$_4$，正$_5$，正$_6$，正$_7$，终，众，重$_2$，周，专$_1$，壮$_2$，准$_2$，总$_1$，总$_2$，尊，左$_1$，左$_2$

按照上述标准，在700个单音形容词词项中，分出典型成员100个，次典型成员216个，非典型成员384个。在所考察的16项特征中，具有9项以上（8—16项）特征的典型和非典型单音形容词词项占[(100＋216)316∶700]45.14%，它们都具有所考察的半数以上的特征，其中最多的具备16或15项特征，最少的也具备9项特征。非典型词项占总词项数的（384∶700）54.86%，其中最多的具备7或6项特征，最少的只有1项特征。也就是说，700个单音形容词词项中，在16种特征的三个特征段（16—13，12—8，7—1）中呈现由少到多的一种连续统分布，这显示，单音形容词的用法是非均质的，最多的有16、15种用法，最少的只有1种用法，中间分布着从2—14种用法的多少不等的单音形容词词项。

### 5.2.3 单音形容词句法功能分类

1. 句法功能分类主要是想把单音形容词词项中具有专职句子成分功能的词项，同非专职句子成分功能的词项分别开来。考察发现，共有159个词项只能充当某一句法成分（即唯定、唯谓、唯补、唯状形容词，见4.6.3），占总词项数（700个）的22.71%（约占五分之一）。这些词项使用频率都很高，它们不仅在语法特征上跟其他的单音形容词词项有明显的不同，它们之间在句子成分功能上也有严格的分工，因此有必要确立为单音形容词的下位小类。根据是否只能充当某一种句法成分，将单音形容词分为单功能词项和多功能词项：

单功能词项：唯定形容词；唯谓形容词；唯状形容词；唯补形容词

多功能词项：可充当两种及以上句法成分的形容词，即非唯定、唯定、唯状、唯补类。

2. 与此相关的重要问题是，唯定形容词是否存留在单音形容词之内。唯定形容词主要是一般所说的非谓形容词（区别词）。在 700 个词项中，有 106 个单音唯定形容词，占总数的 15.14%。依照本书的考察和分析，单音形容词句子成分功能的原型性序列是：

做谓语 做补语 ＞ 做定语 做状语 ＞ 做宾语 做主语

原型性功能　→　非原型性功能

也就是说，做定语不是单音形容词的原型性特征（这是包括非谓形容词在内的情况下得出的结论，见 4.6），做谓语是单音形容词的首席特征。而唯定形容词完全不能做谓语，而且除做定语外也不具备单音形容词特征范畴中的任何特征，换言之，唯定形容词的形容词原型性程度很低。因此，完全可以考虑从单音形容词中分离出去。

但是，如果把双音形容词的情况以及本书考察所得到的其他几个同样是只能做某一句子成分的词项（唯谓、唯状、唯补）等因素也考虑进来的话，那么也可以考虑暂时把唯定形容词留在单音形容词之内，作为一个特殊的小类来看待。因为还不知道双音形容词的原型序列跟单音形容词是否完全一致，同时把同样性质的其他几个小类留在单音形容词之内，单独把唯定形容词分出去，也未必是十分合理的处理意见。

不过，把唯定形容词从单音形容词中分出去的话，带来的变化是，单音形容词内部均质化的程度总体上会有所提高，单音形容词做谓语的原型特征地位（首席地位）会更加凸显，而单音形容词做定语的原型程度则会有所降低。（见下文）那么，本书考察的 16 个特征项目的比例将变为如下各表所示：

**表 5－2　单音形容词词项组合能力简表（总词项 594 个）**

| 组合项目 | ＋程度副词 | ＋否定副词 | ＋重叠 | ＋动态助词 | ＋宾语 | ＋补语 |
|---|---|---|---|---|---|---|
| 词项数（个） | 437 | 404 | 155 | 346 | 145 | 300 |
| 能力比例（%） | 73.56 | 68.01 | 26.09 | 58.24 | 24.41 | 50.50 |

**表 5—3 构成祈使句、评价句、疑问句、比较句的情况(总词项 594 个)**

| 相关句型 | ＋祈使句 | | ＋评价句 | | ＋疑问句 | ＋比较句 |
|---|---|---|---|---|---|---|
| 词项数(个) | 肯定 109 | 否定式 202 | S1:－过分义 | S2:＋过分义 | 281 | 286 |
| 能力比例(%) | 18.35 | 34.00 | (23 个)3.87 | (300 个)50.50 | 47.30 | 48.14 |

**表 5—4 单音形容词充当句法成分的数据比例(总词项数 594 个)**

| 句法成分 | 做主语 | 做宾语 | 做定语 | 做谓语 | 做状语 | 做补语 |
|---|---|---|---|---|---|---|
| 词项数(个) | 227 | 281 | 433 | 486 | 191 | 316 |
| 能力比例(%) | 38.21 | 47.30 | 72.89 | 81.81 | 32.15 | 53.19 |

其中,变动较大的是做定语和做谓语的比例,前者由 77%降为 72.89%,后者由 69.42%提升为 81.81%。而做主语、宾语、状语、补语的能力比例均升高了若干个百分点。但是,如果进一步对充当相关句法成分的"能力比例"进行"概念比例""词化倾向""受限程度""虚拟现象"等指标的综合评估的话,那么把唯定形容词除去后,余下的 594 个词项充当句法成分的原型序列并没有改变,仍然是:做谓语＞做补语＞做定语/做状语＞做宾语＞做主语。(参见 4.6.2)不仅如此,除去唯定形容词后,单音形容词的组合能力和构成特定语用句的能力,分别均提高了若干个百分比,但原型性特征的序列都没有改变,仍然分别是:"＋程度副词/＋否定副词＞＋动态助词/＋补语＞＋重叠/＋带宾语""评价句＞比较句＞疑问句＞祈使句"。(参见 5.1.1)

## 5.3 单音形容词的均质性

### 5.3.1 单音形容词的连续统现象

在 5.2.2 中,依据相关的标准,将单音形容词词项分为三个类别:

拥有16—13种用法的为典型成员，拥有12—8种用法的为次典型成员，仅拥有7—1种用法的为非典型成员。单音形容词成员之间依凭特征相似性而构成一个范畴，其中有典型、次典型和非典型成员，并共同构成单音形容词这一原型范畴。这表明，现代汉语单音形容词内部成员并不具有完全的均质性，而是兼具一致性和差异性。范畴中的成员以“家族特征相似性”的方式联结在一个范畴中，并构成一个典型成员、次典型成员和非典型成员的连续统。

1. 单音形容词的不同词项（义项），其组合能力、构成特定语用句的能力和充当句子成分的能力是不一致的。换言之，单音形容词在用法上存在程度不等的差别性，它们在各种句法功能上是非均质的。一些特征在单音形容词范畴内普遍性强些，另一些特征的普遍性差一些。可以说，单音形容词范畴是通过不同层面的几组句法功能特征，以家族特征相似性的模式联结在一起的。就本书的考察看，700个单音形容词词项通过三个层面上的16项句法特征，以连续统的方式联结在一个范畴中。

2. 从典型成员、次典型成员到非典型成员，其词项的数量依次由少到多，分别为100、216、384个，其成员的数量大致呈现一种“1—2—3”比例的金字塔形分布，其中典型成员最少，非典型成员最多。

3. 从典型成员、次典型成员到非典型成员，其用法的种类（即拥有单音形容词范畴特征的数量）依次是由多到少，分别为16—13个、12—8个、7—1个，即典型成员用法的种类最多，次典型成员居中，非典型成员最少。从典型、次典型到非典型成员，其成员所拥有的范畴特征的数量大致呈现一种“多—中—少”比例的“倒金字塔”形分布。

4. 从最能体现词类特征的充当句法成分功能来看，单音形容词能够充当主语、谓语、定语、状语、补语和宾语六大句子成分。尽管不是其中每个成员都具有“六项全能”的功能，有些成员只有其中一两项功能，但整体上的这种多功能性，足以表明单音形容词在句法功能上非离散性、非均质性的特点，而是呈现连续统状分布。

### 5.3.2 单音形容词内部的一致性

单音形容词是一种原型范畴，其成员的特征并不是完全一致的，其地位并不是完全平等的，但这并不否认单音形容词范畴作为一个整体具有一致性和均质性的一面，这一点是毫无疑问的。只是单音形容词的一致性和均质性的程度并不像想象的那么高，这是词类范畴属于原型范畴的必然结果。单音形容词范畴在以下几方面表现出一定程度的一致性：

1. 在一些原型性特征上，如受“很”修饰、构成评价句、充当谓语和补语等方面，其一致性分别达到 6、4、6、4 成以上。如果把非谓形容词除去的话，这几项原型性特征的均质程度分别达到 7、5、8、5 成以上。(见 2.1.1，3.2.3，4.3.2，4.5.2，5.2.3)这对于一个原型范畴来说，其一致性程度是比较高的。正是靠这些原型性特征才凝聚起单音形容词范畴的核心成员。

2. 在 700 个词项中，典型成员和次典型成员(100＋216)316 个，几近半数；在所考察的 16 项特征中，具有 9 项以上(8—16 项)特征的典型和非典型单音形容词词项占(316∶700)45.14％，它们都具有所考察项目的半数以上，其中最多的具备 16 或 15 项特征，最少也具备 9 项特征，这些数据表明单音形容词内部的一致性及其程度。同样可以认为，范畴中典型成员和次典型成员占总数的近一半(去掉 106 个非谓形容词，相应的比例还会提高)，并拥有该范畴特征总数的半数以上，这对一个原型范畴来说，同样是其具有较高一致性的表现。

3. 单音形容词范畴中，非典型词项占总词项数的(384∶700) 54.86％；它们拥有 16 项特征的 7(1—7)项，并且这些特征大都是特征连续统中典型和非典型特征之间的过渡性特征(如做定语、状语),以及非典型特征(如做主语、宾语);较少拥有原型性特征,如受“很”修饰、做谓语和补语等不占多数;并且绝大多数都不能用于祈使句、评价句、比较句等语用句,这些情形正好体现了单音形容词范畴中非典型成员的相对一致性及其程度。

总起来看,单音形容词范畴中,典型成员本身以及典型成员和次典型成员之间,在拥有范畴特征的数量和拥有典型性特征的数量上,具有较高的一致性;次典型成员与非典型成员之间在拥有非典型特征方面具有相对较多的一致性,非典型成员之间在拥有特征的数量和拥有非典型特征的数量上具有较高的一致性。

### 5.3.3 单音形容词内部的差异性

本书对单音形容词范畴特征的层级性和特征序列的连续统现象、成员原型性类别的区分,对单音形容词范畴成员的连续体现象进行的相关论述,事实上,也是在说明单音形容词存在差异性。(见 5.3.1)而上文提到的单音形容词内部成员具有“一定程度的一致性”,乃至说“具有较高一致性”,实际上,这些情形同时也在表明单音形容词作为一个整体其内部成员具有一定程度的差异性,甚至可以说,具有超出想象的差异性。(见 5.3.2)不仅如此,其差异性还具体表现在:

1. 单音形容词在一些原型性特征上,其一致性分别达到 6、4 成,乃至 7、8 成;典型和次典型成员以及它们拥有的范畴特征的数量均在相关总数的半数以上;大多数的典型和次典型成员都能用于祈使句、评价句、比较句等特定语用句,而绝大多数非典型成员都不能用于这些特定的语用句,等等,尽管这些“比例”能够表明一个原型范畴在相关特征上已经具有一定或是较高程度的一致性,但从另一方面看,这些“比例”同时也表明了它们在相关特征上的差异性及其程度,至少表明了单音形容词范畴的非均质性。

2. 从最容易用来检验一个词项形容词属性的“受程度副词修饰”这一典型特征来看，单音形容词词项也不是百分之百都能受“很”等程度副词的修饰。比如，不区分义项的话，“矮、大、多、高、好、旧、老、凉”，等等，都可以认定为能受“很”修饰。但如果区分义项，情形就大不一样了，“矮$_3$、大$_2$、大$_3$、大$_4$、大$_5$、多$_3$、高$_4$、好$_4$、好$_5$、旧$_3$、老$_4$、老$_5$、老$_8$、老$_9$、凉$_2$、凉$_3$”等都不能受“很”修饰。这不仅表明，不区分义项很可能掩盖或忽略了一个词的某些用法，而按义项来考察能够比较全面地看到一个词的各种用法，而且也表明单音形容词句法功能的非均质性。更需要强调的是，不仅受“很”修饰这一形容词的原型性特征不适合所有单音形容词词项，其他任何一种用法也都不能适合于所有的单音形容词词项。这反过来说明，单音形容词内部成员在用法上存在着广泛的差异性。

3. 一般认为，单音节词在相关词类系统中原型程度最高，存在归类争议的成员较少。例如，祈峰(2011a)指出：“就词类的原型范畴而言，几乎所有的单音形容词都是词类范畴的典型成员，也就是说，汉语的单音节形容词一般都具有原型性，因此它的词类范畴的特征最明显。”但是，如果区分义项并进行计量考察分析的话，情况就很复杂。如同样就受“很”等程度副词修饰来看，在388个单音形容词中，只有195个能受程度副词修饰，占50.25%；在700个单音形容词词项中，有437个词项能受“很”等程度副词修饰，占总数62.42%；即使除去106个不能受程度副词修饰的非谓形容词，那么能受程度副词修饰的单音形容词也不过69.15%。连受“很”修饰这一单音形容词的原型特征，其普遍适用性也不过在50—70%之间，足可窥见单音形容词成员之间的差异性。又如，单音形容词词项总体上可以充当主语、谓语、宾语、定语、状语和补语六大句子成分，但另有一些词项又分别只能做定语、状语、谓语和补语(即唯定、唯状、唯谓、唯补形容词),这种充当句子成分时的“多功能”现象和“单功能”现象,同样表明单音形容词内部成员的差异性。

总起来看,单音形容词范畴中典型、次典型和非典型等不同类型的成员,在成员的数量、拥有范畴特征的数量、拥有典型性特征的数量上,都存在一定的差别性,典型成员与非典型成员在拥有范畴特征和典型特征的数量上具有相对较大的差异性。

综上,并参照5.3.1、5.3.2和本节的分析与归纳,可以得出如下基本结论:现代汉语单音形容词内部成员并不具有完全的均质性,而是兼具一致性和差异性,并且其一致性与差异性的程度大体相当。

# 第六章　结论

## 6.1　单音形容词组合能力考察的结论

本书对单音形容词组合能力进行了考察，得到的相关数据是：

**表 6—1　单音形容词词项组合能力考察数据表(总词项 700 个)**

| 组合项目 | ＋程度副词 | ＋否定副词 | ＋重叠 | ＋动态助词 | ＋宾语 | ＋补语 |
|---|---|---|---|---|---|---|
| 词项数(个) | 437 | 404 | 155 | 346 | 145 | 300 |
| 能力比例(％) | 62.42 | 57.71 | 22.14 | 49.42 | 20.71 | 42.85 |

参照上表并结合前文的分析和讨论，在此将第二章的相关结论和主要观点概述如下，同时就“不”否定单音形容词的两种语义类型做进一步的论述。

其一，单音形容词词项组合能力的原型性序列：

原型性特征　→　非原型性特征

＋程度副词 ＋否定副词　＞＋动态助词 ＋补语　＞＋重叠 ＋带宾语

也即从组合能力和自由程度上看，受程度副词修饰是单音形容词的首席原型性特征，受否定副词修饰是次原型性特征，二者的修饰能力分别占 62.42％，57.71％，大体同属于“第一个”能力段。单音形容词带动态助词和带补语的组合能力分别占 49.42％和 42.85％，其中，带动态助词约占半数左右，这个比例对于形容词来说不算低。不过，单音形容词带动态助词并不是很自由的，因此虽然数量上比带补语略高一些，但总体上说单音形容词带动态助词和带补语应同属于“第二个”能力段，是单音形容词原型性特征和非原型性特征之间的过渡性特征。单音形容词重叠能力和带宾语能力分别为22.14%和20.71%，同属于“第三个”能力层次上的，可看作是单音形容词的非原型性特征。

其二，一般认为，能否受“很”修饰是形容词的典型性句法特征，是鉴定一个词是否是形容词的首要功能，是划分形容词和动词的区别性特征。但是，就单音形容词词项来看，能受“很”等程度副词修饰的比例，远低于不分音节和义项的考察得到的数据；即使不分义项，本书的统计也低于现有的一些考察数据。（见2.1）这说明考察范围的不同，特别是区分音节和义项与否，所得出的结论很不一致。如果依照本书的考察和分析来看，能否受“很”修饰难以成为鉴定一个词是否是形容词的首要功能，也难以成为划分形容词和动词的主要特征，因为它对单音形容词词项的普遍性不算强。但是，跟其他组合特征相比，受“很”修饰以及受“不”否定仍然是单音形容词典型的、首席性的句法特征。

其三，本书将“不”修饰单音形容词分为周遍性否定和非周遍性否定两种情况。周遍性否定是对形容词所表某种属性及属性值的根本性、全量幅的否定。也即“不”否定的是形容词所表属性的任何一个程度连续点、任何一个量幅节点、任何一个属性值。如“不冷”是一点儿也不冷，丝毫也不冷，在具体的语境中甚至可以是“感觉温暖”或“有点儿热”。非周遍性否定是对形容词所表某种属性程度的否定或高属性值的否定，而不是对属性值的彻底否定，也即“形”的属性值不等于零，形容词所表示的某种属性仍然存在。如“不冷”是不太冷、不那么冷或微微有点儿冷。非周遍性否定是对形容词属性值的极点的否定，也即否定事物的属性达到了极点值，而不是否定形容词属性（值）的存在。

其四，“不”否定动词和否定形容词的语义不同，跟动词和形容词的“有界”和“无界”有关。沈家煊（1995）指出：在时间上，动作有“有界”和

"无界"之分。有界动作在时间轴上有一个起始点和一个终止点,无界动作则没有起始点和终止点,或只有起始点没有终止点。"我跑到学校"是一个"个体"动作或"有界"动作,"我很想家"是一个"非个体"动作或"无界"动作。"无界动作的内部是同质的,有界动作的内部是异质的"。据此,我们可以进一步认为,有起始点和终止点的有界动作是离散性的,对它们否定也是离散性的,即对动作行为的彻底否定、全部否定,"不跑"即是一步也不(没)跑,一秒钟也不(没)跑。这与形容词的周遍性否定用法大体相当,但"不动"结构(如"不跑")没有"不形"结构(如"不冷")的语义增值现象(即不冷可能是"(气温)还行、正合适"乃至"挺暖和的、有点儿热"等)。而没有起始点和终止点,或只有起始点没有终止点的无界动作虽然是同质的、非离散的,但因为没有程度之别而不能用于非周遍性否定,"不想(家)"就是一点儿也不想、完全不想。无界动词要想用作相当于形容词的非周遍性否定用法,必须借用程度词的修饰来实现,如"不那么想家、不太想家"或是"有点儿想家、老是想家"等。

其五,"不"用于周遍性否定和非周遍性否定,与单音形容词的"界性"有关。沈家煊(1995)指出:性状在程度或量上有"有界"和"无界"之分,在汉语语法中的表现就是形容词有性质形容词和状态形容词之分。"白"是对各种程度的白的概括,代表一个不定的"量幅",或者说"白"表示的性状是"无界"的。"雪白"代表这个量幅上某一段或某一点,所表示的性状是"有界"的。据此,我们可以进一步看到,"白"虽然在性状上是同质的、非离散的、非个体的,但因为它本身有程度之别,也即白的属性值不是同质的,而是离散性、个体性的,所以它可以有并且只能有非周遍性的否定(少数表颜色的形容词的这种用法是特例,见 2.2.1.2,2.2.1.3),而多数无界的单音形容词则因为在属性值的程度上有异质性、离散性和个体性,因此在受"不"否定时可以有周遍性否定和非周遍性否定两种情形。如"不冷"可以是一点儿也不冷、丝毫不冷,此时(周遍性否定）是对性状或属性本身的否定；也可以是“不太冷、不那么冷、不很冷”，此时（非周遍性否定）不是对性状或属性本身的否定，而是对性状高属性值的否定。周遍性否定是一种“极性”否定，而对极性的否定意味着对另一种非极性的肯定，所以整个“不形”结构有语义增生（增值）现象，即有言外之意产生。

其六，本书考察表明：能重叠的单音形容词大都具有[＋物理属性]特征，少数词项具有[＋社会属性]特征，或兼具[＋物理属性，＋社会属性]特征。从语义上看，具有“量性”特征是形容词可重叠的客观基础，而表达“模糊量”是其重叠的语义条件。不具有“量性”特征，就不具备重叠的客观基础，也就不可能重叠。从句法上看，凡是能够重叠的形容词词项，绝大多数都能受“很”和“不”的修饰；不能受“很”和“不”的修饰的词项，绝大多数也不能重叠。能受“很”和“不”修饰（因而主观性很强），是能重叠的先决性句法特征。

其七，本书从重叠的现实动因这一视角，提出并论述了汉语重叠的连续统现象。语言事实表明：汉语的一些重叠现象，无论是看成词法重叠还是看成句法重叠，都有一些不好解释的问题。重叠现象十分复杂：重叠的形式多样，表达的意义多样，重叠动因也是多样化的。因此，我们主张应建立包括语音重叠、词法重叠、句法重叠和语用重叠在内的汉语重叠范畴。在这一范畴中，各种重叠现象的边界是模糊的，不同的重叠现象在属于语音重叠——词法重叠——句法重叠——语用重叠四个次范畴的典型性程度上形成一个连续统；在属于增加概念意义——增加语法意义——增加语用意义三种重叠动因的典型性程度上形成连续统。书中还具体对单音形容词重叠式的句子成分功能、单音形容词重叠的形式和语法意义等问题进行了考察和分析，对重叠式既可“指大量”也可“指小量”的说法提出了质疑，并从认知的角度和利用语言标记理论对相关现象进行了解释。（见 2.3）

其八,能带动态助词的单音形容词词项占总词项的近半数,比例不算低,这表明单音形容词具有明显的动态化倾向。单音形容词带宾语的功能蕴含在带动态助词的功能之中,能带宾语的词项大都能带动态助词,甚至带宾语时要求动态助词必须与之同现。同样,能带补语的形容词(占 42.85%)似乎也不算少数,但形容词带补语并不是很自由的,所能出现的句法格式有限,并且几乎所有的形补结构都需要有“了”等完句成分的帮助才能成句。形容词带补语根本上说主要用于表示属性的程度,其次是表示性状的结果。带动态助词和带补语是形容词原型性特征与非原型性特征之间的过渡性特征,是形容词跟动词相似性的表现。(见 2.4)

其九,如何看待形容词的动态化问题,涉及对形容词自身性质的认识、形容词再分类以及形容词与动词的共性与差异等问题,不可谓不重要。据本书考察,在 700 个单音形容词词项中,有 49.42%能带动态助词。另据李泉(1997)的统计,在 1360 个单双音节形容词中,能带动态助词的占 49.27%;郭锐(2002:197)的统计是,在 2355 个形容词中,能带“了着过”的占 72%。这让我们相信,至少有近半数以上的形容词可以带动态助词。形容词的动态化或者一如前人所说的动态形容词,是一种客观存在。因此,我们认同形容词有动态化的倾向或者说具有“动性”的特征。带动态助词是形容词跟动词相似性的一个表现,在这一点上动词和形容词不构成对立。至于形容词的动态性是其先天既有的,还是后天语言环境赋予的?我们的看法是:形容词动态性的形成和体现,既有先天的因素(形容词自身可以表性状的变化),也有后天的因素(带上体标记),这两个因素不构成对立关系,对于形容词动性的实现均不可或缺。(见 2.4.4)

## 6.2 单音形容词构成的特定功能句考察的结论

本书对单音形容词构成的祈使句、评价句、疑问句、比较句进行了考察与分析，得到的基本数据是：

表 6—2 构成祈使句、评价句、疑问句、比较句的情况(总词项 700 个)

| 相关句型 | ＋祈使句 | | ＋评价句 | | ＋疑问句 | ＋比较句 |
|---|---|---|---|---|---|---|
| 词项数(个) | 肯定式 109 | 否定式 202 | S1:一过分义 | S2:＋过分义 | 281 | 286 |
| 能力比例(%) | 15.57 | 28.85 | (23 个)3.28 | (300 个)42.85 | 40.14 | 40.85 |

结合本书第三章对单音形容词有关上述几种句型适应能力的考察和分析，在此将有关的基本结论和主要观点概括为如下几个要点，并进行必要的阐释。

其一，单音形容词构成的祈使句包括肯定和否定两大类，可分为十种形式：

S1:A＋点儿(慢～) S2:A＋着＋点儿＋名(低～～头)

S3:A＋着＋点儿＋动(薄～～切) S4:A＋着(弯～)

S5:AA 儿的(好好～) S6:别＋A(～慌)

S7:别＋太/那么＋A(～～紧) S8:别＋A＋着(～冷～)

S9:别＋A＋喽(lou)(～稠～) S10:别＋A＋着＋名(～板～脸)

能进入 S1—S5 肯定祈使句的词项，无论是否“述人”，也不管是否“自主”，都必须具有[＋可控]语义特征，即通过人的主观努力或实施某种行为，可以呈现出形容词所表示的某种性状。不具有这种语义特征的形容词便不能构成肯定祈使句，如：*俊点儿！*钝着点儿！考察还发现：述人的形容词不一定都是自主的，因而也不一定都能构成肯定的祈使句，如：* 笨点儿！非述人的形容词不一定都是不可控的，只要通过人实施某种动作行为并可以使性状得以体现，那么也能构成肯定的祈使句，如：薄点儿(擀)！(见 3.1.2)

能进入 S6—S10 否定祈使句的词项，无论是否述人，无论是否自主，它们都含有[＋可控]的语义特征，即说话人通过主观意志或客观努力不让某种性状出现，可以看作具有“反向可控”的语义特征。如“慌”“犟”都是述人的，但不是自主的，因此不能用来构成肯定的祈使句，然而，主体人可以通过主观意志和行为来控制这类性状的出现。如可以说“别慌！”“别犟！”考察发现：不管是否是述人，不管是否自主，只要形容词具有[＋反向可控]的语义特征，就可能用来构成否定的祈使句。(见 3.1.3)

其二，五种肯定式祈使句中，“A＋点儿！”是最简便的一种形式，使用的几率最高，是肯定式祈使句的原型性形式。“点儿”表示小量不定量的含义已趋淡化，正在语法化为肯定祈使句的标记。在五种主要的否定式祈使句中，“别＋A！”是最简便的形式，但“别＋那么/太＋A！”使用的几率最高，是否定祈使句的原型性形式。“别”已经语法化为否定祈使句的标记。

其三，考察发现：单音形容词构成的祈使句中，肯定祈使句和否定祈使句的表达格式及构成要素的数量大体相当，但否定祈使句的分布范围和使用频率都远高于肯定祈使句。这表明否定式是单音形容词祈使句的无标记用法；肯定式是有标记用法。这与一般情况下，肯定式是无标记的、否定式是有标记的情形正好相反。造成单音形容词祈使句这种“标记颠倒”现象的主要原因是：

1. 否定式的语法化程度高，肯定式的语法化程度低。“别”的语义跟否定祈使句的基本语义“不要……”相吻合，“别＋谓词”是一种无标记组配，是一种语法化结构。另一方面，汉语里没有专门用于祈使的肯定词，不存在“肯定词＋谓词”框架。“谓词＋点儿”或许有望成为肯定的祈使结构，但“点儿”正处在由不定量词用在谓词后做补语向祈使标记转化的过程中，也即肯定祈使结构“形容词＋点儿”至多是正在语法化过程中。因此，比较起来可以说，否定式是无标记的，原型性的。

2. 否定式的致使性低，肯定式的致使性高。否定式要求听话人不要表现出某种性状或不要把某种性状表现得过高，这对于绝大多数否定祈使句来说不需要通过“使动”就能实现，少数否定祈使句虽然可以按使动义来理解，但实际上“使动”并没有真正付诸行动，甚至说话人也并不一定要求听话人有行动，仅仅是一种提醒，如“别烫着！”可见，使动意义的否定祈使句其“使动性”极低。肯定祈使句要求听话人通过实施某种动作来实现形容词所表示的性状，但形容词本身无法“动”，而不“动”其“性状”又无法呈现出来，所以只能通过“使动”来实现说话人的要求。可见，肯定式祈使句的致使性是间接的、有行为的，其“性状”的实现方式是复杂的。因此，肯定式是有标记的，非原型性的。

3. 否定式比肯定式更符合言语交际的礼貌原则。无论是从说话人还是从受话人的视角和情感看，肯定祈使句总是显得过于直接、过于生硬，而且“要求”“命令”的色彩过重过浓，如“高点儿(举)！大点儿声！”相对而言，否定祈使句更加间接、委婉，如“别太急！别晚喽！别烫着！”“要求”“命令”色彩较淡，而“提醒”“建议”的色彩较明显。

其四，本书将能进入“太＋A＋了！”句式的单音形容词构成的句子称之为主观评价句。“太……了”是一种语法化了的表示主观评价的典型句式。其主观评价主要体现为“极优”或“极劣”两级性评价。评价标准的个人性和主观性，是该主观评价句的基本特征。“太＋A＋了！”作为一种主观评价句，跟形容词表示事物的性状(属性)的语法意义有关。显然，人们对性状的认识比对动作的认识具有更大的主观性。进一步来说，形容词表达事物的主观性特征是一种自然关联，表达动作行为是非自然关联，动词表达事物的主观性特征是一种非自然关系，表达动作行为是自然关联。而单音形容词是典型的性质形容词，用来表达主观评价是一种自然关联、无标记关联。这是单音形容词评价句形成的内在成因。而语言的主观性和主观化是形容词评价句形成的外在成因。（见 3.2.2）

其五，考察发现：形容词的褒义词项进入“太＋A＋了！”（S1）后，表示性状的程度高，说话人并不觉得“过分”，如“太好了、太香了、太漂亮了”。贬义或中性词项进入“太＋A＋了！”（S2）后，仍然表示性状的程度高，但说话人觉得“过分”，如“太次了、太臭了、太难看了”。从频率和分布上看，S2 用法即表达说话人觉得性状的程度“过分”，是单音形容词主观评价句的原型用法。不具有[＋程度性]，因而无法表达“程度高而不过分”，也无法表达“程度高得过分”的词项，都不能进入表示主观评价意义的“太＋A＋了！”句式，如“优、良、劣、残、凸、凹”等。（见 3.2.3）

其六，考察发现：进入“A 不 A?”格式的单音形容词可分为 S1 和 S2 两小类。能进入 S1 的词项都可以受程度副词修饰，整个格式用于询问性状的程度量，如“贵不贵?”所询问的程度量分为询问“量点”和“量段”两种疑问焦点，不同的疑问焦点有不同的答句方式。能进入 S2 的词项都不能受“很”“有点儿”修饰，它们表示的是性状的固定量或程度的“临界量”，整个格式用于询问性状是否存在或达成。存在或达到了“临界量”就是性状的“有”，相反则为“无”。如“这西瓜熟没熟?”（回答：熟了/没熟）根据本书的统计和分析，S1 是无标记用法；S2 是有标记用法。即“A 不 A?”用于询问性状的程度是其原型性用法，用于询问性状的有无是非原型性用法。不具有[＋程度性]或[＋临界量]特征的词项都不能进入“A 不 A?”格式，如“安、痴、雌、钝”等。（见 3.3.2）

其七，考察表明：“有多 A?”实际上也包括 S1 和 S2 两种格式：能进入 S1 的词项在意义上必须覆盖相应的反义词词项的意义（如“长”包括长和短，即长短），问话的预设没有主观倾向（即用于客观地询问性状的程度），询问的范围是该词项义及其反义词项义的“全量”（即询问域是诸如从“长”到“短”这样一个连续统的全程）。在700个词项中，只有10个词项能自由地进入S1式，它们是：$长_1$，$沉_1$，$粗_1$，$大_4$，$高_1$，$厚_1$，$宽_1$，$深_1$，$远_1$，$重_1$。能进入S2的词项在意义上不能覆盖相应的反义词词项的意义，问话的预设已经蕴含了问话人对性状程度的主观倾向，因此是一种主观性的询问。询问的范围是该词项意义所指的范围，不包括相应的反义词的所指范围（有的根本没有相应的反义词项），如：有多$矮_1$（$薄_1$，$低_1$，陡，短，$贵_1$，$黑_1$，$坏_1$，$浑_1$，$急_3$，$近_1$，久，$快_1$，$冷_1$，$凉_1$）？根据本书的相关考察和分析，可以认为，进入S1的词项是无标记的，S1是无标记用法，原型性用法；进入S2的词项是有标记的，S2是有标记用法，非原型性用法。（见3.3.3）

其八，形容词用于性状的比较及其结果的表现是其基本的、原型性的功能。能进入表示比较的“N1＋比＋N2＋A”等格式的词项，总体上说都能受程度副词的修饰，而表示性状及其程度是形容词的原型性语义功能。因此，能进入比较句的单音形容词词项是其原型性特征的表现。受程度副词修饰和能进入比较句是等价功能。跟有“比”字的比较句相比，还有两种无“比”字的表示比较的格式：S1“N1＋A＋N2＋数量成分”（如：老刘大我三岁）和S2“A(＋了)＋数量成分＋N”（如：省了两天时间）。它们是单音形容词特有的一种无“比”字的比较句。这两个小类都可以转换成有“比”字的比较句。单音形容词词项进入比较句的条件是，必须具有[＋程度]或[＋数量]的语义特征。如“热、冷、高、低、大、小、多、少”，等等，不具有这两种语义特征的词项不能构成比较句，如“安、凹、残、劣、恶、粉、黄、假”等。（见3.4）

## 6.3 单音形容词充当句子成分考察的结论

本书用大量篇幅考察了单音形容词充当句子成分的情况，所得到的原始数据如下：

表 6－3 单音形容词充当句法成分的数据比例(总词项 700 个)

| 句法成分 | 做主语 | 做宾语 | 做定语 | 做谓语 | 做状语 | 做补语 |
|---|---|---|---|---|---|---|
| 词项数(个) | 227 | 291 | 539 | 486 | 191 | 316 |
| 概念比例(%) | 32.42 | 41.57 | 77.00 | 69.42 | 27.28 | 45.12 |

其一，单音形容词能单独做主语、宾语的比例都不算高，但仍高于做状语的比例。总体上看，单音形容词做主宾语是比较受限制的，主要见于十余种固定的格式中，动词限于“是”或少数谓宾动词。

其二，单音形容词做主语的语义类型可分为三种：1. 话题主语：(1) A＋是＋不＋A(笨是不笨，就是缺点儿灵气儿)；(2) A＋是＋A(惨是惨了点儿)。2. 对象主语：(3) A＋是＋数量成分(高是三尺)；(4) A＋是＋谓词/名词性成分(严是对你们负责)；(5) A＋比＋B＋好(长比短好)；(6) A＋谓词性成分(湿不要紧)。3. 虚拟主语：(7)(太) A＋了＋不行/或其他谓词性成分(太低了不行)；(8) A＋了(＋就/才/也)＋谓词性成分(错了就重写)；(9) A＋就＋谓词性成分(潮就换一个房间)；(10) A＋也＋(得)＋谓词性成分(忙也得来)；(11)不＋A＋不＋谓词性成分(不齐不好看)。(见 4.1.2)

其三，考察发现：单音形容词充当主语的十一种句法格式都可以在句首的形容词前加上一个相应的名词性成分，(见 4.1.3)这个名词性成分可能直接成为句子的主语，也可能同句首的形容词词项组合成主谓短语做全句的主语，如果是前者则改变了原格式中形容词做主语的功能，如果是后者则弱化了原格式中形容词做主语的功能。可见，单音形容词单独充当主语实际上是语言成分省略的结果，并非其“完形性的功能”。其形成机制是：形容词所表示的性状是依附并通过具体事物体现出来的，当表达的重点聚焦在内容本身（即事物的性状）时，体现这种性状的事物就变得不言自明，省略就成了顺理成章之事。而相关的名词性成分的省略，就使得形容词在句法层面上成了句子的主语。但是，单音形容词做主语并非其独立性的语序，而是在语用过程中为了凸显表达的重点而省略了某些语言成分造成的。进而我们可以发现，以往把形容词单独居于主语位置上看作是形容词的名物化或名词化，是脱离语用和语境而仅从句法层面上做出的一种解释。事实上，出现在主语位置上的单音形容词仍然是形容词，它们在句法上做主语是语义表达上为了凸显内容（性状）的需要造成的，实现这一目的的手段是省略体现相关性状的事物（名词性成分）。（见 4.1.3）

其四，单音形容词做宾语的语义类型概括起来有两种：1. 判断宾语：(1)主语（＋不/没）＋觉得＋A（我觉得冷）；(2)主语＋不算＋A（这纸不算薄）；(3)主语（＋不）＋嫌＋A（我不嫌酸）；(4)A＋是（＋不）＋A（急是不急）；(5)主语＋是＋A（这人是犟）；(6)主语＋显得＋A（显得挺笨）；(7)有＋名词性成分＋A（有碗口粗）；(8)有＋A＋有＋B（有薄有厚）；(9)主语＋真（才）叫＋A（那药真叫苦）。2. 对象宾语：(10)主语（＋不）＋怕＋A（我怕晚了）；(11)主语＋装/发/转……＋A（你装傻、阴转晴）。（见 4.1.4，4.1.5）

其五，单音形容词做宾语的能力略强于做主语，因为宾语位置对谓词性成分的排斥并不那么强烈。原因是：体现单音形容词所表性状的事物（名词）在具体语境中因不言自明而缺省，或因已经出现在句首主语位置上，或因宾语所表性状正是评论的焦点，从而让表示性状的形容词直接做了宾语，这是造成做宾语的单音形容词比做主语的单音形容词数量多的主要原因。此外,单音形容词做宾语不存在所谓名物化现象。做宾语的形容词在语义上仍然是表示事物的性状,在句法上仍然体现形容词的特征。(见 4.1.6)

其六,从本书的考察和分析看,单音形容词做主宾语是受限的、有标记的。也即做主宾语并非单音形容词的优势语序、优势功能、原型功能。(见 4.1.7)

其七,根据本书的考察和分析,形容词做主宾语并不存在"名物化"或"名词化"的问题,做主宾语的形容词仍然为形容词。这主要是由于在具体的语境中省略了表示某种属性的相关名词造成的。进一步来说,一个词往往只是在某一位置或做某一句法成分时具有某一个或几个句法特征,换了一个位置或做另一种句法成分就可能不再表现出某个或几个句法特征,而可能表现出另一个或几个句法特征。因此,以往对进入主宾语位置上的谓词性成分,用"是否还能受什么修饰,是否还能带什么成分"等办法,来证明其是否还具有谓词性的做法是有问题的。事实上,一个词一旦进入了句子或形成了某种结构,就不能再随意地带上它在词汇层面、短语层面或在其他场合可以有的成分或可以修饰它的成分,这是句子层面跟词汇层面乃至短语层面的不同,以及句法位置、句法结构的不同对词的语法特征的"显现"和"隐匿"造成的影响。因此,不能因为在另一个位置上不表现出某一特征就说它丧失了这一特征,很可能在这个位置上它根本就不可能表现出某一特征,而这某一特征只限于在另一位置上并且根据需要才可能体现出来。任何一个词类的成员都不可能在所有句法位置上、在所有情况下都能体现该类词的所有语法特征。(见 4.1.8)

其八,把可加可不加"的"、不加"的"和必须加"的"做定语的单音形容词词项合起来,共有 564 个词项可以做定语,占总词项数 80.57%。大致说来,有的词项做定语比较自由,如"大房间、小盒子、高年级、热火烧”等；有的就不那么自由，所能修饰的事物有限，如“棒小伙子、笨功夫、臭架子、黑心肠”；有的词项做定语最不自由，甚至是一次性的，如“白字、匀速、乖孩子”等。（见 4.2.2）

其九，值得注意的是：单音形容词修饰单音节名词性成分时，很难将其中的“形容词词项”一概看作是做定语。因为有的“$形_单 + 名_单$”是双音节词而不是句法层面上的词组，如“长途、暗道、傲气、古书、美人、惯例、尖刀、香水、斜坡、良策、诚心、虚汗、草图、常温、陈米、方砖”，等等。少数“$形_单 + 名_单$”是词还是词组很难鉴定，如“整天、名车、洋酒”，但至少可以说已经单词化。这样看来，单音形容词“做定语”所形成的结构有相当数量是词汇层面上的构词现象。对此，在比较和评估单音形容词做定语的实际能力时，我们对“$形_单 + 名_单$”结构的单词现象和单词化倾向进行了必要的“蒸馏”处理。（见 4.2.3，4.6.1）

其十，能够做谓语的形容词词项占总数的 69.42%，如果去掉 106 个唯定形容词，那么单音形容词能做谓语的占到了 81.81%。单音形容词做谓语的句法形式可谓多种多样，但都有各自的条件限制，如要求带“了着过”等辅助成分，或用于祈使句、疑问句或比较句等才能成句。单音形容词做谓语，其构成形式的无标记性和语义不自足的有标记性是不对称的。这是由于句式的概括性和语义表达的精确性之间的不同要求造成的。总体上看，单音形容词做谓语在句法形式上不是很自由的，需要带各种完句成分或需要出现在特定的语用句中，可以说有一定的标记性。但是，这些标记性却也保证了单音形容词是在句法层面上做谓语，而不是在构词层面用于构成复合词。（见 4.3）

十一，有 27.28% 的单音形容词词项可以做状语，这个比例不算高，但比现有的统计数据都要高，（见 4.4.1）这显然跟本书区分音节和义项的考察方式有关。如以是否只能充当状语为标准，那么所谓单音形容词做状语，可以分为非唯状形容词做状语和唯状形容词做状语两大类别。前者又分为口语化和书面语化的，后者以口语化用法居多。值得注意的是，“形$_{单}$＋动$_{单}$”组合中有一些是合成词而不是句法组合，如“清唱、诚聘、痴迷、微缩、怒吼、横渡”等；另有一些有词化倾向，如“易教、急用、好使、软着陆”等；还有的是出现在凝固格式中，如“平起平坐、深思熟虑、轻描淡写”等。这表明单音形容词做状语也是比较受限的。因此，“27.28％”只是单音形容词词项能够做状语的一个概念性的比例，难以表明单音形容词词项做状语的实际情况。为此，本书在评估单音形容词做状语的实际能力时，对“形$_{单}$＋动$_{单}$”结构的单词现象和词化倾向同样采取了必要的处理措施。（见4.4.2，4.4.3，4.6.1）

十二，单音形容词做补语主要见于：“名＋动＋A＋了”（院墙砌矮了）；“名＋动＋得＋不＋A”（课讲得不活）；“名＋动＋得＋太＋A”（菜炒得太辣、文章改得很好）；“名＋动＋A（＋了）（＋数量成分）＋名”（坐麻了一条腿）；“动＋名＋动＋A＋了”（睡觉睡冷了）等几种主要形式。考察发现：单音形容词做补语对述语动词有明显的选择倾向，即强烈要求动词也是单音节的。因为双音节是汉语的稳定音节结构，双音化是汉语音节的优势倾向。此外，单音形容词做补语在许多场合下需要有“了”“太/很”“不”以及数量词语等完句成分的同现，句子才能成立。对比发现，“动形”组合的凝固化、惯用化比例比“形名”“形动”组合都要低，这说明单音形容词做补语相对比较自由。（见4.5）

十三，一部分单音形容词词项存在句法功能的语法化现象。即这些词项只能充任某一句法成分，不仅不能充当其他句法成分，绝大多数也不能受“很”“不”修饰，不能带“了着过”。它们是单音唯定形容词（106个）、唯谓形容词（26个）、唯状形容词（14个）、唯补形容词（13个），这些词项共有159个，占总词项数的22.71％（近五分之一）。（详见第四章相关部分及4.6.3）它们语义单一、句法功能专职化、使用频率较高，并以“家族相似性”的方式并存于单音形容词范畴中，有单独立类的理论与应用价值。

十四，对单音形容词句法功能的考察发现，单音形容词充当句子成分时，除了在充当定语等句法成分时有“词化”问题，在充当其他句法成分时还存在“受限程度”“虚拟现象”“有标记”等问题。因此，不能仅凭考察得到的一些数据来确认单音形容词句法功能能力的原型序列。因为不对这些“问题”进行处理，所得出的结论就难以令人信服。为此，本书有针对性地提出了概念比例、能力等级、词化现象、受限程度、虚拟表达、标记状况等概念和指标，对单音形容词充当句子成分时存在的相关现象及其程度进行认定和标识，并进行数字化分析和处理，最终得出单音形容词句法能力的原型序列：

做谓语 做补语 ＞ 做定语 做状语 ＞ 做宾语 做主语

原型性功能 → 非原型性功能

也即单音形容词词项做谓语和补语的能力最强，做定语和状语的能力次之，做主语和宾语的能力最弱。(见 4.6.1,4.6.2)

## 6.4 单音形容词原型特征模式建构及相关阐释

本书主旨是对单音形容词进行原型性研究，看看哪些是典型的单音形容词，哪些是非典型的单音形容词，也即看看单音形容词内部是否均质以及达到什么程度，其差异性的体现及其程度如何。为此，我们在第二至四章进行了一系列的考察和分析，第五章对相关考察结果进行了整合，建构了一个单音形容词原型特征模式框架(见表 6—4)。其基本理据是：词类范畴本质上是原型范畴，它不是靠一两项或一组充分必要特征建立起来的，而是通过特征的“家族相似性”而网罗成一个范畴的。相关的特征虽不具有“充分和必要”的角色地位，但不同的特征却有原型程度高低之别，也有些特征介于高低之间。

**表 6—4 单音形容词原型特征模式框架**

原型特征序列一：＋程度副词＋否定副词＞＋动态助词＋补语＞重叠 带宾语
原型性特征 → 非原型性特征

原型特征序列二：评价句 ＞ 比较句 ＞ 疑问句 ＞祈使句
原型性特征 → 非原型性特征

原型特征序列三：做谓语 ＞ 做补语 ＞ 做定语 做状语 ＞ 做宾语 ＞ 做主语
原型性功能 → 非原型性功能

表 6—4 中这三组特征共同构成了单音形容词的特征范畴，并据此“吸联”了原型性程度不同的单音形容词成员。序列一是单音形容词组合能力的原型序列，序列二是单音形容词构成特定功能句的原型序列，序列三是单音形容词充当句子成分的原型序列。这三个序列分别从不同角度、不同层面来确认单音形容词的原型性，比起单一层面、单一标准来说更加符合词类范畴的实际，并能更加全面地了解一个词的各种用法。三个层次分别照顾到了一个词类的组合功能、构成语用功能句和充当句子成分的功能，不同层次上的特征项目按原型程度的高低排定，这样既保证了词类特征的全面体现，又可以使不同地位的特征得到应有的体现。希望这个原型特征模式框架也能为包括双音形容词在内的其他词类的原型性研究提供借鉴，改变只用一两项或几项标准的等价性运用来确立某一词类成员的做法。（见 5.1）

## 6.5　单音形容词的原型再分类及相关阐释

以往对单音形容词的分类，大都根据是否具备某一属性或是否具有某一功能而进行的分类，这当然是必要的，但是还未见基于某些特征范畴进行的原型性分类。本书在第五章依据拥有范畴特征和原型性特征数量的多少，将单音形容词成员分为典型成员、次典型成员和非典型成员三个类别，并分别得到了相关的成员。其中，典型成员 100 个，次典型成员 216 个，非典型成员 384 个。（见 5.2.2）可以看到，从典型、次典型到非典型这样一个原型程度序列中，三类成员在数量上呈金字塔形分布，在拥有特征和典型特征数量上呈“倒金字塔”形分布。这证明单音形容词内部成员并不是均质性的，而是一种有差异性的原型范畴。

从所得到的三类词项的实例来看，各类成员的典型程度层级总体上符合单音形容词词项实际。其中，原型程度最高和较高的典型和次典型成员包含了如下一些语义特征：

| | |
|---|---|
| [＋高度]（高$_1$，矮$_1$，低$_1$） | [＋厚度]（厚$_1$，薄$_1$，扁，瘪） |
| [＋浓度]（浓$_1$，干$_1$，稀$_3$） | [＋力度]（狠$_1$，毒$_2$，紧$_1$） |
| [＋速度]（快$_1$，慢$_1$，慢$_2$） | [＋温度]（凉$_1$，热，晒，烫） |
| [＋湿度]（干$_1$，湿，潮$_1$） | [＋数量]（多$_1$，少$_1$，大$_1$，小$_1$） |
| [＋颜色]（白$_1$，黑$_1$，红$_1$） | [＋距离]（远$_1$，近$_1$，窄$_1$，宽$_1$） |
| [＋时间]（早$_1$，晚$_1$） | [＋感觉]（饱$_1$，忙，痒$_1$，闷$_2$） |
| [＋味觉]（辣，甜$_1$，咸，苦$_1$） | [＋态度]（冷$_2$，狂，稳$_2$，凶$_2$） |
| [＋评价]（好$_1$，好$_2$，美$_2$） | [＋性状]（肥$_1$，亮，挤，松） |
| [＋质地]（光$_1$，重$_1$，硬$_1$） | [＋水平/标准]（高$_2$，低$_2$，长$_1$，短） |

这些语义特征包括了单音形容词的基本语义类别，其具体的词项包括了人们语感中以及在其他场合确认为典型单音形容词的成员。非典型成员包括了典型成员的非典型义项（如：矮$_3$，白$_2$，薄$_3$，粗$_7$，大$_2$，多$_3$，干$_2$，高$_4$，好$_5$，黑$_4$，厚$_2$）和非典型成员表性状等语义特征的成员（如[＋性别]：男，女，[＋质地]：金$_1$，银），其所拥有的基本语义特征数量及成员都较少。（见 5.2.2）这表明本书确定的单音形容词范畴原型特征模式及利用这一模式进行的分类是可行的。因此，我们可以利用这一原型特征模式来确认一个单音形容词成员的原型性程度。

本书的考察表明：单音形容词成员借助不同层面的几组句法特征，

以“家族特征相似性”方式联结在一起，其中有典型成员、次典型成员和边缘成员，并以连续统的方式联结在一起，共同构成单音形容词这一原型范畴。进一步来说，单音形容词范畴作为一种原型性范畴，其成员的地位是不完全平等的，但这并不否认单音形容词作为一个整体具有一致性的一面，只是它们的一致性的程度并不像我们先前想象的那么高。另一方面，单音形容词范畴中典型、次典型和非典型等不同类型的成员，它们在成员的数量、拥有范畴特征的数量、拥有典型性特征的数量上，都存在一定的差别性。总体上说，一致性和差异性大体相当。

## 6.6 由专职句法功能词引发的思考

需要特别强调的是：本书第五章根据充当句子成分种类的多少，将单音形容词分为单功能词项和多功能词项。前者指所谓唯定、唯谓、唯状、唯补形容词，后者指可充当两种及以上句法成分的单音形容词。单功能词项共有 159 个，占总词项数（700 个）的五分之一强。这类词项用法特殊、功能单一，很值得关注。一个词类成员中有这样一些分别只用于充任定语、谓语、状语、补语的专职句法功能词，且覆盖了汉语六大句子成分中的四种，这在名词和动词中可能是不多见的，至少不会有单音形容词这样整齐和系统化的专职成员。[①] 为什么会这样？很值得研究，但是单音形容词词项这些用法专职化、功能语法化的现象却是客观事实。尽管这种功能专职化的成员在单音形容词中还不算多，但是它

① 在名、动、形三大类实词中，可能只有形容词，并且只有单音节形容词按义项考察才能看到这种整齐的、系统性的句法功能的专职现象。名词和动词都有专职成员，比如：名词中有专做宾语的，如“地步”（到了这种地步）；动词也有专职的，如“是、属于、等于”，也有专做补语的，如“着”（说着了、打着）等，刘丹青（1994）对只能做补语的动词做过研究，可参看。但未见名词有专做主语的，也没有见到动词有专做状语的，当然，只是凭印象感觉是这样。

们的存在已经展示了汉语词类在句法功能上不完全是一对多的一个微观但系统性的例证。

进一步就整个汉语的词类范畴来看，副词是一个唯状的专职词类，介词不仅数量有限而且功能也是专职性的，而动词中有专职的唯谓和唯补词项，名词中也会有专职的唯宾和唯定词项，当然实际情况如何还有待全面调查才能确知。但是，按照这种思路去进一步考察和观察的话，很可能看到，汉语词类跟句法成分之间尽管总体上不是简单地一一对应的关系，然而系统性的功能专职词的存在，不仅使我们有理由相信汉语词类和句子成分之间存在着某种程度上的对应关系，甚至让我们相信汉语词类范畴有可能存在一个词类成员和句法成分之间有对应关系的次范畴或叫专职词类范畴。这个专职的词类范畴成员跟非专职成员（二职能、三职能或多职能成员）之间是一个连续统。比如，考察发现，有 35 个单音形容词词项只做定语和状语，（见 4.4.3）毫无疑问，从理论和事实上我们还会看到有些词项兼做谓语、状语和补语或兼做谓语、定语和补语，如此等等，把整个词类系统从专职到二兼职、三兼职、多兼职而系联成一个多层级的连续统。当然要真正建立起这样一个词类和句法功能之间的连续统，还需要做大量烦琐的实际调查工作，形成这种想法是基于我们对单音形容词"按义项"的考察而做出的预测，是否可行和能否成形还有待进一步探讨，特别是进行全方位、大规模的实际调查才能确知。不过这样一种思路比之于仅仅停留在"汉语词类和句子成分之间不是一一对应"的层面上，可能会有一定的实际意义，因为它可能促使我们从一个新的角度去考察汉语词类范畴跟句子成分之间实际的对应状况及其程度，而不被这种观念完全束缚。

基于以上考量，我们认为，在汉语单音形容词中分出唯定、唯谓、唯状、唯补四种单功能的小类，应该有一定的理论意义和应用价值。

# 附录一　现代汉语单音节形容词(词项)表

A **矮**$_1$:高度小的(跟“高$_1$”相对);**矮**$_2$:身材短;比矮;使矮;**矮**$_3$:〈口语〉级别、地位低。**安**:安定、平静;使安定。**暗**:光线微弱,不明亮;隐藏不露的(跟“明$_1$”相对)。**凹**:低于周边(跟“凸”相对)。**傲**:〈口语〉骄傲自大,看不起人。

B **白**$_1$:指颜色(跟“黑$_1$”相对);**白**$_2$:读字或写字错误。**板**:〈口语〉呆板,绷紧面孔。**半**:在……中间。**棒**:〈口语〉健壮;强,好。**薄**$_1$:扁平物体的厚度小(跟“厚$_1$”相对);使薄;**薄**$_2$:不肥沃;**薄**$_3$:感情不深;对……冷淡,对……薄。**饱**$_1$:吃足了(跟“饿”相对);**饱**$_2$:充足,充分;使充足。**宝**:珍贵而稀有的。**暴**$_1$:急骤,突然而且猛烈;**暴**$_2$:过分急躁,容易冲动。**背**$_1$:〈口语〉不顺,运气坏;**背**$_2$:〈口语〉听觉不灵;**背**$_3$:〈口语〉僻静。**笨**$_1$:理解和记忆能力差,不聪明;**笨**$_2$:不灵巧,不灵活;**笨**$_3$:费力气的,笨重。**扁**:上下距离比左右距离小;厚度比长度、宽度小。**便**:简单的,非正式的。**遍**:普遍,到处。**别**:另外的,在一定范围之外的(人或事物)。**瘪**:物体表面凹下去;不饱满,不充实;使瘪。**冰**:〈口语〉使人感觉寒冷;使凉。

C **残**:剩下的;有缺损,不完整。**惨**:悲惨,凄惨。**糙**$_1$:粗糙,不光滑、不精细;**糙**$_2$:〈口语〉粗鲁,粗俗。**草**$_1$:草率,不细致;**草**$_2$:没有确定或公布的。**差**$_1$:差错,错误;**差**$_2$:次,不好,不符合标准。**馋**:〈口语〉看见好吃的就想吃;使馋;对……馋。**长**:(cháng)时间或空间距离大(跟“短”相对)。**常**$_1$:普通,一般,平常;**常**$_2$:经久不变的。**超**:超出一般的,在通常程度以上的。**潮**$_1$:潮湿;**潮**$_2$:〈口语〉成色或技术低劣。**吵**:声音杂乱扰人,喧闹。**沉**$_1$:分量重;**沉**$_2$:感觉沉重,不舒服。**陈**:时间久的;旧的。**成**$_1$:定型的,现成的;完整的;**成**$_2$:〈口语〉表示肯定或满足。**诚**:(心意)真切诚恳。**痴**:呆傻,愚;形容极度迷恋而不能自拔。**迟**:比规定或合适的时间靠后。**冲**$_1$:(去声)〈口语〉力量大;**冲**$_2$:(去声)〈口语〉劲头儿足,态度强硬;**冲**$_3$:(去声)〈口语〉气味浓烈刺鼻。**稠**:浓度大(跟“稀$_3$”相对)。**丑**$_1$:相貌难看(跟"美$_1$"相对);**丑**$_2$:令人讨厌的,可耻的。**臭**$_1$:气味难闻(跟"香"相对);**臭**$_2$:令人生厌,丑恶的;**臭**$_3$:〈口语〉技艺水平低劣。**初**:起头的;原来的;第一个;(等级)最低的。**刍**:〈书面语〉〈谦辞〉称自己的(言论、见解等)。**纯**:纯净;没有杂质。**蠢**$_1$:愚蠢,愚笨;**蠢**$_2$:笨拙,不灵活。**雌**:动植物中能产生卵细胞的(跟"雄"相对)。**次**$_1$:质量较差;**次**$_2$:品质不佳;**次**$_3$:次序在第二的;副的;非主要的。**粗**$_1$:指物体横剖面较大(跟"细$_1$"相对);**粗**$_2$:两边距离不十分接近(跟"细$_2$"相对);**粗**$_3$:颗粒大(跟"细$_3$"相对);**粗**$_4$:粗糙;**粗**$_5$:简单;不周密;**粗**$_6$:声音大而低沉;使粗;**粗**$_7$:〈口语〉鲁莽,粗野。**脆**$_1$:〈口语〉容易折断破碎,酥脆爽口;**脆**$_2$:〈口语〉声音清脆;办事利落。**错**$_1$:不正确,不对(跟"对$_1$"相对);**错**$_2$:坏,差(限于否定式"不错")。

D **大**$_1$:(在面积、体积、容量、数量、年龄、力量、强度、程度、重要性等方面)超过通常情况或特定的比较对象(跟"小$_1$"相对);**大**$_2$:排行第一的(跟"小$_2$"相对);**大**$_3$:〈敬辞〉称跟对方有关的事物(跟"小$_3$"相对);**大**$_4$:大小;**大**$_5$:表示强调。**呆**:傻,迟钝;表情死板。**单**$_1$:单个;单独(有的跟"双"相对);**单**$_2$:(衣物等)只有一层的(跟"棉"相对);**单**$_3$:奇数的(跟"双""偶"相对)。**淡**$_1$:浓度低,稀薄(跟"浓$_1$"相对);**淡**$_2$:不含盐分或盐分少(跟"咸"相对);**淡**$_3$:颜色浅,不浓;**淡**$_4$:(感情、兴趣、印象、关系等)不深,态度不热情(跟"浓$_3$"相对)。**倒**:(去声)(位置、次序、方向等)相反,反面。**低**$_1$:由下往上的距离小,离地面近(跟"高$_1$"相对);使低;**低**$_2$:在一般标准或特定标准之下;比低;使低;**低**$_3$:地位、等级在下的(跟"高$_3$"相对)。**刁**:〈口语〉狡猾,奸诈。**定**$_1$:安稳,平静;使稳固,使镇静;**定**$_2$:确定不变的;已经规定或约定了的。**陡**:坡度大。**抖**:因为有钱有地位等而得意(多含讥讽意)。**逗**:〈口语〉好玩儿,有趣,滑稽;使逗。**毒**$_1$:含有害的物质的;**毒**$_2$:毒辣,猛烈。**独**:〈口语〉不合群,不容人。**短**:两端之间的距离小(跟"长$_1$"相对)。**对**$_1$:正确,正常,符合一定的标准(跟"错$_1$"相对);**对**$_2$:对面的,对立的。**钝**:〈口语〉不锋利、不尖锐(跟"快"或"锐"相对)。**多**$_1$:数量大(跟"少$_1$"相对);**多**$_2$:比原来的数量有所增加,超出应有的数量;**多**$_3$:表示相差的程度大,用于比较。

E **恶**:不良的,很坏的;凶狠,凶猛。**饿**:肚子里没有食物,想吃东西(跟"饱"相对);使饿。

F **乏**:疲倦、没精神。**烦**:心情不畅快,厌烦;使厌烦。**繁**$_1$:〈书面语〉多;茂盛,兴旺;**繁**$_2$:复杂,烦琐(跟“简”相对)。**反**:颠倒的;方向相背(跟“正$_6$”相对)。**方**:指形状。**肥**$_1$:含脂肪多(跟“瘦$_1$”相对);**肥**$_2$:土地肥沃;**肥**$_3$:衣服等宽大(跟“瘦$_3$”相对);**肥**$_4$:生活富裕,财物多,收入多(多用于贬义);使肥。**废**:失去效用的,无用的。**费**:消耗得多(跟“省”相对);使费。**粉**:指颜色,粉红。**疯**$_1$:神经错乱,举止失常;**疯**$_2$:举止轻狂,耍闹;**疯**$_3$:形容农作物像发了疯似的长枝叶(却不结果实)。**浮**$_1$:〈口语〉浮躁;轻浮;**浮**$_2$:表面上的。**副**$_1$:居于第二位的,起辅助作用的(跟“正$_5$”相对);**副**$_2$:附带的,次要的(跟“正$_6$”相对)。**负**:数学、物理学上指对立的两方中跟“正$_7$”相对的。**富**:富裕,财产多(跟“穷、贫”相对);使富。

G **干**$_1$:(阴平)没有水分或水分少(跟“湿$_1$”相对);**干**$_2$:(阴平)枯竭,尽净;使干;**干**$_3$:(阴平)不用水的处理;**干**$_4$:(阴平)没有血缘或婚姻关系而拜认的(亲属)。**甘**:〈书面语〉味道甜,甜美、美好的(跟“苦”相对)。**高**$_1$:由下往上的距离大,离地面远(跟“低$_1$”相对);**高**$_2$:在一般标准或特定标准之上;比高;**高**$_3$:地位、等级在上的(跟“低$_3$”相对);**高**$_4$:〈书面语〉〈敬辞〉。**个**:〈书面语〉单独的,非普遍的。**各**:(gě)〈口语〉特别,与众不同(含贬义)。**公**$_1$:属于国家或集体的而非个人的(跟“私”相对);**公**$_2$:没有偏私,公正;**公**$_3$:共同的,大家公认的;**公**$_4$:〈书面语〉公开的;**公**$_5$:〈口语〉(禽兽)雄性的(跟“母”相对)。**够**:〈口语〉厌烦,腻。**孤**:〈书面语〉单独;独特的,特出的。**古**:过去很久的,年代久远的。**鼓**:〈口语〉凸起,胀大;使鼓。**故**:〈书面语〉原来的,过去的。**乖**:〈口语〉不淘气,听话;机灵,伶俐。**怪**:奇怪,不正常;奇异的、不常见的。**惯**:经常接触而逐渐适应,习以为常。**光**$_1$:光滑,光溜;**光**$_2$:净,尽,一点儿不剩,完了。**广**$_1$:(面积、范围)宽阔(跟“狭”相对);**广**$_2$:众多,普遍。**鬼**$_1$:〈口语〉不正大光明,不正当;**鬼**$_2$:〈口语〉恶劣的,令人不快的;**鬼**$_3$:〈口语〉机灵。**贵**$_1$:价格高,价值大(跟“贱”相对);**贵**$_2$:〈书面语〉〈敬辞〉用于称与对方有关的事物。

H **海**$_1$:〈口语〉形容极多;**海**$_2$:〈口语〉形容巨大(含夸张意)。**害**:有害的(跟“益”相对)。**寒**:温度低,冷。**旱**$_1$:长时间不下雨或雨量太小(跟“涝”相对);**旱**$_2$:跟水无关的,非水田的。**好**$_1$:优点多,使人满意(跟“坏$_1$”相对);**好**$_2$:友好,和睦;**好**$_3$:健康,病愈;**好**$_4$:(只用在动词后)表示动作完成或达到完善的地步,妥当;**好**$_5$:(只用在动词前)表示使人满意的性质所在;表示动作容易进行,效果好(跟“难”相对)。**黑$_1$**:指颜色(跟“白$_1$”相对);**黑$_2$**:光线昏暗,黑暗;**黑$_3$**:坏,恶毒;欺骗,欺诈;使黑;**黑$_4$**:(用在名词前)隐秘的,非法的。**狠$_1$**:凶恶,残暴;**狠$_2$**:坚决,严厉;使狠。**横$_1$**:(去声)〈口语〉粗暴,不讲道理;**横$_2$**:(阳平)地理上东西向的(与“纵”相对);**横$_3$**:(阳平)左右方向的(与“竖、直、纵”相对);使长形物体变为横向(左右向);**横$_4$**:(阳平)跟物体的长的一边垂直的。**红$_1$**:指颜色;**红$_2$**:象征成功或受到重视。**后**:时间上比较晚的,未来的;次序靠近末尾的(跟“先”“前”“头”相对)。**厚$_1$**:扁平物上下两面之间的距离大;使厚(跟“薄$_1$”相对);**厚$_2$**:表示多或大,重或深;使厚。**花$_1$**:色彩或种类驳杂的;**花$_2$**:用花或花纹装饰的;好看好听但不实在的,用来迷惑人的;**花$_3$**:(看东西)模糊不清。**滑$_1$**:光滑,滑溜;**滑$_2$**:油滑,狡诈。**坏$_1$**:令人不满的,恶劣的(跟“好$_1$”相对);**坏$_2$**:变成不健全,变得无用或有害;使败坏;**坏$_3$**:(用在某些动词、形容词后面)表示达到了极深的程度。**欢$_1$**:〈书面语〉高兴,喜悦;**欢$_2$**:〈口语〉活跃,起劲儿。**缓**:慢(跟“急”相对);使缓。**荒**:荒芜,荒凉(人烟稀少);(学业、技艺等)生疏。**慌$_1$**:不沉着,忙乱;**慌$_2$**:〈口语〉用在“得”后做补语,表示某种情况让人难以忍受。**黄**:指颜色。**灰$_1$**:指颜色;**灰$_2$**:比喻消沉,沮丧;使……灰。**昏**:光线暗淡,模糊不清;头脑糊涂,神志不清。**浑$_1$**:水不清,浑浊;**浑$_2$**:糊涂,不明事理。**活$_1$**:有生命的,生存(跟“死$_1$”相对),使活;**活$_2$**:活动的,可以变动的(跟“死$_2$”相对);**活$_3$**:生动活泼,灵活,不死板(跟“死$_3$”相对)。**火**:〈口语〉比喻热烈,兴旺,走红。

**J** **急$_1$**:急促,迅速而猛烈;**急$_2$**:着急,焦躁不安;使急;**急$_3$**:紧急,迫切。**挤**:(人、物)紧紧靠拢在一起;(事情)集中在同一时间内。**佳**:〈书面语〉好的,美的。**假**:虚假的,不真实的,伪造的(跟“真”相对)。**尖$_1$**:末端极细小;锋利;**尖$_2$**:声音又高又细;使尖;**尖$_3$**:〈口语〉(视觉、听觉、嗅觉)敏锐。**奸$_1$**:狡猾,邪恶;对君主或国家不忠;**奸$_2$**:〈口语〉自私自利,虚伪。**简**:简单(跟“繁”相对)。**贱**:价钱低(跟“贵”相对)。**健**:强健,强壮;使强。**僵**:直挺,不能活动,停止发展;无法变通。**强**:(jiàng)〈口语〉态度强硬,执拗。**犟**:〈口语〉执拗,不听人劝。**酱**:用酱或酱油腌制的或炖煮的。**娇**:意志脆弱,不坚强。**焦**:物体经高温后变黑、变硬、发脆。**金$_1$**:指金属(跟“银”相对);**金$_2$**:比喻珍贵、尊贵;形容颜色像金子一样。**紧$_1$**:物体受到较大的压力或拉力后所呈现的状态(跟"松"相对);**紧**$_2$:物体受到外力作用变得固定或牢固,使紧(跟"松"相对);**紧**$_3$:空隙小,挨近(跟"松"相对);**紧**$_4$:动作先后密切接连,急迫;**紧**$_5$:〈口语〉经济不宽裕,拮据。**近**$_1$:空间或时间距离短(跟"远$_1$"相对);**近**$_2$:关系密切,亲密(跟"远$_2$"相对)。**精**$_1$:经过提纯或挑选的;细致,严密;**精**$_2$:心细机敏;(对某门学问或技术)娴熟。**净**$_1$:清洁,没有污垢或杂质;使清洁;**净**$_2$:纯,单纯(跟"毛$_2$"相对);**净**$_3$:(只用在动词后边)尽,一点儿不剩。**静**$_1$:没有声音;安定不动(跟"动"相对);使静;**静**$_2$:〈口语〉安详,安定;使安定。**久**:时间长。**旧**$_1$:过时的,不合时宜的(跟"新$_1$"相对);**旧**$_2$:经过长期放置或使用的(跟"新$_2$"相对);**旧**$_3$:从前的,曾经有过的。**绝**$_1$:(水平、程度)达到极点的;**绝**$_2$:没有出路的,无法挽回的。**倔**:性子耿直,待人态度生硬。**均**:分布或分配的数量相等;相等同。**俊**:相貌秀美出众。

**K** **开**:(液体)受热而沸腾;使开。**糠**:(果物蔬菜等)水分少,内部发空,质地变松。**渴**:口干想喝水;使渴。**空**$_1$:(阴平)里面没有东西;**空**$_2$:(阴平)内容浮泛,不切实际;**空**$_3$:(去声)空缺的,腾出来,没有被使用的;使空。**抠**:〈口语〉吝啬。**枯**:(植物等)失去水分或缺乏生机。**苦**$_1$:指味道(跟"甜"相对);**苦**$_2$:难受,痛苦;使苦。**酷**:英语 cool 的音译,帅,洒脱有个性,特别时尚。**快**$_1$:速度大;用时短(跟"慢"相对);比……快;**快**$_2$:锋利(跟"钝"相对);**快**$_3$:反应快,思维敏捷。**宽**$_1$:横向距离大,范围广(跟"窄$_1$"相对);**宽**$_2$:宽松,不严厉,不苛求;使宽松。**狂**:傲慢,狂妄。**困**:疲乏想睡觉。**阔**:阔绰,阔气,有钱。

**L** **辣**:有刺激性的味道;味道刺激感官。**赖**:〈口语〉坏;刁钻撒泼,不讲道理。**蓝**:指颜色。**懒**:怠惰,不勤快(跟"勤"相对)。**烂**$_1$:〈口语〉食物熟透后十分松软;**烂**$_2$:腐烂。**滥**:〈书面语〉过度,没有节制。**牢**:牢固,经久。**老**$_1$:年龄大(跟"少$_3$""幼"相对);**老**$_2$:历时长久,很久以前就存在的(跟"新$_2$"相对);**老**$_3$:陈旧,过时的(跟"新$_2$"相对);**老**$_4$:(用在名词前边)原来的;**老**$_5$:(主要用在名词前边)富有经验的,老练;**老**$_6$:长得时间过长而不新鲜、不好吃(跟"嫩$_1$"相对);**老**$_7$:火候大(跟"嫩"相对);**老**$_8$:排行最末的;**老**$_9$:加在姓前,表示对比自己年纪大的人的亲切称呼。**涝**:雨水过多而淹了庄稼(跟"旱"相对)。**累**:疲劳,疲乏;使疲劳。**冷**$_1$:温度低;感觉温度低(跟"热"相对);**冷**$_2$:不热情,不温和,冷淡;**冷**$_3$:〈口语〉比喻灰心或失望。愣:〈口语〉鲁莽,冒失,不考虑效果;惊讶,发呆。良:〈书面语〉好。凉$_1$:温度低,冷;使凉;着凉;凉$_2$:〈口语〉比喻灰心或失望;凉$_3$:防暑避热用的。亮:光线充足,光线强;使亮,使发光。靓:(liàng)〈口语〉(某些地区指)漂亮,好看。劣:〈书面语〉低下;不好,坏(跟"优"相对)。烈:〈书面语〉形容强度、浓度、力量等大;刚强,正直。灵$_1$:〈口语〉灵活;灵巧;灵$_2$:〈口语〉灵验。零:分散的,零碎的(跟"整"相对)。令:〈敬辞〉用于称说对方的家属或亲戚。聋:听觉失聪。娄:〈口语〉(某些瓜类)过熟而中空变质。陋:〈书面语〉(住的地方)狭小,不华美;不文明,不合理。绿:指颜色。乱$_1$:没有秩序和条理;使乱;乱$_2$:心绪不宁,烦乱。

M 麻$_1$:感觉轻微麻木;麻$_2$:使舌头发木的味道;使麻。满$_1$:全部充实,达到容量的极点;使满;满$_2$:(用在名词前,"满 N"不能单用)全,整个。慢$_1$:速度低、用时长(跟"快$_1$"相对);慢$_2$:从缓,不急。忙:要做的事情多,没有空闲;为……忙(跟"闲$_1$"相对)。毛$_1$:粗心;惊慌,害怕;毛$_2$:不纯净的(跟"净$_2$"相对);粗略;未加工的。美$_1$:美丽,好看;使美(跟"丑$_1$"相对);美$_2$:好的,令人满意的;美$_3$:〈口语〉得意,非常满意。闷$_1$:(阴平)气压低或空气不流通而引起的不舒畅的感觉;闷$_2$:(去声)心情不舒畅,不痛快。蒙:(阴平)糊涂,不清楚。猛:猛烈,力量大,气势壮。密:间隔小,距离近(跟"稀""疏"相对)。面:〈口语〉(某些食物)柔软易嚼。妙:好,美妙;巧妙,神奇。名:有名的,众所周知的。明$_1$:亮,明亮(跟"暗"相对);明$_2$:清楚,明白;明$_3$:公开的,显露的;明$_4$:次于今年、今天的。末:最后的。母:〈口语〉(禽兽)雌性的(跟"公$_5$"相对)。木:〈口语〉局部感觉丧失。

N 男:人类的两性之一(跟"女"相对)。难$_1$:不容易做的(跟"易"相对),使难;难$_2$:(用在感觉动词前)(令人感到)不好。闹:不安静,喧闹,嘈杂。嫩$_1$:新生而柔弱,娇嫩(跟"老$_6$"相对);嫩$_2$:指某些食物烹调时间短,软而易于咀嚼。逆$_1$:(用在少数名词前)向着相反的方向(跟"顺$_1$"相对);逆$_2$:(用在少数动词前)向着相反的方向。腻$_1$:因食物中脂肪多而使人不想吃;使腻;腻$_2$:腻烦,厌烦;使腻烦。蔫$_1$:〈口语〉花木、水果等因失去水分而萎缩;蔫$_2$:〈口语〉精神不振,无精打采;(性子)慢,(说话办事)不爽利,不明朗。黏:指有黏合、黏结的性质。拧:(去声)〈口语〉倔强。牛:〈口语〉固执或骄傲。拗:(niù)固执,不顺从。浓$_1$:浓度大,稠密(跟"淡$_1$"相对);浓$_2$:颜色重,不淡(跟"淡$_2$"相对);浓$_3$:程度深(跟"淡$_3$"相对)。女:

人类的两性之一(跟“男”相对)。**怒**:〈书面语〉(用于修饰动词性和名词性成分)愤怒;形容气势很盛。**暖**:(天气等)不冷也不热;〈口语〉使暖或热。

**P** **旁**:其他的,别的。**胖**:(人体)脂肪多,肉厚(跟“瘦”相对)。**偏**$_1$:歪,斜(跟“正”相对);**偏**$_2$:不公正,或对人对事只注重一方;使偏;**偏**$_3$:远离中心的,不居主位的。**贫**$_1$:穷,缺乏财富(跟“富”相对);**贫**$_2$:〈口语〉话太多,絮叨可厌。**平**$_1$:表面没有高低凹凸,不倾斜;使平;**平**$_2$:高低相等或不相上下;均等,公正;使平;**平**$_3$:普通的,一般的。**破**$_1$:破烂的,受过损伤而变得不完整;**破**$_2$:指质量低劣的,讽刺东西或人不好(含有厌恶意)。

**Q** **齐**$_1$:(长短或大小等)差不多,整齐;使整齐;**齐**$_2$:同样,一致;使一致;**齐**$_3$:完备,全。**前**:时间上较早的,从前的;某种事物产生之前的;次序在先的(跟“后”“晚”相对)。**浅**$_1$:(上下或里外)距离小(跟“深”相对);**浅**$_2$:字句内容简明易懂(跟“深”相对);**浅**$_3$:(学问、见识、交情等)不深厚(跟“深”相对);**浅**$_4$:颜色淡(跟“深”相对)。**强**$_1$:力量大,强大,强健(跟“弱$_1$”相对),使强;**强**$_2$:标准高,程度高,坚强;**强**$_3$:优越,好(多用于比较)。**巧**$_1$:手艺高超,精妙;**巧**$_2$:正好(碰上某种机会)。**俏**:〈口语〉俊俏,漂亮。**亲**$_1$:关系近,感情深(跟“疏”相对);对……亲;**亲**$_2$:血缘关系最近的(跟“干$_4$”相对)。**勤**$_1$:〈口语〉(做事)尽心尽力,不偷懒(跟“懒”或“惰”相对);**勤**$_2$:〈口语〉次数多,经常发生。**青**$_1$:指颜色:蓝色;深蓝色;绿色;黑色;**青**$_2$:指年龄不大。**轻**$_1$:重量(比重)小(跟“重$_1$”相对);**轻**$_2$:程度浅,数量少(跟“重$_2$”相对);**轻**$_3$:用力小,不用猛力;**轻**$_4$:不重要,不贵重;(意动)觉得不重要;**轻**$_5$:不慎重,随随便便;不笨重,灵巧;轻松。**清**$_1$:(液体或气体)透明纯净,没有杂质(跟“浊”“混”相对)使纯净,使清洁;**清**$_2$:清楚,明白;使清楚;**清**$_3$:单纯,没有掺杂或配合的东西;**清**$_4$:一点儿不留,没有存余。**晴**:天空中无云或少云。**穷**:贫困,缺少钱财(跟“富”相对)。**糗**:〈口语〉面条儿连在一起或粥成糊状。**曲**:弯曲(跟“直$_1$”相对);使曲。**全**$_1$:完整,齐备;**全**$_2$:整个的,全体的。**瘸**:腿脚有毛病,走路时身体不稳。

**R** **热**:温度高,感觉温度高(跟“冷”相对);使热。**肉**:〈口语〉性子缓慢,做事不干脆。**乳**:初生的,幼小的。**软**$_1$:柔软(跟“硬$_1$”相对);**软**$_2$:软弱无力;不强硬;**软**$_3$:容易被感动或动摇。**弱**$_1$:力量小,实力差(跟“强$_1$”相对);**弱**$_2$:体质差,力气小。

S **散**$_1$:(上声)无拘束,不集中;**散**$_2$:(上声)零碎的,不成整体的。**臊**$_1$:(阴平)指气味(像尿的气味);**臊**$_2$:(去声)〈口语〉害羞,难为情。**涩**:指味觉上舌头感到麻木,不滑润。**沙**:〈口语〉声音不清脆,不响亮;使沙。**傻**$_1$:智力低下,愚笨,呆傻,不知所措;**傻**$_2$:心眼死板,不知变通。**晒**:太阳照射到物体或人身上;使晒(被晒)。**膻**:指气味(像羊肉的气味)。**善**:善良的行为和心地(跟"恶"相对);美好的,良好的。**烧**:〈口语〉形容因为钱多或条件优越而头脑发热,忘乎所以。**少**$_1$:(上声)数量少(跟"多$_1$"相对);**少**$_2$:(上声)不够原有或应有的数量(跟"多$_2$"相对);**少**$_3$:(去声)年纪轻(跟"老"相对)。**深**$_1$:(上下或里外)距离大(跟"浅$_1$"相对);**深**$_2$:(字句、内容等)深奥不容易懂(跟"浅$_2$"相对);**深**$_3$:(学问、见识、交情等)深刻,深厚(跟"浅$_3$"相对);**深**$_4$:颜色浓(跟"浅$_4$"相对);**深**$_5$:开始以来经历的时间久;**深**$_6$:〈书面语〉(用在某些表感情或感知的动词或形容词前)程度上超过一般。**神**:〈口语〉聪明,机灵;玄妙莫测的,极其高超的。**生**$_1$:食物没有做熟的(跟"熟$_1$"相对);**生**$_2$:瓜果没有成熟的(跟"熟$_2$"相对);**生**$_3$:没有加工或锻制过的(跟"熟$_3$"相对);**生**$_4$:生疏,不熟悉(跟"熟$_4$"相对);**生**$_5$:〈口语〉(用在少数表感情或感知的动词或形容词前)程度深。**省**:节约,消耗不多(跟"费"相对),使省。**盛**$_1$:大;规模大,隆重;**盛**$_2$:范围广,普遍。**湿**:沾了水的,含水分多的(跟"干"相对)。**实**:实在,真实(跟"虚$_3$"相对)。**瘦**$_1$:肌肉不丰满,脂肪少(跟"胖"或"肥$_1$"相对);**瘦**$_2$:特指食用肉的脂肪少(跟"肥$_1$"相对);**瘦**$_3$:(衣服、鞋袜等)窄小,不肥大(跟"肥$_3$"相对)。**熟**$_1$:食物加热到可以食用的程度(跟"生$_1$"相对);**熟**$_2$:植物的果实等完全长成(跟"生$_2$"相对);**熟**$_3$:加工制造或锻炼过的(跟"生$_3$"相对);**熟**$_4$:因常见或常用而知道得清楚(跟"生$_4$"相对);**熟**$_5$:〈口语〉程度深。**竖**:上下或前后方向的(跟"横$_3$"相对);使竖。**帅**:〈口语〉英俊,潇洒,漂亮。**双**$_1$:两个的;两种的(跟"单$_1$"相对);**双**$_2$:成倍的;**双**$_3$:偶数的(跟"单$_3$""偶"相对)。**爽**:〈口语〉舒适,畅快。**顺**$_1$:(用在少数名词前)方向相同(跟"逆$_1$"相对);**顺**$_2$:顺利,顺畅;**顺**$_3$:〈口语〉合适,如意。**死**$_1$:失去生命的,死亡(跟"活$_1$"相对);**死**$_2$:事物不能再活动或改变(跟"活$_2$"相对);**死**$_3$:死板,不灵活(跟"活$_3$"相对);**死**$_4$:不能通过,不流通;**死**$_5$:坚持不变,坚决;**死**$_6$:不可调和的,无法改变的;**死**$_7$:表示程度深,达到了极点。**松**:松散;不紧张;使松(跟"紧$_1$""紧$_2$"相对)。**馊**$_1$:〈口语〉饭菜变质而发出的酸臭的味道，也指身体或贴身衣服发出汗臭味；**馊**$_2$：〈口语〉比喻主意等不高明。**酥**：松脆，松软。**俗**$_1$：平庸，不高雅；**俗**$_2$：大众的，通行的。**素**：颜色单纯，不艳丽。**速**：快。**酸**$_1$：指气味或味道；使酸；**酸**$_2$：因为疲劳或生病而微痛乏力。**碎**$_1$：完整的东西破成零片、零块；**碎**$_2$：零星的，不完整的；**碎**$_3$：〈口语〉说话唠叨。**损**：〈口语〉尖刻、恶毒。

T **踏**：〈口语〉稳定，安定。**太**：大，高；极久远的。**烫**：温度高；使烫。**淘**：〈口语〉顽皮。**特**：不同于一般的。**疼**$_1$：〈口语〉伤、病等引起的难受的感觉；**疼**$_2$：〈口语〉关切、喜爱，怜爱。**甜**$_1$：指味道；**甜**$_2$：美好，舒适，令人愉快。**铁**$_1$：形容确定不移的；**铁**$_2$：〈口语〉比喻关系牢固；**铁**$_3$：〈口语〉形容表情严肃。**通**$_1$：通顺(文章思路合理、文字流畅)；**通**$_2$：共同的，一般的。**同**：一样，彼此没有差别。**头**：〈口语〉表示某一时点以前的；表示次序在前的。**透**$_1$：达到了饱满、充分的程度；**透**$_2$：清楚，透彻。**凸**：高出四周(跟"凹"相对)。**秃**$_1$：很少或没有头发；(鸟、兽头或尾)没有毛；**秃**$_2$：(山)没有草木，(树)没有枝叶；**秃**$_3$：物体的尖端缺损；不锐利；**秃**$_4$：(文章等)不圆满，不完整。**土**$_1$：本地的，地方性的；**土**$_2$：不合潮流，不开通；**土**$_3$：出自民间的；民间沿用的(跟"洋$_1$"相对)。**妥**：妥当；齐备，完备。

W **洼**：四周高，中间低；凹陷。**歪**$_1$：不正；偏，斜(跟"正"相对)；**歪**$_2$：不正当的，不正派的。**外**：指非自己所在或所属的(跟"本"相对)。**弯**：曲折，不直；使弯。**完**：光，尽。**晚**$_1$：比规定的或合适的时间靠后(跟"早$_1$"相对)；**晚**$_2$：时间上靠后的或临近终了的(跟"早$_2$"相对)。**旺**：兴盛，旺盛。**危**：〈书面语〉环境险恶，不安全。**微**：小，轻微，少。**伪**$_1$：〈书面语〉假的，设法掩盖真相的(跟"真"相对)；**伪**$_2$：〈书面语〉非法的，非正统的。**温**：不冷不热，暖和；使温。**稳**$_1$：稳固，不摇晃；**稳**$_2$：稳定，不动摇；安定，不波动；使稳定。**污**：〈书面语〉不清洁，肮脏。**误**：〈书面语〉不正确。

X **稀**$_1$：事物在时间或空间上距离远，间隔大(跟"密"相对)；**稀**$_2$：事物的数量少或出现的次数少；**稀**$_3$：液体中含有某种物质少(跟"稠"相对)；**稀**$_4$：〈口语〉(用在某些形容词前面)表示程度深。**喜**：令人高兴的，可庆贺的。**细**$_1$：指(条形)物体的横剖面小(跟"粗$_1$"相对)；**细**$_2$：长条形的两边距离近(跟"粗$_2$"相对)；**细**$_3$：颗粒小(跟"粗$_3$"相对)；**细**$_4$：精细(跟"粗$_4$"相对)；**细**$_5$：仔细，详细，周到(跟"粗$_5$"相对)；

**细**$_6$:声音轻微;使细(跟"粗$_6$"相对)。**瞎**:〈口语〉眼睛失明。**鲜**$_1$:新鲜;**鲜**$_2$:鲜美。**闲**$_1$:无事可做;有空闲(跟"忙"相对);**闲**$_2$:〈口语〉空着的,不使用的;**闲**$_3$:〈口语〉正事以外的。**贤**:〈书面语〉〈敬称〉多用于年岁比自己小的平辈或晚辈。**咸**:指味道(跟"淡$_2$"相对)。**显**:〈口语〉故意外露,向人显示;惹人瞩目。**险**:危险。**香**$_1$:气味好闻(跟"臭$_1$"相对);**香**$_2$:食物味道好;**香**$_3$:〈口语〉吃东西胃口好;**香**$_4$:〈口语〉睡得踏实,睡得熟。**响**$_1$:声音大,洪亮;**响**$_2$:影响大,受欢迎。**小**$_1$:(在面积、体积、容量、数量、年龄、力量、强度、程度、重要性等方面)不及一般的或不及比较对象(跟"大$_1$"相对);**小**$_2$:排行最末的(跟"大$_2$"相对);**小**$_3$:〈谦辞〉称自己或跟自己有关的晚辈或事物(跟"大$_3$"相对);**小**$_4$:〈书面语〉时间短;**小**$_5$:加在姓或名字前,表示对比自己年纪小的人的亲切称呼。**邪**$_1$:不正当,不正派,不正常;**邪**$_2$:〈口语〉奇怪,异常。**斜**:不正,歪;使斜。**新**$_1$:刚出现的,性质上改变得更好的(跟"旧$_1$""老$_2$""陈"相对);**新**$_2$:没用过的,或用过不久保持原样的(跟"旧$_2$"相对);**新**$_3$:刚结婚的。**腥**:有腥气。**行**$_1$:〈口语〉可以;**行**$_2$:〈口语〉能干。**凶**$_1$:凶恶;**凶**$_2$:厉害。**雄**:动植物中能产生卵细胞的(跟"雌"相对)。**虚**$_1$:空无所有,空着的;**虚**$_2$:体质弱;**虚**$_3$:虚伪,不真实,不实在(跟"实"相对);**虚**$_4$:〈口语〉胆怯,勇气不足。**暄**:〈口语〉物体松软有弹性、柔韧绵软不结实。**玄**:虚妄,不可靠。**悬**:〈口语〉危险。

**Y** **哑**$_1$:因生理缺陷或疾病而不能说话或说不出话;**哑**$_2$:不说话的,无声的,(枪弹、炮弹等)打不响的;**哑**$_3$:沙哑;使哑。**亚**:次,次一等的。**严**$_1$:严格,不放松;严厉;**严**$_2$:严密,紧密。**厌**:〈口语〉觉得过多而失去兴趣,产生反感。**艳**:(色彩、光泽)明丽夺目。**酽**:汁液浓,味厚。**洋**:外国的,外国来的;特指西方的(跟"土$_3$"相对,也与"中"相区别)。**养**:领养的,非亲生的。**痒**$_1$:皮肤不适时,想抓挠的感觉;**痒**$_2$:〈口语〉(心情)难以抑制,跃跃欲试。**遥**:〈书面语〉距离远,时间长。**要**:重大。**野**$_1$:粗鲁无礼,蛮横;**野**$_2$:不受约束的,放荡不羁的;狂妄的,非分的;**野**$_3$:非人工饲养或培育的;非正式的,不合法的。**疑**:无法确定的,难以解决的。**义**$_1$:符合正义的或大众利益的;**义**$_2$:拜认而成的亲属;名义上的。**异**:其他的,别的;新奇的,特别的;不同的。**易**:不费事,不费力,容易(跟"难$_1$"相对)。**益**:有益的(跟"害"或"损"相对)。**阴**$_1$:云层密布,有下雨的迹象(跟"晴"相对);表情凝重,使阴;**阴**$_2$:阴险,不光明正大。**银**:指金属(跟"金$_1$"相对)。**荫**:(yìn)〈口语〉不见阳光且又凉又潮。**硬**$_1$:坚硬(跟"软$_1$"相对);**硬**$_2$:(意志、态度、性格等)坚定不移,坚强有力(跟"软$_2$"相对);使硬;**硬**$_3$:能力强,质量好;**硬**$_4$:不灵活;**硬**$_5$:不可改变的。**优**:〈书面语〉好,非常好(跟"劣"相对)。**油**:〈口语〉圆滑,不诚恳。**右**:政治上、思想上保守的或反动的(跟"左$_2$"相对)。**愚**:〈书面语〉〈谦辞〉多用于自称或称跟自己有关的。**冤**$_1$:形容所加的罪名或不良说法不成立,受到的待遇不公平;使冤;**冤**$_2$:〈口语〉不必要或不值得的;不合算,上当。**元**:为首的,居第一位的;开头的;主要的,基本的。**原**$_1$:开始的,最初的;本来的,没有改变的;**原**$_2$:没有加工的。**圆**$_1$:圆形的;形状像球的;**圆**$_2$:完备,周全;使圆。**远**$_1$:空间或时间距离长(跟"近$_1$"相对);**远**$_2$:关系不密切,疏远(跟"近$_2$"相对);**远**$_3$:差距大,差别大。**晕**$_1$:(阴平)头脑昏乱;**晕**$_2$:(去声)头脑发昏,眩晕,人有要跌倒的感觉。**匀**:均匀;使匀。

**Z** **杂**$_1$:不纯,多种多样的;**杂**$_2$:正项以外的,非正规的。**赃**:贪污、受贿或盗窃的。**脏**:有尘土、汗渍、污垢等,不干净;使脏。**糟**$_1$:腐烂,不结实;**糟**$_2$:(事情或情况)坏,不好。**早**$_1$:比规定的或合适的时间靠前(跟"晚$_1$"相对);**早**$_2$:时间上靠前的或靠近开始的(跟"晚$_2$"相对);**早**$_3$:早晨见面的问候话。**燥**:缺少或没有水分,干,干热。**躁**:〈口语〉性情急,不冷静。**贼**$_1$:邪恶的,不正派的;**贼**$_2$:〈口语〉狡猾。**窄**$_1$:狭小,横向距离小(跟"宽$_1$"相对);**窄**$_2$:(心胸、眼界)不开阔,(气量)小。**长**:(zhǎng)年纪大,辈分高,排行第一。**真**$_1$:符合事实的,正确的(跟"假""伪$_1$"相对);**真**$_2$:真切,清楚。**整**:完整,完全,没有剩余或残缺。**正**$_1$:方向或位置不偏不斜,位置在中间(跟"偏$_1$""歪$_1$""斜"相对);使正;**正**$_2$:合乎一定标准或规范的;**正**$_3$:正当的,正义的;**正**$_4$:(色、味)纯而不杂;**正**$_5$:居于第一位的,起主要作用的,作为主体的(跟"副$_5$"相对);**正**$_6$:正宗的,主要的(跟"副$_6$"相对);**正**$_7$:数学、物理学上指对立的两方中跟"负"相对的。**直**$_1$:成直线的,不弯曲(跟"曲"相对);使直;**直**$_2$:直爽,直率。**值**:〈口语〉合算,值得,有价值。**终**:从起始到最后的。**众**:许多,多种。**重**$_1$:重量(比重)大(跟"轻$_1$"相对);**重**$_2$:重要,贵重(跟"轻$_4$"相对);(意动)觉得重要;**重**$_3$:程度深,数量大(跟"轻$_2$"相对)。**周**:完备,完善。**专**$_1$:单纯的,集中于某一事物或某一方面;**专**$_2$:对某种学术技能有特长的。**壮**$_1$:强壮,强健有力;使壮;**壮**$_2$:雄壮,气势盛;使壮。**准**$_1$:准确,准时;**准**$_2$:程度上接近某事物,可以当成某事物看待的。**紫**:指蓝色和红色合成的颜色。**总**$_1$:所有的,概括全面的;**总**$_2$:领导全面的,为首的。**足**:富裕,充足,完备。**尊**:〈书面语〉〈敬辞〉称跟对方有关的人或事物。**左**$_1$:〈口语〉错,不对;**左**$_2$:政治上、思想上革命的或进步的(跟"右"相对)。

# 附录二　单音节形容词句法功能考察简表

（说明：表中“+”表示有此项功能，其中“**+**”（加底纹的）表示此项功能不太自由，或只出现在某种固定格式中，或需要有相关词语共现等。）

| 词项 | 很～ | 不～ | 重叠 | 了着过 | 带宾语 | 带补语 | ～点儿 | 太～了 | 疑问句 | 比较句 | 做谓语 | 做定语 | 做补语 | 做状语 | 做主语 | 做宾语 |
|---|---|---|---|---|---|---|---|---|---|---|---|---|---|---|---|---|
| 矮$_1$ | + | + | + | + |  |  |  | + | + | + | + | + | + |  | + | + |
| 矮$_2$ | + | + | + | + | + |  | + | + | + | + | + | + | + |  | + | + |
| 矮$_3$ |  |  |  | + | + |  |  |  |  | + | + |  |  |  |  |  |
| 安 | **+** | + |  | + | + |  |  |  |  |  | + |  |  |  |  |  |
| 暗 | + | + | + | + | + | + |  | + | + | + | + | + | + | + | + | + |
| 凹 |  |  |  |  |  | + |  |  |  |  | + | + |  | + |  |  |
| 傲 | + | + |  | + |  | + |  | + | + | + | + | + |  |  |  |  |
| 白$_1$ | + | + | + | + |  | + |  | + | + | + | + | + | + |  | + | + |
| 白$_2$ |  |  |  |  |  |  |  |  |  |  |  | + | + |  |  |  |
| 板 | + | + |  | + | + | + |  | + |  | + | + |  | + |  |  |  |
| 半 |  |  |  |  |  |  |  |  |  |  |  | + |  |  |  |  |
| 棒 | + |  |  |  |  | + |  | + |  | + | + | + | + |  |  | + |
| 薄$_1$ | + | + | + | + |  | + | + | + | + | + | + | + | + |  | + | + |
| 薄$_2$ | + | + |  | + |  |  |  | + |  | + | + | + | + |  |  | + |
| 薄$_3$ |  | + |  | + | + |  |  |  |  |  | + |  |  |  |  | + |
| 饱$_1$ | + | + | + | + |  |  |  | + | + | + | + | **+** | + | + | + | + |
| 饱$_2$ |  |  |  | + | + |  |  |  |  |  | + |  | + | + |  |  |
| 宝 |  |  |  |  |  |  |  |  |  |  |  | + |  |  |  | **+** |
| 暴$_1$ |  |  |  |  |  |  |  |  |  |  |  | + |  | + |  |  |
| 暴$_2$ | + | + |  | + |  | + |  | + |  | + | + | + | + |  |  | + |

（续表）

| 词项 | 很～ | 不～ | 重叠 | 了着过 | 带宾语 | 带补语 | ～点儿 | 太～了 | 疑问句 | 比较句 | 做谓语 | 做定语 | 做补语 | 做状语 | 做主语 | 做宾语 |
|---|---|---|---|---|---|---|---|---|---|---|---|---|---|---|---|---|
| 背$_1$ | + | + | | | | | | + | | | + | + | | | | + |
| 背$_2$ | + | + | | + | | + | | + | + | + | + | | | | | |
| 背$_3$ | + | + | | + | | + | | + | | | + | + | | | | + |
| 笨$_1$ | + | + | | + | | + | | + | + | + | + | + | | | + | + |
| 笨$_2$ | + | + | | + | | + | | + | + | + | + | + | | | + | + |
| 笨$_3$ | + | + | | + | | + | | + | + | + | + | + | + | | + | + |
| 扁 | + | + | + | + | | | | + | | | + | + | + | | + | |
| 便 | | | | | | | | | | | | + | | | | |
| 遍 | | | | | | | | | | | | + | + | | | |
| 别 | | | | | | | | | | | | + | | | | |
| 瘪 | + | + | + | + | + | + | | + | + | + | + | + | + | | + | + |
| 冰 | | | | + | + | + | | | | | + | + | | | | |
| 残 | | | | + | + | | | | | | + | + | + | + | | |
| 惨 | + | + | | + | | + | | + | + | + | + | + | + | + | + | + |
| 糙$_1$ | + | + | | + | | + | | + | + | + | + | + | + | | | + |
| 糙$_2$ | + | + | | + | | | | | | | + | + | | | | |
| 草$_1$ | + | + | + | + | | + | | + | | + | + | + | + | | + | + |
| 草$_2$ | | | | | | | | | | | | + | | | | |
| 差$_1$ | | + | | + | + | | | | + | | + | | + | | + | + |
| 差$_2$ | + | + | | + | | + | | + | | + | + | + | | | | |
| 馋 | + | + | | + | + | + | | + | + | + | + | + | + | | + | + |
| 长 | + | + | + | + | | + | + | + | + | + | + | + | + | | + | + |
| 常$_1$ | | | | | | | | | | | | + | | | | |
| 常$_2$ | | | | | | | | | | | | | | + | | |
| 超 | | | | | | | | | | | | + | | | | |
| 潮$_1$ | + | + | | + | | + | | + | + | + | + | + | + | | + | + |
| 潮$_2$ | + | | | | | | | | | | + | + | | | | |
| 吵 | + | + | | + | + | + | | + | + | + | + | | | | + | + |

（续表）

| 词项 | 很～ | 不～ | 重叠 | 了着过 | 带宾语 | 带补语 | ～点儿 | 太～了 | 疑问句 | 比较句 | 做谓语 | 做定语 | 做补语 | 做状语 | 做主语 | 做宾语 |
|---|---|---|---|---|---|---|---|---|---|---|---|---|---|---|---|---|
| 沉1 | + | + | | + | | + | | + | + | + | + | + | | | + | + |
| 沉2 | + | + | | | | + | | | + | | + | | | | | |
| 陈 | | | | | | | | | | | | + | | | | |
| 成1 | | | | | | | | | | | | + | | | | |
| 成2 | + | | | | | | | | | | + | | | | | |
| 诚 | + | + | | | | | | | | | | + | | + | | |
| 痴 | + | | | | | | | + | | | + | + | | + | | |
| 迟 | + | + | + | + | | | | + | | | | | + | + | | |
| 冲1 | + | + | | + | | | | + | + | + | + | | | | | |
| 冲2 | + | + | | + | | + | | + | | + | + | + | | | | + |
| 冲3 | + | + | | + | | + | | + | | + | + | + | | | + | + |
| 稠 | + | + | + | + | | + | + | + | + | + | + | + | + | | + | + |
| 丑1 | + | + | | + | | + | | + | + | + | + | + | + | | + | + |
| 丑2 | + | | | | | | | | | | | + | | | | + |
| 臭1 | + | + | | + | + | + | | + | + | + | + | + | + | | + | + |
| 臭2 | + | + | + | + | | + | | + | + | + | + | + | + | | | |
| 臭3 | + | + | | + | | + | | + | | + | + | + | | | | + |
| 初 | | | | | | | | | | | | + | | + | | |
| 刍 | | | | | | | | | | | | + | | + | | |
| 纯 | + | + | | + | | | | | + | + | + | + | + | | + | + |
| 蠢1 | + | + | | + | | + | | + | + | + | + | + | + | | | + |
| 蠢2 | + | + | | + | | + | | + | + | + | + | + | + | | + | + |
| 雌 | | | | | | | | | | | | + | | | | |
| 次1 | + | + | | + | + | + | | + | | + | + | + | | | + | + |
| 次2 | + | | | + | | + | | + | | + | + | + | | | | |
| 次3 | | | | | | | | | | | | + | | | | |
| 粗1 | + | + | + | + | | + | + | + | + | + | + | + | + | | + | + |
| 粗2 | + | + | + | + | | + | + | + | + | + | + | + | + | | + | + |

（续表）

| 词项 | 很～ | 不～ | 重叠 | 了着过 | 带宾语 | 带补语 | ～点儿 | 太～了 | 疑问句 | 比较句 | 做谓语 | 做定语 | 做补语 | 做状语 | 做主语 | 做宾语 |
|---|---|---|---|---|---|---|---|---|---|---|---|---|---|---|---|---|
| 粗$_3$ | + | + | + | + |  | + | + | + | + | + | + | + | + |  | + | + |
| 粗$_4$ | + | + |  |  |  |  |  | + | + | + | + | + | + |  |  | + |
| 粗$_5$ | + | + | + | + |  | + |  | + |  | + | + | + | + | + |  |  |
| 粗$_6$ | + | + |  | + | + | + |  |  |  | + | + | + | + |  |  |  |
| 粗$_7$ | + | + |  |  |  | + |  |  |  |  | + | + |  |  |  | + |
| 脆$_1$ | + | + | + |  |  | + |  | + | + | + | + | + | + |  |  | + |
| 脆$_2$ | + | + |  |  |  |  |  |  |  | + | + |  |  |  |  | + |
| 错$_1$ |  |  |  | + | + |  |  |  | + |  | + | + | + | + | + | + |
| 错$_2$ |  | + |  |  |  |  |  |  |  |  | + | + |  |  |  |  |
| 大$_1$ | + | + | + | + | + | + | + | + | + | + | + | + | + | + | + | + |
| 大$_2$ |  |  |  |  |  |  |  |  |  |  |  | + |  |  |  |  |
| 大$_3$ |  |  |  |  |  |  |  |  |  |  |  | + |  |  |  |  |
| 大$_4$ |  |  |  |  |  |  |  |  | + |  |  | + |  |  |  | + |
| 大$_5$ |  |  |  |  |  |  |  |  |  |  |  | + |  |  |  |  |
| 呆 | + | + | + | + |  | + |  | + |  |  | + | + | + | + |  |  |
| 单$_1$ |  |  |  |  |  |  |  |  |  |  |  | + |  | + |  |  |
| 单$_2$ |  |  |  |  |  |  |  |  |  |  |  | + |  |  |  |  |
| 单$_3$ |  |  |  |  |  |  |  |  |  |  |  | + |  |  |  |  |
| 淡$_1$ |  |  | + |  |  |  |  |  |  |  |  | + | + |  |  |  |
| 淡$_2$ | + | + |  | + |  | + | + | + | + | + | + | + | + |  | + | + |
| 淡$_3$ | + | + | + | + |  |  | + | + |  |  | + | + | + | + | + | + |
| 淡$_4$ | + |  | + |  |  |  |  |  |  |  |  | + |  | + |  |  |
| 倒 |  |  |  |  |  |  |  |  |  |  |  |  |  | + |  |  |
| 低$_1$ | + | + | + | + |  |  | + | + | + |  | + | + | + | + | + | + |
| 低$_2$ | + | + | + | + | + | + | + | + | + | + | + | + | + | + | + | + |
| 低$_3$ | + | + |  | + |  |  |  | + |  | + | + | + | + |  |  | + |
| 刁 | + | + |  | + |  | + |  | + |  | + | + | + |  |  |  |  |
| 定$_1$ | + | + | + | + | + | + |  |  |  |  | + |  | + |  |  |  |

（续表）

| 词项 | 很～ | 不～ | 重叠 | 了着过 | 带宾语 | 带补语 | ～点儿 | 太～了 | 疑问句 | 比较句 | 做谓语 | 做定语 | 做补语 | 做状语 | 做主语 | 做宾语 |
|---|---|---|---|---|---|---|---|---|---|---|---|---|---|---|---|---|
| 定$_2$ | | | | | | | | | | | | + | | | | |
| 陡 | + | + | | + | | | | + | + | + | + | + | | + | + | + |
| 抖 | + | | | + | | + | | | | | + | | | | | |
| 逗 | + | + | + | | + | + | | + | + | + | + | | | | | |
| 毒$_1$ | | | | | | | | | | | | + | | | | |
| 毒$_2$ | + | + | + | | | + | | + | + | + | + | + | | + | | + |
| 独 | + | + | | + | | + | | + | | + | + | | | | | |
| 短 | + | + | + | + | | + | + | + | + | + | + | + | + | + | + | + |
| 对$_1$ | + | + | | + | + | | | + | + | | + | + | + | | + | + |
| 对$_2$ | | | | | | | | | | | | + | | | | |
| 钝 | + | | | + | | + | | + | | | + | + | + | | + | + |
| 多$_1$ | + | + | + | + | | + | + | + | + | + | + | + | + | + | + | + |
| 多$_2$ | | + | | + | + | + | | | + | + | + | | + | + | | |
| 多$_3$ | | | | | | | | | | | | | + | | | |
| 恶 | + | | | | | | | | | | + | + | | + | | + |
| 饿 | + | + | + | + | + | + | | + | + | | + | + | + | | + | + |
| 乏 | + | | | | | + | | + | | + | + | | + | | | + |
| 烦 | + | + | | | + | + | | + | + | | + | + | + | | + | + |
| 繁$_1$ | | | | | | | | | | | | + | | | | |
| 繁$_2$ | + | + | | | | | | + | | | | + | | | | |
| 反 | | + | | + | | | | | + | | + | + | + | + | | |
| 方 | | | | | | | | | | | | + | | | | |
| 肥$_1$ | + | + | + | + | | + | | + | + | + | + | + | + | | + | + |
| 肥$_2$ | + | + | | | | | | | | + | + | + | | | | + |
| 肥$_3$ | + | + | + | + | | | + | + | + | + | + | + | | | + | + |
| 肥$_4$ | + | | | + | + | + | | + | | + | + | + | + | | | |
| 废 | | | | + | + | | | | | | | + | | | | |
| 费 | + | + | | + | + | + | | + | + | + | + | + | | | + | + |

（续表）

| 词项 | 很～ | 不～ | 重叠 | 了着过 | 带宾语 | 带补语 | ～点儿 | 太～了 | 疑问句 | 比较句 | 做谓语 | 做定语 | 做补语 | 做状语 | 做主语 | 做宾语 |
|---|---|---|---|---|---|---|---|---|---|---|---|---|---|---|---|---|
| 粉 | | | | | | | | | | | | + | | | | |
| 疯$_1$ | | + | | + | + | | | | | | + | + | + | | | |
| 疯$_2$ | + | + | | + | | | | | | + | + | + | + | | | |
| 疯$_3$ | | | | | | | | | | | | + | + | + | | |
| 浮$_1$ | + | + | | + | | + | | + | | + | + | | | | | |
| 浮$_2$ | | | | | | | | | | | | + | | | | |
| 副$_1$ | | | | | | | | | | | | + | | | | |
| 副$_2$ | | | | | | | | | | | | + | | | | |
| 负 | | | | | | | | | | | | + | | | | |
| 富 | + | + | | + | + | + | | + | + | + | + | + | + | | + | + |
| 干$_1$ | + | + | + | + | + | + | + | + | + | | + | + | + | + | + | + |
| 干$_2$ | | | | + | + | | | | + | | + | + | + | | | |
| 干$_3$ | | | | | | | | | | | | | | + | | |
| 干$_4$ | | | | | | | | | | | | + | | | | |
| 甘 | | | | | | | | | | | | + | | | | |
| 高$_1$ | + | + | + | | | + | + | + | + | + | + | + | + | + | + | + |
| 高$_2$ | + | + | + | + | + | + | | + | | + | + | + | + | | + | + |
| 高$_3$ | + | + | | + | | | | + | | + | + | + | + | | + | + |
| 高$_4$ | | | | | | | | | | | | + | | | | |
| 个 | | | | | | | | | | | | + | | | | |
| 各 | + | | | | | + | | | | | + | | | | + | + |
| 公$_1$ | | | | | | | | | | | | + | | + | + | + |
| 公$_2$ | + | + | | | | | | | | | + | + | | + | | |
| 公$_3$ | | | | | | | | | | | | + | | + | | |
| 公$_4$ | | | | | | | | | | | | + | | + | | |
| 公$_5$ | | | | | | | | | | | | + | | | | |
| 够 | | + | + | | | | | | | | | | + | | | |
| 孤 | | | | | | | | | | | | + | | + | | |

（续表）

| 词项 | 很～ | 不～ | 重叠 | 了着过 | 带宾语 | 带补语 | ～点儿 | 太～了 | 疑问句 | 比较句 | 做谓语 | 做定语 | 做补语 | 做状语 | 做主语 | 做宾语 |
|---|---|---|---|---|---|---|---|---|---|---|---|---|---|---|---|---|
| 古 | + | | | | | + | | | | | | + | | | | |
| 鼓 | + | + | + | + | + | + | | | | | + | + | | | | |
| 故 | | | | | | | | | | | | + | | | | |
| 乖 | + | + | + | + | | + | | + | | + | + | + | + | | + | + |
| 怪 | + | + | | | | + | | + | + | | + | + | | | + | + |
| 惯 | | + | | + | | | | | | | | + | + | | + | |
| 光$_1$ | + | + | + | + | | + | | + | + | + | + | | + | | + | + |
| 光$_2$ | | | | | | | | | | | | | + | | | |
| 广$_1$ | + | + | | | | | | | | | + | + | | | | |
| 广$_2$ | + | | | | | | | | | | + | | + | + | | |
| 鬼$_1$ | | | | | | | | | | | | + | | + | | |
| 鬼$_2$ | | | | | | | | | | | | + | | | | |
| 鬼$_3$ | + | | | | | + | | + | | + | + | + | | | | |
| 贵$_1$ | + | + | | + | + | + | | + | + | + | + | + | + | | + | + |
| 贵$_2$ | | | | | | | | | | | | + | | | | |
| 海$_1$ | | | | + | | | | | | | + | | + | | | |
| 海$_2$ | | | | | | | | | | | | + | | + | | |
| 害 | | | | | | | | | | | | + | | | | |
| 寒 | | | | + | | | | | | | + | + | | | | + |
| 旱$_1$ | | + | | + | | + | | | + | | + | + | | | + | + |
| 旱$_2$ | | | | | | | | | | | | + | | | | |
| 好$_1$ | + | + | + | + | | + | | + | + | + | + | + | + | + | + | + |
| 好$_2$ | + | + | + | + | | + | | + | + | + | + | + | + | + | + | + |
| 好$_3$ | + | + | + | + | + | + | | + | + | + | + | + | + | | + | + |
| 好$_4$ | | | + | | | | | | | | | | + | | | |
| 好$_5$ | | | | | | | | | | | | | | + | | |
| 黑$_1$ | + | + | + | + | | + | | + | + | + | + | + | + | | + | + |
| 黑$_2$ | + | + | + | + | + | + | | + | + | + | + | + | | | + | + |

（续表）

| 词项 | 很～ | 不～ | 重叠 | 了着过 | 带宾语 | 带补语 | ～点儿 | 太～了 | 疑问句 | 比较句 | 做谓语 | 做定语 | 做补语 | 做状语 | 做主语 | 做宾语 |
|---|---|---|---|---|---|---|---|---|---|---|---|---|---|---|---|---|
| 黑$_3$ | + | + | | + | + | + | | + | + | + | + | + | | | | + |
| 黑$_4$ | | | | | | | | | | | | + | | | | |
| 狠$_1$ | + | + | + | + | | | + | + | + | + | + | | + | + | | + |
| 狠$_2$ | + | + | + | + | + | | + | + | + | + | + | + | + | + | | + |
| 横$_1$ | + | + | | + | | + | + | + | | + | + | + | | | + | + |
| 横$_2$ | | | | | | | | | | | | | | + | | |
| 横$_3$ | | | | + | + | | | | | | + | + | | + | | |
| 横$_4$ | | | | | | | | | | | | + | | + | | |
| 红$_1$ | + | + | + | + | + | + | | + | + | + | + | + | + | | + | + |
| 红$_2$ | + | + | | + | | + | | + | | + | + | + | + | | | |
| 后 | | | | | | | | | | | | + | | + | | |
| 厚$_1$ | + | + | + | + | + | + | + | + | + | + | + | + | + | | + | + |
| 厚$_2$ | + | + | | + | + | | | | | + | + | + | | | | |
| 花$_1$ | + | + | + | + | | | | + | | | + | + | + | | | + |
| 花$_2$ | | | | | | | | | | | | + | | | | |
| 花$_3$ | + | + | | + | + | + | | | + | | + | + | + | | | |
| 滑$_1$ | + | + | | + | | + | | + | + | + | + | | | | | + |
| 滑$_2$ | + | + | | | | + | | + | + | + | + | + | + | | | |
| 坏$_1$ | + | + | | + | | + | | + | + | + | + | + | + | | + | + |
| 坏$_2$ | | + | | + | + | + | | | + | | + | + | + | | | |
| 坏$_3$ | | | | | | | | | | | | | + | | | |
| 欢$_1$ | | | | | | | | | | | | + | | + | | |
| 欢$_2$ | + | | | | | | | | | + | + | | + | + | | |
| 缓 | | | + | + | + | | | | | | + | | | | | |
| 荒 | + | + | | + | + | + | | + | | + | + | + | + | | | + |
| 慌$_1$ | + | + | | + | + | | | + | + | + | + | | + | | | + |
| 慌$_2$ | | | | | | | | | | | | | + | | | |
| 黄 | + | + | | + | + | + | | + | | | + | + | + | | | |

（续表）

| 词项 | 很～ | 不～ | 重叠 | 了着过 | 带宾语 | 带补语 | ～点儿 | 太～了 | 疑问句 | 比较句 | 做谓语 | 做定语 | 做补语 | 做状语 | 做主语 | 做宾语 |
|---|---|---|---|---|---|---|---|---|---|---|---|---|---|---|---|---|
| 灰$_1$ | | | | | | | | | | | | + | | | | |
| 灰$_2$ | + | + | | + | + | | | | | | + | | | | | |
| 昏 | | | | + | + | | | | | | + | + | + | + | | |
| 浑$_1$ | + | + | | + | | + | | + | + | + | + | + | + | | | + |
| 浑$_2$ | + | + | | | | + | | + | | + | + | + | | | | |
| 活$_1$ | | + | + | + | + | + | | | + | | + | + | + | + | | |
| 活$_2$ | + | + | | | | | | | | | | + | + | | | |
| 活$_3$ | + | + | | | | + | + | | + | + | + | | + | | | |
| 火 | + | + | | + | | + | | + | | + | + | | + | | | + |
| 急$_1$ | + | + | | | | | | + | + | + | + | + | + | + | | + |
| 急$_2$ | + | + | | + | + | + | | | + | + | + | + | + | + | + | |
| 急$_3$ | + | + | | | | + | | + | + | + | + | + | | + | + | + |
| 挤 | + | + | + | + | + | + | + | + | + | + | + | | + | | + | + |
| 佳 | + | + | | | | | | | | | + | + | | | | |
| 假 | + | + | | | | | | | | | + | + | | + | | + |
| 尖$_1$ | + | + | + | | | | | | | | + | + | + | | | |
| 尖$_2$ | + | + | + | + | + | + | | + | | + | + | + | | | | + |
| 尖$_3$ | + | + | | | | | | | | | + | | | | | |
| 奸$_1$ | | | | | | | | | | | | + | | + | | |
| 奸$_2$ | + | | | | | | | + | | | + | | | | | |
| 简 | | | | | | | | | | | | + | | + | | |
| 贱 | + | + | | + | + | + | + | + | | + | + | + | + | + | + | + |
| 健 | | | | | + | | | | | | + | + | | + | | |
| 僵 | + | | | | | + | | + | | | | + | + | + | | |
| 强 | + | + | | + | | + | | + | + | + | + | + | | | + | + |
| 犟 | + | + | | + | | + | | + | + | + | + | + | | | + | + |
| 酱 | | | | | | | | | | | | + | | | | |
| 娇 | + | + | | | | | | + | | | + | + | | | | + |

（续表）

| 词项 | 很～ | 不～ | 重叠 | 了着过 | 带宾语 | 带补语 | ～点儿 | 太～了 | 疑问句 | 比较句 | 做谓语 | 做定语 | 做补语 | 做状语 | 做主语 | 做宾语 |
|---|---|---|---|---|---|---|---|---|---|---|---|---|---|---|---|---|
| 焦 | | | | | | | | | | | | | + | | | |
| 金1 | | | | | | | | | | | | + | | | | |
| 金2 | | | | | | | | | | | | + | | | | |
| 紧1 | + | + | + | + | | + | + | + | + | + | + | | + | + | + | + |
| 紧2 | + | + | + | + | + | + | + | + | + | + | + | | + | + | + | + |
| 紧3 | + | + | + | + | | | + | + | + | + | + | | + | + | + | + |
| 紧4 | + | + | | + | | | | + | | + | + | + | + | + | | |
| 紧5 | + | + | | + | | | | | | | + | + | | | | |
| 近1 | + | + | | + | | + | | + | + | + | + | + | + | | + | + |
| 近2 | + | | | | | | | | | | + | + | | | | |
| 精1 | + | + | | | | | | | | | | + | + | + | | |
| 精2 | + | + | | | | + | | + | | | + | | + | | | |
| 净1 | + | + | + | + | + | | | | | | + | + | + | | | |
| 净2 | | | | | | | | | | | | + | | + | | |
| 净3 | | | | | | | | | | | | | + | | | |
| 静1 | + | + | + | + | | + | | + | | + | + | + | | + | + | + |
| 静2 | | + | + | + | + | + | | | | | + | | | | | |
| 久 | + | | + | + | | | | + | | | + | + | + | + | | |
| 旧1 | + | | | | | + | | + | | | + | + | | | | |
| 旧2 | + | + | | + | | + | | + | + | + | + | + | + | | + | + |
| 旧3 | | | | | | | | | | | | + | | | | |
| 绝1 | + | | | | | | | + | + | | + | + | + | | | + |
| 绝2 | | | | | | | | | | | | + | | | | |
| 倔 | + | | | + | | + | | + | + | + | + | + | | | + | + |
| 均 | | + | | | | | | | | | + | | | + | | |
| 俊 | + | + | | | | | | | + | + | + | + | + | | | |
| 开 | + | + | + | + | | | | | + | | + | + | + | | + | + |
| 糠 | + | + | | + | | + | | + | + | | + | + | + | | + | + |

（续表）

| 词项 | 很～ | 不～ | 重叠 | 了着过 | 带宾语 | 带补语 | ～点儿 | 太～了 | 疑问句 | 比较句 | 做谓语 | 做定语 | 做补语 | 做状语 | 做主语 | 做宾语 |
|---|---|---|---|---|---|---|---|---|---|---|---|---|---|---|---|---|
| 渴 | + | + |  | + | + | + |  | + | + |  | + |  | + |  | + | + |
| 空$_1$ | + | + | + | + | + |  |  |  | + |  | + | + | + |  |  |  |
| 空$_2$ | + |  |  |  |  | + |  | + |  |  | + | + |  | + |  |  |
| 空$_3$ | + | + | + | + | + | + |  | + | + |  | + | + |  |  |  |  |
| 抠 | + | + |  | + |  | + |  | + | + | + | + | + | + |  | + | + |
| 枯 |  |  |  | + |  | + |  |  |  |  | + | + |  | + |  |  |
| 苦$_1$ | + | + |  | + |  | + |  | + | + | + | + | + | + |  | + | + |
| 苦$_2$ | + | + | + | + | + | + |  | + | + | + | + | + | + |  | + | + |
| 酷 | + | + |  |  |  | + |  | + | + | + | + | + |  |  | + | + |
| 快$_1$ | + | + | + | + | + | + | + | + | + | + | + | + | + | + | + | + |
| 快$_2$ | + | + | + | + |  | + |  | + | + | + | + | + | + |  | + | + |
| 快$_3$ | + | + |  |  |  | + |  | + | + | + | + |  |  |  |  |  |
| 宽$_1$ | + | + | + | + |  | + | + | + | + | + | + | + | + |  | + | + |
| 宽$_2$ | + |  |  |  | + |  |  |  |  |  | + |  |  | + |  |  |
| 狂 | + | + |  | + |  | + |  | + |  | + | + | + |  | + | + | + |
| 困 | + | + |  | + |  | + |  | + | + |  | + |  | + |  | + | + |
| 阔 | + | + |  | + |  | + |  | + |  | + | + | + |  |  |  | + |
| 辣 | + | + | + | + | + | + | + | + | + | + | + | + | + |  | + | + |
| 赖 | + | + |  |  |  | + |  | + |  |  | + |  |  |  |  | + |
| 蓝 | + | + | + |  |  |  |  |  |  |  | + | + | + |  |  |  |
| 懒 | + | + |  | + |  | + |  | + | + | + | + | + | + | + | + | + |
| 烂$_1$ | + | + | + | + |  |  | + | + | + |  | + | + | + |  | + | + |
| 烂$_2$ |  |  |  | + | + |  |  |  | + |  | + | + | + |  |  |  |
| 滥 |  |  |  |  |  |  |  |  |  |  |  |  | + | + |  |  |
| 牢 | + | + | + |  |  |  |  |  |  |  |  |  | + | + |  |  |
| 老$_1$ | + | + |  | + |  | + |  | + |  | + | + | + | + |  | + | + |
| 老$_2$ | + |  |  |  |  | + |  |  |  | + | + | + |  |  |  |  |
| 老$_3$ | + |  |  | + |  | + |  | + |  |  | + | + |  |  |  |  |

（续表）

| 词项 | 很～ | 不～ | 重叠 | 了着过 | 带宾语 | 带补语 | ～点儿 | 太～了 | 疑问句 | 比较句 | 做谓语 | 做定语 | 做补语 | 做状语 | 做主语 | 做宾语 |
|---|---|---|---|---|---|---|---|---|---|---|---|---|---|---|---|---|
| 老$_4$ | | | | | | | | | | | | + | | | | |
| 老$_5$ | | | | | | | | | | | | + | | | | |
| 老$_6$ | + | + | | + | | + | | + | + | + | + | + | + | | + | + |
| 老$_7$ | + | + | | + | | + | | + | + | + | + | | + | | + | + |
| 老$_8$ | | | | | | | | | | | | + | | | | |
| 老$_9$ | | | | | | | | | | | | + | | | | |
| 涝 | | + | | + | + | + | | | + | | + | + | | | + | + |
| 累 | + | + | | + | + | + | | + | + | + | + | + | + | | + | + |
| 冷$_1$ | + | + | | + | | + | | + | + | + | + | + | + | | + | + |
| 冷$_2$ | + | + | + | + | + | | | | | | + | + | | + | | |
| 冷$_3$ | | | | + | + | + | | | | | + | | | | | |
| 愣 | + | | | + | | + | | + | | | + | + | | | | |
| 良 | | + | | | | | | | | | + | + | | | | |
| 凉$_1$ | + | + | + | + | | + | | + | + | + | + | + | + | | + | + |
| 凉$_2$ | | | | + | + | + | | | | | + | | | | | |
| 凉$_3$ | | | | | | | | | | | | + | | | | |
| 亮 | + | + | + | + | + | + | + | + | + | + | + | | + | | + | + |
| 靓 | + | | | | | | | | | | + | + | | | | |
| 劣 | | | | | | | | | | | | + | | | | |
| 烈 | + | | | | | | | | | | + | + | | | | |
| 灵$_1$ | + | + | | | | + | | + | + | + | + | | | | + | + |
| 灵$_2$ | + | + | | + | | + | | + | + | + | + | + | | | + | + |
| 零 | | | | | | | | | | | | + | | + | | |
| 令 | | | | | | | | | | | | + | | | | |
| 聋 | + | + | | + | + | + | | | + | + | + | + | + | | + | + |
| 娄 | + | + | | + | | | | | + | | + | + | + | | + | + |
| 陋 | | | | | | | | | | | | + | | | | |
| 绿 | + | + | + | + | + | + | | | | | + | + | + | | | |

（续表）

| 词项 | 很～ | 不～ | 重叠 | 了着过 | 带宾语 | 带补语 | ～点儿 | 太～了 | 疑问句 | 比较句 | 做谓语 | 做定语 | 做补语 | 做状语 | 做主语 | 做宾语 |
|---|---|---|---|---|---|---|---|---|---|---|---|---|---|---|---|---|
| 乱$_1$ | + | + | | + | + | + | | + | + | + | + | + | + | + | + | + |
| 乱$_2$ | + | + | | + | | + | | + | | | + | | + | | | |
| 麻$_1$ | + | + | | + | + | | | | + | | + | | + | | + | + |
| 麻$_2$ | + | + | | + | + | + | | | + | | + | + | | | | |
| 满$_1$ | + | + | + | + | + | | + | + | + | + | + | + | + | + | + | + |
| 满$_2$ | | | | | | | | | | | | + | | | | |
| 慢$_1$ | + | + | + | + | | + | + | + | + | + | + | + | + | + | + | + |
| 慢$_2$ | | | + | + | | | + | | | | + | | | + | | |
| 忙 | + | + | + | + | + | + | | + | + | + | + | + | | | + | + |
| 毛$_1$ | | | | + | | | | | | | + | | + | | | |
| 毛$_2$ | | | | | | | | | | | | + | | + | | |
| 美$_1$ | + | + | | + | + | + | | + | + | + | + | + | + | | | + |
| 美$_2$ | + | + | + | + | | | | | | | + | + | + | | | |
| 美$_3$ | | | | | | + | | | | | | | | | | |
| 闷$_1$ | + | + | | + | | + | | + | + | + | + | | | | | + |
| 闷$_2$ | + | + | + | + | | + | | + | + | | + | + | | | + | + |
| 蒙 | + | + | | + | + | | + | | + | | + | | + | | | |
| 猛 | + | + | | + | | | + | + | | + | + | + | + | + | + | + |
| 密 | + | + | + | + | | + | + | + | + | + | + | | + | + | + | + |
| 面 | + | + | | + | | + | | + | + | + | + | + | + | | + | + |
| 妙 | + | + | | | | + | | + | + | | + | + | + | | | + |
| 名 | | | | | | | | | | | | + | | | | |
| 明$_1$ | | | | + | | | | | | | + | + | | | | |
| 明$_2$ | | + | | | | | | | | | + | | + | | | |
| 明$_3$ | | | | + | | | | | | | | + | | + | | |
| 明$_4$ | | | | | | | | | | | | + | | | | |
| 末 | + | | | | | | | | | | | + | | | | |
| 母 | | | | | | | | | | | | + | | | | |

（续表）

| 词项 | 很～ | 不～ | 重叠 | 了着过 | 带宾语 | 带补语 | ～点儿 | 太～了 | 疑问句 | 比较句 | 做谓语 | 做定语 | 做补语 | 做状语 | 做主语 | 做宾语 |
|---|---|---|---|---|---|---|---|---|---|---|---|---|---|---|---|---|
| 木 | | | | + | | | | | | | + | | + | | | |
| 男 | | | | | | | | | | | | + | | | + | + |
| 难$_1$ | + | + | | + | + | + | + | + | + | + | + | + | + | + | + | + |
| 难$_2$ | | | | | | | | | | | | | | + | | |
| 闹 | + | + | | | | + | | + | + | | + | + | | | + | + |
| 嫩$_1$ | + | + | + | + | | + | | + | + | | + | + | | | + | + |
| 嫩$_2$ | + | + | + | + | | + | + | + | + | | + | + | + | | + | + |
| 能 | | | | | | | | | | | | + | | | | |
| 逆$_1$ | | | | + | + | | | | | | | + | | | | |
| 逆$_2$ | | | | | | | | | | | | | | + | | |
| 腻$_1$ | + | + | | + | + | + | | + | + | + | + | | | | + | + |
| 腻$_2$ | + | + | | + | + | | | | + | | | | + | | + | + |
| 蔫$_1$ | | + | | + | | | | | + | | + | + | + | | + | |
| 蔫$_2$ | + | | | + | | + | | | | | + | + | | + | | |
| 黏 | + | + | | | | + | | + | + | + | + | + | + | | + | + |
| 拧 | + | + | | + | | + | | + | + | + | + | + | | | + | + |
| 牛 | + | + | | + | | + | | + | | + | + | + | | | + | + |
| 拗 | + | + | | + | | + | | + | + | + | + | + | | | + | + |
| 浓$_1$ | + | + | + | + | | + | + | + | + | + | + | + | + | | + | + |
| 浓$_2$ | + | + | + | + | | + | + | + | + | + | + | + | + | + | + | + |
| 浓$_3$ | + | + | + | | | + | | + | + | + | + | + | + | | | |
| 女 | | | | | | | | | | | | + | | | + | + |
| 怒 | | | | | | | | | | | | + | | + | | |
| 暖 | + | | + | | + | | | | | | + | + | + | | | |
| 旁 | | | | | | | | | | | | + | | + | | |
| 胖 | + | + | + | + | | + | | + | + | + | + | + | + | | + | + |
| 偏$_1$ | + | + | | + | + | + | | + | + | | + | + | + | | + | + |
| 偏$_2$ | + | + | | | + | | | + | | | + | | | + | | |

（续表）

| 词项 | 很～ | 不～ | 重叠 | 了着过 | 带宾语 | 带补语 | ～点儿 | 太～了 | 疑问句 | 比较句 | 做谓语 | 做定语 | 做补语 | 做状语 | 做主语 | 做宾语 |
|---|---|---|---|---|---|---|---|---|---|---|---|---|---|---|---|---|
| 偏$_3$ | + | + |  | + |  | + |  | + | + | + | + | + | + |  | + | + |
| 贫$_1$ |  |  |  |  |  |  |  |  |  |  |  | + |  |  |  | + |
| 贫$_2$ | + | + |  | + |  | + |  | + | + | + | + | + | + |  | + | + |
| 平$_1$ | + | + | + | + | + | + | + | + | + | + | + | + | + | + | + | + |
| 平$_2$ |  |  |  | + | + |  |  |  |  |  | + | + | + | + |  |  |
| 平$_3$ |  |  |  |  |  |  |  |  |  |  |  | + |  | + |  |  |
| 破$_1$ | + | + |  | + | + | + |  | + |  | + | + | + | + |  | + | + |
| 破$_2$ | + |  |  |  |  |  |  |  |  |  |  | + |  |  |  |  |
| 齐$_1$ | + | + | + | + | + |  | + | + | + | + | + |  | + |  | + | + |
| 齐$_2$ | + | + |  | + | + | + |  | + | + |  | + | + | + |  |  |  |
| 齐$_3$ | + | + |  | + |  |  |  |  | + | + | + |  | + |  |  |  |
| 前 |  |  |  |  |  |  |  |  |  |  |  | + |  |  |  |  |
| 浅$_1$ | + | + | + | + |  | + | + | + | + | + | + | + | + | + | + | + |
| 浅$_2$ | + | + |  | + |  |  |  | + |  | + | + | + | + |  | + | + |
| 浅$_3$ | + | + |  |  |  |  |  |  |  |  | + |  |  | + |  | + |
| 浅$_4$ | + | + | + | + |  | + | + | + | + | + | + | + | + |  | + | + |
| 强$_1$ | + | + |  |  | + |  |  | + |  | + | + | + |  |  |  | + |
| 强$_2$ | + | + |  | + |  | + |  |  |  | + | + | + |  |  |  |  |
| 强$_3$ | + | + |  |  |  |  |  |  |  | + | + | + |  |  |  |  |
| 巧$_1$ | + |  |  |  |  |  |  | + |  | + | + | + | + | + |  |  |
| 巧$_2$ | + | + |  |  |  | + |  | + | + |  | + | + | + | + |  |  |
| 俏 | + |  |  |  |  | + |  |  |  |  |  | + | + | + |  |  |
| 亲$_1$ | + | + |  |  | + |  |  |  | + | + | + |  |  |  |  |  |
| 亲$_2$ |  |  |  |  |  |  |  |  |  |  |  | + |  |  |  |  |
| 勤$_1$ | + | + |  |  |  |  |  |  | + |  | + |  |  | + | + | + |
| 勤$_2$ | + | + |  | + |  |  |  | + | + | + | + |  | + | + |  | + |
| 青$_1$ |  |  |  |  |  |  |  |  |  |  |  | + | + |  | + | + |
| 青$_2$ |  |  |  |  |  |  |  |  |  |  |  | + |  |  |  |  |

（续表）

| 词项 | 很～ | 不～ | 重叠 | 了着过 | 带宾语 | 带补语 | ～点儿 | 太～了 | 疑问句 | 比较句 | 做谓语 | 做定语 | 做补语 | 做状语 | 做主语 | 做宾语 |
|---|---|---|---|---|---|---|---|---|---|---|---|---|---|---|---|---|
| 轻$_1$ | + | + | + | + |  | + |  | + |  | + |  | + | + |  | + | + |
| 轻$_2$ | + | + | + |  |  |  |  | + |  | + | + | + | + |  |  | + |
| 轻$_3$ | + | + | + | + |  |  | + |  |  | + | + |  | + | + |  |  |
| 轻$_4$ | + |  |  |  | + |  |  | + |  |  | + |  |  |  |  |  |
| 轻$_5$ |  |  |  |  |  |  |  |  |  |  | + | + |  | + |  |  |
| 清$_1$ | + | + | + | + | + |  |  | + | + | + | + | + | + |  |  |  |
| 清$_2$ | + | + | + | + | + |  |  |  | + |  | + |  | + |  |  |  |
| 清$_3$ |  |  |  |  |  |  |  |  |  |  |  | + |  | + |  |  |
| 清$_4$ |  |  |  |  |  |  |  |  |  |  |  |  | + |  |  |  |
| 晴 | + | + |  | + | + |  |  |  |  |  | + | + |  |  | + | + |
| 穷 | + | + |  |  |  | + |  | + | + | + | + | + | + | + | + | + |
| 糗 |  | + |  | + |  |  |  |  | + |  | + |  |  |  | + | + |
| 曲 |  |  |  | + | + |  |  |  |  |  | + | + |  |  |  |  |
| 全$_1$ | + | + |  | + |  | + |  |  | + | + | + |  | + |  |  | + |
| 全$_2$ |  |  |  |  |  |  |  |  |  |  |  | + |  | + |  |  |
| 瘸 |  | + |  | + | + |  |  | + |  |  | + | + | + | + | + | + |
| 热 | + | + | + | + | + | + | + | + | + | + | + | + | + | + | + | + |
| 肉 | + | + |  | + |  | + |  | + | + | + | + |  |  |  | + | + |
| 乳 |  |  |  |  |  |  |  |  |  |  |  | + |  |  |  |  |
| 软$_1$ | + | + | + | + |  | + | + | + | + | + | + | + | + | + | + | + |
| 软$_2$ | + | + |  | + |  | + |  | + | + | + | + | + |  |  | + | + |
| 软$_3$ | + |  |  | + | + |  |  | + |  | + | + | + | + |  |  |  |
| 弱$_1$ | + | + |  | + |  |  |  | + |  |  | + | + | + |  | + | + |
| 弱$_2$ | + | + |  | + |  | + |  | + |  |  | + |  |  |  | + | + |
| 散$_1$ | + |  |  | + | + | + |  | + | + |  | + | + | + | + | + | + |
| 散$_2$ |  |  |  |  |  |  |  |  |  |  |  | + |  | + |  |  |
| 臊$_1$ | + | + |  |  |  | + |  | + | + | + | + | + |  |  | + | + |
| 臊$_2$ | + | + |  |  |  | + |  |  | + |  | + |  |  |  |  | + |

（续表）

| 词项 | 很～ | 不～ | 重叠 | 了着过 | 带宾语 | 带补语 | ～点儿 | 太～了 | 疑问句 | 比较句 | 做谓语 | 做定语 | 做补语 | 做状语 | 做主语 | 做宾语 |
|---|---|---|---|---|---|---|---|---|---|---|---|---|---|---|---|---|
| 涩 | + | + |  |  |  | + |  | + | + | + | + | + |  |  | + | + |
| 沙 | + |  |  | + | + | + |  |  |  |  | + |  |  |  |  |  |
| 傻$_1$ | + | + |  | + | + | + |  | + | + | + | + | + | + | + | + | + |
| 傻$_2$ | + | + |  | + |  | + |  | + | + | + | + | + | + | + |  | + |
| 晒 | + | + | + | + | + | + |  | + | + | + | + |  |  |  | + | + |
| 膻 | + | + |  | + |  | + |  | + | + | + | + | + |  |  | + | + |
| 善 | + | + |  |  |  |  |  | + |  |  | + | + | + | + |  |  |
| 烧 |  |  |  |  |  | + |  |  |  |  | + |  |  |  |  |  |
| 少$_1$ | + | + |  | + |  | + | + | + | + | + | + | + | + | + | + | + |
| 少$_2$ |  | + |  | + | + | + |  | + | + | + | + |  | + | + |  |  |
| 少$_3$ |  |  |  |  |  |  |  |  |  |  | + | + |  |  | + |  |
| 深$_1$ | + | + | + | + |  | + | + | + | + | + | + | + | + | + | + | + |
| 深$_2$ | + | + |  | + |  |  |  | + | + | + | + | + | + |  | + | + |
| 深$_3$ | + | + |  |  |  |  |  | + |  | + | + | + |  | + |  | + |
| 深$_4$ | + | + |  | + |  |  | + | + |  | + | + | + | + |  | + | + |
| 深$_5$ | + |  |  | + |  |  |  |  |  |  | + | + |  |  |  |  |
| 深$_6$ |  |  |  |  |  |  |  |  |  |  |  |  |  | + |  |  |
| 神 | + | + |  |  |  |  |  | + | + | + | + | + |  | + |  |  |
| 生$_1$ | + | + |  | + |  | + | + | + | + | + | + | + | + | + | + | + |
| 生$_2$ | + | + |  | + |  | + |  | + | + | + | + | + |  | + | + | + |
| 生$_3$ |  |  |  |  |  |  |  |  |  |  |  | + |  |  |  |  |
| 生$_4$ | + |  |  |  |  |  |  |  |  | + | + | + | + |  |  |  |
| 生$_5$ |  |  |  |  |  |  |  |  |  |  |  |  |  | + |  |  |
| 省 | + | + |  | + | + | + | + | + | + | + | + |  |  | + | + | + |
| 盛$_1$ |  |  |  |  |  |  |  |  |  |  |  | + |  | + |  |  |
| 盛$_2$ | + |  |  |  |  |  |  |  |  |  | + |  |  | + |  |  |
| 湿 | + | + | + | + | + | + | + | + | + | + | + | + | + |  | + | + |
| 实 | + | + |  |  |  | + |  | + |  | + | + | + |  | + |  |  |

（续表）

| 词项 | 很～ | 不～ | 重叠 | 了着过 | 带宾语 | 带补语 | ～点儿 | 太～了 | 疑问句 | 比较句 | 做谓语 | 做定语 | 做补语 | 做状语 | 做主语 | 做宾语 |
|---|---|---|---|---|---|---|---|---|---|---|---|---|---|---|---|---|
| 瘦$_1$ | + | + | + | + | + | + |  | + | + | + | + | + | + |  | + | + |
| 瘦$_2$ | + | + |  | + |  |  | + | + | + | + | + | + |  |  | + | + |
| 瘦$_3$ | + | + | + | + |  | + | + | + | + | + | + | + | + |  | + | + |
| 熟$_1$ |  | + |  | + | + | + |  |  | + |  | + | + | + |  | + | + |
| 熟$_2$ |  | + |  | + | + | + |  |  | + |  | + | + | + |  | + | + |
| 熟$_3$ |  |  |  |  |  |  |  |  |  |  |  | + |  |  |  |  |
| 熟$_4$ | + | + | + | + |  | + |  | + | + | + | + | + | + |  | + | + |
| 熟$_5$ | + |  |  |  |  |  |  |  |  |  | + |  |  | + |  |  |
| 竖 |  |  |  | + | + |  |  |  |  |  | + | + |  | + |  |  |
| 帅 | + | + |  |  |  | + |  | + |  | + | + | + | + |  |  | + |
| 双$_1$ |  |  | + |  |  |  |  |  |  |  |  | + |  | + |  |  |
| 双$_2$ |  |  |  |  |  |  |  |  |  |  |  | + |  |  |  |  |
| 双$_3$ |  |  |  |  |  |  |  |  |  |  |  | + |  |  |  |  |
| 爽 | + | + |  |  |  | + |  | + |  |  | + |  | + |  |  |  |
| 顺$_1$ |  |  |  | + | + |  |  |  |  |  |  | + |  |  |  |  |
| 顺$_2$ | + | + |  | + |  | + |  | + | + | + | + | + |  |  |  | + |
| 顺$_3$ |  | + |  | + | + |  |  |  |  |  | + |  |  |  |  |  |
| 死$_1$ |  | + |  | + | + |  |  |  | + |  | + | + | + |  |  |  |
| 死$_2$ | + | + | + |  |  |  |  |  |  |  |  | + | + |  |  |  |
| 死$_3$ | + | + |  |  |  | + |  | + | + | + | + | + |  | + |  |  |
| 死$_4$ | + | + | + |  |  |  |  |  |  |  |  | + | + |  |  |  |
| 死$_5$ | + | + | + |  |  |  |  | + |  |  |  | + |  | + |  |  |
| 死$_6$ |  |  |  |  |  |  |  |  |  |  |  | + |  | + |  |  |
| 死$_7$ |  |  |  |  |  |  |  |  |  |  |  |  | + |  |  |  |
| 松 | + | + | + | + | + | + | + | + | + | + | + |  | + |  | + | + |
| 馊$_1$ | + | + |  | + | + |  |  |  | + |  | + | + | + |  | + | + |
| 馊$_2$ | + |  |  | + |  |  |  | + | + |  | + | + |  |  |  |  |
| 酥 | + | + | + | + |  | + |  | + | + | + | + | + | + |  | + | + |

（续表）

| 词项 | 很～ | 不～ | 重叠 | 了着过 | 带宾语 | 带补语 | ～点儿 | 太～了 | 疑问句 | 比较句 | 做谓语 | 做定语 | 做补语 | 做状语 | 做主语 | 做宾语 |
|---|---|---|---|---|---|---|---|---|---|---|---|---|---|---|---|---|
| 俗$_1$ | + | + |  | + |  | + |  | + | + | + | + | + | + |  | + | + |
| 俗$_2$ |  |  |  |  |  |  |  |  |  |  |  | + |  |  |  |  |
| 素 | + | + |  | + |  | + | + | + | + | + | + |  | + |  | + | + |
| 速 |  |  |  |  |  |  |  |  |  |  |  |  |  | + |  |  |
| 酸$_1$ | + | + |  | + | + | + |  | + | + | + | + | + | + |  | + | + |
| 酸$_2$ | + | + |  | + |  | + |  | + | + |  | + |  | + |  |  |  |
| 碎$_1$ | + | + | + | + | + | + | + | + | + |  | + | + | + |  | + | + |
| 碎$_2$ |  |  |  |  |  |  |  |  |  |  |  | + |  |  |  |  |
| 碎$_3$ | + | + |  | + |  | + |  | + | + | + | + | + |  |  |  |  |
| 损 | + | + |  | + |  | + |  | + | + | + | + | + | + |  |  |  |
| 踏 |  |  |  | + |  |  |  |  |  |  | + |  |  |  |  |  |
| 太 |  |  |  |  |  |  |  |  |  |  |  | + |  |  |  |  |
| 烫 | + | + | + | + | + | + |  |  | + | + | + | + |  |  | + | + |
| 淘 | + | + |  | + |  | + |  | + | + | + | + | + |  |  | + | + |
| 特 |  |  |  |  |  |  |  |  |  |  |  | + |  |  |  |  |
| 疼$_1$ | + | + |  | + |  | + |  | + | + | + | + |  | + |  | + | + |
| 疼$_2$ | + | + |  | + | + |  |  |  | + |  | + |  |  |  |  |  |
| 甜$_1$ | + | + | + | + |  | + |  | + | + | + | + | + |  |  | + | + |
| 甜$_2$ | + | + | + | + |  |  |  |  |  |  | + | + | + |  |  | + |
| 铁$_1$ |  |  |  | + |  |  |  |  |  |  |  | + |  |  |  |  |
| 铁$_2$ | + | + |  |  |  | + |  | + |  |  | + | + |  |  |  | + |
| 铁$_3$ |  |  |  | + | + |  |  |  |  |  | + |  |  |  |  |  |
| 通$_1$ |  | + |  |  |  |  |  |  | + |  | + |  | + |  |  |  |
| 通$_2$ |  |  |  |  |  |  |  |  |  |  |  | + |  | + |  |  |
| 同 |  | + |  |  |  |  |  |  |  |  | + | + |  | + |  |  |
| 头 |  |  |  |  |  |  |  |  |  |  |  | + |  |  |  |  |
| 透$_1$ | + | + |  |  |  |  |  |  | + | + | + | + | + |  |  |  |
| 透$_2$ | + | + | + |  |  |  |  |  | + | + | + |  | + |  |  |  |

（续表）

| 词项 | 很～ | 不～ | 重叠 | 了着过 | 带宾语 | 带补语 | ～点儿 | 太～了 | 疑问句 | 比较句 | 做谓语 | 做定语 | 做补语 | 做状语 | 做主语 | 做宾语 |
|---|---|---|---|---|---|---|---|---|---|---|---|---|---|---|---|---|
| 凸 |  |  |  | + |  |  |  |  |  |  | + | + |  |  |  |  |
| 秃$_1$ | + | + | + | + | + |  |  |  |  | + | + | + | + |  |  |  |
| 秃$_2$ | + |  |  |  |  |  |  | + |  |  | + | + | + |  |  |  |
| 秃$_3$ | + |  |  |  |  |  |  | + | + | + | + |  | + |  |  |  |
| 秃$_4$ | + |  |  | + |  |  |  |  | + |  | + |  |  |  |  | + |
| 土$_1$ | + | + |  | + |  |  |  | + | + | + | + | + |  |  | + | + |
| 土$_2$ | + | + |  | + |  | + |  | + | + | + | + | + |  |  | + | + |
| 土$_3$ | + | + |  | + |  | + |  | + | + | + | + | + |  |  | + | + |
| 妥 |  | + |  |  |  |  |  |  | + |  |  |  | + |  |  | + |
| 洼 | + | + |  | + |  |  |  | + | + | + | + | + | + |  |  |  |
| 歪$_1$ | + | + |  | + |  |  | + | + | + |  | + | + | + | + | + | + |
| 歪$_2$ |  |  |  |  |  |  |  |  |  |  |  | + |  |  |  |  |
| 外 |  |  |  |  |  |  |  |  |  |  |  | + |  |  |  |  |
| 弯 | + | + | + | + |  | + | + | + | + | + | + | + | + |  | + | + |
| 完 |  |  |  |  |  |  |  |  |  |  |  |  | + |  |  |  |
| 晚$_1$ | + | + |  | + |  |  | + | + | + | + | + | + | + | + | + | + |
| 晚$_2$ |  |  |  |  |  |  |  |  |  |  |  | + |  |  |  |  |
| 旺 | + | + | + | + |  | + |  |  | + | + | + |  | + |  |  | + |
| 危 |  |  |  |  |  |  |  |  |  |  |  | + |  | + |  |  |
| 微 |  |  |  |  |  |  |  |  |  |  |  | + |  | + |  |  |
| 伪$_1$ |  |  |  |  |  |  |  |  |  |  |  | + |  | + |  |  |
| 伪$_2$ |  |  |  |  |  |  |  |  |  |  |  | + |  |  |  |  |
| 温 |  |  |  |  | + |  |  |  |  |  | + | + |  |  |  |  |
| 稳$_1$ | + | + | + |  |  | + | + |  | + | + | + |  | + | + | + | + |
| 稳$_2$ | + | + | + | + | + | + |  |  |  |  | + |  | + |  |  | + |
| 污 |  |  |  |  |  |  |  |  |  |  |  | + |  |  |  |  |
| 误 |  |  |  |  |  |  |  |  |  |  |  | + |  | + |  |  |
| 稀$_1$ | + | + | + | + |  | + | + | + | + | + | + |  | + |  | + | + |

（续表）

| 词项 | 很～ | 不～ | 重叠 | 了着过 | 带宾语 | 带补语 | ～点儿 | 太～了 | 疑问句 | 比较句 | 做谓语 | 做定语 | 做补语 | 做状语 | 做主语 | 做宾语 |
|---|---|---|---|---|---|---|---|---|---|---|---|---|---|---|---|---|
| 稀$_2$ | + | | | | | | | | | | + | + | | + | | |
| 稀$_3$ | + | + | + | + | | + | + | + | + | + | + | + | + | | + | + |
| 稀$_4$ | | | | | | | | | | | | | | + | | |
| 喜 | | | | | | | | | | | | + | | | | |
| 细$_1$ | + | + | + | + | | + | + | + | + | + | + | + | + | | + | + |
| 细$_2$ | + | + | + | + | | + | + | + | + | + | + | + | + | | + | + |
| 细$_3$ | + | + | + | + | | + | + | + | + | + | + | + | + | | + | + |
| 细$_4$ | + | + | | | | | | | | + | + | + | + | | + | + |
| 细$_5$ | + | + | + | + | | + | | + | + | + | + | + | + | + | + | + |
| 细$_6$ | + | + | | + | + | + | | + | + | + | + | + | | | | |
| 瞎 | + | + | | + | + | | | | + | | + | + | + | | | |
| 鲜$_1$ | + | + | | | | | | | + | + | + | + | | | | |
| 鲜$_2$ | + | + | | | | | | | + | | + | | + | | | |
| 闲$_1$ | + | + | | + | | | | | + | + | + | + | | + | | |
| 闲$_2$ | | | | + | | | | | | | + | + | | + | | |
| 闲$_3$ | | | | | | | | | | | | + | | + | | |
| 贤 | | | | | | | | | | | | + | | | | |
| 咸 | + | + | + | + | | + | + | + | + | + | + | + | + | | + | + |
| 显 | + | + | | | | | | + | | | + | | | | | |
| 险 | + | | | | | | | | | | + | + | | + | | |
| 香$_1$ | + | + | | | | + | | + | + | + | + | + | + | | | + |
| 香$_2$ | + | + | | | | + | | + | + | + | + | | + | | | + |
| 香$_3$ | + | + | | | | | | + | | | + | | + | | | |
| 香$_4$ | + | + | | | | | | + | + | + | + | | + | | | |
| 响$_1$ | + | + | | | | + | | + | + | + | + | + | | | + | + |
| 响$_2$ | | | | | | | | | | | | | + | + | | |
| 小$_1$ | + | + | + | + | + | + | + | + | + | + | + | + | + | + | + | + |
| 小$_2$ | + | | | | | | | | | | | + | | | | |

（续表）

| 词项 | 很～ | 不～ | 重叠 | 了着过 | 带宾语 | 带补语 | ～点儿 | 太～了 | 疑问句 | 比较句 | 做谓语 | 做定语 | 做补语 | 做状语 | 做主语 | 做宾语 |
|---|---|---|---|---|---|---|---|---|---|---|---|---|---|---|---|---|
| 小$_3$ | | | | | | | | | | | | + | | | | |
| 小$_4$ | | | | | | | | | | | | | | + | | |
| 小$_5$ | | | | | | | | | | | | + | | | | |
| 邪$_1$ | | | | | | | | | + | | | + | + | + | + | + |
| 邪$_2$ | + | | | | | | | + | + | | + | | | | | |
| 斜 | + | + | + | + | + | | + | + | + | | + | + | + | + | + | + |
| 新$_1$ | + | + | | | | | | | + | + | + | + | | | | |
| 新$_2$ | + | + | | | | + | | | | + | + | + | | | | |
| 新$_3$ | | | | | | | | | | | | + | | | | |
| 腥 | + | + | | + | | + | | + | + | | + | + | + | | | |
| 行$_1$ | | + | | + | | | | | + | | + | | | | | |
| 行$_2$ | + | + | | | | | | | | + | + | | | | | |
| 凶$_1$ | + | + | | + | | + | | + | | + | + | + | + | | | |
| 凶$_2$ | + | + | | + | | + | | + | | + | + | | + | | | |
| 雄 | | | | | | | | | | | | + | | | | |
| 虚$_1$ | + | | | | | + | | + | | | + | + | | | | |
| 虚$_2$ | + | + | | + | | + | | + | | + | + | + | | | | |
| 虚$_3$ | + | | | | | + | | + | | + | + | + | + | + | | |
| 虚$_4$ | + | + | | | | + | | + | + | | + | | | | | |
| 暄 | + | + | | + | | + | | + | + | + | + | | + | | | |
| 玄 | + | | | | | | | | | + | + | | + | | | |
| 悬 | + | | | | | | | + | + | | + | | + | | | |
| 哑$_1$ | | | | + | | + | | | | | + | + | + | | | |
| 哑$_2$ | | | | | | | | | | | | + | | | | |
| 哑$_3$ | + | | | + | + | | | | | | + | + | + | | | |
| 亚 | | | | | | | | | | | + | + | | | | |
| 严$_1$ | + | + | | + | | + | + | + | + | + | + | + | + | + | + | + |
| 严$_2$ | + | + | + | | | + | + | + | + | + | + | | + | | | |

（续表）

| 词项 | 很～ | 不～ | 重叠 | 了着过 | 带宾语 | 带补语 | ～点儿 | 太～了 | 疑问句 | 比较句 | 做谓语 | 做定语 | 做补语 | 做状语 | 做主语 | 做宾语 |
|---|---|---|---|---|---|---|---|---|---|---|---|---|---|---|---|---|
| 厌 | | + | | | | | | | | | + | | + | | | |
| 艳 | + | + | | + | | | | + | | + | | + | + | | + | + |
| 酽 | + | + | + | + | | | + | + | + | | + | + | | | | |
| 洋 | | | | | | | | | | | | + | | | | |
| 养 | | | | | | | | | | | | + | | | | |
| 痒$_1$ | + | + | + | + | | + | | + | + | | + | | | | + | + |
| 痒$_2$ | + | + | + | | | | | | | | + | | | | | |
| 遥 | | | + | | | | | | | | + | | | + | | |
| 要 | | | | | | | | | | | | + | | | | |
| 野$_1$ | + | | | | | + | | + | | | + | | | | | + |
| 野$_2$ | + | + | | | | + | | + | | | + | + | + | | | |
| 野$_3$ | | | | | | | | | | | | + | | + | | |
| 疑 | | | | | | | | | | | | + | | + | | |
| 义$_1$ | | | | | | | | | | | | + | | + | | |
| 义$_2$ | | | | | | | | | | | | + | | | | |
| 异 | | | | | | | | | | | | + | | | | |
| 易 | | + | | | | | | | | | | | | + | + | |
| 益 | | | | | | | | | | | | + | | | | |
| 阴$_1$ | + | + | | + | + | + | | | + | + | + | + | | | + | + |
| 阴$_2$ | + | | | | | + | | + | | + | + | | | + | | |
| 银 | | | | | | | | | | | | + | | | | |
| 荫 | + | | | | | + | | | | | + | | | | | + |
| 硬$_1$ | + | + | + | + | | + | | + | + | + | + | + | + | | + | + |
| 硬$_2$ | + | + | | + | + | + | | + | | + | + | + | | + | + | + |
| 硬$_3$ | + | + | | | | | | | | | + | + | | | | |
| 硬$_4$ | + | + | | | | | | | | | + | | | + | | |
| 硬$_5$ | | | | | | | | | | | | + | | | | |
| 优 | | | | | | | | | | | | + | | + | | |

（续表）

| 词项 | 很～ | 不～ | 重叠 | 了着过 | 带宾语 | 带补语 | ～点儿 | 太～了 | 疑问句 | 比较句 | 做谓语 | 做定语 | 做补语 | 做状语 | 做主语 | 做宾语 |
|---|---|---|---|---|---|---|---|---|---|---|---|---|---|---|---|---|
| 油 | + | + |  | + |  | + |  | + |  | + | + | + | + |  |  |  |
| 右 | + | + |  |  |  | + |  |  |  |  | + | + |  |  |  |  |
| 愚 |  |  |  |  |  |  |  |  |  |  |  | + |  |  |  |  |
| 冤$_1$ | + | + |  | + | + | + |  | + | + | + | + | + |  | + | + | + |
| 冤$_2$ | + | + |  |  |  | + |  | + | + | + | + | + |  |  | + | + |
| 元 |  |  |  |  |  |  |  |  |  |  |  | + |  |  |  |  |
| 原$_1$ |  |  |  |  |  |  |  |  |  |  |  | + |  | + |  | + |
| 原$_2$ |  |  |  |  |  |  |  |  |  |  |  | + |  |  |  |  |
| 圆$_1$ | + | + | + | + |  | + |  | + | + | + | + | + | + |  | + | + |
| 圆$_2$ | + | + | + | + | + |  |  |  |  |  | + |  | + |  |  |  |
| 远$_1$ | + | + | + | + | + | + | + | + | + | + | + | + | + | + | + | + |
| 远$_2$ |  |  |  |  |  |  |  |  |  |  |  | + |  |  |  |  |
| 远$_3$ |  |  | + |  |  |  |  |  |  |  |  |  | + | + |  |  |
| 晕$_1$ | + | + |  |  |  | + |  |  | + |  | + | + | + |  |  |  |
| 晕$_2$ |  | + |  | + | + |  |  |  |  |  | + |  |  |  |  |  |
| 匀 | + | + | + |  |  |  |  |  | + |  | + | + | + | + |  |  |
| 杂$_1$ | + | + |  | + |  | + |  | + | + |  | + | + | + | + | + | + |
| 杂$_2$ |  |  |  |  |  |  |  |  |  |  |  | + |  |  |  |  |
| 赃 |  |  |  |  |  |  |  |  |  |  |  | + |  |  |  |  |
| 脏 | + | + |  | + | + | + |  | + | + | + | + | + | + |  | + | + |
| 糟$_1$ | + | + |  | + |  | + |  | + | + |  | + |  | + |  | + | + |
| 糟$_2$ | + |  |  |  |  | + |  | + |  | + | + |  | + |  |  |  |
| 早$_1$ | + | + | + | + |  | + | + | + | + | + | + | + | + | + | + | + |
| 早$_2$ |  |  |  |  |  |  |  |  |  |  |  | + |  |  |  |  |
| 早$_3$ |  |  |  |  |  |  |  |  |  |  | + |  |  | + |  |  |
| 燥 | + |  |  |  |  | + |  | + |  |  | + | + |  |  |  |  |
| 躁 | + | + |  |  |  |  |  | + |  |  | + |  |  |  |  |  |
| 贼$_1$ |  |  |  |  |  |  |  |  |  |  |  | + |  |  |  |  |

（续表）

| 词项 | 很～ | 不～ | 重叠 | 了着过 | 带宾语 | 带补语 | ～点儿 | 太～了 | 疑问句 | 比较句 | 做谓语 | 做定语 | 做补语 | 做状语 | 做主语 | 做宾语 |
|---|---|---|---|---|---|---|---|---|---|---|---|---|---|---|---|---|
| 贼$_2$ | + | | | | | + | | + | | + | + | | | | | |
| 窄$_1$ | + | + | + | + | | + | + | + | + | + | + | + | + | | + | + |
| 窄$_2$ | + | + | | | | + | | + | | + | + | | + | | | |
| 长 | | | | | + | | | | | | + | + | | | | |
| 真$_1$ | | | | | | | | | | | + | + | | | | + |
| 真$_2$ | + | + | + | | | | | | | | | | + | | | |
| 整 | | | + | | | | | | | | | + | | + | | + |
| 正$_1$ | + | + | + | + | + | | | | + | | + | + | + | + | | |
| 正$_2$ | | | | | | | | | | | + | + | | | | |
| 正$_3$ | | + | | | | | | | | | + | + | + | | | + |
| 正$_4$ | + | + | | | | | | | + | | + | + | | | | |
| 正$_5$ | | | | | | | | | | | | + | | | | |
| 正$_6$ | | | | | | | | | | | | + | | | | |
| 正$_7$ | | | | | | | | | | | | + | | | | |
| 直$_1$ | + | + | + | + | + | + | + | + | + | + | + | + | + | + | + | + |
| 直$_2$ | + | + | | | | + | | + | | + | + | + | | + | | |
| 值 | + | + | | | | | | + | + | + | + | + | + | | + | + |
| 终 | | | | | | | | | | | | + | | | | |
| 众 | | | | | | | | | | | | + | | + | | |
| 重$_1$ | + | + | + | + | | + | | + | + | + | + | + | + | | + | + |
| 重$_2$ | + | + | | | + | | | + | | | + | + | | | | |
| 重$_3$ | + | + | + | + | | | | + | + | + | + | + | + | + | + | + |
| 周 | | + | | | | | | | | | + | | | | | |
| 专$_1$ | | | | | | | | | | | | + | | | | |
| 专$_2$ | + | + | | | | + | | + | | + | + | + | + | | | |
| 壮$_1$ | + | + | + | + | + | + | | | + | + | + | + | + | | | |
| 壮$_2$ | | | + | + | + | | | | | | + | + | | + | | |
| 准$_1$ | + | + | | + | | + | + | + | + | + | + | + | + | | | + |

（续表）

| 词项 | 很～ | 不～ | 重叠 | 了着过 | 带宾语 | 带补语 | ～点儿 | 太～了 | 疑问句 | 比较句 | 做谓语 | 做定语 | 做补语 | 做状语 | 做主语 | 做宾语 |
|---|---|---|---|---|---|---|---|---|---|---|---|---|---|---|---|---|
| 准$_2$ | | | | | | | | | | | | + | | | | |
| 紫 | + | + | | + | | + | | | + | + | + | + | + | | | |
| 总$_1$ | | | | | | | | | | | | + | | + | | |
| 总$_2$ | | | | | | | | | | | | + | | + | | |
| 足 | + | + | + | + | | + | | | + | + | + | + | + | + | + | + |
| 尊 | | | | | | | | | | | | + | | | | |
| 左$_1$ | | | | | | | | | | | | | + | | | |
| 左$_2$ | + | + | | | | + | | + | | + | + | + | | | | |

# 参考文献


北京大学中文系　1993　《现代汉语》,商务印书馆;增订本,商务印书馆,2012。

步延新　2008　单音节形容词与名词搭配研究,北京师范大学博士学位论文。

曹德和　1992　量度形容词与数量状语,《江苏教育学院学报》第4期。

陈　川　2007　单音节形容词修饰名词的结构方式及其原则,四川大学硕士学位论文。

陈　光　1997　现代汉语双音动词和形容词的特别重叠式,《汉语学习》第3期。

———　2008　对现代汉语形容词重叠表示轻微程度的重新审视,《语言教学与研究》第1期。

陈前瑞　2008　《汉语体貌研究的类型学视野》,商务印书馆。

陈青松　2012　《现代汉语形容词与形名粘合结构》,中国社会科学出版社。

陈望道　1938　谈动词和形容词的分别,见《陈望道语文论集》,上海教育出版社,1997。

陈　一　1987　形容词做状语问题再探讨,《北方论丛》第5期。

———　1993　形动组合的选择性与形容词的下位类,《求是学刊》第2期。

陈月明　1992　肯定性形容词与非肯定性形容词的区别,《中国语文》第1期。

程　工　1998　从跨语言的角度看汉语中的形容词,《现代外语》第2期。

程琪龙　2001　《认知语言学概论》,外语教学与研究出版社。

崔建新　1995　可重叠为AABB式的形容词的范围,《世界汉语教学》第4期。

崔希亮　2002　认知语言学:研究范围和方法,《语言教学与研究》第5期。

崔永华　1982　与褒贬义形容词相关的句法和语义问题,《语言学论丛》第九辑,商务印书馆。

———　1990　汉语形容词分类的现状和问题,《语言教学与研究》第3期。

丁声树等　1961　《现代汉语语法讲话》,商务印书馆。

董金环　1991　形容词状语的语义指向,《吉林大学社会科学学报》第1期。

段益民　1996　略论单音反义形容词$A_1A_2$组结的语法性质和语义特征,《汉语学习》第1期。

———　1997　现代汉语单音反义形容词语法问题之研究,华中师范大学博士学位论文。

———　2003　从单音反义形容词看汉语语法的层级证明系统,《中国语言学报》第十一期,商务印书馆。
范 晓 1983 关于形容词带宾语问题,《汉语学习》第5期。
——— 2006 关于汉语宾语问题的思考,《汉语学习》第3期。
——— 2011 句式的应用价值,《汉语学习》第5期。
冯胜利 1997 《汉语的韵律、词法与句法》,北京大学出版社。
——— 2000 《汉语韵律句法学》,上海教育出版社。
——— 2005 《汉语韵律语法研究》,北京大学出版社。
高艾军 2000 单音节反义形容词的语用选择性,《北大海外教育》第三辑,华语教学出版社。
高本汉 1946 《汉语的本质和历史》,聂鸿飞译,商务印书馆,2010。
耿 非 1981 反义形容词,《中国语文》第5期。
龚继华 1981 谈谈动词和形容词的重叠,《天津师范学院学报》第1期。
郭 锐 1997 论表述功能的类型及相关问题,《语言学论丛》第十九辑,商务印书馆。
——— 2001 汉语形容词的划界,《中国语言学报》第十期,商务印书馆。
——— 2002 《现代汉语词类研究》,商务印书馆。
——— 2011 朱德熙先生的汉语词类研究,《汉语学习》第5期。
韩玉国 2001 现代汉语形容词的句法功能及再分类,《语言教学与研究》第2期。
何元建等 2007 论汉语中的名物化结构,《汉语学习》第1期。
贺凯林 1994 现代汉语里形形组合的非并列式结构,《华中师范大学学报》第2期。
贺 阳 1996a 性质形容词做状语情况的考察,《语文研究》第1期。
——— 1996b 性质形容词句法成分功能统计分析,《词类问题考察》,北京语言学院出版社。
——— 1996c 形容词与不及物动词的区分,《词类问题考察》,北京语言学院出版社。
胡明扬 1987 北京话形容词的再分类,见胡明扬著《北京话初探》,商务印书馆。
——— 1995 现代汉语词类问题考察,《中国语文》第5期。
——— 2000 关于"名物化"问题,《华文教学与研究》(广州华苑学术版)第1期。
——— 2001 形容词的再分类,《面向二十一世纪语言问题再认识》,上海教育出版社。
胡 苏 2006 单音节形容词反义结构的考察,《玉林师范学院学报》第6期。
胡小敏 2011 汉语动词的非典型语法功能研究,北京语言大学博士学位论文。
胡裕树、范 晓 1994 动词形容词的"名物化"和"名词化",《中国语文》第2期。
黄昌宁等 2009 评动、名兼类词的四种划类策略,《语言学论丛》第四十辑,商务印书馆。

黄昌宁等　2009　形容词直接修饰动词的“A+V”结构歧义，《中国语文》第1期。

黄国营等　1993　汉语形容词的有标记和无标记现象，《中国语文》第6期。

蒋静忠　2008　形容词定语的语义指向与判定方法，《汉语学报》第一期。

———　2009　形容词定语的逆向指向，《汉语学习》第1期。

蒋　平　1984　形容词谓语祈使句，《中国语文通讯》第5期。

柯　航　2013　《现代汉语单双音节搭配研究》，商务印书馆。

蓝　纯　2005　《认知语言学与隐喻研究》，外语教学与研究出版社。

黎锦熙　1924　《新著国语文法》，商务印书馆，1992年新1版。

李东锑　1985　单音节形容词在形名组合中的作用——和朱德熙先生商榷，《商丘师范学院学报》第2期。

李福印　2006　《语义学概论》(修订版)，北京大学出版社。

———　2008　《认知语言学概论》，北京大学出版社。

李红印　2007　《现代汉语颜色词语义分析》，商务印书馆。

李劲荣　2004　现代汉语状态形容词的认知研究，上海师范大学博士学位论文。

———　2006　形容词重叠式的量性特征，《学术交流》第1期。

李晋霞　2008　《现代汉语动词直接做定语》，商务印书馆。

李临定　1986　《现代汉语句型》，商务印书馆。

———　1990　《现代汉语动词》，中国社会科学出版社。

李　泉　1994　现代汉语“形+宾”现象考察，《中国人民大学学报》第4期。

———　1997　现代汉语“形+动态助词”考察，《语言教学与研究》第1期。

———　2001　同义单双音节形容词对比研究，《世界汉语教学》第4期。

———　2005　汉语重叠的连续统现象，《汉语教学学刊》第1辑，北京大学出版社。

———　2006　单音形容词重叠的形式和语法意义，《对外汉语研究》第二期，商务印书馆。

———　2006　试论现代汉语完句范畴，《语言文字应用》第1期。

———　2013　单音节词在汉语语法研究中的价值，《世纪对话：汉语字本位与词本位的多角度研究》，北京大学出版社。

李向农等　2005　单双音节意欲形容词句法语义特征考察，《语言研究》第4期。

李宇明　1986　所谓“名物化”现象新解，《华中师范大学学报》第3期。

———　1996a　非谓语形容词的词类地位，《中国语文》第1期。

———　1996b　双音节性质形容词ABAB式重叠，《汉语学习》第4期。

——— 1997 论形容词的级次,《语法研究和探索》(八),商务印书馆。

——— 2000 《汉语量范畴研究》,华中师范大学出版社。

廖秋忠 1991 《语言的范畴化:语言学理论中的典型》评价,《国外语言学》第 4 期。

蔺 璜 2002 状态形容词及其主要特征,《语文研究》第 2 期。

刘楚群 2002 形容词的动态性及其语法形式,《汉语学报》第 6 期,湖北教育出版社。

刘丹青 1987 形名同现及形容词的向,《南京师大学报》第 3 期。

——— 1988 汉藏语系重叠形式的分析模式,《语言研究》第 1 期。

——— 1994 "唯补词"初探,《汉语学习》第 3 期。

——— 2005 形容词和形容词短语的研究框架,《民族语文》第 5 期。

——— 2008 《语法调查研究手册》,上海教育出版社。

刘 顺 1999 双价形容词及相关问题,《绥化师专学报》第 1 期。

刘松汉 1990 形容词做状语、补语情况再考察,《南京师大学报》第 1 期。

刘元满 1999 "太+形/动"与"了",《语言教学与研究》第 1 期。

刘月华 1985 从《雷雨》《日出》《北京人》看汉语的祈使句,《语法研究和探索》(三),北京大学出版社。

——— 1987 表示状态意义的"起来"与"下来"比较,《世界汉语教学》(预刊)第 1 期。

刘振平 2007 单音形容词做状语和补语的对比研究,北京语言大学博士学位论文。

——— 2009 单音形容词做状语和补语教学新议,《暨南大学华文学院学报》第 2 期。

卢甲文 1981 单音节反义词的分类及运用,《语言学论丛》第八辑,商务印书馆。

卢英顺 1999 汉语中的动词和形容词宜合为一类,《烟台师范学院学报》第 2 期。

陆俭明 1985 "多"和"少"做定语,《中国语文》第 1 期。

——— 1987 数量词中间插入形容词情况考察,《语言教学与研究》第 4 期。

——— 1989 说量度形容词,《语言教学与研究》第 3 期。

——— 1994 关于词的兼类问题,《中国语文》第 1 期。

——— 2003 《现代汉语语法研究教程》,北京大学出版社。

——— 2010 《汉语语法语义研究新探索(2000—2010 演讲集)》,商务印书馆。

陆镜光 2000 重叠·指大·指小——汉语重叠式既能指大又能指小现象试析,《汉语学报》第一期。

陆志韦 1951 《北京话单音词词汇》,人民出版社;修订本,科学出版社,1956。

——— 1964 《汉语的构词法》(修订本),科学出版社。

吕叔湘 1942 《中国文法要略》,商务印书馆,1982年新1版。

—— 1954 关于汉语词类的一些原则性问题,《中国语文》第9期。

—— 1963 现代汉语单双音节问题初探,《中国语文》第1期。

—— 1965 多、少、以及许多、不少等等,《中国语文》第5期。

—— 1965 很不……,《中国语文》第5期。

—— 1965 形容词使用情况的一个考察,《中国语文》第6期。

—— 1966 单音形容词用法研究,《中国语文》第2期。

—— 1979 《汉语语法分析问题》,商务印书馆。

—— 1999 《现代汉语八百词》(增订本),商务印书馆。

吕叔湘等 1981 试论非谓形容词,《中国语文》第2期。

罗杰瑞 1995 《汉语概说》,张惠英译,语文出版社。

罗自群 2011 现代汉语双音节名词、动词、形容词的跨类表现,《汉语学报》第二期。

马清华 1995 论汉语祈使句的特征问题,《语言研究》第1期。

—— 1997 汉语单音形容词二叠式程度意义的制约分析,《语言研究》第1期。

马庆株 1988 自主动词和非自主动词,《中国语言学报》第三期,商务印书馆。

—— 1992 与"(一)点儿""差(一)点儿"相关的句法语义问题,《语法研究与探索》(六),语文出版社。

—— 1995 多重定名结构中形容词的类别和次序,《中国语文》第5期。

—— 2000 关于重叠的若干问题:重叠(含叠用)、层次与隐喻,《汉语学报》第一期。

马 真、陆俭明 1997 形容词做结果补语情况考察(一)(二)(三),《汉语学习》第1、4、6期。

莫彭龄、单 青 1985 三大类实词句法功能的统计分析,《南京师大学报》第3期。

齐沪扬 1997 偏正短语中形容词的连用,《语法研究与探索》(八),商务印书馆。

—— 1998 论区别词,见齐沪扬著《现代汉语空间问题研究》(附录),学林出版社。

祁 峰 2009 单音节形容词和名词组合的选择性机制,《长春师范学院学报》第3期。

—— 2011 单音节形容词与名词组合的语义选择关系分析,《华文教学与研究》第3期。

裘荣棠 1999 "多"与"少"语法功能上的差异性,《中国语文》第6期。

瞿霭堂、劲 松 2000 《汉藏语言研究的理论和方法》,中国藏学出版社。

邵敬敏 1990a 《汉语语法学史稿》,上海教育出版社;修订版,商务印书馆,2006。

—— 1990b ABB式形容词动态研究,《世界汉语教学》第1期。

—— 2007 论"太"修饰形容词的动态变化现象,《汉语学习》第1期。

——— 2007 《汉语语义语法论集》,上海世纪出版股份有限公司、上海教育出版社。

——— 2011 《新时期汉语语法学史(1978—2008)》,商务印书馆。

邵敬敏等 2009 《汉语语法专题研究》(增订本),北京大学出版社。

邵乃强 1981 有"大"无"小",《中国语文》第1期。

沈家煊 1995 "有界"与"无界",《中国语文》第5期。

——— 1997a 类型学中的标记模式,《外语教学与研究》第1期。

——— 1997b 形容词句法功能的标记模式,《中国语文》第4期。

——— 1999 《不对称和标记论》,江西教育出版社。

——— 2000 语法中的"标记颠倒"现象,《语法研究和探索》(十),商务印书馆。

——— 2001 语言的"主观性"和"主观化",《外语教学与研究》第4期。

——— 2007 汉语的名词和动词,《汉藏语学报》第1期。

——— 2009a 我看汉语的词类,《语言科学》第1期。

——— 2009b 我只是接着向前跨了半步——再谈汉语名词和动词,《语言学论丛》第四十辑,商务印书馆。

——— 2011a 从韵律结构看形容词,《汉语学习》第3期。

——— 2011b 朱德熙先生最重要的学术遗产,《语言教学与研究》第4期。

施春宏 2008 《汉语动结式的句法语义研究》,北京语言大学出版社。

施关淦 1990 《名词、动词、形容词》,人民教育出版社。

石定栩 2000 形容词重叠式的句法地位,《汉语学报》第二期。

——— 2009 汉语词类划分的若干问题,《语言学论丛》第四十辑,商务印书馆。

石　锓 2010 《汉语形容词重叠形式的历史发展》,商务印书馆。

石毓智 1991 现代汉语的肯定性形容词,《中国语文》第3期。

——— 1996 论汉语的句法重叠,《语言研究》第2期。

——— 2001 《肯定和否定的对称与不对称》(增订本),北京语言文化大学出版社。

——— 2004 《汉语研究的类型学视野》,江西教育出版社。

史有为 1984 性质形容词和状态形容词琐议,《汉语学习》第2期。

——— 1994 "把墙刷得白"为什么不能说?《汉语学习》第2期。

帅宝春 1999 说"太A了一点",《汉语学习》第2期。

宋　柔 2009 从语言工程看汉语词类,《语言学论丛》第四十辑,商务印书馆。

苏新春 1995 《当代中国的词汇学》,广东教育出版社。

孙德金　1996　非名词性形名结构,《中国对外汉语教学学会第五次学术讨论会论文选》,北京语言学院出版社。
谭景春　1992　双向和多指向形容词及相关的句法关系,《中国语文》第2期。
———　2009　谈谈词的归类及相关问题,《世界汉语教学》第3期。
汤廷池　1982　国语形容词的重叠规律,《师大学报》第二十七期。
唐厚广、车　竞　1985　形容词接动态助词动词化初探,《锦州师院学报》第2期。
田光炜等　1980　动词、形容词做主语、宾语的问题,《中学语文教学》第6期。
汪　峰　2010　与汉语词类相关的几个基本概念,《语言学论丛》第四十一辑,商务印书馆。
王灿龙　2002　句法组合中单双音节选择的认知解释,《语法研究和探索》(十一),商务印书馆。
王国栓　2004　汉语形容词AA式重叠与量范畴,《汉语学习》第4期。
王洪君　2011　《基于单字的现代汉语词法研究》,商务印书馆。
王洪君等　2009　"新视野下的汉语词类问题"系列研讨的缘起,《语言学论丛》第四十辑,商务印书馆。
王金鑫等　2002　可比较性与单音节性质形容词的类别,《语法研究与探索》(十一),商务印书馆。
王　珏　2006　有生形容词初论,《中国语言学报》第十二期,商务印书馆。
王　力　1943　《中国现代语法》,商务印书馆,1985年新1版。
王启龙　1995　带宾语形容词的统计分析,《语言教学与研究》第2期。
———　2003　《现代汉语形容词计量研究》,北京语言大学出版社。
吴　颖　2002　现代汉语单音节形容词语义结构研究,上海师范大学博士学位论文。
———　2008　时间形容词的逻辑语义分析,《语言文字应用》第3期。
———　2009　同素近义形容词的差异及认知模式,《语言教学与研究》第4期。
筱　义　1988　从非谓形容词说到形容词的再分类,《湖北师范学院学报》第2期。
小野秀树　2007　汉语形容词的分类与描写功能,《日本现代汉语语法研究论文选》,北京语言大学出版社。
邢福义　1980　略说"名物化",《语文教学研究》(华中师院)第1期。
———　1990　《形容词短语》,人民教育出版社。
———　1994　形容词动态化的趋向态模式,《湖北大学学报》第5期。
———　1996　《汉语语法学》,东北师范大学出版社。

徐建华 1987 汉语非谓语形容词的几个特点,《汉语学习》第4期。

——— 1998 单音形容词定语连用的语序规则,《吉林大学社科学报》第4期。

徐建华等 1999 单音形容词定语的合指析指与语序问题,《语言教学与研究》第3期。

徐 枢 1991 兼类与处理兼类时遇到的一些问题,《语法研究和探索》(五),语文出版社。

徐通锵 1984 美国语言学家谈历史语言学,《语言学论丛》第十三辑,商务印书馆。

——— 1994 "字"和汉语研究的方法论,《世界汉语教学》第3期。

——— 1997 《语言论》,东北师范大学出版社。

——— 2008 《汉语字本位语法导论》,山东教育出版社。

许德楠等 1980 谈形容词带宾语的几个问题,《语言教学与研究》第3期。

杨成凯 1991 词类的划分原则和谓词"名物化",《语法研究和探索》(五),语文出版社。

杨敦贵 1984 名词、动词、形容词的特征与区别,《福建师大学报》第2期。

杨宽仁 1985 论非定形容词,《语言研究》第2期。

杨晓安 1987 单音节反义形容词语义转换的条件,《西北大学学报》第2期。

姚汉铭 1991 形容词、动词转类兼立现代汉语形动词,《齐齐哈尔师院学报》第2期。

姚占龙 2010 现代汉语状态形容词量级差别考察,《语言研究》第4期。

姚振武 1996 汉语谓词性成分名词化的原因及规律,《中国语文》第1期。

叶长荫 1984 试论能谓形容词,《北方论丛》第3期。

——— 1990 "形(兼动)+宾"结构,《北方论丛》第5期。

——— 1993 形容词的再分类,《中国语文研究四十年纪念文集》,北京语言学院出版社。

俞士汶等 1998 《现代汉语语法信息词典详解》,清华大学出版社。

原由起子 2007 描写性形容词与数量词的句法位置,《日本现代汉语语法研究论文选》,北京语言大学出版社。

袁毓林 1993a 祈使句和形容词的类,见袁毓林著《现代汉语祈使句研究》,北京大学出版社。

——— 1993b 《现代汉语祈使句研究》,北京大学出版社。

——— 1995 词类范畴的家族相似性,《中国社会科学》第1期。

——— 1998a 基于原型的汉语词类分析,见袁毓林著《语言的认知研究和计算分析》,北京大学出版社。

——— 1998b 形容词的配价层级和配位方式,见袁毓林著《汉语动词的配价研究》,江西教育出版社。

——— 2005 基于隶属度的汉语词类的模糊划分,《中国社会科学》第1期。

——— 2006a 汉语词类的认知研究与模糊划分,《东方语言学》,上海教育出版社。

——— 2006b 关于等价功能与词类划分标准,《语文研究》第3期。

——— 2006c 词类性质的证伪性测试和本体论检讨,《语言学论丛》第三十三辑,商务印书馆。

——— 2009 汉语和英语在语法范畴的实现关系上的平行性,《汉藏语学报》第3期。

——— 2010a 汉语不能承受的翻译之轻——从去范畴化角度看汉语动词和名词的关系,《语言学论丛》第四十一辑,商务印书馆。

——— 2010b 《汉语词类的认知研究和模糊划分》,上海教育出版社。

袁毓林等 2009 《汉语词类划分手册》,北京语言大学出版社。

翟颖华 2009 论"不"和反义形容词构成的否定式,《汉语学习》第1期。

詹人凤 1987 有关"多"和"少"的对立和不均衡性的若干考察,《汉语论文集》,黑龙江人民出版社。

詹卫东 2009 "词类"三问:一个汉语词类知识学习者和使用者的反思,《语言学论丛》第四十辑,商务印书馆。

张宝林 1996 唯谓形容词的鉴定标准与语法功能,《词类问题考察》,北京语言学院出版社。

张伯江 1997 性质形容词的范围和层次,《语法研究与探索》(八),商务印书馆。

——— 2011 现代汉语形容词做谓语问题,《世界汉语教学》第1期。

张伯江、方　梅 1996 《汉语功能语法研究》,江西教育出版社。

张国宪 1995a 论双价形容词,《现代汉语配价语法研究》,北京大学出版社。

——— 1995b 现代汉语的动态形容词,《中国语文》第3期。

——— 1995c 论单价形容词,《语言研究》第1期。

——— 1996a 单双音节形容词的选择性差异,《汉语学习》第3期。

——— 1996b 形容词的计量,《世界汉语教学》第4期。

——— 1998 现代汉语形容词的体及形态化历程,《中国语文》第6期。

——— 1999 延续性形容词的续段结构及其体表现,《中国语文》第6期。

——— 2000 现代汉语形容词的典型特征,《中国语文》第5期。

——— 2002 三价形容词的配价分析与方法思考,《世界汉语教学》第1期。

——— 2005a 性状的语义指向规则及句法异位的语用机制,《中国语文》第1期。

——— 2005b 形名组合的韵律组配图式及其韵律的语言地位,《当代语言学》第1期。

——— 2006a 性质形容词重论,《世界汉语教学》第1期。

——— 2006b 性质、状态和变化,《语言教学与研究》第3期。

——— 2006c 《现代汉语形容词功能与认知研究》,商务印书馆。

——— 2007 状态形容词的界定和语法特征的描述,《语言科学》第1期。

张慧芳 2007 同素同义单双音节比较研究,四川大学硕士学位论文。

张 敏 1997 从类型学和认知语法的角度看汉语重叠现象,《国外语言学》第2期。

——— 1998 《认知语言学与汉语名词短语》,中国社会科学出版社。

张 韧 2009 关于词类本质的一个动态认知视角,《当代语言学》第3期。

张旺熹 2001 "动+形"结构的原型范畴,《中国语言学报》第十期,商务印书馆。

——— 2006 汉语句法重叠的无界性,见张旺熹著《汉语句法的认知结构研究》,北京大学出版社。

张先亮 1996 谈谈形容词与动词的划界标准,《浙江师范大学学报》第5期。

赵春利 2007 情感形容词与名词同现的原则,《中国语文》第2期。

赵金铭 2001 论汉语的"比较"范畴,《中国语言学报》第十期,商务印书馆。

——— 2002 差比句语义指向类型比较研究,《中国语文》第5期。

周 韧 2011 《现代汉语韵律与语法的互动关系研究》,商务印书馆。

周上之 2006 《汉语离合词研究》,上海外语教育出版社。

——— 2007 离合字组与音节变动,《语言教学与研究》第4期。

周小兵 1992 "不太A"析,《世界汉语教学》第3期。

周有光 1988 略谈现代汉语中的单音节词问题,《第二届国际汉语教学讨论会论文选》,北京语言学院出版社。

朱德熙 1956 现代汉语形容词研究,《语言研究》第1期。

——— 1982 《语法讲义》,商务印书馆。

——— 1985 《语法答问》,商务印书馆。

——— 2010 《语法分析讲稿》,袁毓林整理注释,商务印书馆。

朱德熙等 1961 关于动词形容词"名物化"问题,《北京大学学报》第4期。

朱景松 2003 形容词重叠式的语法意义,《语文研究》第3期。

邹艳霞 2000 论形容词状语的多向语义指向,《语言》第一卷,首都师范大学出版社。

A.A.龙果夫 1958 《现代汉语语法研究》,郑祖庆译,科学出版社。

Bernard Comrie(1988) *Linguistic typology*.语言类型学,廖秋忠译,《国外语言学》1990年第4期。

Chao, Yuen Ren(赵元任)(1968) *A Grammar of Spoken Chinese*. 收入刘梦溪主编,胡明扬、王启龙编校《中国现代学术经典・赵元任卷》,河北教育出版社,1996。节译本《汉语口语语法》,吕叔湘译,商务印书馆,1979。

F. Ungerer & H - J, Schmid(2006) *An Introduction to Cognitive Linguistics—Second Edition*.《认知语言学导论》(第二版),彭利贞等译,复旦大学出版社,2009。

James D. McCawley(1992) *Justifying Part-of-speech Assignments in Mandarin Chinese*. 汉语词类归属的理据,张伯江译,《国外语言学》1994 年第 4 期。

John R. Taylor(1989)语言的范畴理论,榕培译,《外语与外语教学》第 6 期。

J. P. Hu(1979) *What shall we do with adjectives*. 如何处理形容词,宋玉柱译,《语言研究译丛》第二辑,天津人民出版社,1988。

Otto Jespersen (1924) *The Philosophy of Grammar*.《语法哲学》,何勇等译,语文出版社,1988。

Otto Jespersen(1939) *Essentials of English Grammar*.《英语语法要略》,翻译组译,商务印书馆,1989。

P. J. Hopper & E. C. Traugott(2003) *Grammaticalization*.《语法化学说》(第二版),梁银峰译,复旦大学出版社,2008。

William Croft(2003) *Typology and Universals*.《语言类型学与语言共性》(第二版),龚群虎等译,复旦大学出版社,2009。

# 后　记

本书底稿是我2005年答辩通过的博士论文《单音形容词原型性研究》。2006年，在博士论文基础上，以"现代汉语单音形容词句法语义研究"为题，申请并获得国家社科基金立项资助，结项后又几经修改定名为《单音形容词原型特征模式研究》。本书从最初主要关注单音形容词原型性程度，到关注其原型句法语义特征范畴的构建，再到初步建立一个单音形容词原型特征模式框架，并在力所能及的范围内探讨了汉语形容词若干重要语法问题。当然，本书的立意、操作程序以及具体内容和某些看法是否可行和可信，我们并不敢稍有自信。

感谢我的博士生导师赵金铭先生。论文的选题、研究范围的确定以及各个阶段的研究和写作，赵先生都给了我许多重要的指导意见。赵先生宽阔的学术视野，严谨的治学态度，平易谦逊的学者风范，感人至深的仁爱关怀，常常使我感到"天朗气清，惠风和畅"。我从先生那里学到的为学、为文、为人、为友的态度将使我受益终生。先生既是我学术研究的导师，也是我人生的导师。实际上，在博士论文基础上申请到的国家社科基金项目的研究和写作，一如既往得到了金铭师的关怀和指导。成书后，先生又慨允作序，给予提携和嘉勉，字里行间饱含温度。在此，我向金铭师和多年来同样给我关怀、指导和帮助的师母周淑清教授表达由衷的感激和深深的谢意。

博士论文开题、写作和答辩过程中，我有幸得到了许多知名学者指教。陆俭明教授、袁毓林教授、崔希亮教授、张博教授在我论文开题时提出了许多重要的指导意见，答辩过程中得到了陆俭明教授、徐枢教授、袁毓林教授、崔希亮教授、张旺熹教授的进一步指教，他们的宝贵意见引导我对相关问题做更深入的思考，也成为我完成国家社科基金课题的重要依据，本书即充分吸收了各位先生的重要意见。在此，我向各位先生和师友致以崇高的敬意和衷心的感谢。

感谢引领我走上语言学习和研究之路的胡明扬先生。1985 年我本科毕业后，有幸在研究生学习阶段成为胡先生的弟子。听胡先生的语言学课让我大开眼界，而先生指导我完成硕士学位论文和我工作后带着我做课题研究、训练我从事语言研究的本领、指引我不同时期的研究方向，让我终身受益。先生仙逝后，我写了一篇《深切怀念胡明扬先生》的文章(《语言教学与研究》2011 年第 5 期)，深深缅怀先生，感念先生给我的关怀和教导。

感谢在哈尔滨师范大学读本科期间给我语言学启蒙教育的叶长荫教授、詹人凤教授、张国庆教授、刘小南教授、张达人教授等各位老师。他们严谨有序、循循善诱、生动有趣的教学，让我对语言学、对汉语语法产生了兴趣。恩师张达人先生还言传身教给我许多做人做事的道理，并给予我兄弟般的关怀和温暖。亦师亦兄长的达人先生三年前遽然离世，给我留下了无尽的思念。

感谢商务印书馆副总编辑周洪波先生多年来对我的提携和帮助，感谢王丽艳女士为本书的编辑所付出的热情和辛劳。

最后，我不能不感恩的还有我的父母，他们虽已故去多年，可是父母的音容笑貌从未离开过我的脑海，我常常在不经意间想起我的父亲和母亲。

李　泉

2014 年 2 月 10 日